59626

NOUVEAUX LUNDIS

CHEZ LES MÊMES ÉDITEURS

POÉSIES COMPLÈTES

DE

C.-A. SAINTE-BEUVE

Nouvelle édition revue et très-augmentée

DEUX VOLUMES IN-8°

PARIS. — J. CLAYE, IMPRIMEUR, RUE SAINT-BENOÎT, 7.

NOUVEAUX LUNDIS

PAR

C.-A. SAINTE-BEUVE

DE L'ACADÉMIE FRANÇAISE

—

TOME CINQUIÈME

PARIS

MICHEL LÉVY FRÈRES, LIBRAIRES ÉDITEURS

RUE VIVIENNE, 2 BIS, ET BOULEVARD DES ITALIENS, 15

A LA LIBRAIRIE NOUVELLE

1866

Tous droits réservés

NOUVEAUX LUNDIS

Lundi 6 avril 1863.

M. OCTAVE FEUILLET.

SCÈNES ET PROVERBES. — SCÈNES ET COMÉDIES. HISTOIRE DE SIBYLLE, ETC. (1)

Il ne faut pas trop vieillir pour bien juger les romans de son temps; le roman est un genre essentiellement contemporain. Jeune, on lit tout naturellement les romans de sa jeunesse; on en lit à tort et à travers, on lit tout: mûr, on peut ne pas perdre de vue et suivre encore avec intérêt ce genre agréable chez ceux qui mûrissent avec nous et qui ne font que continuer. Plus tard pourtant, et peu à peu, tout ce qui est romans, nouvelles, commence à vous échapper, surtout venant

(1) Michel Lévy, rue Vivienne, 2 bis.

d'auteurs jeunes, et, une fois le fil perdu, on ne le rattrape pas aisément. Ces productions légères veulent être saisies et goûtées au fur et à mesure, à l'heure où elles paraissent, non pas prises en bloc et soldées comme un arriéré. Le raccourci leur fait tort. Je le sens aujourd'hui et reconnais ma faute en venant parler si tard des romans, des scènes et proverbes de M. Octave Feuillet. Il y a dix ans que j'aurais dû commencer à le faire.

Je l'aurais dû également pour d'autres : il y a des termes de comparaison et de contraste qui manquent à quiconque ne se tient pas dans tout le courant du genre, à qui ne vit pas en plein milieu. Pourquoi y a-t-il des romanciers distingués dont toute l'œuvre aura passé sans que j'aie dit le plaisir ou l'estime qu'on leur doit? Pourquoi, par exemple, les agréables et élégantes productions de M. Amédée Achard ne m'ont-elles pas, un jour ou l'autre, arrêté? Pourquoi les spirituelles, les vives et petillantes peintures de M. About ne m'ont-elles pas sauté aux yeux et pris de force? Pourquoi de vaillants essais (moi qui les aime en tout genre), de consciencieuses et fermes études de M. Ferdinand Fabre, un fort élève de Balzac, sur les curés de village dans le Midi, m'ont-elles seulement tenté sans me décider? Et ainsi de plus d'un volume que je vois d'ici mis en réserve sur cette petite table ronde, et qui me sont autant de remords. Pourquoi semblé-je ignorer, quand réellement j'en fais cas, et les délicats et les sensibles, les Deltuf et les Paul Perret; et les terribles dans le réel, les Barbara; et Mme Figuier; le peintre des mœurs languedociennes, le Longus ou le Bernardin de Saint-Pierre de la Camargue ; et Claude Vignon, un observateur parisien et fin des mœurs de province?... La vraie raison de mes omissions, ce n'est certes pas le dédain, j'en suis bien éloigné ; ce n'est pas non plus de la négligence ni de l'oubli : c'est, le dirai-je? un peu d'embarras. Si on ne lit pas tout, presque tout, dans cette quantité de productions qui ont chacune leur qualité, si l'on a manqué le moment où elles passent pour la première fois sous nos yeux, on est en peine ensuite pour rétablir le point de vue; un mouvement si compliqué, si divers, si fécond, et dans un genre indéfini qui menace de devenir la forme universelle, demande à être suivi jour par jour; faute de quoi l'on ne sait plus exactement les rapports, les proportions des talents entre eux, la mesure d'originalité ou d'imitation; le degré de mérite des œuvres, ce qu'elles promettent au juste et ce que l'auteur peut tenir. L'étude sans doute peut y revenir et suppléer à ce qu'on a laissé fuir d'abord; mais une étude, c'est un bien gros mot, et on ne la fait que rarement. Essayons-en pourtant cette fois envers un confrère et un romancier hors ligne, que j'appréciais sans doute depuis longtemps par bien des côtés; mais que je ne me suis mis à bien connaître tout entier que depuis quelques jours.

Pour se rendre bien compte de M. O. Feuillet à l'origine et dans sa première manière (car il en a eu deux, ou du moins sa première manière a pris, depuis, un second et très-grand développement), il faut voir où en était juste le roman lorsqu'il débuta, quels en étaient les sujets habituels et le ton dominant. Le vent était tout à la passion, sinon au vice. Les mœurs réglées, en elles-mêmes, sourient peu et n'amusent guère ; les mœurs bourgeoises notamment sont anti-romanesques, anti-dramatiques et anti-poétiques, et depuis longtemps tout ce qui avait talent et puissance avait cherché l'émotion et l'intérêt dans l'irrégularité des situations et dans les orages du cœur : — Mérimée, George Sand, Balzac, Dumas, Musset. Ce dernier surtout était l'auteur à la mode vers 1847. C'est de lui que procède M. O. Feuillet ; mais, en homme d'esprit, il ne songea à l'imiter qu'en le contredisant. Après quelque tâtonnement de courte durée, il trouva sa propre veine dans les jolis proverbes, *la Crise, le Pour et le Contre, la Clé d'or, la Partie de dames,* autant de saynètes morales et qui par là même avaient le mérite d'être neuves. Car, lui aussi, en introduisant sa dose de morale dans le roman, il a fait du *neuf;* il a fait sinon mieux, du moins *autrement* que l'auteur en vogue à qui il succédait, et c'est pourquoi il a réussi. Dans tout succès un peu vif, il y a de ces contrastes et de ces à-propos.

Où en était-on à la veille de la *Lucrèce* de Ponsard, et de l'avénement de cette nouvelle école dramatique dont les principaux talents ont fait depuis bien autre chose et sont sortis de la ligne étroite et un peu secondaire où l'on prétendait les confiner d'abord, — mais où en était-on au théâtre, lors de leur premier début ? Hugo venait de donner *les Burgraves* dont le succès avait été lourd et difficile à décider. Le parterre rendait peu ; c'était une bataille non gagnée. Après la première représentation, le général en chef dépêcha l'un de ses jeunes aides de camp à un dessinateur de ses amis (1), pour lui dire qu'il ne serait pas mal d'envoyer encore un renfort, une recrue de jeunes gens, de ceux qui sont tout dévoués sans tant de façons au succès d'une œuvre colossale et forte. « Allez dire à notre maître, répondit mélancoliquement l'artiste ami, qu'*il n'y a plus de jeunes gens.* » Le mot est mémorable et fait date; il marque bien le dernier terme du mouvement purement romantique au théâtre (mars 1843). On était allé à l'extrême limite, on avait forcé tous ses moyens; il n'y avait plus qu'à rétrograder. La corde était trop tendue. Aussi, le lendemain, je veux dire à peu de semaines de là, *Lucrèce* pouvait réussir avec l'éclat de succès qu'on a vu, tant à cause d'elle-même et de ses mérites qu'à cause du contraste. Il y avait détente. Il semblait qu'on passât d'une chambre étouffante à une pièce où il y avait de l'air et où l'on respirait.

Tel est le public : quand il est à bout d'une veine, il aime à en changer, et il adopte vite l'auteur à qui il est redevable d'une série de sensations nouvelles.

Qu'est-ce que *la Crise,* par exemple, l'un des premiers jolis proverbes de M. O. Feuillet? Juste le revers de Musset et l'opposé des solutions passionnées jusquelà en honneur. Un point y est très-bien observé : la crise des honnêtes femmes, passé trente ans et aux approches de quarante. A cet âge, en effet, une singu-

---

(1) Célestin Nanteuil.

lière impatience prend quelquefois aux plus honnêtes, une démangeaison irrésistible; elles veulent, elles aussi, tâter du fruit défendu avant qu'il soit trop tard. Oui, cela est singulier, et je livre le fait à l'explication des moralistes physiologistes : de même qu'aux environs de quarante ans, l'idée et la manie du mariage prend volontiers aux hommes, même volages et libertins, l'idée et l'envie d'un amant vient souvent aux femmes sages après la trentaine. La pudeur, la rougeur, cet apanage de la première jeunesse, leur a passé il y a beau jour; l'audace va naître tout d'un coup, même chez les plus timides; elles sont femmes désormais à faire les avances. C'est aux maris alors à se bien garer et à se tenir. M. O. Feuillet a pris spirituellement leur parti et a gagné leur cause dans ce joli proverbe qui n'était pour lui qu'un prélude. Le mari ici est un magistrat, un président de tribunal; il est inquiet; il s'aperçoit depuis quelque temps qu'il donne terriblement sur les nerfs à sa femme, et que, jusque dans les moindres choses, elle en a de lui, comme on dit, par-dessus la tête. Il consulte un ami intime, son docteur; celui-ci l'éclaire et ne lui cache rien du danger : « Non; il « arrive un jour, te dis-je, où la meilleure est saisie « d'une impatience fébrile, d'une avidité de savoir désespérée. L'épouse alors devient maussade, la mère « négligente : elle ne se rend compte ni de l'objet de « son trouble, ni du but de son anxiété; mais son humeur, son langage, s'altèrent... » — « Mais le remède, « le remède! s'écrie le mari. » — « Il n'y a de remède, « répond l'inexorable docteur, que dans le mal même. »

A merveille! Mais il s'aventure un peu trop, l'habile docteur, quand il exprime l'idée qu'on pourrait donner à la femme le dégoût du mal avant l'entière expérience, lui faire connaître les déboires de la trahison, avant qu'elle soit irréparable; bref, mettre la femme en goût d'un amant et l'en déprendre avant qu'il soit trop tard : un vrai tour de passe-passe. Pris au mot par le confiant mari, le docteur se voit obligé de jouer lui-même le rôle du faux amant, et il y a des moments où l'on croirait qu'il le joue au naturel et au vrai. C'est très-ingénieux, mais bien scabreux. C'est une méthode de *vaccination* morale. Ce docteur vaccine ou inocule en quelque sorte Mme de Marsan; il lui donne le vaccin de la passion. Elle veut un amant, il lui en sert, et il se réserve de faire avorter la crise, de sorte qu'après lui elle est préservée et ne cherchera plus : le bouton est sorti. C'est un remède dangereux ; pour y croire, j'ai besoin qu'il y ait plus d'une expérience.

Quelle que soit la confiance du mari dans son ami le docteur, l'impossible et l'indélicat même de la situation les font frémir tous deux, et le lecteur aussi. On est sur des charbons ardents. La femme mord au fruit défendu en toute franchise et toute ingénuité; elle se monte la tête pour le docteur, si bon comédien, et qui, pris à son propre jeu, est tenté par moments, comme saint Genest, de passer de la feinte à la réalité. Elle trouve le temps, au milieu de sa fièvre, de tenir un Journal de ses impressions : ce Journal est bien fait, bien mené; M. O. Feuillet excelle à écrire de ces Journaux de femme, de jeune fille. On dirait qu'il l'a été. Le dialogue est moins bien; il y a trop de *style* ou de ce qu'on appelle ainsi : les personnages parlent trop comme on écrit quand on se soigne; c'est du style habillé et paré. Souvent aussi, ils causent moins qu'ils ne dissertent. M. O. Feuillet arrivera plus tard à la franchise de l'expression dans *Dalila;* mais jusque-là il y a quelques impropriétés, des tours assez peu naturels, sous une forme toujours élégante d'ailleurs et polie. Au moment où le docteur allait se prendre, et sortir de son rôle en y entrant trop bien ; où la femme surtout, la tête en feu, se croyait déjà perdue sans retour, tout est sauvé par un effort heureux et un tour de clé habile du romancier. Mais que la leçon reste douteuse! que l'avantage de la méthode est peu démontré! Le cas étant donné, combien une autre conclusion est possible, combien elle est plus vraisemblable et, en réalité, plus fréquente! Si le procédé a réussi une fois par hasard, il ne réussira pas deux. La situation particulière est construite tout exprès, et sur une base bien fragile. On sent donc là, comme dans d'autres proverbes du même auteur, une première observation vraie, beaucoup de finesse et de délié dans l'exécution, et aussi un coin de faux par parti pris.

La Crise, qui me représente d'autres scènes pareilles, ayant même tendance, justifie ce qu'un bon juge du genre me disait en parlant de l'auteur :

« Il met ses personnages dans des situations critiques d'où ils ne peuvent raisonnablement se tirer qu'avec une infraction et un faux pas : et il les en tire moyennant un petit moyen vertueux, bourgeois, un enfant qui accourt vers sa mère le jour de sa fête avec un gros bouquet à la main, ou tout autre expédient. Il y aurait, de sa part, de l'inexpérience, s'il n'y avait plutôt de l'artifice, et, lâchons le mot, un peu de coquinerie; car il y a aussi la coquinerie de la vertu. Il doit savoir que cela ne suffit pas et que, si cela suffit ce jour-là et au moment, cela ne tiendra pas le lendemain. Mais les femmes qui ont succombé peut-être à pareille épreuve lui savent gré d'avoir supposé qu'elles s'en sont tirées à bon marché, et de leur avoir ouvert une fausse porte pour rentrer dans la bonne opinion de leur vertu. Elles lui savent un gré infini de sa préoccupation morale constante à leur égard, même quand cette préoccupation dissimulerait une bonne part de vérité. Elles sont si bien revenues d'un court moment d'erreur qu'elles s'imaginent, en le lisant, qu'elles n'ont jamais failli; et, voyant un si habile avocat plaider pour elles, elles s'attendrissent à penser qu'elles sont restées quasi des anges de vertu. »

Ne soyons pas nous-même plus rigoriste qu'il ne convient; un peu d'hypocrisie sociale est chose nécessaire et qui ne messied pas : il en faut même dans l'art; il en faut, mais, comme dit la chanson, *pas trop n'en faut.*

Le Cheveu blanc est fort joli et inattendu. A ce seul titre, qui ne croirait qu'il s'agit du premier cheveu blanc qui se découvre, un matin, sur une tête blonde ou brune de femme? Point du tout, vous y êtes attrapé : c'est du premier cheveu blanc d'un homme, d'un mari, qu'il est question. Sa femme attendait avec impatience ce premier signe de l'âge raisonnable. Clotilde est belle, de sa pleine et entière beauté, jeune encore, trente-quatre ans et demi, pas davantage; elle est dans l'âge de la crise, mais le danger n'est pas le même pour elle que pour l'épouse précédente; car elle, elle aime son mari, son Fernand; elle fait, il est vrai, ménage ou étage à part depuis huit ou dix ans, mais elle guette le moment de le reconquérir. Ce moment lui paraît venu. Elle l'a piqué de jalousie, ce soir même, au bal. Il est près de trois heures du matin; elle vient de se retirer dans sa chambre; son mari se présente, comme par hasard, un bougeoir à la main, elle l'invite à entrer. Un dialogue assez vif s'engage; il est évident que lui, le mari, il commence à avoir grand' peur de ce qu'il n'aurait que trop bien mérité; il a comme vent et pressentiment (bien à tort toutefois) de je ne sais quel danger prochain, imminent. Il fait à sa femme une leçon de morale; elle a l'air de s'en moquer et sort sous un prétexte. Resté seul un moment, il examine autour de lui ce lieu qui lui était à peu près inconnu et qui lui rend presque des désirs :

« Charmante petite chambre! Quoi de plus ravissant au monde que la chambre d'une jeune femme distinguée, honnête et un peu coquette? Partout l'empreinte d'un goût délicat et d'une main blanche... Une atmosphère doucement imprégnée des parfums favoris... Quelque chose à la fois de voluptueux et de sacré... Je ne sais quel demi-jour de pudeur voilant l'éclat d'un luxe profane... »

Il continuerait encore longtemps sur ce ton lorsque Clotilde rentre. Son mari la quitte et va pour rentrer à son tour dans son appartement; il revient presque aussitôt, il n'a pu ouvrir, la serrure est brouillée. « Eh bien! envoyez chercher un serrurier. » — « Un serrurier à trois heures du matin! » On devine le reste; c'est la femme qui tout à l'heure est allée brouiller la serrure, en y jetant du sable; elle retient insensiblement son mari chez elle; ce jour même, elle a découvert sur la tête du volage ce bienheureux cheveu blanc si désiré, elle prétend bien en tirer parti; elle s'en empare au moral, ouvre son cœur, exhale ses plaintes du délaissement auquel elle s'est condamnée, dix années durant, pour lui laisser une indépendance entière à laquelle il tenait tant et dont, elle, elle n'a jamais entendu se prévaloir ni s'autoriser; elle dit et fait si bien qu'elle reconquiert enfin l'infidèle qui ne pense plus à sortir du délicieux réduit. Au moment où il s'y attendait le moins, il a retrouvé l'heure du berger.

Mais ceci n'est plus du Marivaux, c'est du Crébillon fils retourné : *le Hasard du coin du feu,* — *la Nuit et le Moment!* M. O. Feuillet a eu l'art de faire du mariage une galanterie et une bonne fortune : piquante manière, et la seule peut-être à la lecture, de le remettre en bonne odeur, de le rafraîchir et de le raviver. Jugez si cela plaît aux femmes, bourgeoises ou non, à tout ce qui est légitime et qui retrouve le compte de la coquetterie jusque dans le devoir. Oh! que je comprends, après cela, ce double cortége de pèlerines en sens contraire, et que quelqu'un ait dit : « Il y a un double courant de femmes, les femmes de *Fanny* et les femmes de Feuillet. » Et celles-ci, plus contenues, ne sont pas les moins ferventes. Ont-elles pensé seulement à se demander si, en tout ceci, il n'y avait pas oubli toutefois et méconnaissance d'un premier article que je crois avoir lu quelque part, admirablement développé : *De la pudeur dans le mariage?*

Ainsi, chez leur cher auteur, il y a de toutes jeunes femmes qui exilent un mari de leur lit dès le premier soir (*la Clé d'or*), et qui lui font faire pendant bien des mois une juste quarantaine expiatoire. Il y en a d'autres qui ne les en chassent que deux ou trois ans après, pour leur tenir rigueur pendant des années entières et les reprendre ensuite et les raccrocher par une rouerie innocente et légitime. De ces tendres reprises conjugales, on sait, à point nommé, l'heure et la minute. Ces situations, notez-le bien, ces secrets d'alcôve dévoilés qu'on blâmerait ailleurs, sont ici mieux qu'excusés; ils sont acceptés et loués parce qu'ils sont pour le bon motif. Et puis les romans d'alentour et d'auparavant n'avaient pas nui à y préparer par leurs tableaux d'un autre genre. M. O. Feuillet a discrètement profité des licences de ses devanciers et de ses adversaires eux-mêmes : il lui a suffi de réduire ces licences au taux moral et de les mettre au service du bien.

C'était son droit, et c'est son art à lui. Je ne veux pas dire pour cela que tout soit de parti pris dans cette direction première. Ce serait une égale injustice de faire de M. O. Feuillet un auteur qui s'est livré à cette veine de réhabilitation des bons ménages et des mœurs provinciales honnêtes par impuissance d'en comprendre et d'en peindre d'autres, ou, dans un autre sens, de faire de lui un auteur tout à fait dégagé, qui n'aurait choisi ce motif et ce thème de talent que comme le plus neuf et le plus opportun pour le quart d'heure, le plus susceptible de succès. M. O. Feuillet a prouvé dans plus d'une de ses compositions, notamment dans *Dalila*, et par la bouche de sa Leonora, de son Carnioli (une de ses plus heureuses créations), qu'il savait comprendre la passion, l'art à outrance, la frénésie de la sensation et du plaisir, et qu'il n'était nullement inférieur et insuffisant à les mettre en scène par d'émouvants personnages; mais il est vrai aussi que, cette excursion faite, cette aventure épuisée et accomplie, il a son chez-lui préféré, sa ligne naturelle et sa voie dans laquelle il aime à rentrer, son inclination tracée et bien distincte. La nature de son esprit aussi bien que l'éducation première qu'il a reçue, son milieu d'enfance et de jeunesse, l'ensemble de ses habitudes et de ses mœurs, le disposaient à être tout d'abord le peintre le plus distingué de l'honnête et élégante bourgeoisie, de la bonne compagnie de province, de la noblesse qui vit encore dans ses châteaux. Il a accepté résolûment la cause que les autres évitaient ou refusaient de plaider. Il a refait à sa manière, et en l'étendant beaucoup, *le Camp des Bourgeoises;* il l'a refait orné, élégant, tout semé de surprises agréables, et de grandes dames n'ont pas dédaigné d'en être : elles ont voulu l'ennoblir en y passant (1).

(1) Un joli mot, souvent répété, résume fort bien le rôle et la physionomie de M. O. Feuillet, tel qu'il s'annonça d'abord; on a dit qu'il était *le Musset des Familles*. Ce joli mot, qui, je crois, a

Je me disais l'autre jour combien sa manière avait gagné en crédit, en voyant *le Bout de l'an de l'amour* de Théodore Barrière, un joli petit acte qui, par l'intention, pourrait être de M. O. Feuillet.

Et il ne s'est pas contenté des mœurs, il y a mêlé une chose très-chère à ce temps-ci, la question de la croyance. Mais, en cela, en voulant agrandir son domaine, il a un peu excédé les limites. C'est une marotte de notre temps de vouloir à toute force croire et de ne pouvoir. Jamais l'esprit humain n'eut, à cet égard, moins de fermeté; dès qu'il a un peu de loisir, il s'obstine à chercher son assiette en l'air, sans jamais parvenir à la trouver. Cela le désole et l'amuse. A quelques descriptions, d'abord vraies et profondes, de cet état d'esprit singulier, ont succédé des déclamations sans nombre et bien des prétentions. Pour quelques-uns et quelques-unes qui ressentent sérieusement ce mal, combien s'affectent et s'en vont gémissant tête haute par les salons! Le vide et le besoin de croyance est devenu un lieu commun de conversation dans un certain monde poli, et même, apparemment, dans des coins de demi-monde. Déjà, dans *Rédemption*, que décidément je n'aime pas, M. O. Feuillet nous a montré une comé-

---

été dit pour la première fois par M. Jules de Goncourt, a été trouvé d'autre part et mis en circulation par M. Paul de Saint-Victor. Il baptise à merveille l'auteur des Scènes et Proverbes dans sa première manière. — Nos petits-neveux, pour apprécier le piquant du mot, devront savoir qu'il y avait en ce temps-là un journal utile et moral très-répandu, *le Musée des Familles*. Le jeu de mots, comme il arrive quelquefois, a conduit à la vive et parfaite vérité.

dienne en quête à la fois d'un amant et d'une croyance, et, à ce double coup de dés, faisant dépendre l'un de l'autre, tellement que le jour où elle a trouvé un amant honnête homme et sincère, elle écrit au curé : « Je crois en Dieu ! » Il est une autre petite scène de lui, fort appréciée de quelques esprits délicats, *la Partie de Dames,* qui n'est aussi qu'une conversion. Deux vieilles gens (M. O. Feuillet ne se fait pas faute de nous offrir de ces intérieurs de vieillards, comme dans *le Village;* il triomphe de la difficulté, et il ne craint pas, tant il y met de soin et de coquetterie, que ces vieilles amours nous paraissent sentir le rance), deux vieilles gens donc, Mme d'Ermel, femme de soixante-deux ans, et le docteur Jacobus, Hollandais, qui en a soixante-dix, jouent tous les soirs une partie de dames que le vieux médecin vient faire chez sa voisine à la campagne. Il est méthodique, ponctuel, à l'heure et à la minute ; mais cette année il retarde de cinq minutes sur l'an passé : sa vieille amie s'en aperçoit et tout bas s'en alarme ; elle y voit un acheminement à la fin prochaine. On vient déranger la dame et l'appeler : c'est le curé, un jeune homme de *cinquante-neuf* ans, et dont le docteur a tout l'air d'être un peu jaloux : il le laisse voir à sa vieille amie dès qu'elle reparaît, et aussi, par haine du rival, il se fait ce soir-là plus esprit-fort que jamais, surtout après qu'il a perdu sa partie de dames ; car il la perd. Il va même si loin, il blesse tellement par une sortie misanthropique et irréligieuse les sentiments de Mme d'Ermel, que celle-ci lui signifie nettement qu'il n'ait plus à remettre les pieds chez elle, s'il ne demande pardon à genoux et à elle et, sans doute aussi, à Dieu. Voilà le docteur mis en demeure, il lui faut opter. Elle est certainement la première à souffrir de cette exécution cruelle : « Mais je devais, se dit-elle, ce sacrifice à ma foi outragée, à ma piété. » Cette bonne dame qui chasse de sa maison le docteur, son ami platonique, parce qu'il a déclaré en vouloir au bon Dieu, ressemble fort dans son genre à Sibylle repoussant impitoyablement, pour pareil méfait, le jeune homme qu'elle aime et qui l'adore ; et comme elle aussi, mais plus à temps, par ce parti héroïque elle amène à résipiscence le récalcitrant et elle le convertit. Ils iront le lendemain ensemble visiter un malade d'abord, puis chez le curé, au presbytère : le docteur lui-même l'a demandé. Il y a des nuances délicates et fort curieusement observées et démêlées entre ces deux vieux cœurs amoureux de Mme d'Ermel et du docteur Jacobus : il est pourtant impossible de ne pas voir dans de telles productions d'art un genre de conte moral comme chez Marmontel, ou même de conte édifiant comme chez l'évêque Camus. La vérité de l'observation y est subordonnée à une intention, à un but.

C'est le côté par où l'art de M. O. Feuillet, tout distingué qu'il est dans sa grâce et dans son comme il faut, n'est que secondaire. L'auteur, on le sait, ne s'en est pas tenu là. Ses premiers essais si fins, et d'un arrangement si ingénieux, si industrieux, n'étaient qu'un prélude, une entrée de jeu pour un talent qui se sentait en fonds. Dans des œuvres plus considérables et plus développées, dont *Dalila* est la plus forte, *le Roman d'un Jeune Homme pauvre* la plus triomphante, et *Sibylle* la plus ambitieuse, il a déployé des facultés de drame, une habileté de construction et d'émotion qui ont laissé subsister les autres qualités nuancées : il a étendu et varié sa sphère. Mais s'est-il débarrassé de ce qui était but et système à l'origine? l'a-t-il rejeté en s'élargissant, ou l'a-t-il admis également et dans une proportion même croissante? Sans revenir sur des ouvrages si connus, si bien jugés de tous, et dont chacun demanderait une analyse à part, je prendrai pour sujet de quelques-unes de mes remarques *la Petite Comtesse*, qui est un récit entre les deux, ni trop court, ni trop long, et qui par là même est plus commode.

Le début a bien du vif et de l'agréable. C'est un ami en voyage qui écrit à son ami. Il a une mission; il s'est chargé de décrire un monument historique, un vieux cloître ruiné en Normandie, et, pour mieux faire, il s'est établi dans un moulin, passant le jour à courir le pays ou à dessiner. Toutes ces descriptions sont naturelles et animées; tout marche à ravir, jusqu'au moment où, après la rencontre d'une chasse, partie d'un château voisin, après l'avoir voulu fuir et en être même venu à bout, notre homme est relancé jusque dans son moulin et sa ruine, et où il devient l'hôte du château. La petite comtesse, qui apparaît comme le boute-en-train des chasses, n'est elle-même qu'une des nombreuses hôtesses du lieu, mais des plus impérieuses, des plus enfants gâtées et des plus étourdies : c'est une amazone à la mode du jour. Notre artiste, simple amateur et très homme du monde, qu'une première mala-

dresse a mis en position un peu fausse vis-à-vis d'elle,
n'a d'ailleurs que de l'aversion pour cette petite personne très-inconséquente. Mais, quand on est à cet endroit du récit où l'action commence, deux dissertations
surviennent qui interrompent et font vraiment horsd'œuvre, l'une sur la cuisine classique et romantique,
l'autre sur la noblesse et son rôle dans l'État. Que me
fait, en vérité, cette double conversation oiseuse entre
le jeune homme et le maître du château? L'intérêt
qu'il ne fallait pas laisser échapper un moment est tout
entier dans les rapports, à peine entamés, de l'artiste
et de la jeune dame. Un hasard a fait connaître à celle-ci
le jugement si sévère qu'il porte sur elle : piquée au vif,
elle prend à tâche de le réfuter. Toute cette partie, où
l'amour-propre excité et l'amour naissant sont en jeu
chez elle et se confondent, est encore des plus agréables.
Mais pendant le bal et dans cette scène si bien amenée,
où la jeune femme, qui n'a rien de grave, après tout,
à se reprocher, tout émue enfin de tendresse, et transformée par la passion, se déclare au jeune amateur artiste et en vient à lui offrir son cœur, sa vie, sa main,
— car elle est veuve, — d'où vient cette austérité subite et non motivée, cette pruderie farouche du jeune
homme, déjà touché lui-même, et qui n'a plus aucune
raison de la repousser? C'est inhumain, c'est dur et
bien peu naturel. En fait, les personnages étant ce
qu'ils sont et les choses ainsi posées et amenées, que
se passerait-il dans le monde, dans la vie réelle et hors
du roman? De deux choses l'une : le jeune homme deviendrait l'amant de la dame ou son mari, et peut-être

les deux. Je sais que le roman ne dit pas tout, qu'il y a des dessous de cartes qu'on arrange et qu'il est bon d'arranger. Pas tout le vrai, j'en tombe d'accord; mais jamais le faux!

Vous avez vu quelquefois un beau jeune homme de trente-cinq à trente-neuf ans environ : il a encore toute la physionomie de la jeunesse; son œil est vif, sa tempe marquée à peine, sa moustache brune, toute son expression souriante. Son front même est ombragé de cheveux noirs comme dans sa première jeunesse, et l'on ne se douterait pas que la main du temps y a passé. Le premier cheveu blanc n'y est même pas. Mais qu'est-ce ? cet homme, jeune encore d'air et d'années, est assis devant vous, de côté, près d'une fenêtre; le soleil se couche; un rayon glisse et l'effleure, et alors, sur cette tête si riche et si fière de sa brune parure, vous voyez tout à coup se dessiner, avec une précision désespérante, quelques mèches qu'on ne soupçonnait pas et qui ont beau être mêlées artistement aux autres plus naturelles : une couleur rougeâtre, sous cette lumière rasante, les a trahies. Quel dommage! Pourquoi cet élégant jeune homme a-t-il recours à l'artifice? Pourquoi cette addition et cet ajustement inutile? et combien il gagnerait à laisser voir, çà et là, sur un front plus nu, quelques places dépouillées ou éclaircies, quelques traces gravées qui ne sont pas encore des ravages !

C'est un reproche de cette nature que je ferai à l'art de M. O. Feuillet : il y a, au milieu d'observations vraies et charmantes, des traces de faux qui se reconnaissent aussitôt à certains reflets et qu'on voudrait en enlever.

Mais *Sibylle* nous appelle : un cortége d'admiratrices nous attend à l'avance sur ce terrain romanesque tout idéal et nous y défie.

Lundi 13 avril 1863.

M. OCTAVE FEUILLET.

SCÈNES ET PROVERBES. — SCÈNES ET COMÉDIES
HISTOIRE DE SIBYLLE, ETC.

(SUITE ET FIN.)

I.

Avant de discuter *Sibylle*, je rendrai pourtant pleine justice à *Dalila*. De toutes les compositions de l'auteur, c'est celle qui, sans sortir des visées qui lui sont chères, échappe le plus à la critique que peut mériter le genre. Le succès, au théâtre, a justifié celui que cette pièce ou cette suite de scènes si dramatiques avait obtenu à la lecture. Le sujet, c'est le sujet éternel de la force domptée par la faiblesse, du lion amoureux, d'Hercule aux pieds d'Omphale, de Samson énervé par Dalila : d'où le titre même. Mais la force qui sera vaincue n'est ici que la force toute morale du talent. Un jeune et brillant génie, une âme d'artiste, un second Mozart, a été découvert dans les campagnes de Dalmatie par un dilettante effréné, le chevalier Carnioli : celui-ci l'enlève, le fait élever, le couve, le patronne et, avant de le lancer, le promet d'avance à tous d'un air de mystère ; il en est fier et glorieux comme de son œuvre et de sa conquête. Mais le jour même où l'on va représenter à Naples, sur le théâtre de San-Carlo, le premier opéra de ce Roswein, un chef-d'œuvre, le chevalier s'aperçoit que le pauvre enfant est amoureux, — mais amoureux comme un enfant qu'il est, d'une belle, blonde et douce créature, la fille de maître Sertorius, le violoncelliste et le professeur de contre-point, et qu'il veut tout bonnement l'épouser. Ce libertin de chevalier qui est de l'avis de certain docteur (Alibert), « qu'un homme marié est un homme englouti, » et qui pense apparemment comme Courbet « qu'en art tout mari est réactionnaire, » le chevalier fait tout au monde pour sauver le cher innocent de ce pas dangereux du mariage, de ce marais dormant où sa nef va s'embourber et s'envaser à sa première sortie. Pour cela, il s'adresse à tous les saints du Paradis ou mieux à tous les démons de l'Enfer. La signora Leonora, ni plus ni moins qu'une princesse, une ancienne maîtresse à lui et qui assiste à cette première représentation du chef-d'œuvre musical, est le démon qu'il évoque et qu'il a l'art d'opposer soudainement au triomphe du pur et vertueux amour. Leonora, belle, éblouissante, avide de sensations, ardente dans ses fantaisies, froide de cœur, n'a pas de peine à enlever le jeune et fragile artiste : ce n'est rien de lui avoir jeté son bouquet sur la scène, et son mouchoir par mégarde avec le bouquet, comme dans un vrai délire d'enthousiasme; il faut voir comme ensuite, dans la visite qu'il lui fait, elle le pique au jeu, lui bat froid, le mortifie, lui tient la dragée haute, le tourne et le retourne à plaisir, comme elle fait tout, en un mot, pour le chauffer, l'enflammer; elle lui met au cœur un de ces amours furieux, dévorants, à la Musset, qui vous tuent sur place, ou qui vous laissent, pour le restant de vos jours, n'en valant guère mieux. La proie est délicate et lui plaît : « On n'a pas tous les jours un poëte à se mettre sous la dent. » Carnioli, qui d'abord est aux anges du succès de sa manœuvre, s'aperçoit trop tard qu'il a trop bien réussi; et quand, au retour d'un voyage, il veut ensuite détacher, arracher la victime du lien funeste où elle est enlacée, il ne la retire qu'en lambeaux. La lutte des deux amours, de l'amour-fléau et du pur et placide amour domestique, est très-bien touchée, indiquée, sans déclamation. Marthe, la pauvre jeune fille sacrifiée, cette *Mignon* du Nord exilée sous le ciel de Naples, et regrettant sa chère Allemagne où elle veut qu'on la ramène, ne fût-ce que dans le cercueil, a de la tendresse et du charme sans fadeur. Leonora est bien la superbe et la passionnée, qui va à son but, épuise son caprice, suce l'orange, jette l'écorce, brise et quitte à son gré : le fin et délicat auteur a trouvé, pour nous la rendre, des accents plus francs que de coutume, des cris énergiques et dont on dirait, s'ils étaient aussi bien de Musset, qu'ils sentent la morsure et la vengeance. Mais c'est surtout dans le

personnage plein de verve du chevalier Carnioli que
M. O. Feuillet s'est surpassé ; il s'est vraiment piqué
d'honneur dans la peinture de ce personnage hostile,
de cet avocat du diable, de cet adversaire à mort de
toutes ses propres théories : on peut dire que, par la
bouche de Carnioli, il semble s'être insurgé contre lui-
même. Il est de ces heures-là où, si l'on est sincère, on
se dit à soi-même et avec une sorte de rage tout le
contraire de ce qu'on aime, de ce qu'on fait et de ce
qu'on est. On se donne des soufflets sur les deux joues.
Cet acte d'audace et de révolte lui a réussi. Ajoutez
que la pièce est dans la vraie mesure de l'art; la moralité y est plutôt conclue qu'affichée ; elle reste à tirer,
l'auteur ne l'impose pas ; et si l'on veut à toute force
conjecturer que le jeune artiste au cœur trop faible,
s'il avait écarté différemment, aurait trouvé un autre
genre d'écueil dans le bonheur somnolent du mariage, comme il a trouvé sa perte sur la mer ora-
geuse de la passion, il n'y a pas de raison absolue qui
s'y oppose : vous êtes libre d'y rêver tout à votre aise.

Cet hommage rendu à *Dalila,* rien ne nous sépare
plus de *Sibylle;* car *le Jeune Homme pauvre* (qui aurait
dû s'intituler plutôt *le Gentilhomme pauvre*), si nous
nous y arrêtions, appellerait plus d'une critique du
genre de celles qui nous restent à faire, et Sibylle est
certainement cousine de la petite Marguerite. Le drame
d'ailleurs du *Jeune Homme pauvre,* tout en poussant à
la vogue du livre, a un peu nui en même temps à l'estime qu'on en faisait ; il a mis en relief les défauts de
l'œuvre et a éteint quelques-uns des agréments. No-

tons pourtant ce fait considérable et singulier : *le Roman d'un Jeune Homme pauvre* est peut-être le plus grand succès de vente de ce temps-ci ; à l'heure qu'il est, il s'en est vendu tout près de 40,000 exemplaires, et comme on le dit couramment en termes de librairie, « c'est le *meilleur* roman à 3 fr. » Nous reviendrons, après *Sibylle*, sur ce fait de la grande publicité et de l'immense faveur dont jouissent les œuvres de M. O. Feuillet.

II.

Je me garderai bien, pour commencer, de donner ni même d'avoir par-devers moi une théorie du roman. Le grand avantage du roman est précisément d'avoir échappé jusqu'ici à toute théorie, à toute règle. Dans l'Antiquité, il était trop petit et en herbe quand Aristote parut, et Quintilien ne le vit jamais, s'il le vit, que du haut de sa grandeur. Apulée, j'imagine, était médiocrement estimé des classiques du temps. Grâce à cette liberté d'allure qu'il a eue à toutes les époques, et qu'on lui a concédée en tant que genre sans conséquence, le roman a prospéré, fleuri, fructifié, et il s'est vu capable, presque dès sa naissance, de prendre toutes les formes, — sentimentale, pastorale, poétique, chevaleresque, historique, ironique, satirique, allégorique, descriptive, morale, passionnée. La forme philosophique et raisonneuse est aussi l'une des siennes, et je ne saurais la proscrire. *La Nouvelle Héloïse* et *Delphine* sont des branches légitimes du roman. Un peu de prêcheri n'y messied pas, c'est accordé : il ne s'agit que d'y observer le goût, la vraisemblance, la raison, d'y entretenir l'intérêt, de n'y pas introduire l'ennui. En un mot, j'admets tous les genres en fait de roman, et je ne m'inquiète que de la manière dont ils sont traités.

Sibylle n'est pas seulement l'héroïne du roman qui porte son nom ; le livre tout entier, d'un bout à l'autre, prétend n'être que son histoire, sa vie, sa biographie. C'est une étude également répartie sur chaque âge, enfance, adolescence, jeunesse, plutôt que la peinture d'une situation particulière et d'une crise passionnée. On nous dit tout d'elle, on nous raconte tout. J'aime assez cette manière ; mais elle demande bien de la suite, de la consistance, une exacte vérité dans le détail ; car un lecteur à qui l'on prétend tout dire et ne rien dérober est exigeant.

Dès l'enfance, elle s'annonce comme un prodige : encore dans les langes, et comme on avait placé son berceau, un soir d'été, près d'une fenêtre ouverte, elle pleure et crie jusqu'à avoir des convulsions : c'est qu'elle voyait une étoile au ciel et qu'elle la voulait. Il fallut fermer la fenêtre et donner le change à son caprice. Un peu plus tard, quand elle sait parler, elle entre en colère contre sa gouvernante qui, au bord d'un étang, prétend l'empêcher de monter sur un cygne ; car Sibylle voulait absolument chevaucher l'un des cygnes qui voguaient sur la pièce d'eau, et faire ainsi le tour de l'étang. Nouvelle lutte, nouvel assaut de volonté ou de caprice. Il est certes des natures merveilleusement douées en naissant, des êtres (surtout femmes) revêtus de dons singuliers, d'aspirations pures, tendres, poétiques, idéales, et qui semblent vouloir glisser, s'élever au-dessus de la terre : ici, chez Sibylle, cette faculté éthérée, cette tendance au sublime est jointe à une fermeté de volonté qui devient le trait caractéristique et qui, dans plus d'un cas, ira jusqu'à la dureté. Elle est encore plus impérieuse et opiniâtre que tendre.

Elle exerce, au reste, un prestige sur tout ce qui l'entoure. Le pauvre fou Jacques Féray, objet de sa pitié, subit son ascendant, se voue à elle et devient son serf et sa chose.

Rien pour elle ne se passe comme pour un autre enfant. Il semblerait qu'il n'y eût rien de plus simple pour un être aussi merveilleusement doué que d'apprendre à lire ; nous l'avons tous appris à moins de frais : point. Elle reste dans l'ignorance obstinée des lettres jusqu'à ce qu'un jour, ayant vu des signes gravés sur la tombe de ses père et mère, et ayant voulu savoir le sens de ces épitaphes sans pouvoir obtenir de réponse satisfaisante, elle se met à profiter incontinent des leçons du curé, qui, dès ce moment, ne reconnaît plus son élève. Sibylle n'apprend à lire que parce qu'elle veut comprendre les inscriptions funéraires qui lui tiennent au cœur. Là encore, jusque dans sa conquête de l'*a, b, c*, il y a miracle ou merveille.

Déjà, je dois le dire, cela commence à impatienter ; l'amour-propre du lecteur est humilié vraiment de cette dépense de petits miracles inutiles autour de cet enfant prodige, et, parmi les lectrices, bien plus indulgentes, il n'y aura que celles qui croiront ressembler à Sibylle et qui s'adoreront un peu en elle, qui l'aimeront.

Orpheline de naissance, Sibylle est élevée à la campagne auprès de ses grands-parents paternels, le marquis et la marquise de Férias ; ses grands-parents maternels, plus mondains et très-frivoles, habitent Paris et ne la réclameront que plus tard. Tout ce qui entoure Sibylle dans son premier cadre est disposé, concerté à dessein pour la faire valoir. Le curé du lieu est simple et des plus ordinaires. La gouvernante est une Irlandaise fort instruite, qui joue de la harpe au clair de la lune, mais protestante, disgracieuse de toute sa personne, et fort laide. Des voisins, les Beaumesnil, sont des jaloux odieusement médisants, presque des caricatures, et une petite amie, Clotilde Desrozais, nièce des Beaumesnil, s'annonce comme en tout l'opposé et le repoussoir de Sibylle ; car celle-ci est blonde, aux cheveux d'or, aux yeux bleus d'azur, au profil séraphique, tandis que Clotilde, plus forte, et grande dès l'âge de douze ans, a un œil superbe, « à demi clos et voilé dans l'habitude, mais dévorant dès qu'il s'ouvre ; » avec cela, « de lourdes nattes d'un noir bleuâtre, » et, sur des dents d'ivoire, des lèvres pourprées dont la cerise ne demande qu'à être cueillie. Ce sont les deux beautés en contraste, en attendant qu'elles soient en guerre : la beauté idéale, spirituelle, psychique, et la beauté réelle, terrestre, un peu matérielle. Il est évident dès l'abord que Clotilde ne paraît que pour être sacrifiée. Elle débute par un trait odieux, en se jouant du pauvre fou Féray, grotesquement affublé par elle, et en le mettant aux prises avec son chien Max qui manque de le dévorer. Je ne crois pas que, parce qu'une jeune fille est brune et a des yeux déjà chargés de quelques vagues désirs, il en résulte qu'elle doive être ainsi méchante et cruelle. Le parti pris se fait trop voir.

Réservez, puisque vous le voulez absolument, la charité pour Sibylle, mais accordez à l'autre du moins d'être bonne enfant, laissez-lui l'humanité.

Sibylle, qui a en elle de la fée, aime fort à courir seule les bois : la rencontre qu'elle y fait d'un jeune peintre qui a nom Raoul et qu'elle surprend à dessiner un de ses sites favoris, la Roche-Fée, est un des événements de son enfance. Sibylle avait pour lors sept ou huit ans, et le jeune homme paraissait en avoir vingt. Ils ont échangé à peine quelques mots et ne se revoient plus. Le nom, l'image de Raoul, lui restent cependant gravés au cœur : sa destinée plus tard en dépendra. Le roman frise parfois le poëme ; si nous avions affaire à un vrai poëme, et que tout cela fût en beaux vers, en belle musique, nous n'aurions trop rien à dire : on est moins sévère pour le sens, quand on peut se rattraper à chaque instant sur l'exécution.

Je ne m'attache qu'à quelques traits-principaux. Sibylle, je l'admets, est une imagination poétique, un génie naturel comme il s'en rencontre, hardi, élevé, plein d'essor : quand le curé veut lui apprendre son catéchisme, elle raisonne, elle veut savoir le pourquoi des choses ; elle force le bonhomme à se remettre à ses auteurs et à étudier. Elle a d'elle-même l'idée de dresser, à un endroit du parc d'où l'on voit l'Océan, une espèce d'autel ; ou, du moins, une table de pierre celtique au pied d'un chêne lui en tient lieu. Là elle vient solitairement s'agenouiller, faire fumer l'encens, et adorer le dieu de l'infini, celui du Ciel et de l'Océan. Elle recommence en quelque sorte la religion de Noé, d'Abraham et des patriarches, ou encore celle du Vicaire savoyard. Ce culte idéal et simple ne la dispose cependant pas à sa première communion, qu'elle déclare nettement, un matin, vouloir remettre et ajourner. Toute l'argumentation du curé y échoue ; il y a perdu son latin. Mais voilà qu'un jour de tempête où il y a naufrage sur la côte, le brave curé risque sa vie pour aller sauver des malheureux en perdition. A son retour, Sibylle se déclare vaincue ; elle avait compris que le vrai Dieu et la vraie foi pouvaient seuls inspirer ces grands et sublimes dévouements. Elle reprendra donc ses leçons de catéchisme et se préparera à sa première communion.

Le curé lui-même, à partir de ce jour, est comme transfiguré : ses leçons ont acquis un accent de précision et d'autorité qu'elles n'avaient pas. La science lui est venue, par grâce infuse, avec la vertu.

Miss O'Neil, la gouvernante, est touchée elle-même en l'écoutant : elle rend les armes et veut abjurer. Elle fera sa première communion en même temps que Sibylle ; la cérémonie est fixée au 1er mai :

« Le printemps était, cette année-là, tiède et doux. Pendant la nuit qui précéda ce jour, un rossignol, qui chantait habituellement dans les bois de Férias, s'exalta fort et redoubla de trilles merveilleux ; il essayait de lutter avec des sons de harpe extrêmement mélodieux qui s'envolaient par une fenêtre entr'ouverte du château. »

Ne dirait-on pas d'une légende de saint François d'Assise? les oiseaux eux-mêmes sont de la fête; le rossignol fait sa partie dans le miracle.

Depuis ce jour, Sibylle, ramenée au giron de l'Église, sera non-seulement la plus fidèle, mais la plus stricte et la plus exacte des orthodoxes.

J'en sais déjà assez, et quand je me demande ce qu'a voulu l'auteur, je trouve bien de l'indécision dans son idée. Serait-ce un poëme qu'il a voulu faire, une œuvre d'imagination, de mélodie, de description, de peinture harmonieuse, de féerie à demi chrétienne, un chant imité de Spencer ou de Tennyson? Mais la forme manque, le rhythme fait défaut, l'effusion est absente; et en effet il a annoncé son livre non comme une légende, mais comme une histoire.

Si c'est une histoire, et comme elle prétend évidemment enseigner quelque chose, quel est cet enseignement qu'en veut tirer l'auteur? Je n'en vois qu'un, jusqu'ici, qui soit motivé et justifié, et qui ferait rentrer l'œuvre dans la classe des romans d'éducation de miss Edgeworth. Cette moralité, on la trouverait dans la réflexion très-sensée qu'adresse M. de Férias à sa petite-fille en voyant les mobiles extraordinaires auxquels elle obéit dans toute sa conduite : « Ma chérie, vous voulez toujours monter sur le cygne; vous voulez l'impossible; ce sera, je le crains, l'écueil de votre vie. » Le dernier mot du livre serait alors un conseil d'institutrice :

« Mesdemoiselles, plaignez Sibylle et ne l'imitez pas : avec toutes ses belles qualités, une seule, poussée trop loin, a failli la perdre. » Mais ce n'est pas là ce qu'a fait l'auteur, et, dans la suite de l'histoire, il paraît bien, au contraire, vouloir nous présenter Sibylle comme une sorte de type de perfection, un modèle ; et c'est bien ainsi que l'ont prise cette quantité d'admiratrices qui se sont écriées en la voyant : « Voilà comme nous sommes, voilà comme nous voudrions être, et comme nous serions à coup sûr si c'était à recommencer ! »

D'autres romanciers (et nous ne les en louons pas) n'ont cessé, dans leurs livres, de chatouiller les vices de leur temps : M. O. Feuillet, dans *Sibylle*, semble avoir voulu en caresser les faibles ambitieux et les prétentions superfines. C'est une flatterie plus délicate, mais une flatterie également. En a-t-il eu conscience, ou sa voile n'a-t-elle fait qu'obéir à l'air du temps et prendre le vent sans manœuvre aucune ? Nous pencherions pour cette dernière supposition, bien que l'apparence soit un peu contraire.

Sibylle venue à Paris, chez ses grands-parents maternels, y voit le monde, soupçonne, sans y entrer, le tourbillon de la capitale et le juge très-bien ; elle écrit là-dessus de fort jolies pages. Mais pourquoi ce don, cette puissance de prosélytisme qui s'attache à elle ? pourquoi lui faire convertir sa grand'mère, Mme de Vergnes, femme frivole, évaporée ? pourquoi lui prêter cette manie ou cette magie (c'est tout un), qui fait que partout où elle passe, où elle habite, elle apporte avec elle une sorte de régénération, une *transfiguration*, de vrais miracles? Et ici je désire être bien compris : j'admets tout à fait qu'une jeune femme, une jeune fille merveilleusement douée, esprit supérieur et gracieux, âme pure, apporte avec elle une joie légère, un charme qui opère insensiblement ; mais il ne faut pas forcer ce charme et lui demander plus qu'il ne peut. Il y a une scène fort belle où Sibylle ne me paraît pas excéder la mesure du possible : c'est lorsque la duchesse Blanche, son amie, mariée par raison à un homme estimable, retrouve après des années celui que toute jeune elle préférait et de qui elle aurait aimé à faire choix, et lorsqu'entraînée sur une pente rapide elle se sent bien près de manquer à ses devoirs : dans son trouble, elle s'ouvre tout d'un coup à Sibylle, à cette jeune fille grave et pour qui elle a conçu une haute estime. Sibylle, tout inexpérimentée qu'elle est en pareille matière, donne à la jeune femme, son amie, le seul conseil droit et sage : « A votre place, ce que je ferais, le voici : je me confierais tout simplement à mon mari. » Blanche suit le conseil et s'en trouve bien. La scène de confidence au duc est des mieux conduites et des plus touchantes. Cette consultation ainsi donnée par Sibylle n'excède pas ce qu'on peut attendre d'une jeune fille de ce mérite. L'innocence a de ces droitures lumineuses que toute l'expérience du monde n'atteint pas ou du moins ne saurait dépasser. Mais le reste, tout ce qui est alentour, semble bien artificiel.

La question de foi et d'orthodoxie s'introduit à un certain moment dans l'action et en devient le nœud.

L'ancien Raoul, le mystérieux personnage d'il y a dix ans, le dessinateur de la Roche-Fée, que Sibylle n'avait jamais oublié, qu'elle retrouve après des voyages, noble, riche, maître de sa fortune, et qu'elle se met sérieusement à aimer, est fort lié avec un savant, Gandrax, au nom revêche, et dont M. O. Feuillet fait un athée ; Raoul partage, à quelque degré, les principes de cet ami. Un jour, dans une conversation à un dîner chez une noble dame, tante de Raoul, la discussion s'engage sur la religion, sur la croyance, et Raoul, pressé, questionné, mis en demeure de s'expliquer, et uniquement pour ne point faire l'hypocrite, se croit obligé de dire qu'*il ne croit pas*. Sibylle, qui était du dîner, s'évanouit au même instant, quitte Paris le lendemain et renonce à tout projet de mariage avec le bel incrédule. C'est insensé : car d'abord Raoul n'a point là-dessus de parti pris absolu et irrévocable; car, de plus, Sibylle, qui exerce un grand ascendant sur lui, doit espérer, Dieu aidant, de modifier son opinion et de l'amener à la sienne; car, même chrétiennement parlant, il n'y a pas lieu, en pareil cas, de jeter le manche après la cognée, puisque saint Paul a écrit que « la femme fidèle justifierait le mari infidèle. » Aussi, à partir de ce moment, tout intérêt, selon moi, cesse raisonnablement de s'attacher à Sibylle, qui se conduit en personne peu éclairée, en fille volontaire et opiniâtre, en fanatique fidèle à la lettre plus qu'à l'esprit, et, pour trancher le mot, comme une petite sotte. Elle fait gratuitement du mal à elle et à un autre.

Sa brusque et sèche intolérance m'en a rappelé d'autres du même genre, dont j'ai été quelquefois témoin en effet dans le monde de ce temps-ci, dans le même monde que voyait Sibylle; mais les femmes qui s'y abandonnent ne brillent, en général, ni par la supériorité de l'intelligence, ni par les lumières : ce sont pour l'ordinaire de petits génies qui s'imaginent se grandir en se raidissant.

L'auteur a beau s'ingénier, vers la fin, pour faire racheter à Sibylle cette faute de tendresse, cette raideur d'esprit; elle ne s'en relève que bien imparfaitement et par une sorte d'inconséquence (1).

Et puis tout à côté, dans ce rôle de Clotilde, la beauté matérielle qu'on rabaisse et qu'on sacrifie, pourquoi ne pas rester fidèle du moins à la donnée première? Vous faites de Clotilde, par opposition à votre héroïne, une femme de passion, dirigée par ses instincts positifs, par son tempérament et par ses sens, et aussi par le sens commun vulgaire. Je pars de là avec vous. Pourvue d'un triste mari, et n'ayant pu enlever Raoul à Sibylle, elle a pris pour amant Gandrax, le savant, l'homme de mérite, athée, il est vrai (à propos, je ne croyais pas que ce personnage d'*athée* propre-

(1) Tout à la fin, et lorsqu'elle est revenue à l'amour de Raoul, Sibylle se livre à une grande excentricité d'amour-propre et d'orgueil déguisé en esprit de sacrifice, lorsqu'elle dit : « Il me semble quelquefois que, si je mourais, il croirait! » Elle s'offre presque en victime pour le racheter et lui obtenir son salut. Mais, aux yeux du chrétien sévère, c'est là une énormité. Est-ce donc qu'il n'y a pas une autre Victime humaine et divine qui suffit pour tous? Sibylle ne serait pas fâchée d'être un supplément; elle n'a pas été à bonne école pour le vrai christianisme.

ment dit existât encore sous cette forme, à la Wolmar), — mais, à part cela, le caractère le plus droit, le plus probe, une personnalité marquante et originale, tout à fait distinguée. Alors, que signifie ce mépris subit que Clotilde fait de lui à certain jour, comme s'il était indigne d'elle, comme si, « avec toute sa science, il n'avait ni cœur, ni âme, ni esprit..., rien de ce qui peut relever à ses yeux une femme qui tombe, lui voiler sa faute, lui ennoblir sa faiblesse, etc., etc.? » On n'a jamais vu de femme, dans le cas de Clotilde, adresser de telles paroles à un homme distingué et de cet ordre; à quelque illustre membre de l'Académie des sciences à qui elle aurait tant fait que de se donner. C'est là un revirement soudain et une tergiversation de sentiments qui n'est nullement motivée. Quoi! cette belle et florissante personne, si faite pour les jouissances de la vie, si amie du positif et des réalités, qui servait à Sibylle de repoussoir, la voilà qui se trouve, elle aussi, atteinte et infectée du même vice que Sibylle, de vouloir à toute force quelque chose de transcendant et de surnaturel! Mais c'est de la maladie, de la contagion.

III.

Ma conclusion, c'est que les caractères, dans cette *Histoire de Sibylle,* ne sont pas vrais, consistants, humainement possibles; ils n'ont pas été assez étudiés d'après nature et sur le vif. C'est un livre trop fait de tête et d'après quelque inspiration demi-poétique et rêvée, demi-actuelle et entrevue, pas assez fondue ni assez mûrie.

En présence de cette forme d'art ingénieuse, délicate, mais ici outrée visiblement et plus que jamais infidèle à l'entière vérité, je dirai encore à l'auteur :

« N'étalez point les laideurs, les plaies, je le veux bien ; ne nous montrez point, comme d'autres, la pointe du scalpel, encore toute souillée de sang et de sanie : à la bonne heure, et je vous en rends grâces. Mais aussi que l'anatomie profonde, la physiologie humaine, ne soient point méconnues et absentes sous vos plis et vos draperies ; qu'on sente la vraie chair et le vrai sang jusque sous la soie et les dentelles ! »

Sibylle qui veut monter sur son cygne est précisément le contraire de Léda. Ne refaites pas de ces Lédas lascives et aux yeux mourants, je vous en loue ; mais, par une mythologie inverse, ne faites pas tout le contraire.

Qu'avez-vous prétendu au juste dans ce portrait de pure et angélique enfant auquel vous vous êtes visiblement affectionné? J'hésite encore à me faire la réponse. Quelqu'un de bien informé, ce semble, et d'initié à ces mystères me dit par avance : « Je vous livre Raoul, Gandrax, Clotilde, et tout ce vigoureux feuillage dans lequel il encadre *une pervenche, dont la destinée est de refléter le ciel un jour et de se fondre aussitôt en rosée.* » Va pour la pervenche ! Mais c'est donc alors un poëme que vous vouliez faire? Il fallait alors le dire, et surtout l'exécuter.

Sibylle n'est qu'une ébauche, une esquisse trop indécise. Si vous n'avez voulu nous montrer qu'une jeune fille fantasque, extraordinaire et pure, à la poursuite de beaux fantômes, vouée à l'extase, et amante de la virginité jusqu'à en mourir, vous y avez mis trop de catéchisme, trop de dogme. Que si vous avez voulu, au contraire, faire de Sibylle (comme son nom l'indiquerait) une sorte de demi-prophétesse et de révélatrice à sa manière, une fée ou une sainte déclassée et transposée dans le monde, vous n'en avez pas dit assez ; vous n'êtes pas entré assez avant dans votre sujet, vous n'avez pas attaqué hardiment et de front tout le problème.

Les difficultés de l'art s'accroissent sans doute en même temps que le talent se développe. Il est juste que M. O. Feuillet s'en aperçoive. Tant que l'auteur des Scènes et Proverbes s'est joué dans ses premiers cadres, il y était soutenu et appuyé de toutes parts ; il n'avait qu'à faire avec esprit le contraire de ses devanciers et à prendre le contre-pied en toute habileté ; c'était au mieux : il avait sous les yeux, à tout moment, ses points de repère. Mais maintenant qu'il n'est plus en vue de la côte, qu'il est en pleine eau, il n'y a plus, pour s'en tirer, que la connaissance de ce vaste océan qu'on appelle la nature humaine. Qu'il ose y plonger. Hors de là, point de salut !

Il n'est pas donné à tous d'aller au fond de cet océan et d'en sonder toutes les profondeurs ; mais il n'est permis à personne de ne pas tenir compte des grands courants.

La fertilité, l'ingéniosité des moyens ne suffisent pas.

Qui en eut plus que Scribe? Il y faut joindre l'observation directe et vraie, prise à sa source et renouvelée sans cesse (1).

M. O. Feuillet en est arrivé à l'heure critique et décisive. Il est aujourd'hui à la tête d'un nombreux public choisi; il dispose d'une faveur immense : c'est dire qu'il a aussi une grande responsabilité. Dès qu'un de ses romans paraît chez son éditeur, il faut voir, nous dit-on, comme son public, à lui, se dessine; d'élé-

---

(1) Je sais qu'il y a en tout ceci bien du jeu, que l'art est une chose fort différente de la nature, que ce qui s'appelle *roman* en particulier est fait pour plaire et amuser à tout prix, et le plus souvent moyennant illusion : je ne voudrais pourtant pas qu'on y mentît par trop, qu'on y donnât des idées par trop fausses et chimériques, et j'ai présent à l'esprit en ce moment la boutade d'un moraliste un peu misanthrope, qui écrivait pour lui seul après la lecture de quelqu'un de ces romans à la Sibylle ou à la Scudéry :
« Quand je me reporte en idée aux débuts de l'espèce humaine
« sur cette terre, à cette longue vie sauvage dans les forêts, à ces
« siècles de misère et de dureté de l'âge de *pierre* qui précéda
« l'âge de *bronze* et l'âge même de *fer*; quand je vois, avant l'ar-
« rivée même des Celtes, les habitants des Gaules, nos ancêtres
« les plus anciens, rabougris, affamés et anthropophages à leurs
« jours de fêtes le long des fleuves, dans le creux des rochers ou
« dans les rares clairières; — puis quand je me transporte à
« l'autre extrémité de la civilisation raffinée, dans le salon de
« l'hôtel de Rambouillet ou des précieuses spiritualistes de nos
« jours, chez Mme de Longueville ou chez Mme de...., où l'on parle
« comme si l'on était descendu de la race des Anges, je me dis :
« L'humanité n'est qu'une parvenue qui rougit de ses origines et
« qui les renie. Je voudrais que, tout en conservant sa dignité
« acquise, elle se souvînt tout bas quelquefois du point d'où elle
« est partie. Ne renions pas nos parents pauvres. — N'étalons pas
« nos origines, soit; recouvrons-les même, à condition de ne les
« oublier jamais. »

gantes lectrices viennent en foule et elles viennent en personne; les équipages se succèdent : en général, on ne demande pas *un*, mais plusieurs exemplaires du roman nouveau. Il y a propagande. Il semble qu'on le distribue comme on ferait du contre-poison, ou du moins que l'on dise à tous ses amis et connaissances : « Prenez de ma main, voilà un de ces romans qu'on peut lire. » Honorable distinction, mais qui impose de certains devoirs, dont le premier est de ne pas trop flatter les faibles de ces délicieuses lectrices ! N'y a-t-il donc pas moyen pour un auteur aimé de garder tout son public, et de continuer de le charmer, sans paraître lui donner des gages comme à un parti ? Le moment des avances est dès longtemps passé; vous êtes maître désormais. Soyez tout l'artiste distingué et sincère que vous pouvez être.

L'auteur de *Sibylle* semble être sorti un peu de son rôle et avoir forcé, cette fois, la mesure. Il a remué dans ce roman de grosses questions, plus grosses peut-être qu'il n'avait d'abord pensé : questions théologiques, sociales, questions de présent et d'avenir. George Sand, on le sait, s'en est émue; l'aigle puissante s'est irritée comme au jour du premier essor : elle a fondu sur la blanche colombe, l'a enlevée jusqu'au plus haut des airs, par-dessus les monts et les torrents de Savoie, et, à l'heure qu'il est, elle tient sa proie comme suspendue dans sa serre (1).

---

(1) *Revue des Deux Mondes* des 1ᵉʳ et 15 mars et du 1ᵉʳ avril. — Le roman de *Mademoiselle La Quintinie* était en cours de publication.

Thèse contre thèse, théologie contre théologie, et tout cela en roman; c'est un peu rude. La région du moins où le débat s'agite s'est singulièrement agrandie et élargie; on y respire. Le dernier mot de l'énigme, la solution, est encore, comme dit le poëte, dans les genoux de Jupiter. Nous attendons impatiemment la conclusion de *Mademoiselle La Quintinie*; nous verrons bien.

Lundi 18 mai 1863.

HORACE VERNET.

La France a perdu, le 17 janvier 1863, un de ses grands peintres, un de ses talents supérieurs et populaires comme elle les a aimés de tout temps, comme elle les préfère toujours, un grand talent naturel et facile. Horace Vernet, adopté dès ses débuts par le sentiment national, l'a retrouvé fidèle à sa dernière heure. Sa longue carrière qui, comme celle des plus glorieux artistes, a eu ses heures inégales et quelques jours nébuleux, a été, somme toute, admirablement remplie et comblée. Il n'a cessé de développer et de varier en mille applications le don qu'il avait reçu de la nature. Il avait conscience et il se rendait parfaitement compte de cette unité si nécessaire de direction et d'emploi. Les distractions et digressions qu'il s'était souvent accordées en dehors de sa route principale n'étaient, à ses propres yeux, que des digressions, et il ne rentrait ensuite qu'avec plus de bonheur et de certitude dans la voie qui l'avait conduit à la grande renommée. Peintre de l'armée française, peintre d'histoire d'une grande époque, et de tous les généreux souvenirs qui s'y rattachaient, comme de tous les brillants faits d'armes qui en continuaient la tradition, il était de plus un homme d'esprit, un caractère aimable, une nature droite, honnête, loyale, vive et sensée. C'est plaisir de s'approcher de lui : il inspire l'amitié en même temps qu'il justifie sa gloire.

Il était, on le sait, un talent de race : de quelque côté qu'on remonte dans ses origines, on ne voit que peintres et dessinateurs. Joseph Vernet, l'illustre peintre de marines, était son grand-père : son père Carle, gai, léger, un peu frivole, mais spirituel et pétillant de calembours, était l'homme des chasses, des cavalcades, un charmant peintre d'élégances, et il avait merveilleusement saisi la verve et le *brio* du Directoire, comme Horace saisira plus tard l'esprit de 1812 et de 1814. La femme de Carle, la mère d'Horace, était fille de Moreau, le dessinateur habile, fécond, universel, l'*illustrateur* littéraire de toute son époque : pendant près de cinquante ans, l'annonce d'un livre *avec figures de Moreau* était la meilleure recommandation en librairie et un gage de succès. Ainsi, du côté paternel et maternel, tout avait contribué à faire d'Horace l'homme du crayon, un peintre involontaire, irrésistible : sa main fine, mince, longue, élégante, naissait avec toutes les aptitudes, toute formée et dressée pour peindre, comme le pied du cheval arabe pour courir.

Né à Paris aux galeries du Louvre, où logeait son

père, le 30 juin 1789, dans une bien chaude année, il fut élevé un peu au hasard et ne reçut pas, littérairement du moins, d'instruction première. Je ne vois pas qu'il y ait eu grand mal à cela : son naturel, ce qui sera chez lui le trait dominant, ne fut altéré en rien. Son père lui donna les premières leçons de dessin; plus tard il travailla quelque temps dans l'atelier de M. Vincent; mais, de fait, il n'eut d'autre maître que lui-même; et lorsqu'il fut décidément émancipé, lancé en pleine pratique, il n'alla pas non plus chercher dans le passé aucun grand modèle pour se mettre à genoux devant lui. Les uns, on le sait, parmi les modernes novateurs ou restaurateurs de l'art, avaient pour Dieu Raphaël, les autres Rubens ou les Vénitiens : lui, il ne chercha rien de tel; il eut le droit de se vanter, comme il faisait, de n'avoir mis son nez sur la piste de personne, et il se tira d'affaire pour son compte en présence des objets mêmes qu'il avait à rendre. Les choses prises sur le vrai, dans le vif, voilà son champ et son horizon; l'art au premier degré et de premier jet, ce fut le sien. Je ne parle que du principal de son œuvre et du genre où il a surtout excellé, non de quelques imitations ou réminiscences qui purent s'introduire de droite ou de gauche dans quelques-uns de ses tableaux accessoires.

Il échoua dans le concours pour le grand prix de Rome; son père, ancien lauréat, avait voulu qu'il concourût; mais ce fils et petit-fils d'académiciens n'avait rien d'académique; il devait se frayer à ses risques et périls sa propre voie. Tout d'abord ouvrier du crayon, il faisait des vignettes, des dessins, tout ce qui était du métier. A l'âge de onze ans, il avait fait pour Mme de Périgord une tulipe à l'aquarelle qui lui fut payée vingt-quatre sous. Dès l'âge de treize ans, il se suffisait à lui-même par son travail, et il avait ses commandes, sa clientèle; il faisait des dessins à 6 francs et des tableaux à 20. La vignette qui figurait en tête des lettres d'invitation aux chasses impériales était de lui. Il travaillait surtout pour le *Journal des Modes* dont il devint le dessinateur en titre. En un mot, il faisait de tout et il s'instruisait en faisant. Il était de ceux qui, dans l'art, s'enrôlent simples soldats, sans avoir passé par aucune école militaire :

Rose et Fabert ont ainsi commencé.

Mais il gagna vite ses grades. Bon sang ne peut mentir. Son nom aussi le servait et le désignait à l'attention.

Horace avait des dispositions autres encore que pour la peinture : il aimait d'un amour presque égal le métier de soldat. Son père, qui s'en méfiait, prit de bonne heure ses précautions et coupa court à ses velléités guerrières en le mariant dès l'âge de vingt ans : c'est vers ce même temps (1809) qu'Horace commença à exposer (1). Le voilà, croirait-on, occupé sans partage. Mais, assistant à des spectacles militaires avec des goûts si prononcés, il s'imbut de l'esprit de ces dernières années de l'Empire; quand les revers survinrent

---

(1) M. Paul Mantz, qui a raconté et contrôlé en critique ces débuts d'Horace Vernet, ne le fait exposer, du moins d'une manière notable, qu'à partir de 1812.

et mirent à nu la fibre patriotique, il sentit aussi fortement qu'aucun les douleurs de l'humiliation et de la défaite : garde national zélé, militaire amateur exemplaire, il mérita la croix en 1814 pour les services qu'il avait rendus dans la défense de Paris. De tout temps et jusqu'à la fin, sous l'uniforme de la garde civique, il se montra aussi exactement et rigidement militaire qu'il pouvait l'être. Souriez-en, si vous le voulez ; c'était une partie de sa nature, une condition et comme une moitié de son talent. Il n'aurait pas rendu comme il l'a fait la *Défense de la barrière de Clichy*, s'il n'avait payé là de sa personne.

On parle toujours de croyance dans l'art, on admire cette disposition chez quelques peintres anciens et pieux qui ont rendu dévotement ce qu'ils sentaient. Pourquoi ne pas la reconnaître, cette croyance, là où elle est chez les modernes? Horace Vernet avait aussi la sienne, et bien fervente, celle des camps, celle du drapeau ; elle vit, elle respire dans ses tableaux de guerre. Artiste militaire, ne le dédoublons pas, et sachons-lui gré, dans sa ligne, d'avoir été naïf et peuple.

Horace Vernet n'était pas un raisonneur : c'était un homme de sentiment et d'exécution. Il ressentit vivement et profondément ce que la France éprouva à cette heure de gloire indicible et d'infortune ; il l'exprima sous toutes les formes, promptes, aisées, touchantes, saisissantes, qui parlaient aux yeux et allaient au cœur de tous. Il introduisait souvent la gaieté et le sourire au milieu d'une larme. C'était bien le contemporain du Casimir Delavigne des *Messéniennes*, du Béranger des premières chansons ; le contemporain de Thiers écrivant sous un souffle heureux les premiers volumes de l'*Histoire de la Révolution*. S'il n'avait été que cela, que le peintre de ce moment de 1815-1824, il mériterait encore un bien honorable souvenir. Je ne comprends pas ces générations qui se prévalent de quelque indifférence acquise pour faire les supérieures et se donner de grands airs superbes à l'égard de leurs aînées et devancières, pour les traiter du haut de leur grandeur et comme des enfants qui faisaient assez bien pour leur âge : générations hautaines et gourmées, je ne sais comment on vous traitera vous-mêmes un jour, mais vous êtes bien peu agréables en attendant, et bien peu équitables aussi. Horace Vernet est de force, au reste, à supporter vos dédains ou vos encouragements protecteurs ; il a eu, en effet, cette vive et brillante saison de jeunesse, cette fleur première trop tôt passée et dont rien ne vaut le charme ; mais il ne s'y est pas tenu : il est allé travaillant, étudiant d'après nature, voyant, regardant sur place, se développant et se fortifiant sans cesse dans sa voie principale jusqu'à ce qu'il soit devenu vers 1840 le plus grand peintre, non plus d'épisodes et d'anecdotes, mais le plus grand peintre d'histoire militaire que nous ayons eu. La salle de Constantine à Versailles témoigne de ce plus haut degré de son talent (1).

(1) Je lis dans une de ses lettres, qui m'est communiquée par M. Chambry, amateur d'autographes, un passage intéressant, en ce qu'il marque bien le moment de transition en lui de la première

J'ai voulu parcourir au Cabinet des Estampes le volume qui renferme les témoignages, un peu rassemblés pêle-mêle, de ses premiers essais et de ses débuts : patriotisme, sentiment, sentimentalité, gaieté, esprit, tout s'y heurte et s'y succède. Parcourons rapidement la gamme. A défaut d'un catalogue exact et complet, donnons-nous l'impression de ces études diverses, de ce portefeuille renversé :

— *Le général Maurice Gérard* à Kowno (1813) ; deux généraux faisant le coup de fusil dans la neige, derrière une palissade. L'un charge, tandis que l'autre tire. On ne nomme que Gérard, mais on connaît l'autre : c'est le maréchal Ney. — *La Sœur de charité ;* un soldat blessé est reconnu par une sœur de charité jeune ; une plus vieille est au seuil de la maison et regarde. — *Le Soldat laboureur.* — Un soldat assis, pleurant et cachant sa face devant une mappemonde, où il vient de

à la seconde jeunesse, cette première crise de réflexion et d'expérience ; Horace qui faisait un premier voyage en Italie écrit à un de ses oncles, frère de Carle, et à qui il portait beaucoup d'affection : « (Rome, 3 mars 1820). J'espère tirer un grand fruit de mon voyage, non-seulement sous le rapport de l'art, mais aussi pour la connaissance que j'ai acquise de moi-même. C'est dans le choc des passions qu'on définit celles qui doivent vous mener à bien, ou celles qui doivent vous maintenir dans une fausse route. Je fais là-dessus mes observations, et je compte en tirer un bon parti. D'ailleurs il est temps de penser sérieusement, car l'âge arrive sans qu'on s'en doute, et lorsqu'on veut faire un effort pour devenir meilleur, les forces vous manquent et l'âme ne peut pas plus se redresser que les reins. Tu vas me dire : Voilà de belles paroles. J'espère ne pas m'en tenir là ; d'ailleurs quand l'idée vous en vient naturellement, il y a déjà la moitié du chemin de fait. » Horace était alors dans sa trente et unième année.

chercher sans doute l'île de Sainte-Hélène ; son chien est couché à ses pieds, sous sa chaise. — Une *Scène d'Auvergne* en 1815 ; un vieux soldat entre une bergère et un joueur de cornemuse. Le soldat est plus vrai que la bergère et le paysan. — 1818. *Prise d'une redoute.* — 1818. *Bivouac français* ; un jeune tambour qui commence à battre, un vieux grognard, le menton appuyé sur son fusil ; derrière lui, un officier assis à terre, étudiant sa carte. Animation du fond, tout un camp qui s'éveille. — *Qui vive?* une sentinelle, un grenadier de la garde la bouche ouverte ; on entend le cri. 1818. — Scènes diverses de guerre, et aussi un débarquement de troupes de marine. — *Les Fourrageurs,* 1818. — 1817. *La Pièce en action, la Pièce en batterie.* Artillerie, cavalerie, aucune arme n'est oubliée. — *Un soldat français instruisant les Grecs* à la manœuvre de la pièce de canon. Nous approchons de 1822 et de la fièvre d'enthousiasme pour les Grecs. — *La vie d'un soldat* (suite de lithographies de Delpech) : ses premiers jeux ; départ du jeune conscrit, pleurs de sa maîtresse ; équipement militaire du jeune Grivet (il est dragon) ; premier fait d'armes du jeune Grivet, il est blessé au bras, etc. — Ces diverses scènes, celle de *l'apprenti Cavalier* (un soldat sur un âne qui rue, 1819), et *la Cuisine militaire* et *la Cuisine au bivouac,* et le galant hussard, et le jeune invalide qui fait danser l'enfant sur la seule jambe qui lui reste, sont plutôt des caricatures du genre, et Horace Vernet ici côtoie le Charlet.

Il en est ainsi de *Tiens ferme!* (un énorme cochon

qui veut se sauver de toutes ses forces et que tient par la queue un cavalier retenu à son tour par un fantassin qui s'accroche au pan de sa veste en lui criant : *Tiens ferme!*) — *Coquin de temps!* (des grenadiers en marche, l'arme basse, sous une pluie fine). — *Chien de métier!* (le soldat qui blanchit son fourniment.) — *Gredin de sort!* (un grenadier blessé au genou et assis sous un arbre au commencement d'une action.) — *J'te vas descendre!* (un grenadier couchant en joue un cavalier autrichien ou russe.) — *Mon lieutenant, c'est un conscrit!* (réponse d'un cavalier, qui a volé un veau à un paysan qui vient le réclamer : le veau est couché et habillé d'une capote.) — *Mon caporal, je n'ai pu avoir que ça!* (c'est le conscrit qui est allé à la maraude, et qui rapporte une cage à serins.) — *Qui dort dîne!* (le vieux troupier vole sa part au conscrit qui dort.) — *Petits, petits!* (un cavalier appelle les poules hors du poulailler, en leur jetant du grain, tandis que le camarade, collé tout contre la porte, le sabre levé, s'apprête à les guillotiner), etc., etc. ; — de petits drames en plusieurs scènes : *des Soldats jouant au jeu de la drogue; les Suites du jeu de la drogue* (ils se donnent, comme on dit, un coup de torchon); puis *la Réconciliation.* Dans toute cette série, Horace, encore une fois, touche du coude son ami et camarade Charlet ; c'est la même veine : Charlet la suivra uniquement et y marquera de plus en plus par une finesse de crayon et une philosophie de mots qui le mettront à un si haut rang posthume. Il serait juste, pour apprécier tout le degré de mérite de ces premiers dessins d'Horace Vernet, de songer à ce qu'était alors l'art lithographique et à l'inexpérience de reproduction dont le talent avait à triompher.

Par des illustrations d'un tout autre genre, destinées à des ouvrages littéraires, Horace Vernet reprend la trace de son grand-père Moreau, et il fait concurrence à Achille Devéria : ainsi, illustrations de *la Henriade*, dans le goût du temps ; illustrations de *Mathilde et Malek-Adel*, genre troubadour ; une *Mort de Tancrède* ; illustrations des poëmes de Byron, *Manfred* et *le Chasseur*, *la Fiancée d'Abydos*, *le Naufrage de don Juan*... C'est du métier, passons. — Quelques illustrations des *Fables* de La Fontaine, pourtant, ont bien de l'esprit : *l'Homme entre deux âges et ses deux Maîtresses* ressemble déjà à du Gavarni. Horace Vernet devra surtout à ce travail d'avoir désormais La Fontaine dans ses auteurs, et parmi les deux ou trois livres qu'il relira toujours.

Je continue de tourner les feuillets, j'achève mon volume d'estampes : des *chevaux de poste anglais*, des *chevaux de ferme français* ; des *scènes de chasse*, la plupart bourgeoises ; puis les portraits de nos célébrités du temps, *le général Foy*, *Chauvelin*, *Talma* (rôle de *Sylla* dans le songe), *Perlet* (rôle de *Rigaudin* de la *Maison en Loterie*) ; *Mohamet-Ali*, vice-roi d'Égypte, qui commençait à être populaire en France ; *le général Quiroga* ; — un très-beau dessin de *Louvel*, l'assassin du duc de Berry.

Je sors de ce volume avec l'idée très-rafraîchie et très-présente de tout ce qui occupait en ces moments l'attention du public et de ce qui hantait l'imagination d'Horace Vernet. Je n'ai pas eu besoin d'y trouver, pour m'en souvenir, *le Chien du régiment, le Cheval du trompette,* ce qui était à toutes les vitres et ce qu'on sait par cœur. Pourquoi la France entière sut-elle par cœur du premier jour l'élégie de Millevoye, *le Jeune Malade?* pourquoi sut-elle aussi vite et se mit-elle à chérir l'élégie guerrière d'Horace Vernet? Il y a de ces sympathies d'homme à nation, de nation à homme.

Ses premières expositions de Salon l'avaient déjà désigné à la faveur; mais ce fut bien autre chose dès qu'un peu de persécution s'en mêla, et quand, la réaction triomphant, il se vit presque en entier exclu du Salon de 1822 en raison du choix patriotique de quelques sujets et de la cocarde tricolore qui y figurait : il était difficile, en effet, de mettre la cocarde blanche aux soldats de Jemmapes et même à ceux de la barrière de Clichy. Quand il n'avait qu'un personnage dans son tableau, Horace s'arrangeait encore pour le tourner de manière que la cocarde ne fût pas en vue ; il n'y avait pas moyen pour toute une scène et un combat. C'est alors qu'il fit dans son atelier, rue de la Tour-des-Dames, une exposition particulière de 45 tableaux et qu'il devint l'un des héros de la popularité.

Tous ceux qui furent un jour populaires à ce degré, on tient à le leur faire payer plus tard par un retour excessif; on l'a essayé pour Béranger ; on y a réussi pour Casimir Delavigne, doué d'un talent naturel moins ferme et moins vif : on aurait bien voulu le tenter aussi contre Horace Vernet, mais son talent de bonne trempe a résisté, et il a eu un trop beau lendemain, une suite trop éclatante de renouvellements, pour ne pas réduire l'envie à grincer des dents tout bas et à se ronger elle-même. Je voudrais, en la dégageant de toute vaine fumée et de toute exaltation passagère, bien rétablir la question d'art telle qu'elle se posait en ces années heureuses.

La question, n'en déplaise aux Delécluze de tous les temps, se présentait alors de la manière la plus simple et la plus pratique. Fallait-il continuer le genre académique, ce qu'on entendait sous ce nom? Fallait-il peindre à perpétuité des Ajax, des Léonidas ou des Hector, des Ulysse, des fleuves Scamandre, comme le faisaient encore les peintres chers aux anciennes écoles et amis de l'ennuyeux; ou bien aborder hardiment et coûte que coûte des sujets nouveaux, vivants, — vivants ou dans l'imagination moderne ou dans la réalité, — comme le fit toute cette vaillante élite, les Delacroix, les Schnetz, les Scheffer, et Horace Vernet? Et remarquez que, dans cette conquête de la vérité, chacun procédait à sa manière et s'y prenait selon ses moyens; les uns par le sentiment, les autres par la justesse du mouvement et la copie naïve, les autres par l'audace des tons, l'ardeur et la couleur; on montait à l'assaut et on entrait dans la place comme on pouvait; l'essentiel était d'y entrer et de s'y loger sur un point.

On a souvent comparé Horace Vernet à M. Thiers; je ne vois pas qu'il y ait grande comparaison à établir entre eux, sinon en ce qu'ils ont tous deux traité des mêmes époques avec une âme et une intelligence bien françaises, un cœur national, et aussi avec clarté et netteté. Mais certes il n'est pas indifférent d'avoir le sentiment vrai de l'un sur l'autre, et je ne crois pouvoir mieux faire, puisqu'il s'agit de saisir en courant la première manière d'Horace, que de donner le premier et instinctif jugement de M. Thiers sur lui. A prompt gibier prompt chasseur. Il en est de ces premiers jets de la critique comme de ceux de l'art ; on fera plus fort peut-être ensuite et plus marqué, on ne fera ni plus léger, ni mieux touché, ni plus agréable.

« M. Horace Vernet, disait donc M. Thiers à propos du Salon de 1824, ne pouvait choisir une meilleure direction que celle qu'il a prise, pour le développement du talent particulier qu'il a reçu de la nature. Sans se contraindre à aucun style, à aucun genre, à aucune espèce de sujets, il s'est mis à reproduire tous les objets qui frappent journellement son imagination si mobile et si heureuse; aussi est-il éminemment le peintre de la France et du xixe siècle, par la manière dont il représente notre nature et notre époque; aussi a-t-il un degré de vérité, de grâce, de génie, que le talent ne doit jamais qu'à la présence immédiate des objets qu'il veut peindre. M. Horace est-il à la chasse, monte-t-il à cheval, se trouve-t-il dans son atelier avec des amis aussi gais et aussi vifs que lui, voit-il une revue, s'échauffe-t-il au récit de nos derniers exploits de Montmirail, va-t-il voyager sur les bords de la mer, entend-il répéter les charmantes plaisanteries de nos vieux soldats, assiste-t-il à quelque scène populaire, M. Horace trouve partout des sujets pour ses pinceaux, et il peint tour à tour une chasse, des chevaux, des batailles, des marines, des caricatures pleines d'esprit, d'effet et de vérité. Se livrant avec une imagination vive et sensible à l'impression des objets, il en prend tour à tour le caractère;

il change alternativement de style, de couleur, de moyens, et ne se ressemble qu'en une seule chose, la grâce et le naturel. Avec cette heureuse liberté qu'il se donne, aucun sujet ne lui est interdit, aucune manière de le traiter ne lui est imposée. Il n'a pas contracté l'obligation ou de déployer des nus, ou d'imaginer certaines formes de draperies, ou d'observer certaines règles de genre : il prend les choses telles qu'il les voit, il leur laisse leur réalité ; et il en résulte que, sans avoir prétendu faire ni de l'histoire ni du genre, il a fait de l'un ou de l'autre ; il a été touchant, noble, terrible, ou bien spirituel, comique et original. Il est tout cela à la fois, parce que tout cela se trouve dans la nature ; il est universel, parce qu'elle l'est aussi, parce qu'elle contient tout, et si son exécution, toujours facile et heureuse comme son imagination, répondait par la simplicité et le naturel à la vérité de ses conceptions, il ne laisserait rien à désirer. »

M. Thiers, à cette époque de sa vie (et je ne sais s'il a persévéré dans cette théorie qui me paraît bien près d'être la vraie), pensait qu'on raisonne beaucoup trop sur l'idéal et qu'on se creuse terriblement la tête pour en demander l'expression aux œuvres des anciens maîtres. Les anciennes écoles, selon lui, ont très-peu cherché cet idéal qu'on adore et qu'on exalte après coup en elles ; le plus souvent, elles n'ont fait que reproduire exactement la nature qu'elles avaient sous les yeux : il suffisait, pour nous donner l'impression élevée qui en sort, que cette nature fût généralement belle, et que les organisations d'élite qui s'y appliquaient sussent y choisir leurs sujets. Les Grecs tant vantés n'étaient qu'une belle race qui offrait à ses artistes en tout genre de plus heureux modèles. De même dans la Rome des xve et xvie siècles, qu'était-ce que Raphaël? une organisation souverainement fine et harmonieuse en présence d'une belle réalité qu'il savait mettre dans son plus beau jour. L'idéal ainsi compris cesse d'être une abstraction et un tourment. On n'est pas condamné, en le cherchant, à s'arracher les cheveux et à se ronger les ongles au vif, à être continuellement tendu comme vers une idée d'au delà. La fécondité s'ensuit avec une certaine joie, compagne de la production. On me dira que M. Thiers prêchait pour son saint en plaidant la cause des génies faciles. Quoi qu'il en soit, c'est ainsi qu'il expliquait et louait le talent d'Horace Vernet :

« Si copier simplement et promptement la nature, disait-il encore, est la véritable condition du génie; si c'est bien la condition qu'ont remplie les anciens maîtres et qui les distingue de tous les autres, M. Horace est, à notre époque, l'un des talents qui leur ressemblent le plus. Peu importe la différence des temps, des mœurs et des sujets qu'il reproduit: son procédé d'imitation est le même, et il a le même caractère de naturel et de vérité, et, comme eux encore, il se distingue par une fécondité extraordinaire.

« Les batailles, qui sont les tableaux où il a déployé le plus d'élévation de talent, prouvent surtout que, sans viser à l'idéal, en se tenant à la simple réalité, on peut être noble et vrai tout à la fois. Ces grenadiers marchant au pas de charge dans la bataille de Montmirail, et s'avançant d'un pas si ferme et si assuré vers le danger, ont, sans aucune altération de traits ni de costume, une élévation et un naturel surprenant. La réalité a aussi sa noblesse, et il faut savoir la saisir. Dans une scène populaire, dans une simple caricature, M. Horace conserve encore cette singulière élégance, ce goût exquis dont chacune de ses compositions est remplie. »

Les critiques qui suivaient ces éloges, et qui portent sur la couleur, se feraient aujourd'hui avec beaucoup plus de justesse et de précision. Quoique sa couleur ne soit (tant s'en faut!) ni désagréable, ni fausse, Horace Vernet n'est pas coloriste, et il laisse à dire par cet endroit.

Horace Vernet, à cette date, était en pleine jouissance et possession de sa première manière, si bien réalisée en toute mesure dans ses tableaux de *Jemmapes,* de *Montmirail,* de *la Barrière de Clichy,* et qui se diversifiait à l'infini dans cent autres tableaux de genre. En dehors de l'originalité qui lui était propre et de la vérité moderne où il était maître, son pinceau rencontrait partout, et jusque dans les sujets où il était dépaysé, de ces bonheurs d'expression et de facilité qu'il portait avec lui. Ainsi, jusque dans cette *Bataille de Bouvines* qui lui était commandée et qui rentrait dans le solennel ennuyeux (1824), je remarque un joli incident, le page qui tient des chiens en laisse, un souvenir des *Noces de Cana.* Ainsi, dans la *Bataille de Fontenoy,* bien meilleure (1828), d'un ton vif, d'un tour si français et qui se rapproche de nous, l'œil est agréablement attiré sur un anachronisme spirituel, le groupe du fils embrassant son père et tenant à la main la croix de Saint-Louis qu'il vient d'obtenir. Un bon guide, M. Eudore Soulié, me fait remarquer que la croix de Saint-Louis ne se donnait pas ainsi sur le champ de bataille, comme la croix d'honneur. N'importe! Horace Vernet, en se trompant de gaieté de cœur et en confondant les deux France, a fait son groupe d'autant plus intéressant et bien pittoresque. Dans les choses mêmes qu'il n'avait pas vues et qui sortaient de son horizon habituel, il portait encore cette facilité et cette grâce qui plaît. Mais nous nous réservons de l'admirer là où il est dans l'entière vérité.

Parmi ses tableaux non populaires de ce temps-là, les connaisseurs m'ont paru mettre au premier rang un portrait équestre du duc d'Angoulême (1824), où le cheval est d'une vie et d'une nuance de robe admirable; l'Anglais Lawrence arrivait vers ce moment à Paris, et son succès piquait d'honneur Horace : il fut coloriste ce jour-là. Ce portrait qu'il revit à Versailles à une dernière visite, un peu avant sa mort, lui procura une vraie satisfaction d'artiste. Il faut mettre à côté un portrait, également équestre, de Charles X, qui est presque aussi beau. On remarquera cependant qu'Horace ne peignit aucun épisode de la campagne d'Espagne, toute royaliste. Il ne reconnaissait pas là sa cocarde de guerre. Son pinceau restait fidèle à sa religion.

Le tableau qu'il exposa en 1822 et qui représente l'*Intérieur de son atelier* donnerait, je crois, une idée un peu fausse si on le prenait au pied de la lettre et si on ne voyait Horace Vernet que dans cette heure de spirituelle ivresse, dans cette débauche de gaieté perpétuelle. Un feuilletoniste du temps (Jay ou Jouy) se représente comme ayant une lettre d'introduction pour le peintre en renom. Il se persuadait, disait-il, que la solitude, la tranquillité, le mystère même, étaient nécessaires aux méditations du talent. Il se figurait donc le peintre comme devant être absorbé dans l'étude de son art, et il se dirigeait d'un pas respectueux vers l'atelier :

« Cependant, à mesure que j'avançais, raconte-t-il, j'entendais un bruit confus; il augmentait à chaque pas; et en approchant du sanctuaire, c'était un tapage plus bizarre et plus incohérent que le célèbre concert de Jean-Jacques. J'entr'ouvre la porte... Quel spectacle!... Je reste immobile d'étonnement.

« Une foule de jeunes gens occupaient dans les attitudes les plus diverses tous les coins de la salle et paraissaient, comme dans les classes où les écoliers sont mis en retenue, livrés à tout le désordre des amusements les plus bizarres.

« Deux des assistants faisaient des armes, l'un la pipe à la bouche, l'autre vêtu d'un grand sarrau de toile bleue. Celui-ci donnait du cor, et ses joues, énormément gonflées, m'eussent averti de la quantité d'air qui s'en échappait, si mes oreilles, déchirées par d'effroyables sons, n'avaient rendu tout autre avertissement inutile; celui-là soupirait une romance, cet autre battait la générale; il y en avait d'assis, de levés, d'accroupis, dans toutes les situations et dans toutes les poses.

« Un jeune homme lisait à haute voix un journal au milieu de ce chaos; un autre peignait; un autre dessinait. Parmi les acteurs de cette scène tumultueuse, se trouvaient des militaires de tout grade, des artistes, des virtuoses, une chèvre, un chien, un chat, un singe et un superbe cheval...

« L'un des combattants posa son fleuret, secoua sa pipe et s'avança vers moi, c'était M. Horace Vernet. »

Mais est-il vrai d'ajouter, comme il put s'en vanter peut-être en riant, que c'est ainsi que se passaient dans son atelier « les heures de sa vie les plus laborieuses? »

Si on prenait son dire au pied de la lettre, on serait tenté de moins l'estimer. Nous avons ici à faire sur nous-mêmes un léger effort. Par suite de je ne sais quel préjugé scolastique, nous sommes toujours tentés de faire plus de cas d'un peintre qui, pour peindre, s'enferme, regarde moins la nature, étudie les vieilles toiles et peut-être même les livres, que d'un peintre vif, avisé, extérieur, tourné à l'action, avide de mouvement, doué de toutes les adresses corporelles, excellent tireur, excellent lutteur, parfait cavalier, habile à tous les exercices qui eussent honoré un Grec du temps de Xénophon.

Nous avons gardé du moine et du clerc, du lettré du Moyen-Age ou de la Renaissance, dans notre manière de juger et de classer les hommes, même ceux qui ne sont pas de purs esprits, et qui, par vocation, ont le plus affaire aux éléments du dehors. Mais tranquillisons-nous ; je crois ici que tout peut se concilier. Sans doute tous les artistes n'ont pas les mêmes habitudes ni les mêmes exigences de travail et de production ; l'atelier d'un Poussin, d'un de ces peintres méditatifs « qui ne sauraient peindre en sifflant, » sera d'un tout autre aspect que celui d'un artiste gai, mobile, alerte, s'inspirant et profitant de tout ce qu'il voit et de ce qu'il provoque autour de lui : et cependant l'étude, aussi, a des lois invariables, et, si prodigieuses que soient la mémoire, la facilité, la dextérité, la verve, rien ne saurait suppléer à l'observation et à un premier recueillement, si court qu'on le suppose. Aussi Horace Vernet n'y échappait pas. Il avait de grand matin, et avant l'invasion des visites, des heures à lui, de travail, de secret, des heures non banales et, à leur manière, sacrées ; et ce n'est qu'ensuite qu'arrivaient les amis, les camarades, les brillants colonels ; il continuait avec sa merveilleuse facilité de main à exécuter ce qu'il avait posé auparavant. Le tour de force était bien assez extraordinaire comme cela ; mais il n'était pas et ne pouvait pas être perpétuel.

En un mot, son improvisation, comme toutes les belles et bonnes improvisations, était très-méditée. Il était le premier, en d'autres moments, à en convenir : « On me loue de ma facilité, disait-il, mais on ne sait pas que j'ai été douze et quinze nuits sans dormir et en ne pensant à autre chose qu'à ce que je vais faire ; quand je me mets en face de ma toile blanche, mon tableau est achevé ; je le vois. » Et Charlet disait également d'Horace, avec ce tour narquois qui était le sien : « On se figure qu'il est toujours à faire de l'escrime d'une main, de la peinture de l'autre ; on donne du cor par ici, on joue de la savate par là. Bast ! il sait très-bien s'enfermer pour écrire ses lettres, et c'est quand il y a du monde qu'il met ses enveloppes. » Voilà le vrai, et qui a aussi son piquant.

La Correspondance, dont nous devons communication à la confiance de sa famille, va nous montrer Horace Vernet le plus consciencieux des artistes, étudiant sans cesse et voulant voir de près tout ce qu'il avait à rendre, ne s'épargnant pour cela aucun voyage, aucune fatigue ; esclave de son art ; sachant supporter, après le tumulte de la vogue et les caresses de la popularité, les injures de la critique et, ce qui est plus difficile, les premiers signes de la froideur publique et de l'isolement; donnant aux siens, plus jeunes que lui, des conseils d'un bon sens droit et mâle. Enfin, l'aimable et brillant Horace saura suffire à tous les âges de la vie comme à toutes les phases de son talent, et fournir jusqu'au terme, sans broncher, toutes les étapes d'une noble carrière. Comme toutes les organisations complètes, il eut successivement les fruits de chaque saison; le moment de son plus grand mérite se rapporte à l'heure de sa maturité, et sa vieillesse ne fit point défaut aux pensées sérieuses.

Et cependant, s'il y ressongeait quelquefois, retrouva-t-il jamais, même dans les triomphes que lui ménageait l'avenir, même dans les années de son ambassade académique à Rome, même dans ses vaillantes campagnes à l'armée d'Afrique, même dans sa haute faveur à la Cour de Russie, retrouva-t-il jamais ce premier entrain, cette fraîcheur et cet enchantement des dix premières années de sa carrière, lorsqu'il semblait que l'âme de la jeune armée expirante en 1814 et 1815 eût passé en lui et sur ses toiles, lorsque tout était jeune autour de lui, que ces brillants officiers des derniers jours de notre gloire n'étaient pas encore devenus de vieux beaux ou des invalides plus ou moins illustres, lorsque l'Art lui-même s'avançait personnifié dans un jeune groupe à physionomies distinctes, mais avec tout l'incertain et l'indéfini des destinées : Delacroix, Delaroche, Schnetz, Léopold Robert, Sigalon, Scheffer, tous figurant au Salon de 1824, et Horace Vernet comme un frère d'armes au milieu d'eux! On pouvait se dire en les nommant, en les confondant un peu et les enveloppant d'un même regard : Où chacun n'atteindra-t-il pas? On était loin de prévoir alors que Sigalon mourrait après une belle œuvre, mais sans avoir récidivé autrement que comme un copiste consciencieux et fidèle; que Léopold Robert ne pourrait survivre à ses deux ou trois chefs-d'œuvre, et qu'il périrait comme écrasé sous leur poids, dans son désespoir de se sentir impuissant à les renouveler. Schnetz, du moins, sans jamais s'élever plus haut ni chercher à se surpasser, est resté égal ou semblable à lui-même. Delaroche, si ingénieux, si fin, toujours inquiet du mieux, a beaucoup tenté, beaucoup embrassé, et s'est, en partie, consumé à la peine. Debout, les derniers, sont restés Scheffer, Horace Vernet, Delacroix, celui-ci le seul demeurant aujourd'hui ; eux, privilégiés en cela et favorisés du sort, ils ont poussé à bout leur vocation, ils ont rempli toute leur destinée de peintres; ils ont fait rendre à leur palette tout ce qu'elle recélait, l'un de poésie, l'autre de vérité, l'autre de flamme; ils n'ont certes rien à regretter. Mais que ce premier groupe confus, où se dessinaient tant de promesses, et s'avançant sous une inspiration commune, sous un même souffle, avant les divisions et les rivalités introduites bientôt par la critique, avait pourtant un charme, une nouveauté, un air d'union et de force, quelque chose dont l'impression ne s'est plus retrouvée depuis à ce degré, même quand chacun s'est ensuite développé dans sa voie! Horace Vernet, qui garda plus longtemps qu'aucun le sentiment vif et actif de la jeunesse, put n'avoir pas de ces regrets qui supposent un peu de rêverie; mais comment, nous qui faisions en 1822 le pèlerinage à son atelier de la rue de la Tour-des-Dames, comment, nous dont la vie, en présence de ces batailles de l'Art, s'est passée à regarder, à espérer, à faire des vœux ou à regretter, comment ne dirions-nous pas pour lui et presque en son nom ce que ce retour sur le passé nous inspire?

Lundi 25 mai 1863.

HORACE VERNET.

(SUITE.)

Célèbre et populaire à trente-deux ans, membre de l'Institut à trente-sept et siégeant à côté de son père, nommé deux ans après (1828) directeur de l'Académie française à Rome, Horace Vernet n'était pas au bout de son bonheur, et il devait courir bien des années encore avant de l'épuiser. Ce qui est à remarquer, c'est qu'aucun succès ne l'endormit et qu'il resta en tout et partout travailleur et producteur aussi actif, aussi infatigable que le premier jour, possédé de l'amour et, comme il disait, de la rage de peindre.

Ses années de direction à Rome (1828-1835) forment une époque unique dans sa vie : une fille belle et adorée qui était sa gloire, et dont il a consacré l'image en maint endroit, faisait avec sa mère les honneurs de la Villa Médicis; devenue Mme Paul Delaroche et morte à la fleur de l'âge, elle devait lui apprendre ce que c'est que la première grande douleur.

Tant que les hommes de talent vivent, on est singulièrement injuste envers eux, ou plutôt on est ce qu'on doit être; chacun en parle à sa guise; on les agite, on les exalte, on les déprécie; on les retourne en cent façons; on leur signifie et on leur assigne des vocations restreintes; on les diminue s'ils s'y enferment, on les rabat et on les rabroue dès qu'ils essayent de s'étendre et d'en sortir. Tout ce conflit de propos et de jugements est nécessaire, inévitable, utile quelquefois peut-être à quelques-uns pour les tenir en éveil, le plus souvent inutile et irritant. Était-il possible, je le demande, qu'Horace Vernet vivant à Rome au sein d'une splendide nature, d'une belle race, de toutes les merveilles de l'art classique, en face des magnificences de Saint-Pierre et des pompes du Vatican, n'en fût pas touché, excité à se mesurer à sa manière avec ses nouveaux modèles, à s'exercer dans un genre plus noble et à y transporter ses qualités si françaises? Il se devait à lui-même de l'essayer, et il l'essaya; ce n'est pas à nous qu'il appartient de dire quels mérites encore de vérité et de ressemblance conservent et continuent d'offrir ces tableaux composés en Italie, même quand il n'y aurait pas atteint tout le caractère qu'on y cherche.

On aurait pu prévoir les objections que souleva cette application nouvelle de son talent : elles étaient, pour ainsi dire, tout indiquées d'avance. Je me suis fait une obligation de relire quelques-uns des jugements de la critique française contemporaine à ce sujet, notamment ce qu'en a dit, dans ses Salons de 1831 et de

1833, un écrivain fort surfait et à qui sa morgue a
tenu lieu quelque temps d'autorité. C'était un singulier
juge et arbitre du grand et du bel art que Gustave
Planche, et il mérite bien, puisqu'il a été si souverainement injuste et partial à l'égard d'Horace Vernet,
d'obtenir un coin dans le portrait de celui dont il
aurait voulu faire sa victime. On est, en effet, tenté
en le lisant de s'écrier plus d'une fois : *Ah! le bourreau!*

I.

J'ai fort connu Gustave Planche dès la jeunesse et
même dès l'adolescence. Il faisait ses études au collége
Bourbon où je le devançais d'un an ou deux. Il était
assez mauvais écolier, avec beaucoup de facilité, grand
liseur; mais, s'il lisait tout, il méprisait tout. Il savait
très-peu l'antiquité et était faible sur les langues et les
littératures anciennes; il ne s'y est jamais remis
depuis. Ce qu'il a le mieux su, c'est l'anglais qu'il
avait appris de bonne heure et qu'il lisait couramment.
A cet âge de première jeunesse, c'était un grand jeune
homme long et même assez fluet, le front assez beau
et spécieux, la nuque très-mince; toujours les mains
dans ses poches; vous accostant dès qu'il vous rencontrait et ne vous lâchant plus, fussiez-vous allé par un
temps de pluie d'un bout de Paris à l'autre. Familier
avec les inconnus dès le premier mot, babillant de
tout et s'en moquant, il n'avait pas une étincelle d'enthousiasme ni de passion. C'était une calamité de le
rencontrer le matin; il *soufflait froid* sur vous pour

toute une journée. Il n'admirait point alors Shakspeare, — pas plus Shakspeare que Paul de Kock, je vous jure, — et il se souciait très-peu de Phidias. Ce n'est que plus tard, quand il s'est agi d'écraser les vivants, qu'il s'est avisé de se prendre d'un culte platonique pour deux ou trois grands morts. Les deux ou trois plâtres antiques qu'on voyait dans sa chambre quand on y allait, il ne songea à les y placer que depuis qu'il en eut besoin pour les jeter à la tête des gens. Sa jeunesse fut, de toutes celles que j'ai connues, la plus irrévérente et la plus dénuée de la faculté du respect.

Ce futur régent du goût dans les arts était censé avoir étudié la médecine et, par conséquent, l'anatomie ; mais il était trop paresseux et inappliqué pour y réussir. S'il fréquenta quelque temps les amphithéâtres, il ne prit jamais en main un scalpel : ce qui ne l'empêchait pas de trancher à la rencontre sur la structure du corps humain, sur les formes et les dispositions précises des organes, comme il tranchait sur tout ; il y commettait parfois de singulières méprises (1). Ses premières années d'émancipation se passèrent à vaguer dans les ateliers des artistes et à baguenauder à tort et à travers : il voyait aussi quelques-uns des poëtes dits du *Cénacle,* et il en tirait la plupart de ses jugements littéraires futurs. Son affectation alors était, dans la conversation courante, de nommer tout haut

(1) Il avait eu pour précepteur particulier le docteur Requin qui est mort professeur à l'École de Médecine. M. Requin ne pensait pas de son élève autrement que nous.

familièrement et avec un parfait sans-gêne les jeunes
illustres; s'il pouvait, dans un Cours public, pendant
la demi-heure d'attente, citer tout haut, et en parlant
d'un banc à l'autre, *Alphonse, Victor, Alfred, Prosper*
et *Eugène,* il était content : cela voulait dire dans sa
bouche, *Lamartine, Hugo, de Vigny, Mérimée* et *Delacroix.* Il n'avait encore rien écrit. Un jour, après juillet 1830, comme il en était venu à un degré de gêne
extrême ou plutôt de détresse qui sautait aux yeux,
et qui s'accusait même d'une façon cynique, un de
ses amis lui dit : « Que n'écris-tu ce que tu dis tout
le long du jour? tu gagneras ta vie. » Il suivit le conseil et l'appliqua immédiatement en jugeant l'Exposition de peinture et de sculpture, comme il fit bientôt
pour les œuvres littéraires elles-mêmes. Je suis loin de
prétendre qu'il n'y eut point quelques qualités d'esprit
mêlées à toutes les licences d'amour-propre qu'il s'accorda. En littérature où je m'entends un peu mieux, je
dirai peut-être un jour ce que j'en pense. Il ne fit
jamais si bien qu'à ses commencements, et le premier
feu jeté, il se figea vite. Il faisait payer quelques parties saines, solides et de bonne dialectique, en se répétant à satiété : ce qu'il avait dit une fois, il se faisait
gloire de le redire éternellement et dans les mêmes
termes. Arrêté dans ses locutions, dogmatique, sans
grâce, sans un rayon, sans rien de ce qui caresse l'esprit, il jetait de la poudre aux yeux par ses défauts
mêmes. « *Planche l'a dit,* » c'était, autre part encore
que dans les cafés, un mot courant, une manière
d'oracle. Un écrivain illustre, Mme Sand, a été un mo-

ment en veine de croire en lui, et elle l'a loué dans ses Mémoires. On est femme après tout, et elle s'était persuadé d'après son ton que c'était un grand savant et qu'il lui dévoilerait les mystères de la langue : il lui a corrigé ses épreuves assez exactement, non pas sans lui retrancher quelques grâces. Mais je laisse pour cette fois la littérature : en art, quel ton hautain que le sien ! dans l'appréciation de ces œuvres spéciales où le procédé est toute une science, où l'exécution tient une si grande place, et qu'un littérateur, c'est-à-dire un homme qui n'a jamais touché le pinceau ni le ciseau, ne doit, ce semble, aborder qu'avec une circonspection extrême, quelle outrecuidance ! « *Cela n'existe pas,* » c'était une de ses formules favorites. Son inspiration principale, son mobile, à lui, était l'orgueil. Il savait à quels artistes il fallait s'adresser, quels il fallait célébrer à l'exclusion de tous les autres, quels il convenait de répudier et de réduire à néant, pour être le plus éloigné des opinions du vulgaire, pour produire le plus d'étonnement et d'effet sur la galerie, pour faire croire à plus de profondeur derrière ses paroles. Il avait peur avant tout de paraître penser comme le peuple et d'être pris pour un simple passant. Or, pour cela, quoi de mieux, en présence d'un tableau vivant, intéressant, animé, où tout parle, se comprend, où la foule s'arrête, et qui est signé d'un nom célèbre, que de hocher la tête, de pousser un profond soupir ou de hausser les épaules de pitié ? Cela vous signale, et les trois quarts des badauds sont tentés de dire : « Voilà un homme qui s'y entend. » C'était la souveraine jouissance de Gustave Planche, et il se la procurait à tout prix. D'autres sont heureux et flattés des affections ou des sympathies qu'ils inspirent : lui, il tirait gloire des répulsions mêmes et des aversions qu'il provoquait. Jamais écrivain n'a plus vérifié par son exemple ce mot de Montesquieu, que « la critique peut être considérée *comme une ostentation de sa supériorité sur les autres.* » Cette ostentation respire et s'étale dans tout ce qu'il a écrit ; on a devant soi un homme qui pérore et qui se rengorge. Il faut voir comme il jette Milton, Klopstock, Raphaël, Michel-Ange, tous ces grands noms, à la tête d'Horace Vernet, si celui-ci a essayé un *Léon XII* ou une *Judith ;* comme il le renvoie à son *Pont d'Arcole* et à son *Cheval du Trompette !* Il lui défend d'aborder les salles du Conseil d'État ; il lui interdit d'agrandir ses toiles. S'il prétend l'enfermer dans son passé, ce n'est pas qu'il lui laisse, là du moins, la place qui lui est due : bien au contraire, il l'y rapetisse à plaisir. Il se sert des noms de Gros, de Géricault et même de Charlet, pour en accabler le brillant et valeureux talent dont l'originalité, précisément, est de ne pas leur ressembler. Et quant à Charlet, si spirituel, mais qu'on grandit à plaisir, une remarque est à faire, qui touche à cette clé du jugement de certains critiques. Planche, en louant Horace Vernet, eût adhéré à la foule, ce qu'il évitait le plus soigneusement ; en louant Charlet au delà de la mesure ordinaire, il commandait à la foule, il se mettait au-dessus d'elle ; et c'est ce qui lui plaisait avant tout. Je saisis à tout instant cette ficelle de son amour-propre dans ses jugements.

Tout peut se dire ; toutes les opinions sincères ont le droit de sortir et de s'exprimer ; il y a, certes, lieu pour des critiques doctes et fins de disserter longuement et de faire mainte distinction à propos d'Horace Vernet ; mais le ton de Gustave Planche parlant d'un homme de ce talent et de cette renommée, d'un homme de ce passé et de cet avenir, qui était à la veille de se développer de plus en plus, et qui allait nous traduire aux yeux notre guerre d'Afrique, nous montrer notre jeune armée en action, à l'œuvre, dans sa physionomie toute moderne et expressive, ce ton est d'une insolence et d'une fatuité vraiment ineffables : « A ne peser que les cendres de sa gloire, s'écrie-t-il, nous les trouvons légères, et nous les jetons au vent !... Reconnaissons-le de bonne foi, ajoutait-il d'un air de renoncement vraiment comique et avec plus de pesanteur encore que de malice, reconnaissons-le sans honte et sans confusion, sa peinture n'est que médiocre et ne possède guère que des qualités négatives. » Puis, évoquant, selon son habitude, les plus grandes œuvres de la peinture, les toiles les plus diverses consacrées par l'admiration, l'oracle tout bouffi déclarait ne trouver que là sa haute satisfaction et sa joie. Fi de ceux qui ne cherchent dans la peinture que leur plaisir ! ce sont des sensuels qui ne l'ont jamais aimée. Gustave Planche (et il s'en vante) était d'un autre ordre. Ceux qui ont vu et connu le personnage savent s'il est bien vrai qu'il fût amant de l'idéal à ce point, et si c'était en effet à l'étude austère et à la sobre contemplation

des chefs-d'œuvre qu'il employait ses heures solitaires!
Je ne hais rien tant que ceux qui font semblant de
savoir ce qu'ils ne savent pas, de sentir ce qu'ils
sentent peu, et qui en imposent.

Combien j'aime, au contraire, ces esprits aimables
et sensés, qui, ayant pratiqué un art par eux-mêmes
et en sachant les difficultés et tous les périls, sont modestes et mesurés quand ils entreprennent de juger,
dans un art voisin et différent, leurs confrères, leurs
supérieurs ou leurs semblables! Alfred de Musset, par
exemple, un des talents aussi que cet intègre Gustave
Planche n'a jamais pu se décider à louer et à reconnaître, Alfred de Musset a écrit, sur le Salon de 1836,
des pages très-fines et bonnes encore à relire; il y
rend aux toiles d'Horace une justice gracieuse qui est
une revanche des insultes de tout à l'heure. Alfred de
Musset part de ce principe qu'une œuvre d'art doit
autant que possible réunir deux conditions : plaire à
la foule et satisfaire les connaisseurs. Une des conditions sans l'autre laisse quelque chose à désirer. Appliquant son examen à quatre batailles exposées par
Horace Vernet à ce Salon, *Iéna, Friedland, Wagram* et
Fontenoy, il concluait en ces termes :

« Certes, il n'y a pas là la conscience d'un Holbein, la couleur d'un Titien, la grâce d'un Vinci; ce n'est ni flamand, ni
italien, ni espagnol; mais, à coup sûr, c'est français. Ce n'est
pas de la poésie, si vous voulez; mais c'est de la prose facile,
rapide, presque de l'action, comme dit M. Michelet. En vérité,
quand on y pense, la critique est bien difficile : chercher
partout ce qui n'y est pas, au lieu de voir ce qui doit y être!
Quant à moi, je critiquerai M. Vernet lorsque je ne trouverai

plus dans ses œuvres les qualités qui le distinguent, et que je ne comprends pas qu'on puisse lui disputer; mais tant que je verrai cette verve, cette adresse et cette vigueur, je ne chercherai pas les ombres de ces précieux rayons de lumière. »

Touches heureuses de critique, qui sentent le poëte, qui consolent et qui vengent du pédant! (1)

(1) Rien ne venge mieux du pédant que l'artiste, le véritable artiste. En voici un encore, l'aimable Félix Mendelssohn, « le puissant et doux maître du piano » (comme l'appelait Gœthe), qui voyageant en Italie, et rencontrant à Rome Horace Vernet directeur à la Villa Médicis, va nous donner l'impression la plus fidèle et la mieux sentie de cette nature heureuse et de cette mouvante existence : « (Rome, 17 janvier 1831.) Il faut, chère mère, que je te raconte une grande, très-grande joie que j'ai eue dernièrement, car tu la partageras. Avant-hier j'allai pour la première fois, en petit comité, chez Horace Vernet, et il fallut m'y faire entendre. Il m'avait dit d'avance que *Don Juan* était sa seule musique, sa vraie musique de prédilection, notamment l'air du duel, et celui du commandeur, à la fin. Cette confidence m'avait plu beaucoup, et elle m'avait donné la mesure de son âme. Or, il arriva qu'en voulant préluder au concerto de Weber, je me laissai entraîner, sans m'en apercevoir, à la fantaisie; tout à coup je songeai que je ferai plaisir à Vernet en prenant ces deux thèmes, et je me mis à les travailler pendant un moment avec fougue. Il en fut ravi comme j'ai rarement vu quelqu'un l'être de ma musique, et notre connaissance se trouva aussitôt plus intime. Quelques instants après, il s'approcha tout à coup de moi, et me dit à l'oreille : « Il faut que « nous fassions un échange, moi aussi je sais improviser. » Comme j'étais naturellement très-curieux de savoir ce qu'il entendait par là, il me répondit : « C'est mon secret. » Mais c'est un véritable enfant, et il ne sut pas garder son secret un quart d'heure. Il revint donc à moi, me fit passer dans une pièce voisine, et me demanda si j'avais du temps à perdre. « J'ai là, ajouta-t-il, une toile toute « tendue et toute prête à servir; j'y veux peindre votre portrait que « vous conserverez en souvenir de cette journée. Vous la roulerez « et l'enverrez à vos parents, ou bien vous l'emporterez avec vous,

II.

Horace Vernet ne souffrait pas de ces injustices autant qu'on pouvait le croire ; Delaroche, si indignement traité par le même Aristarque, saignait et s'en

« comme vous voudrez. Il faut, à la vérité, que je me recueille avant
« mon improvisation, mais je la ferai. » Je consentis de très-grand
cœur, et je ne puis vous dire combien je fus heureux en voyant
que mon jeu lui avait fait réellement tant de plaisir. Cette soirée
a été d'ailleurs délicieuse de tout point. » — Et dans une autre
lettre du 31 mars 1831 : « Tu veux que je te donne des nouvelles
d'Horace Vernet; c'est assurément là un thème plus gai que
Mickiewicz. Je crois pouvoir dire de Vernet que j'ai appris quelque
chose de lui, et que tout le monde peut-être a quelque chose à en
apprendre. Il produit avec une facilité et une aisance inouïes. Dès
qu'il voit un sujet qui lui dit quelque chose, il s'en empare, et
nous sommes encore à examiner si ce qu'il traite est réellement
beau, digne d'éloge ou de blâme, qu'il a déjà fini et est depuis longtemps occupé à quelque œuvre nouvelle ; c'est un homme qui vous
déroute complètement dans toutes vos règles de jugement esthétique. Lors même que l'on sent que cette fécondité n'est pas chose
qui s'apprenne, le principe n'en est pas moins admirable, et rien
ne peut remplacer la gaieté, l'éternelle ardeur au travail, qui en
résultent. Dans des allées d'arbres toujours verts qui, en ce temps
de floraison, répandent des parfums par trop doux, en plein fourré
du jardin de la Villa Médicis, se trouve une petite maison qui se
révèle toujours de loin par un bruit quelconque : on y crie, on s'y
chamaille, on y sonne de la trompette, ou bien les chiens y aboient.
C'est l'atelier. Il y règne le plus beau désordre : on y voit pêle-
mêle des fusils, un cor de chasse, un singe, des palettes, deux ou
trois lièvres tués à la chasse et quelques lapins morts; partout sont
accrochés aux murs des tableaux achevés ou à moitié faits. L'*Inau-
guration de la cocarde nationale* (tableau bizarre qui ne me plaît
pas du tout), les portraits commencés de Thorwaldsen, Eynard,
Latour-Maubourg, quelques chevaux, l'esquisse de la *Judith* avec
des études qui s'y rapportent, le portrait du Saint-Père, quelques

irritait : Horace était un meilleur soldat au feu, et il allait son train toujours. Il lisait peu et il peignait sans relâche. On peut croire toutefois que ces excès de la critique, à partir d'un certain moment, contribuèrent peut-être à le tenir plus en garde et en méfiance qu'il ne l'aurait été sans cela contre les tentatives coloristes

têtes de nègres, des *Pifferari,* des soldats du pape, votre très-humble serviteur, *Caïn et Abel,* enfin l'*Atelier* lui-même, sont suspendus dans l'atelier. Dernièrement, Vernet avait à faire une masse de portraits de commande, et par conséquent tout son temps était pris ; mais, en passant dans la ville, il aperçoit un de ces paysans de la *Campagna,* qui, armés par le gouvernement, font depuis quelques jours des patrouilles à cheval dans les rues de Rome. Son costume bizarre lui plaît, et, dès le lendemain, il commence un tableau représentant un de ces soldats improvisés, arrêté par le mauvais temps dans la campagne, et saisissant son fusil pour le décharger sur quelqu'un ; on aperçoit dans le lointain un petit corps de troupes et la plaine déserte. Les petits détails des armes, dans lesquels on sent encore le paysan, le mauvais cheval avec son harnachement mal tenu, et le flegme italien de ce drôle barbu, en font un charmant petit tableau. Lorsqu'on voit d'ailleurs avec quel entrain il y travaille, comme il se promène sur la toile, ajoutant tantôt un petit ruisseau, tantôt deux ou trois soldats, ici un pommeau à la selle, là une doublure verte à la capote du paysan-soldat, on est vraiment tenté de lui porter envie. Aussi tout le monde vient-il le voir travailler ; à ma première séance, il vint au moins vingt personnes l'une après l'autre. La comtesse E... lui avait demandé de pouvoir assister à l'ébauche de son portrait ; lorsqu'elle le vit tomber sur la besogne comme un affamé sur du pain, elle resta toute stupéfaite. Les autres membres de la famille, comme je vous l'ai déjà dit, ne sont pas mal non plus ; en entendant le vieux Carle parler de son père Joseph, on éprouve du respect pour ces gens-là, et je prétends, moi, qu'ils sont nobles. » — Et c'est ainsi qu'une vive nature d'artiste sympathise avec ses semblables, les reconnaît à travers les diversités de genre et de langue, les salue, les aime, les fait revivre... et l'on est à cent lieues du cuistre, de l'être immonde, arrogant et dur.

modernes. Il mit une sorte d'amour-propre à ne rien céder. Sa couleur était vraie, et telle qu'elle se voyait naturellement aux objets représentés ; il savait ce qu'il faisait, il faisait ce qu'il avait sous les yeux : que lui demandait-on de plus? Fin et malin, il y mettait une sorte d'ironie à l'égard des rivaux. « Moi, que voulez-vous? Je ne sais faire que ça! Je ne sais pas inventer, je vois. »

Je n'éluderai pas la question d'art qui se pose, et je la soumettrai du moins dans ses vrais termes à ceux qui voudront l'examiner. Je sais qu'elle a déjà été traitée, et par des plumes exercées et compétentes ; je n'aurais, si je voulais, qu'à rechercher et à rappeler ce qu'ont écrit, ici ou là, les Théophile Gautier, les Paul Mantz, les Saint-Victor. Mais qu'ils me permettent de recommencer comme si de rien n'était, en ignorant qui veut s'instruire, et de faire mon apprentissage après eux.

L'art est une convention, l'art de la peinture particulièrement. Horace Vernet aimait que ce fût une convention le moins possible, que le convenu ne s'y aperçût qu'au moindre degré. Il puisait son principe en lui, dans son organisation même. Doué de sens exquis, d'une mémoire visuelle merveilleuse, d'organes et d'instruments d'imitation fins, rapides et sûrs, plus prompt à faire qu'à dire, il eut de l'art toute la première vue qu'on peut désirer; mais s'il y a dans l'art autre chose que l'immédiat, s'il y a une seconde vue plus idéale, celle-là il ne l'eut point.

Analysez ses tableaux! c'est prosaïque, dites-vous.

Qu'entendez-vous par là ? J'examine : tout est lié, motivé, sensé, possible, intelligible ; tout ressemble à ce qu'on a vu ou à ce qu'on peut se figurer, et les peintres sincères vous diront tout ce qu'il y a, sous cette ressemblance vive, de hardiesses de première venue, de difficultés abordées de front, enlevées à la pointe du pinceau et tournées en effets heureux et en triomphes.

Cependant il ne cherche son effet ni dans la *ligne* proprement dite, ni dans la *couleur*. Ici, je force ceux qui s'y entendent à s'expliquer, et ils me disent :

« Non, il ne cherche son effet, ni dans le *dessin*, ni dans la *couleur* : en tout il est immédiat, il est fidèle et vrai, et il s'en contente. A-t-il à faire, par exemple, un pantalon rouge? Il mettra juste le pli, la couleur qu'il voit. Regardez au contraire, dans ce beau portrait de Napoléon III par Flandrin, comment le peintre s'y est pris avec le pantalon rouge de l'auguste modèle! Évidemment il a cherché le dessin, le mieux, un certain arrangement, la tournure idéale; il a cherché à ennoblir la forme (1). Horace n'y mettait pas tant de façon; il voyait avec son œil de peintre et rendait à l'instant son effet. Il prenait le pantalon tel que le portait le modèle, et le jetait sur sa toile : c'est la chose pure-

---

(1) J'emprunte à un feuilleton de M. de Saint-Victor l'éloge suivant qu'il fait de ce portrait de Flandrin ; chaque mot marque bien la différence qu'il y a entre la peinture que j'appelle *immédiate* et la peinture *réfléchie :* « Ce qu'il faut louer encore, dit l'habile critique, c'est l'harmonie savante qui accorde les rouges de l'appartement et de l'uniforme, l'imitation énergique et sobre des meubles

ment et simplement, c'est le ton même. Envoyez l'échantillon au tailleur, et il vous retrouvera l'étoffe. — Ainsi encore, dans le tableau de *la Liberté*, d'Eugène Delacroix, voyez la blouse du gamin : le peintre n'a pas cherché à reproduire la couleur exacte de la blouse ; il a cherché un ton harmonieux qui fît le meilleur effet dans le tableau tel qu'il le concevait. Horace Vernet, lui, ne cherche pas de ces combinaisons, de ces traductions de ton ; il ne transfigure jamais. Il ne met pas entre les choses et lui ce je ne sais quoi qu'on appelle le *style*. Horace Vernet voit et rend ce qu'il voit, il n'interprète pas. — Il y a un coffret dans son tableau de *la Smalah*; ce coffret n'est pas une invention, il était réellement au Louvre. Un jour, Horace le vit en passant et dit : « Il pourra me servir ; qu'on me le porte à Versailles. » Et il le mit dans son tableau. Mais pour ceux qui l'avaient déjà vu, c'est le coffret même, des plus reconnaissables, celui-là et pas un autre. Ni Delacroix, ni Flandrin n'auraient fait si exactement ce même coffret. Lui, il transporte sur la toile la chose comme elle est, comme elle lui apparaît sous un prompt coup d'œil, sans y rien changer. Telle est sa nature, son genre et son miracle d'habileté. C'est ce qui fait qu'à cause de la vérité même de son rendu,

---

et des accessoires adoucis par de tranquilles demi-teintes. M. Flandrin excelle dans cette discipline des objets subordonnés aux figures. C'est ainsi qu'ils doivent apparaître dans les portraits de haut style, *peints de souvenir plutôt que d'après la réalité.* » On ne saurait mieux marquer ni définir la prétention du haut style par opposition à la réalité vive.

on l'a appelé un *trompe-l'œil,* comme si ce n'était pas une rare qualité en peinture, la première dans un art d'imitation, que d'imiter ce qu'on a sous les yeux. »

Vanité de la gloire et de la réputation, et non-seulement vanité, mais âcreté et amertume! Qui que vous soyez, grand génie, beau talent, artiste honorable ou aimable, tout éloge juste et mérité sera retourné contre vous. Fussiez-vous un Virgile, le chantre pieux et sensible par excellence, il y en a qui vous diront un poëte efféminé et trop doux. Fussiez-vous Horace, il y en a qui vous jetteront à la face la pureté même et les délicatesses de votre goût. Si vous êtes Shakspeare, quelqu'un viendra qui vous appellera un sauvage ivre. Si vous êtes Gœthe, plus d'un pharisien vous proclamera le plus personnel des égoïstes. L'amant retourne tous les défauts de sa maîtresse et les traduit en louanges : la critique et l'envie humaine font tout le contraire avec les talents. Toutes les qualités, tous les dons que vous avez reçus et que vous mettez en lumière, on vous les oppose un jour, et on en fait des griefs ou des sobriquets pour vous humilier. Le style vous tient-il à cœur, et avez-vous souci de la distinction ou de la nuance : vous n'êtes qu'un maniéré. Restez-vous parfaitement uni, naturel et simple : vous voilà prosaïque et vulgaire. Peut-on s'étonner, après cela, qu'Horace Vernet ait été si lestement et si insolemment traité pour ses charmantes qualités mêmes?

Au reste, il n'était pas sans défense. Il avait des mots à lui, des termes à son usage, et qui marquaient assez finement ce qu'il sentait. Devant la peinture trop travaillée, trop *tripotée* comme on dit, celle qu'il ne faisait pas et qu'on lui reprochait de ne pas faire : « Je l'aime mieux avant qu'elle soit *cuite,* » disait-il. Il supposait qu'on l'avait mise au four pour la cuire et la dorer.

Il n'aimait en rien les tons de convention. Un jour un peintre habile avait à peu près terminé une marine dans une gamme très-haut montée : il ne lui manquait plus qu'un coup de canon qu'il ne savait trop comment faire. Il le demande à Horace qui lui fait un coup de canon vrai, tel qu'il en avait vu. Mais cela jurait ; c'était une tache blanche au milieu de cette peinture trop poussée de ton et d'effet. « Enfin, mon cher, vous avez voulu un coup de canon, le voilà ! » C'était à la fois, de sa part, une légère critique.

III.

Il est temps de le suivre en Afrique où il fera désormais ses plus belles conquêtes, et où il aura à peindre non plus seulement des souvenirs de grande armée, mais des exploits présents et de chaque matin, dans lesquels il fut proche témoin et presque acteur. Ses lettres vont nous aider à le mieux comprendre encore. Les lettres d'Horace Vernet ont cela de précieux qu'elles sont sa pensée même et sa personne. Rien ne s'y détache ; il ne vise à aucune réflexion, à aucune description ; il est le moins littéraire des hommes. C'est un soldat en campagne ; il voit, il pense, il sent en même temps, et sa phrase dit comme elle peut tout cela. Il y a des hommes qui causent d'une manière, qui écrivent d'une autre, qui sont plus familiers avec les amis, plus réservés dans le monde et avec les étrangers, qui ont plus d'un ton à leur usage : ce sont des esprits à plusieurs tiroirs. Horace Vernet n'avait qu'un langage et qu'une manière, et il n'était guère libre d'en changer. Si par hasard il l'avait voulu, s'il tentait parfois en effet de monter d'un cran et de discourir, il ne trouvait rien. Il écrit donc à sa femme et à ses amis comme il aurait causé avec eux, et cette sincérité, telle quelle, est incomparable.

On était en 1837. C'était son second voyage d'Afrique. Horace Vernet qui avait à peindre le siége et la prise d'assaut de Constantine, partit de Paris (fin d'octobre) quinze jours après l'affaire, pour voir les lieux, les débris encore fumants, et il espérait bien arriver à temps pour assister à quelque petite fusillade. Mais à Toulon, il apprend que tout vient de finir; aller à Constantine n'est plus que comme aller à Saint-Cloud; ce n'est qu'une promenade la canne à la main. *Quelle vexation!* Il part de Toulon pour Bone, à bord d'un beau vaisseau, *le Diadème*. Il était déja en vue de la ville quand un coup de vent repousse le vaisseau de la côte d'Afrique, l'emporte en quelques heures à bien des lieues, de l'autre côté de la Sardaigne, en face de Cagliari, et quelques jours se passent à attendre le vent et à regagner le chemin perdu. Que faire dans l'ennui d'une traversée? Horace pense à sa famille, à ses petits-fils, à celui qu'en son langage de grand-père il appelle *Rabadabla* : il écrit jour par jour à Mme Vernet :

« Encore un jour passé, écrit-il le 10 novembre, et nous n'avons remonté qu'un échelon de l'échelle que nous avons descendue si rapidement. Mais tout nous fait croire que, demain, nous serons à terre. Une petite brise nous conduit droit dans notre route, et l'espoir nous revient. Aujourd'hui je me suis moins *embêté* (Ah! nous sommes en style d'atelier, il faut en prendre son parti) que les jours précédents, grâce à un nouveau venu auquel j'ai donné l'hospitalité : c'est un pauvre pinson que les autans nous ont apporté. J'ai mis la main dessus, j'ai voulu lui donner à manger; mais devine ce qu'il a préféré? c'est de se précipiter dans mon pot à eau pour boire; il a manqué s'y noyer, ce qui m'a expliqué les gens qui trouvent ce genre de mort dans un crachat. On fait des efforts inouïs pour braver un grand danger, puis la gourmandise vous fait succomber dans un petit. Trêve de réflexions! Je soigne mon petit oiseau pour lui donner la liberté quand il sera bien remis de ses privations et de sa fatigue. Si j'avais le temps de lui donner une petite éducation, je lui apprendrais à chanter *Rabadablabadablablabla*, pour que sur ma terre d'Afrique il puisse apprendre à ses semblables ce délicieux refrain, et peut-être qu'un jour tous les échos nous le répéteraient. Cette idée, toute bête qu'elle est, ne laisse pas de me procurer une bonne petite émotion. »

Ce *Rabadabla*, c'est le bruit cher à son petit-fils, c'est le nom même qu'il lui donne dans cette langue primitive et imitative qui recommence sans cesse auprès des berceaux. Bonhomie et cœur, ne nous repentons jamais d'avoir surpris au vif de ces choses-là.

Mais il est arrivé à Bone; il est logé, installé chez

Yusuf, lequel, en légère disgrâce, est pendant ce temps-là à Paris ; il voit les amis d'Yusuf, la première Mme Yusuf, une musulmane aux longs yeux pleins de douceur et de mélancolie, et qui lui a cédé la maison ; il s'inquiète d'abord de l'avenir de son ami, et donne de bons avis sur les hommes, sur les gouverneurs présents et passés, des jugements qui ne seraient pas tous à reproduire ici. Le peintre aussi se réveille ; sans plus attendre, et à la vue de cette population africaine grouillante, la verve le prend, la besogne commence :

« ..... Si Delaroche était là ! que de belles choses il verrait par ma fenêtre seulement ! Rien n'est plus admirable que cette foule d'Arabes, de Turcs, tous drapés si pittoresquement. Si j'étais plus jeune, ou pour mieux dire moins vieux, ma tête n'y tiendrait pas...

« En attendant le départ, je fais des têtes de soldats comme s'il en pleuvait. Elles doivent figurer parmi les héros, car il y en a dans toutes les classes de l'armée plus que partout ailleurs, et j'ai le bonheur de n'avoir que des faces bien caractérisées. »

Il fait d'avance sa provision de têtes et de figures martiales : tout chez lui sera d'après nature, les sites, on va le voir, et les figures aussi. Et remarquez comme, sans théorie aucune et par un pur sentiment de vérité, il pense au peuple de l'armée, à toutes les classes de héros. Son genre, en effet, sera, dans chaque affaire, tout en montrant le chef, de ne jamais sacrifier le soldat.

Il est traité cependant comme un personnage de l'armée ; on lui donne deux bataillons pour escorte :

« Voilà comme je suis organisé pour mon voyage : six mules pour porter mon bagage, mes tentes, etc.; deux chevaux pour moi et Charles mon domestique, quatre chasseurs et un brigadier comme ordonnances, et huit cents hommes d'escorte. Déjà, Charles, notre neveu (1), est parti avec le même nombre d'hommes pour m'attendre à moitié chemin, et le gouverneur (le maréchal Valée) me donne l'ordre qui doit l'attacher auprès de moi pendant la durée de ma petite expédition jusqu'au retour à Bone. Tu vois que je suis traité en véritable personnage ; ce n'est pas que ça me touche, mais je te donne ces détails pour que tu sois sans inquiétude ; car tant de précautions sont même inutiles, la correspondance se faisant journellement avec huit hommes seulement. Cependant j'accepte tout pour être à même de m'arrêter comme bon me semblera sur la route, et même de m'en écarter pour visiter certaines localités intéressantes... »

Horace Vernet participait au prestige et aux honneurs qui s'attachent volontiers en France à tout ce qui est militaire : on essaya de le lui faire payer comme artiste. Tout ce qui se piquait d'art pur se montra deux fois plus rigoureux pour lui.

Il se met en marche pour Constantine ; il n'a plus le temps d'écrire, occupé qu'il est à voir et à peindre ; mais à bord du bâtiment qui le ramenait, et encore plein des sensations du voyage, il les a racontées à Mme Vernet dans une lettre courante et animée, où il fait voir que, sous une impression vive, il savait tenir autre chose encore que le pinceau. Je donne textuellement et tout au long ce récit :

« De Bone à Medjz-el-Ammar rien d'intéressant; mais,

(1) M. Charles Burton, officier du génie.

après avoir passé le Raz-el-Akba, le pays dépouillé d'arbres devient un vaste désert coupé de ravins profonds et entouré de vastes montagnes pelées dans le genre de Radicofani (1); la pluie nous a rendu visite dans ces lieux épouvantables ; il nous a fallu coucher dans la boue, mais heureusement le mauvais temps n'a duré que deux jours. Rien n'était plus intéressant pour moi que ces bivacs en arrivant le soir et en partant le matin. Les lions, les hyènes et les chacals se chargeaient de la musique et se disputaient dans l'ombre les mules et les chevaux que nous laissions derrière nous sur la route; car, ma chère amie, tu ne peux te faire une idée de la quantité de ces pauvres animaux qu'on abandonne, faute de pouvoir les nourrir. On les assomme, tant qu'ils peuvent se soutenir ; une fois tombés, c'est fini d'eux. Sur ce point comme sur tant d'autres, c'est un gaspillage dans l'armée dont on ne saurait se faire une idée sans en avoir été témoin... Mais brisons là-dessus ; je ne veux te parler que du pittoresque. — Je te disais que le pays était d'une sévérité admirable. Il ne s'y trouve de trace humaine que quelques pierres, reste de monuments antiques qu'on suppose des fortifications. Je ne suis pas de cet avis pour la généralité. Il y en a certains qui me paraissent des tombeaux de la même forme et de la même construction que ceux de Corneto, moins soignés cependant, mais semés çà et là le long d'une voie romaine pendant un assez long espace, deux lieues environ avant d'arriver à Sohma, où se trouve un tombeau monumental, dont j'ai fait le croquis. De ce point, on voit Constantine à trois lieues de distance. Je t'avoue que le cœur m'a battu en voyant le terme et le but de mon voyage, les plus hautes montagnes du grand Atlas se développant devant le spectateur. Il était deux heures de l'après-midi, le soleil brillait ; rien ne manquait pour la splendeur du tableau. Je t'assure que, dès ce moment, je n'ai plus pensé qu'au bonheur de joindre à tous les souvenirs que

---

(1) Montagne volcanique de Toscane sur la route de Florence à Rome.

j'ai déjà dans la tête une nouvelle collection de matériaux d'un caractère tout particulier. Je ne te ferai pas ici la description de Constantine, de ses ravins, etc., toutes choses dont tu as déjà entendu parler. Il me suffira de dire que je n'ai rien vu dans aucun de mes voyages qui m'ait autant frappé. Cette ville toute couleur de terre ressemble plutôt à celles des Abruzzes qu'à tout ce que nous connaissons du littoral de l'Afrique. On va crier après moi quand je la peindrai telle qu'elle est, comme on l'a fait après ma verdure. Cependant je serai vrai. L'intérieur des rues est encore plus sombre, et d'une puanteur abominable. Les cadavres qui sont encore sous les décombres ne contribuent pas peu à augmenter ce que les ordures, la diarrhée générale de l'armée, émanent de miasmes pestilentiels. Montfaucon est la boutique de Lubin en comparaison. Aussi nos pauvres soldats mouraient-ils comme des mouches. Dès le premier pas qu'on fait dans la ville, on ne peut croire qu'il soit possible d'y rester. Puis tout à coup nous entrons dans le palais du Bey : tout change. Figure-toi une délicieuse décoration d'opéra, tout de marbre blanc, et des peintures de couleurs les plus vives d'un goût charmant, des eaux coulant de fontaines ombragées d'orangers, de myrtes, etc.; enfin, un rêve des Mille-et-une-Nuits. Certes, j'étais loin de m'attendre à des sensations si différentes dans un si court espace de temps, et cependant je n'étais pas au bout. Figure-toi que la suite du prince a tout dévasté et qu'il ne reste rien, mais rien dans l'intérieur. Tout a été emporté, jusqu'aux oiseaux et aux poissons rouges. On a fait des trous dans tous les murs pour chercher des cachettes; enfin tout est sens dessus dessous. Ah! les barbares! Du reste, j'ai reçu dans ce palais le meilleur accueil possible du général Bernelle; il m'a donné une ci-devant belle chambre dans laquelle j'ai couché par terre avec délices, car du moins j'étais à sec, et mes trois jours se sont passés à courir la ville et les environs, dessinant autant que possible les points intéressants, et j'ai fait une fameuse récolte de tableaux à faire. »

L'honnête homme, l'homme de devoir et de probité percent à tout moment à côté des impressions du peintre guerrier; si Horace aime les soldats, il les aime aux mains nettes et pures. L'humanité se montre chez lui bien naïvement aussi, dans l'anecdote suivante; il aurait pu faire *la Fille du régiment*, comme il a fait *le Chien du régiment*; il aimait mieux pourtant n'avoir pas à traiter ce nouveau sujet de tableau :

« Dis à Jazet (1) que je lui rapporte une vigoureuse collection de sujets. Il y en a un surtout qui (je ne puis attendre pour te le raconter) a manqué te valoir une petite fille à élever. Tu as entendu parler d'un rocher du haut duquel les femmes, en voulant fuir, se précipitaient? Représente-toi, sur un monceau de plus de cent cadavres de femmes et d'enfants, que les Kabyles dépouillaient ou achevaient lorsqu'ils respiraient encore, un sergent et un soldat du 47ᵉ leur disputant, les armes à la main, un pauvre petit être de quatre ans, encore attaché au corps de sa mère morte. J'ai retrouvé cette petite fille au camp de Medjz-el-Ammar : elle est très-gentille; mais que deviendra-t-elle? On la nomme *Constantine*, ne lui connaissant d'autre nom; le régiment la garde; mais, encore une fois, que deviendra-t-elle? C'est justement parce qu'il n'y a pas de doute sur le malheureux sort qui l'attend, que je voulais la prendre. Je n'aurais pas balancé à t'apporter cet embarras, si une autre idée ne m'était venue : c'est d'en parler à Madame Adélaïde : ce serait digne d'elle de faire élever un enfant pris sur le champ de bataille où son neveu a été fait lieutenant-général. Nous parlerons de ça à mon arrivée. J'ai tous les renseignements imaginables sur ce fait. »

Il ne perdit nullement de vue son idée bienfaisante:

(1) Graveur de tableaux, le graveur ordinaire d'Horace Vernet.

on fit venir la petite fille en France, et Mme Adélaïde la prit en effet sous sa protection. On le voit, si Horace Vernet parut dans quelques sujets bien sentimental, c'est qu'il avait réellement en lui du sentiment.

D'autre part, ceux qui ont cru Horace indifférent au paysage et aux arbres de la route, qui ont dit qu'il dessinait en pensant à autre chose, « comme on tricote les yeux fermés, » les mêmes qui ont ajouté qu'il était à peu près inutile, pour le juger comme peintre, d'étudier sa vie, ne conviendront-ils pas qu'ils lui ont fait légèrement tort ? Je pense, en écrivant ceci, à un critique d'art fort distingué, mais bien sévère, et que son amour pour l'idéal n'about pas, à mon sens, de quelque injustice dans le cas présent (1).

« Pour en revenir au but de mon voyage, disait Horace Vernet en terminant sa lettre, j'ai dessiné d'une part et recueilli de l'autre tout ce dont j'aurai besoin pour mon grand tableau. Jamais je n'ai eu occasion de faire un ouvrage aussi intéressant et aussi pittoresque ; mais aussi fallait-il voir les lieux, car il n'y a pas de description, de dessin, de croquis, qui puisse donner une idée de l'originalité de la scène. Ça ne ressemblera à rien de ce qui a été peint, et ça ne sera que vrai. Il faut avoir vu l'armée d'Afrique. Ce n'est plus ni la République ni l'Empire, c'est l'armée d'Afrique, c'est-à-dire la réunion un jour de bataille de toutes les vertus militaires, et le lendemain... sauf quelques exceptions chez de certains hommes trop bien trempés pour ne pas résister à la contagion !... Tiens, je ne veux pas écrire tout ce que je pense. »

Chassons nous-même ces ombres déjà si lointaines

---

(1) Les lecteurs familiers avec ces questions auront reconnu M. Paul Mantz pour son article, d'ailleurs si étudié, de *l'Artiste* (22 novembre 1857).

et qui feraient tache au tableau. Et c'est ainsi qu'Horace Vernet arriva à réaliser et à fixer en trois tableaux, vrais et dramatiques, irréprochables d'exactitude, admirables de composition et de vie, les préliminaires et l'instant même de ce glorieux assaut. Qu'on ne lui oppose plus Gros, l'épique et le grandiose, avec ses deux ou trois héroïques figures militaires ; le théâtre comme la tactique a changé. Lui, il est bien désormais le peintre par excellence de cette guerre d'Afrique, où tout se dissémine et s'étend, où les choses ne se décident point comme dans une grande guerre par le génie d'un seul, par le concert de quelques-uns et par du canon. Ici, bien que le talent des chefs y fût pour beaucoup sans doute, la supériorité des principales figures était moins imposante : c'était tantôt un colonel, tantôt un chef de bataillon qui ordonnait et accomplissait un beau fait d'armes ; c'était toute une troupe vaillante qui l'y aidait à la baïonnette. Horace Vernet a saisi et rendu à merveille cette mesure, cette proportion des hommes et des combattants entre eux. Il est bien le peintre de l'armée même, de tous les chasseurs d'Afrique, de ce qui, là et ailleurs, a gagné en effet les batailles. Il me rappelle toujours ce mot de Saint-Arnaud, un homme du même jet et de la même séve : « Ma pauvre compagnie, si belle il y a deux mois, s'écriait le maréchal encore simple capitaine, cent dix brillantes baïonnettes bien pointues, bien agiles! J'ai à peine quarante combattants. Ils en valent quatre-vingts... » Eh bien ! Horace Vernet savait donner une physionomie à chacune de ces baïonnettes.

Lundi 1er juin 1863.

HORACE VERNET.

(SUITE.)

Assez parler du peintre : je m'attache au voyageur, au narrateur pittoresque, non pas au littérateur (Horace Vernet ne l'était pas), mais à celui qui avec la plume, s'il y avait été un peu plus préparé par une première éducation, aurait pu donner de forts jolis récits et croquis sous une autre forme. Il fit, en 1839-1840, le voyage d'Égypte, de Palestine et de Syrie. On a imprimé en partie les lettres qu'il écrivait de là sans prétention aucune, et à la diable (1) ; j'ai sous les yeux les originaux : l'impression est assez exacte, sauf quelques interversions de dates et des mots trop familiers qu'on n'a osé risquer et qui ont été remplacés un peu arbitrairement. Mais savez-vous que ce récit de voyage

(1) Dans le journal *l'Illustration*, numéros des 5 et 12 avril 1856. — Les lettres sont données comme de simples fragments communiqués à *l'Illustration* par M. Théophile Silvestre.

est des plus agréables, que ces lettres forment une série intéressante, et qu'elles mériteraient fort, avec la série de lettres sur la Russie et quelques autres écrites de l'Algérie, d'être réimprimées et recueillies en un petit volume qui présenterait Horace Vernet sous un nouveau jour? C'est bien, au reste, la même organisation, déjà connue, qui se traduit à nous, vive, heureuse, courante, avec la même facilité, la même verve, et un fonds de bon sens dans la pétulance ; on y remarquera de plus la bonté et l'âme, l'humanité, et des éclairs de poésie et d'élévation.

I.

Toutes (ou presque toutes) les lettres sont adressées à Mme Vernet. La première est de Marseille ; il y trace son itinéraire depuis Paris : Châlons, Lyon, Avignon, Arles, un voyage à la *papa,* huit jours pour faire deux cents lieues. Cette première lettre est d'un bruit, d'une folie, d'un tintamarre étourdissant. Horace Vernet avait alors cinquante ans sonnés ; il a retrouvé ses vingt ans. Il est né voyageur tout autant que peintre, et, dès qu'il se met en route, il nage dans son élément. Il y a bien quelques regrets pour ceux qu'il quitte, mais il aura tant de bonheur à les retrouver! Tout est donc pour le mieux.

« Allons, chère amie, il faut finir ; mais ce ne sera pas sans vous embrasser tous et sans faire des amitiés à tous nos vieux et bons amis blanc, gris, noir, blond, vieux et jeunes mariés, débarrassés, embarrassés, garçons, etc. »

Figaro n'a pas plus d'entrain. Tout remue, tout danse ; le pêle-mêle de sensations est complet, la joie du départ l'emporte; il a, pour le rendre, ses refrains familiers :

« (Marseille, 21 octobre 1839). Voilà le grand moment arrivé. Dans quelques minutes en route, le soleil en avant ! bras dessus, bras dessous, avec ma bonne étoile ! Un beau jour sera aussi celui où cette dernière quittera son camarade pour me ramener près de vous. Alors elle sera plus brillante que jamais. Elle connaît la route du n° 58 (1), où nous nous embrasserons comme des pauvres. »

A Malte, qu'il croque en deux traits et qu'il définit « un rocher imprenable gâté par des fortifications qui demandent quarante mille hommes pour les défendre, » ou encore « une belle maison encombrée de meubles dans laquelle on ne peut pas entrer, » — à Malte, Horace a un crève-cœur :

« Les Anglais font la pluie et le beau temps, et exercent de ce point une influence effroyable. J'ai le cœur tout gros d'avoir vu leurs soldats! Rien n'est mieux tenu, et il est impossible de voir de plus beaux hommes. Mais brisons là-dessus. Si notre armée, par comparaison, a l'air d'une bande de galériens, sous nos simples habits bat une fameuse âme. Vive la France ! »

Horace reste français de cœur à l'étranger ; ce n'est pas un mal, puisque cela ne l'empêche ni de bien regarder ni de juger. Arrivé en Égypte, à Alexandrie, il voit tout, il note tout, et l'homme de sens ne se sépare

(1) Il demeurait alors au n° 58 de la rue Saint-Lazare.

pas du peintre ; il observe du coin de l'œil plus de choses au moral qu'on ne croirait.

« Nous daguéréotipifions (1) comme des lions, et du Caire nous vous ferons un envoi intéressant. Ici il n'y a que peu de chose. Cependant demain matin nous allons expérimenter devant le Pacha, qui désire connaître les résultats d'une découverte qu'il connaissait déjà par la description. Notre visite de ce matin était d'un grand intérêt. Le Pacha est petit, la barbe blanche, le visage brun, la peau tannée, l'œil vif, les mouvements prompts, l'air spirituel et très-malin, la parole brève, et riant très-franchement lorsqu'il a lâché un petit sarcasme ; plaisir qu'il s'est donné toutes les fois que la conversation tournait à la politique, et surtout lorsque le consul (2) insistait pour le départ de la flotte : « Je ne reconnais « pas les Français, qui savent si bien faire la guerre, et qui « ne parlent plus que de la paix. Je ne parle pas de la France, « car d'ici j'ai entendu ses applaudissements quand elle a « connu mes succès de Nézib. » —

Horace, en visitant l'Afrique et l'Asie, ne se fait pas Arabe et Turc, au point de laisser de côté tous ses sentiments d'Europe ; il ne ressemble pas à ces voyageurs, desquels d'ailleurs je ne médis point, qui, en mettant le pied sur la terre d'Orient, se font autant et plus Orientaux que les Orientaux eux-mêmes, et se dépouillent de toute manière antérieure de sentir, jusqu'à se métamorphoser. Au Caire, il a le cœur tout gros de fâcheuses réflexions en visitant le marché à esclaves, cet odieux marché, dit-il, « où de petits négrillons

(1) Bien ou mal formé, c'est le mot qu'il emploie et qu'il crée, et non pas *daguéréotipillons,* comme on l'a imprimé.
(2) M. Cochelet.

mâles et femelles sont par paquets rassemblés sur un mauvais carré de toile comme des pommes à cinq pour un sou, sans compter les hommes et les femmes de toutes couleurs qu'on tient dans des trous tout autour de cet infâme lieu, où, comme des rois, d'infâmes voleurs trafiquent de la chair humaine. » Mais, au sortir de là, c'est bien pis quand il entre dans la mosquée des fous, dont il décrit le spectacle horrible :

« Figure-toi une cour de quarante pieds carrés, environnée de murailles prodigieuses de hauteur, qui laissent à peine entrer le jour ; dans l'angle, une petite porte de trois pieds de haut, barricadée de chaînes à travers lesquelles on passe avec peine. Chaque côté des murs, sont percées de petites niches de quatre pieds carrés, garnies d'énormes grilles de fer, et là dedans, sans vêtements, assis sur la pierre, sans autre paillasse que leurs ordures et une épaisse couche de poussière, sont les malheureux privés de leur raison, une double et lourde chaîne au cou, dont les extrémités viennent s'attacher à de gros anneaux extérieurs, et dont le frottement perpétuel sur la pierre l'a détruite et creusée à plus de deux pieds. Joins au tableau les rugissements des furieux, les accents pitoyables d'un amoureux, et les deux yeux fixes d'un nègre silencieux qui vous regarde comme un oiseau de nuit; et tu ne te feras encore qu'une faible idée de ce que nous avons vu. Charles et Goupil (1) en sont restés tristes toute la journée, et nous n'avons pu avoir d'autre conversation. »

D'autres, je le sais, décriraient cette mosquée de fous avec impartialité, avec une froideur impassible et désespérante, que dis-je? avec volupté et délices. Horace Vernet reste homme en voyageant ; il ne se fait

---

(1) MM. Charles Burton et Goupil, ses compagnons de voyage.

pas plus féroce que nature. Là encore il s'en tient à la trempe originelle première, et ne songe pas à s'en donner une autre. Il me fait l'effet, à ce naturel parfait et sans mélange, d'un Gil Blas en voyage, — un Gil Blas en képi.

Du Caire il va visiter les Pyramides ; elles ne l'étonnent pas à première vue autant qu'il l'aurait attendu de ces masses de pierre. On a besoin pour les admirer, dit-il, de songer aux difficultés qu'ont coûtées à construire ces énormes monuments et aux quarante siècles dont l'éloquence de Bonaparte les a couronnés ; mais « il y a derrière eux *ce grand coquin de désert* qui est autrement imposant. »

Il ne se pique pas, depuis douze jours qu'il est arrivé, d'avoir une idée faite sur le pays ; son premier coup d'œil pourtant ne le trompe guère, et ce Méhémet-Ali tant vanté ne lui paraît que ce qu'il était en effet, un administrateur-exacteur mieux entendu, un pressureur de peuple plus habile :

« Les gens qui en attendent des progrès comme civilisation se trompent lourdement. Ce qui s'organise n'est autre chose que l'ordre dans le despotisme, pour le rendre plus également pesant et de manière à ce que rien ne puisse s'en affranchir ; et les lumières que le Pacha va soi-disant chercher au milieu de nos institutions philanthropiques ne sont que des armes qu'il aiguise et, pour ainsi dire, qu'un rasoir qu'il fait repasser pour tondre plus près. »

Que dites-vous de ce *rasoir?* Il n'est pas mal trouvé pour exprimer ce qu'il veut. C'est le même homme qui, quelques années après, étant allé en Russie pour y peindre de hauts personnages et des batailles, disait à propos du progrès factice et forcé dont il était témoin : « On est ici comme en Égypte, sur une *boursoufflure* qui, tôt ou tard, s'enfoncera. » J'appelle cela du bon sens d'observation. Horace Vernet n'en faisait point parade, et, sous ses airs brusques, il en avait autant et plus que d'autres qui passent pour très-sages.

Du Caire, il se dirige vers l'Asie en longeant le Delta, et cette triste route monotone est décrite avec une fidélité vive, précise, et sans charge :

« Pour arriver à El-Arich, nous n'avons, pendant douze jours, rencontré qu'un groupe d'Arabes à cheval, qui, sans doute, nous ont trouvés trop bien disposés, et qui se sont contentés de nous suivre pendant deux lieues à peu près. En arrivant à El-Arich, le pays prend un aspect bien caractérisé ; ce n'est plus que du sable amoncelé par buttes sur l'une desquelles se trouve une petite forteresse environnée de quelques mauvaises maisons au milieu desquelles s'élève une centaine de palmiers semblables à des plumeaux, qui ont l'air de dire : « Venez vous épousseter ici. » En effet, on en a grand besoin ; mais je t'avouerai que c'est la dernière chose à laquelle on pense : de l'eau, de l'eau, de l'eau fraîche, voilà ce qu'on cherche !...

« D'El-Arich à Gaza, le pays change de figure ; le sable se couvre de petits buissons, puis on commence à rencontrer des pierres, puis des troupeaux ; enfin on entend un peu de bruit ; le silence est encore une chose qui fait une véritable impression ; on cherche pendant longtemps ce qui manque à la vie, et tout à coup : *E.* »

Horace Vernet a depuis imprimé quelques-uns de ces passages dans une brochure sur les Costumes de l'Orient ; il a ôté les familiarités et n'a laissé que le noble et le grave, ce qui allait à son but. Moi-même, bien que je n'aie d'autre but ici que de montrer l'homme, je dois avertir que je supprime, tantôt avec regret, tantôt sans regret, bien des petites choses. Il y a en effet, par-ci par-là, des gaietés *inimprimables,* de vraies gamineries, de ces choses qu'on ne trouve point du tout dans les lettres à la Chateaubriand, qui feraient le régal d'un Scarron, et qui sentent le peintre de troupes. J'en passe. Mais l'aventure de Gaza peut se raconter; c'est le seul accident pénible de ce voyage où tout va pour le mieux, et cet accident pénible est surtout risible :

« Avant de te dire de quoi il retourne, je veux te donner une description de cette fameuse ville dont Samson a emporté les portes. Si tu as de la mémoire, tu m'as connu sans barbe grise; j'en ai une superbe maintenant. Je suis donc changé? Gaza en a fait de même; car, soit pour éviter de renouveler de fâcheux souvenirs, soit tout autre motif, les maisons même ne sont pas fermées, et, par mesure de sûreté, nous avons cru devoir planter nos tentes dans le milieu de la grande place, malgré de gros nuages suspendus sur notre tête. Après avoir fait un bon souper du reste de notre mouton d'El-Arich, après nous être bien couchés sur nos tartelettes de lit, après nous être laissé aller au plus délicieux sommeil, tout à coup nous nous réveillons flottants et soulevés par l'eau; un orage affreux venait d'éclater, et, dans quelques minutes, le lieu charmant que nous avions choisi, malgré quelques charognes qui en faisaient l'ornement, se transforma en une espèce de naumachie, de laquelle nous sommes sortis de nos personnes, mais laissant tous nos effets prenant une leçon de natation. De onze heures du soir à six heures du matin, il a fallu attendre. Heureusement que nous étions à côté du cimetière, où, grâce à la peste qui a enlevé, il y a trois mois, les deux tiers des habitants, nous avons trouvé de très-jolis tombeaux sur lesquels nous sommes restés perchés jusqu'au jour. Mais enfin, *après l'orage, on voit venir le beau temps (Tableau parlant)* (1). En effet, le soleil parut, et au même moment un long nez au bout duquel se trouvait un visage; ce visage était sous un parapluie jaune et noir et surmontait un grand corps pris dans une petite redingote. L'ange Gabriel ne nous eût pas fait plus de plaisir avec ses formes divines que cette espèce de Sangrado quand il nous apparut. Nous courûmes à lui. C'était un Napolitain, agent sanitaire remplissant les fonctions de médecin et venant nous demander de guérir son enfant qui avait mal aux yeux. Vite je lui offre mes services; je porte ma pharmacie; dans une minute nos bagages encombrent toute sa maison; nos chameliers s'emparent de tous les coins; nous voilà maîtres du logis... »

Qui donc sait mieux raconter en écrivant? Tout cela est gai, spirituel, bien français de tour et d'humeur. C'est du bon Alexandre Dumas, sans la hablerie et les fioritures: Horace Vernet voit et dit juste et ne brode pas.

Voyageur sincère, il est mobile; il réfléchit comme une eau courante tout ce qu'il traverse. La vue de Jérusalem, celle de Bethléem surtout, le frappent vivement. Est-il religieux à cette date? ne l'est-il pas? Il ne songe point à se le demander. Il est artiste, et il sent avec son âme : elle va nous rendre juste l'écho. Horace et sa caravane, avant d'arriver à ces lieux consacrés par tant de souvenirs, ont fait la rencontre du gouverneur de Jérusalem en personne qui tenait la campagne à la

---

(1) *Le Tableau parlant* est un opéra-comique dont Horace se remet à fredonner un air : *Après l'orage*, etc.

tête d'un corps de cavalerie, pour aller châtier quelque bicoque du voisinage; ce gouverneur les invite poliment au passage, et les oblige, un peu malgré eux, de s'arrêter à son bivac, d'un aspect d'ailleurs des plus mélodramatiques et des plus bigarrés. Enfin, après une nuit passée, ils s'en débarrassent:

« ... Nous avons repris nos montures, et deux heures après nous étions dans Bethléem!... Voilà, chère amie, de ces événements de voyages qui leur donnent tant de charme. A peine une émotion passée, une autre toute différente commence. En arrivant sur le haut d'une montagne, on voit tout d'un coup Bethléem de l'autre côté d'un ravin profond. Le cours de mes idées a changé avec autant de rapidité que si j'avais fermé un volume pour en ouvrir un autre. Je n'ai plus vu que des bergers, des mages, de pauvres petits enfants égorgés, et un berceau duquel est sortie une législation qui devait changer la face du monde. Ce n'est pas impunément qu'on se trouve sur le théâtre de si grands événements; ce qui doit élever l'âme ne perd pas à être vu de près, et ce petit village en ruines parle bien plus au cœur que ces grandes Pyramides, qui n'étonnent que les yeux. »

Et qu'on vienne nous dire encore qu'Horace Vernet manque tout à fait de la corde grave! J'admire toujours comme on rogne la part aux hommes de talent, comme on leur fait la portion congrue; on semble pressé avec eux de conclure, on simplifie et l'on abrége : « Toi, tu n'as que de la facilité. — Toi, tu n'as pas d'élévation! » — On n'est jamais plus à l'aise pour juger que quand on s'est mis à cheval sur un point de vue bien étroit. Les hommes, sachons-le bien, sont plus complexes et plus harmonieux qu'on ne pense. De ce qu'ils ont une qualité à un degré éminent, il ne s'ensuit pas qu'ils n'en aient pas d'autres, au second plan pour ainsi dire, et qui ne se produisent que par intervalle, à l'occasion, mais qui ne leur font pas défaut. Plus on étudie et on approfondit une nature, et moins on est pressé de tirer la barre à son sujet. La nature déjoue, à tout moment, l'observation qui croyait en être quitte. Aussi, qui que nous soyons, moralistes ou peintres, auteurs de portraits ou d'analyses, si nous voulons nous en faire une juste idée et en rendre aux autres une image fidèle, n'étranglons jamais les hommes.

C'est dans son voyage de Syrie qu'Horace Vernet paraît avoir conçu pour la première fois ses idées sur l'immobilité de l'Orient et sur les applications qu'on en pouvait tirer à la peinture; il lui arriva alors une chose rare, unique dans sa vie : il eut un système, il fit une théorie. Un jour, dans une de ses courses en Algérie, il avait fait une première remarque : il lisait la Bible, et voyant une jeune femme arabe venir chercher de l'eau à un puits, il crut avoir sous les yeux la parfaite représentation de Rébecca à la fontaine, lorsque la fille de Bathuel, portant sa cruche sur son épaule gauche, la laissait glisser sur son bras droit pour donner à boire au serviteur d'Abraham : c'est ainsi du moins qu'il s'expliquait ce mouvement et ce jeu de scène. Il songea tout d'un coup que peut-être, à travers la suite des âges et les vicissitudes des révolutions, les mêmes usages, les mêmes coutumes et costumes, transmis dans la race ou imposés par le climat, avaient pu se perpétuer presque invariables. Cette idée le reprit vivement dans son voyage de Syrie, et en repassant sur ses impressions anciennes et récentes, il écrivait d'un accent de conviction qui portait avec lui une certaine éloquence :

« Damas (janvier 1840). — J'ai passé une bonne journée, car j'ai vu beaucoup de choses, et beaucoup de choses différentes qui, malgré cela, en se réunissant dans ma tête, deviennent homogènes par le but auquel je me rattache sans cesse, celui de voir partout de la peinture. Je vous le répète, mon cher ami (1), ce pays-ci n'a pas d'époque. Transportez-vous de quelques milliers d'années en arrière, n'importe ; c'est toujours la même physionomie que vous avez devant les yeux. Que le canon chasse devant lui des populations entières, qu'il les extermine, ce n'est que le moyen qui a changé, mais non la chose. Pharaon poursuivant les Hébreux, monté sur son chariot, soulevait la même poussière dans le désert que l'artillerie de Méhémet-Ali. Les Arabes n'ont pas changé. »

Et remarquez-le, non-seulement Horace Vernet soutenait cette immobilité, cette invariabilité de l'Orient au point de vue pittoresque du spectacle, en ce qui était du paysage et du costume ; il l'entendait aussi au point de vue moral, et il observait très-ingénieusement que cette idée de fatalité qui domine les populations orientales agissait autrefois tout comme aujourd'hui, au temps de Moïse ou des prophètes comme au temps de Bonaparte, de Méhémet-Ali ou d'Ibrahim ; que la

---

(1) Ce n'est plus à Mme Vernet, c'est à un peintre de ses élèves, à l'un de ses meilleurs amis, M. Montfort, voyageur lui-même en Orient, qu'Horace adressait les quelques lettres qui traitent de cette question d'art.

cause extérieure de l'étonnement et de la soumission machinale pouvait être diverse ; mais que l'explication n'étant pas autre ni plus avancée aujourd'hui qu'il y a quarante siècles, la physionomie qui exprime l'état intérieur habituel restait la même, que le *facies*, en un mot, n'avait pas changé ; et il exprimait cela très-spirituellement ;

« Ce matin (toujours à Damas), on nous a fait manœuvrer deux batteries d'artillerie, l'une de la garde, l'autre de la ligne. La seule différence qui existe entre ces deux corps est que les pièces de la garde sont attelées avec des chevaux, et la ligne avec des mulets... Le matériel est à la Gribeauval... En voyant ces évolutions si lestes qui semblaient raser la terre, il me semblait lire Habacuc et ses prophéties. Vous allez rire de voir Gribeauval et Habacuc contemporanisés par moi : riez tant qu'il vous plaira, puis songez qu'il y avait des curieux autour de moi, des femmes, des enfants regardant avec attention aussi, mais ne voyant dans ce que nous admirions de mécanisme dans ces machines de guerre, qu'une nouvelle volonté de Dieu, qu'un fléau d'une autre forme envoyé par lui pour les éprouver de nouveau. *Que ce soit à coups de trompette ou à coups de canon que les murs de Jéricho soient tombés, le résultat est le même pour eux.* Voilà tout ce qu'il leur faut pour attendre avec patience un nouvel ordre de choses. Cette confiance dans l'avenir donne aux Arabes une expression calme qui ne disparaît quelquefois que dans la discussion d'intérêts privés. Autrement ils écoutent, ne répondent qu'après avoir jugé et regardent attentivement leur interlocuteur ou ce qui se passe sous leurs yeux. L'étonnement ne paraît jamais sur leur visage, ce qui explique les ordres froidement cruels donnés par Moïse et exécutés ponctuellement sans que les victimes se doutassent du sort qui les attendait. »

Tout cela est finement senti, et, sa pensée se précisant de plus en plus à la réflexion, il écrivait de Smyrne, au moment de s'embarquer :

« C'est ici que je commence à bien me rendre compte de tout ce que j'ai vu d'intéressant, de curieux, de magnifique et de nouveau ; c'est pour le coup que la Bible devient intéressante. Au diable le Chateaubriand, le Forbin et autres marchands d'esprit qui n'ont su s'exalter que sur des restes de pierre et qui n'ont pas compris que les scènes qui se représentaient à chaque minute sous leurs yeux étaient la représentation vivante de l'Ancien et du Nouveau Testament! »

Nous croyons que Chateaubriand, ou *Chateaubrillant* (comme sa plume l'a écrit, soit par mégarde, soit d'après la parodie vulgaire) a mieux vu et plus loin qu'Horace Vernet ici ne se l'imagine ; mais il n'est pas question de cela en ce moment.

Lorsque plus tard, tout rempli de ce qui lui semblait sa découverte, Horace Vernet voulut faire prévaloir ses idées devant l'Institut, lorsqu'il soutint son opinion, sa thèse *sur certains rapports qui existent entre le costume des anciens Hébreux et celui des Arabes modernes*, il trouva les esprits prévenus. On s'est accoutumé depuis trois siècles à voir les Hébreux représentés à la romaine ; Raphaël, Poussin, et les autres grands peintres ont peuplé les imaginations et meublé la mémoire de tous avec ces Hébreux classiques : la place est prise ; les hauteurs sont occupées. Une tradition consacrée par des chefs-d'œuvre ne se déloge pas sans un long siége et d'énormes batteries de brèche. L'idée d'Horace Vernet qui, je crois, était celle aussi de Decamps et que je vois plus ou moins partagée par d'autres voyageurs modernes, peut donc avoir sa bonne part de vérité, sans qu'il y ait chance pour cela de la faire prévaloir. Il n'y aurait qu'un moyen, ce serait de produire, à l'appui, des tableaux conçus dans ce nouveau système de vérité et de réalité, mais des tableaux chefs-d'œuvre qui fissent reculer et pâlir les anciens et qui les remplaçassent en définitive dans l'imagination des hommes. Il y a peu de probabilité qu'il en soit ainsi.

Le retour d'Orient répondit pour l'intérêt à l'ensemble du voyage. A Smyrne, Horace Vernet rencontre (février 1840) les flottes française et anglaise ; il est accueilli de notre marine comme il l'était en Afrique de notre armée de terre. Chacun lui fait honneur et fête ; mais la peinture, toujours, est de la partie et ne saurait se plaindre d'être un seul instant oubliée :

« Smyrne, à bord du *Santi-Petri,* ce 14 février.

« Trêve de descriptions sur mes jouissances d'amour-propre ; ce qui vaut mieux que ces fadaises, c'est que l'amiral Lalande, homme charmant par ses manières d'une part et ravissant par son amour pour les arts, sachant que j'avais un tableau à faire de la prise de Lisbonne, m'a fait faire à notre bord un branle-bas de combat à feu dans les conditions voulues pour ce que j'avais à représenter. Quand même je saurais écrire, il me serait impossible de te donner une idée de tout ce que j'ai éprouvé dans cette grande boîte à quintessence de mort, lançant de toutes parts sur l'eau ses mille langues de feu et obscurcissant le beau ciel bleu d'Orient par des tourbillons de fumée... Chère Louise ! dans ce moment, il n'y a pas de Jérusalem, de Bible, d'Évangile, de Jacob et d'Arabe avec ses moutons qui soient venus me trotter dans la tête : j'étais dans l'enfer, et, vois comme je suis perverti ! je m'y trouvais bien. Cependant, au moment où je t'écris, malgré mon enthousiasme guerrier, j'ai le cœur gros. Figure-toi que deux canonniers ont eu les bras emportés. C'est un événement qui arrive, dit-on, à chaque manœuvre de ce genre. Je me dépêche de te parler de ce fatal accident avant que la raison me revienne et que mon enthousiasme pour tout ce dont je viens d'être témoin ne fasse place à la triste et funeste pensée qu'involontairement, sans doute, je suis cause de la mutilation de ces malheureux. Tiens, chère amie ! voilà tout ce que j'avais à te dire qui s'échappe ; je ne vois plus que ces pauvres diables. Tâchons de parler d'autre chose... »

Cette note humaine vibrante, qui lui est naturelle, nous la retrouvons encore. — Il part pour Constantinople, mais les Turcs ne sont pas son fait : Horace Vernet tient bon pour les Arabes, pour cette race fine et légère. Il en devient même injuste pour Constantinople. Le plus beau point de vue du monde lui joue le mauvais tour de le laisser froid comme glace ; il faut l'entendre :

« De la fenêtre de notre auberge à Péra, je vois toute cette grande villasse ; j'ai beau me battre les flancs pour m'enthousiasmer ; impossible ! je ne vois que des maisons de bois et des espèces de grosses tourtes entourées plus ou moins de chandelles qu'on appelle mosquées et minarets, mais rien de ce pittoresque, rien de cette originalité de cette belle Syrie, rien de cette brutalité de l'homme qui donne du charme et fait ressortir les œuvres de la civilisation ; tout est rond, tout est mou, c'est le sérail de la pensée : enfin, je me sens énervé, et il ne faudrait pas longtemps pour que mes idées prissent du ventre comme tous les vilains Turcs que je rencontre dans les rues. »

Et dans un mouvement lyrique relevé de jurons militaires, il se met tout d'un coup à les apostropher, à les traiter comme à une descente de barrière on traiterait des Turcs de mardi-gras ; c'est tout un feu d'artifice d'injures qui se couronne par un bouquet en faveur des Arabes :

« Chers Arabes, votre pou, votre puce (quoique souvent incommode), valent mieux que les parfums de vos indignes ennemis ! »

Bon Dieu ! que les jugements des hommes sont bien d'accord au fond avec leur organisation, et qu'ils ressortent vivement de leur personnalité même ! Que c'est bien là le jugement que doit porter en effet de la race accroupie, aux jambes croisées, cet homme mince, maigre, alerte, bien corsé, toujours debout, toujours courant, infatigable, trempé comme l'acier et souple comme un fleuret !

La vérité aussi est que, si infatigable qu'il soit en voyage, il en a assez pour cette fois ; il a sa dose ; son *sac* est plein :

« Quant à moi, je n'éprouve plus qu'un seul besoin, c'est celui de peindre. Je viens de faire une récolte telle que pour plus de vingt ans je suis pourvu de matériaux qui suffiraient pour faire la réputation à un homme. Certes j'aurai plus appris pendant les cinq mois qui viennent de s'écouler, qu'en six ans à Rome. Qu'est-ce que de la peinture et les grands maîtres, lorsqu'on traite directement avec la nature, et une nature toute divine, toute poétique !... Plus je reviens sur les émotions qu'elle m'a fait éprouver, plus elles prennent de force, et je me sens tout jeune. »

Si la verve et l'enthousiasme, si le mouvement naturel de poésie, si le coup de soleil de l'imagination n'est pas là sensible, je ne sais plus où les trouver.

Il revoit la France comme il en est parti, avec joie, avec transport; il n'a plus qu'un désir, revoir et embrasser les siens dont il est séparé depuis six grands mois. Il est à Marseille (13 avril 1840), mais on n'a alors, pour revenir, que la diligence. Quelle lenteur, quand il voudrait aller plus vite que le vent!

« Le vent ne serait qu'un cheval fourbu, si lui-même voulait nous enlever d'ici pour me porter près de vous, tant j'attends avec impatience le moment de vous serrer contre mon cœur! — Allons, du calme, l'ami! n'allez pas, par un emportement blamâble, détruire en un instant votre réputation de vertueux voyageur. »

On vient de voir le voyageur en pleine action; voyager, c'était sa manière de se reposer. Quand on le voit ensuite se remettre d'arrache-pied à ses toiles, on comprend que sa peinture aime le grand air et ne sente en rien le renfermé.

II.

L'autre grand voyage d'Horace Vernet fut en Russie. Il y était allé une première fois en 1836; il y retourna en 1842-1843. Il y était fort apprécié et fort désiré. Je crois bien que la cause première et déterminante de ces voyages en Russie avait été quelque petit démêlé avec la liste civile. Horace Vernet, un peu contrarié

dans quelque plan de tableau, dans quelque décoration
de salle, peut-être froissé de quelque mot ou de
quelque procédé administratif moins agréable qu'il
n'avait droit de l'attendre, se décida à partir pour Saint-
Pétersbourg. C'était pourtant une situation délicate que
de se trouver, lui, peintre militaire, peintre de l'armée
française et appelé comme tel, au milieu d'une Cour
dont la politique était si peu favorable à la France. Ses
relations anciennes avec la famille d'Orléans, ses obligations particulières et connues envers le prince auquel le czar se montrait personnellement si contraire,
ne rendaient pas son rôle plus aisé ; de plus diplomates que lui se seraient trouvés embarrassés en sa
place : il s'en tira à merveille, avec droiture, loyauté
et bon sens. On a sa Correspondance de ce temps,
c'est-à-dire du second voyage, qui a été imprimée en
partie, comme celle d'Orient, dans un journal (1) ; j'en ai
également les originaux sous les yeux : elle mériterait
d'être revue et donnée avec soin. Les lettres, surtout,
qui étaient remises « par une voie sûre, » renferment
des particularités qui ont bien de l'intérêt.

---

(1) Voir dans *la Presse* du 8 au 11 avril 1856 ; y joindre la lettre
d'Horace Vernet dans le numéro du 15. Cette Correspondance a été
recueillie peu après sous ce titre : « *Lettres intimes de M. Horace
Vernet de l'Institut pendant son voyage en Russie* (1842 et 1843).
Fragments inédits d'une histoire des artistes vivants par Théophile
Silvestre. Paris, 1856. Leipzig, chez Wolfgang Gerhard. » Une brochure de 60 pages, in-8°. — Il y a eu nécessairement bien des sup-
pressions, et aussi de légères modifications de style ; mais, par
une inadvertance singulière, on ne s'est pas aperçu, en donnant
la suite des lettres, qu'il y avait une lacune de juillet à septembre
1842, intervalle pendant lequel Horace Vernet avait eu le temps de

Reçu à bras ouverts par l'empereur Nicolas, qui lui dit pour premier mot : « *Mon cher Vernet, êtes-vous à moi?* » logé dans les palais du prince ou chez les premiers seigneurs de l'empire, présenté par l'empereur dans les manœuvres comme étant de son État-major, l'accompagnant dans ses voyages à l'intérieur, traité par lui non comme un peintre, mais comme un ami, comme un fils, comme un enfant gâté, avec une confiance, un laisser-aller que les lettres n'exagèrent pas, et que les meilleurs témoins nous ont certifié, Horace sut garder sa tête, son bon sens, et ne pas se laisser enivrer ni enguirlander. Je prends un passage entre dix autres que je pourrais citer :

« Je me borne maintenant, écrit-il le 1ᵉʳ juillet 1842, à observer les changements qui ont eu lieu ici depuis mon premier voyage. Il y en a de singuliers, entre autres celui qui s'est opéré en faveur de notre roi parmi la noblesse, ce qui explique peut-être la mauvaise humeur de l'empereur. Je ne serais pas étonné qu'il ne se mitonnât quelque farce à la façon de barbari. Ce pays-ci est partagé en deux, sans intermédiaire qui puisse amortir l'effet du marteau sur l'enclume. Jusqu'à présent, le marteau a été fort, mais petit à petit le

faire le voyage de Paris et de retourner à Pétersbourg. Ces lettres de Russie, jointes à celles d'Orient et à quelques-unes d'Afrique, mériteraient de trouver un éditeur ami, homme de goût et de discrétion, ne s'arrêtant qu'aux vraies bienséances, qui choisirait, ne retrancherait que le nécessaire, qui surtout ne changerait rien et restituerait à peine quelques mots pour la correction. On serait payé de ses soins par de très-jolies pages de littérature spontanée et naturelle. Je ne sais si les autres sont comme moi, mais la littérature ne me paraît jamais avoir plus de saveur que quand elle vient de quelqu'un qui ne se doute pas qu'il fait de la littérature.

manche s'use ; les esclaves s'enrichissent, la noblesse abuse, et déjà bien des seigneurs n'osent plus aller dans leurs terres ; et dans le fond il n'y a pas une très-grande différence entre l'état de la Russie et celui de Méhémet-Ali ; on est ici, comme en Égypte, sur une boursoufflure qui tôt ou tard ne pourra plus soutenir la pesanteur du fardeau. Cette formidable armée demandera un jour à combattre autre chose que des Russes ; plus elle fera de conquêtes, plus elle prendra son pays en horreur. Je viens d'assister à de grandes manœuvres ; on ne peut se faire une idée des souffrances qu'ont éprouvées les malheureux soldats. Le second jour les bois étaient jonchés de ces pauvres misérables couchés dans la boue sans pouvoir agir de leurs membres. Les officiers eux-mêmes, plus ou moins pris par la diarrhée, offraient le spectacle le plus triste de l'obéissance passive. Pas un murmure ; mais que ne voyait-on pas sur leurs visages ? Il faut de la gloire ou de l'argent pour que des hommes acceptent momentanément une semblable existence. Et pense-t-on qu'ils résistent longtemps au désir de reprendre leur liberté, quand ils n'ont à espérer aucune compensation aux maux dont ils sont accablés ? Pour me remettre du spectacle de toutes ces misères, j'ai voulu voir quelques-uns des établissements fondés par le gouvernement, pour instruire des laboureurs, des forestiers, etc. Rien n'est plus beau que le principe ; *mais là, comme en tout, il y a boursoufflure et rien dessous.* Des bâtiments énormes, une administration nombreuse, une discipline de fer et de bâton ; des résultats passables, mais qui ne sont d'aucune utilité pour la masse, les priviléges de la Couronne anéantissant sur-le-champ le bénéfice qu'on en pourrait tirer si la liberté d'en tirer parti pour son compte existait. Mais les besoins de l'État sont tels que du jour où la plus petite industrie ne lui rapportera rien, la culbute sera inévitable. Voilà ce qui fait la force de la France ; c'est ce champ ouvert à toutes les capacités, pour tirer parti d'elles-mêmes à leur profit. »

N'est-ce pas bien vu et bien pensé? Toutes ces lettres sont pleines de bon sens. Horace, qui passait pour léger, avait du coup d'œil, et l'honneur était l'âme de son caractère. Un jour qu'à son retour d'Orient, à Smyrne, sa femme et sa fille lui avaient fait recommander, je ne sais pourquoi, de se tenir ferme contre les amis du duc de Bordeaux, lequel voyageait apparemment de ce côté, il avait répondu, en s'étonnant à bon droit de la recommandation : « Dans tous les cas, rassurez-vous ! les voyages qui forment la jeunesse ne déforment pas la vieillesse. » C'était une de ses maximes. Ce voyage en Russie ne le déforma pas du tout. Les circonstances politiques étaient déplorables. Une publication de M. Guizot (1) nous a initiés aux détails de cette amère zizanie diplomatique : l'ambassadeur, M. de Barante, était indéfiniment absent; M. Casimir Périer, qui le remplaçait comme chargé d'affaires, était sur le point lui-même de quitter Pétersbourg, et de laisser le soin de la légation au second secrétaire, M. d'André. On était aussi mal qu'on peut l'être sans rompre. La manière dont Horace Vernet était traité par l'empereur contrastait sensiblement, presque injurieusement, avec les froideurs et les mortifications qu'avaient à essuyer nos représentants officiels. Un jour, à ce qu'on appelle un thé militaire, c'est-à-dire à une réunion de tous les officiers supérieurs dans un jardin où l'impératrice leur offrait un régal, l'empereur, après avoir pris la main d'Horace et la lui avoir tenue pendant un assez

(1) *Le roi Louis-Philippe et l'empereur Nicolas,* dans la *Revue des Deux Mondes* du 1ᵉʳ janvier 1861.

long temps, en lui parlant de ce qui venait de se passer pendant les manœuvres, s'était retourné et avait dit aux officiers : « Messieurs, Vernet fait partie de mon État-major, et je mets à l'ordre qu'il sera libre de faire tout ce que bon lui semblera dans le camp. » Prestige de notre gloire militaire qui se réfléchissait jusque sur son peintre ! En vérité, Horace aurait été un ancien aide de camp de Napoléon, un Rapp ou un Lauriston, que Nicolas ne l'aurait pas traité avec plus de distinction et de caresse. Mais une telle faveur déclarée, au moment où l'on était le plus mal avec la Cour des Tuileries et où elle se montrait irritée autant qu'elle en était capable, imposait à celui qui en était l'objet bien des délicatesses. Horace avait à ne pas se montrer ingrat envers l'empereur, et à ne pas trahir sa qualité de Français : il sut tout concilier.

La nouvelle de la mort du duc d'Orléans arriva sur ces entrefaites (juillet 1842); elle tomba comme un coup de foudre, la veille d'un bal et d'une fête de cour que l'on contremanda. Horace Vernet sentit à l'instant ce qu'il devait à sa reconnaissance et à ses devoirs envers le chef de la famille d'Orléans. Il exprima à l'empereur sa première pensée qui était de faire une courte visite en France. L'empereur eut, à cette occasion, des paroles de sensibilité pour le roi et le père malheureux, et il autorisa Horace Vernet à les redire (1). Horace, à son retour de France, moins de six semaines

---

(1) Que si l'on tient à savoir au juste les paroles dites par l'empereur Nicolas à Horace Vernet au sujet de la mort du duc d'Orléans, je les donnerai en propres termes, d'après une note digne de foi

après, se trouva d'autre part chargé confidentiellement par Louis-Philippe de certaines paroles amicales et très-conciliantes qu'il n'attendait que l'occasion pour placer. Cette occasion tarda, l'empereur n'étant jamais seul; il aurait fallu, pour cela, qu'il allât poser dans l'atelier du peintre. Cependant les choses politiques suivirent leur cours, et la mésintelligence diplomatique continuant de plus belle, Horace finit par se féliciter de n'avoir pas redit complétement des paroles d'amitié qui avaient perdu tout à-propos (1).

que j'ai sous les yeux, et qui a été écrite sous la dictée d'Horace lui-même :

« Voilà encore, me dit l'empereur, votre malheureux roi éprouvé par un coup plus terrible que tous ceux qu'on a tirés sur lui. La mort du duc d'Orléans est une perte énorme, non-seulement pour le père et pour la France, mais pour nous tous. Est-il possible de compter sur une régence qui peut s'établir en France au moment où rien ne sera encore préparé? Car comment préparer une chose qui dépendra des circonstances dans lesquelles elle se présentera?..... »

Et comme Horace lui exprimait son désir de faire une visite en France :

« L'empereur m'a dit alors, les larmes dans les yeux : « Allez, vous ferez ce qu'un galant homme doit faire; si vous voyez le roi des Français, dites lui bien que je partage tout son malheur; que personne plus que moi ne peut le comprendre davantage, car je lui dois de connaître le bonheur dont vous me voyez jouir chaque jour : dites-lui tout ce qui pourra le convaincre de l'estime que j'ai pour ses grandes vertus et pour la fermeté de son caractère. » —

« L'empereur me tenait la main; nous sommes restés quelques minutes sans prononcer une parole, en proie à la plus vive émotion, et lorsque j'ai pu parler, je lui ai demandé s'il m'autorisait à répéter textuellement cette conversation. Il me répondit sur-le-champ sans hésiter : « Non-seulement je vous y autorise, mais je vous en charge. Si d'autres choses... » — Il n'a pas achevé. — »

(1) Je trouve dans une de ses lettres du 22 octobre 1842, au retour d'un voyage qu'il venait de faire avec l'empereur, ce passage

A peine revenu de Paris, Horace avait eu d'abord à accompagner l'empereur dans le midi de la Russie : un beau voyage, rapide comme le vent, où l'on voyait tout à tire-d'aile. Ce ne fut qu'au retour qu'il put être question de peindre. Il commençait pourtant à s'ennuyer tout de bon d'être traité si continuellement en ami, en homme de la Cour, de passer sa vie dans les parades, dans les voyages et dans les fêtes. Les doigts recommençaient à lui démanger ; il n'aspirait « qu'à reprendre la veste grise et à se fixer devant son chevalet. » Il fallut encore patienter pendant l'hiver : « Vingt heures de nuit, quatre heures de jour, et d'un jour malade ! Comment peindre? » Les raouts de la société russe, monotones et cancaniers, ne le dédommageaient pas.

Les derniers mois de son séjour n'en furent que plus laborieux. Il fit pour l'empereur et pour la famille impériale plusieurs tableaux et portraits qui réussirent fort et qu'on n'a pas vus ici (1). Tout lui tournait à bonheur et à honneur. Comme il avait l'amour-propre aimable et bienveillant, il ne s'enorgueillissait pas ; il imputait à sa bonne étoile plus qu'à son mérite cette

curieux et très-significatif en ce qui est de la politique de ce temps-là : « J'ai dîné hier à l'ambassade en très-petit comité ; on s'y réjouissait des articles du *Journal des Débats* contre la Russie. Je me sais bon gré de ma retenue pendant mon voyage et de n'avoir pas tout dit, car véritablement, d'après ce qui se fait ici par ordre supérieur, je crois que notre bon roi a voulu se *ficher* de moi en me chargeant de belles paroles ; car je ne puis douter que, d'un autre côté, il n'agisse autrement... » Évidemment, de part et d'autre, on l'avait chargé de simples politesses ; on ne l'avait pas pris très au sérieux comme ambassadeur.

(1) C'est à propos d'un de ces tableaux exécutés en Russie, qu'il

faveur disproportionnée et qu'il n'avait rien fait pour exciter. On ne se figure pas, en effet, ce qu'il était là-bas. La moindre esquisse d'un Napoléon à cheval qu'il croquait le soir chez l'impératrice, pendant que les femmes brodaient et que quelque chambellan faisait la lecture à haute voix, avait tous les honneurs de la soirée. Un jour, dans le salon impérial, il s'était amusé machinalement, et pour occuper ses doigts, à façonner avec de la cire un petit casque : l'empereur y jette les yeux, trouve le modèle parfait, et dès le lendemain le fait adopter par une partie de sa cavalerie. Et ceci, c'est une personne présente alors à Saint-Pétersbourg, ce n'est pas Horace Vernet qui me le dit. L'histoire courut et fut racontée telle que je viens de la dire. Il fallait aussi, pour de tels succès, un empereur fait exprès et qui aimât à jouer en grand aux soldats.

Il y aurait à tirer encore plus d'un extrait de ces lettres de Russie, pleines de particularités et d'observations de tout genre, et d'un agréable pêle-mêle. Horace Vernet les a définies lui-même mieux que nous ne saurions faire, quand il a dit (22 octobre 1842) :

lui échappe dans une de ses lettres un mot qui est bien caractéristique de sa manière et de son procédé comme peintre. Les retouches, en général, ne lui allaient pas ; il était le contraire de ces peintres comme nous en connaissons, qui ne font jamais mieux que quand ils vont de repentir en repentir : lui, il ne faisait jamais si bien que quand il réussissait du premier jet; pourtant, une fois, ayant à remanier un de ses tableaux, il écrivait à Mme Vernet, en parlant de l'ennui que cela lui avait causé : « Tu sais! quand je commence à faire des changements, je m'embarbouille et je ne sais plus comment en sortir. » Ne généralisons rien ; à chacun sa nature.

« Je t'écris tout à bâtons rompus. Voilà ce que c'est que le combat de plusieurs idées dominantes dans une tête de peintre : chacune veut sortir la première ; le bec d'une plume n'est pas large ; la foule se presse à la porte pour sortir, comme d'une salle de spectacle où l'on crie *au feu !* N'importe ! arrange-toi comme tu voudras ; figure-toi remettre en ordre mon atelier... »

Voilà tout Vernet épistolaire défini par lui-même. Et nous autres, critiques de profession, faisons les fiers et les entendus après cela !

Mais je m'aperçois que je suis aux dernières limites de cet article. Comment assez m'excuser, mes chers lecteurs ! jugez-en vous-mêmes. Je me suis embarqué dans une étude sérieuse qui, évidemment, m'a conduit plus loin que je n'avais d'abord pensé. L'abondance du flot et la force du courant m'ont emporté. Et cependant ai-je dit quelque chose de trop ? ce que j'ai cité n'était-il pas neuf, inconnu à la plupart ? n'était-ce pas, sinon une révélation, du moins un aspect nouveau et assez imprévu de l'homme ? Faut-il donc couper court ici et brusquer ma fin en deux lignes ? ou m'accorderez-vous bien quelques pages encore en faveur de celui dont le nom répandu est à la fois si européen et si français, et qui a couvert des murailles entières de ses peintures ?

Lundi 8 juin 1863.

HORACE VERNET

(SUITE ET FIN.)

> « Je ne sais si c'est l'âge ou la raison qui cheminent ; peut-être sont-ce tous les deux à la fois ; mais, ce qui est certain, c'est que je pense plus sérieusement que je ne me croyais susceptible de le faire, et que je fais de grands progrès du côté de la gravité. »
>
> (Lettre écrite de Russie, du 3 mars 1843).

I.

A son retour de Russie, Horace Vernet se mit avec un redoublement d'ardeur et, on peut dire, d'acharnement, à ses grands travaux de Versailles ; pour être moins éloigné du lieu auquel ses tableaux étaient destinés et devaient s'approprier, il s'était installé à Versailles même, dont il devint non pas l'hôte, mais l'habitant. Il y a un moment dans la vie de l'artiste où, muni de toute sa science et riche de tous ses matériaux, fort de son entière expérience et encore en possession de toute sa force, mais pressentant qu'elle pourrait bien faiblir un jour et lui échapper, il se lance à fond de train, se déploie, s'abandonne avec fureur et sans plus de réserve comme s'il voulait s'épuiser et laisser son âme dans son œuvre : c'est le moment décisif, c'est celui qui, dans une grande bataille rangée, décide et achève la victoire. Ce moment est difficile à distinguer et à fixer dans la carrière d'Horace, de tout temps si engagé et si lancé ; mais, s'il fallait y mettre une date, nous le rapporterions à ces années de 1844-1846, où il fit *la Smalah* et *la Bataille d'Isly*.

Il avait flairé ce vaste et attrayant sujet de *la Smalah* dès son voyage de Russie ; il avait henni à cette nouvelle comme le coursier au clairon : « Oui, oui, écrivait-il de Pétersbourg (23 juin 1843), oui, voilà un tableau à faire, mais il faudrait l'avoir vu pour représenter un tel fait d'armes ; car ça devait avoir un caractère tout particulier. Cependant, avec un bon récit, on pourrait s'en tirer. » Il s'en tira, comme on sait ; il en fit son champ de Mars en longueur, un tableau unique de dimension et d'apparence, comme il ne s'en était pas vu encore, moins un tableau sans doute qu'un panorama, une suite de bas-reliefs, d'épisodes animés et vivants.

Mais, pour *la Bataille d'Isly*, un autre voyage d'Afrique lui parut nécessaire. Il partit de Marseille au mois de mars 1845 et alla droit à Oran, de là à Tlemcen. Son premier objet était de visiter le terrain, le champ de bataille même, ce qui ne laissait pas d'offrir quelques difficultés ; au retour de cette excursion, il écrivait :

« Ce 6 avril, à bord du *Lavoisier*.

« Je viens de terminer notre première course dans l'intérieur, j'ai rempli autant que possible ma mission avec prudence, et je rapporte les documents nécessaires pour faire la bataille d'Isly avec toute la vérité que je tiens à mettre dans la représentation de nos faits de guerre. Je dis avec prudence : ce n'est pas qu'il y eût eu un danger personnel à pousser mes investigations fort avant dans le Maroc, mais la moindre petite inconséquence pouvait amener une collision entre nous et les agents d'Abd-el-Kader, que nous avions en avant et en arrière, chose qui aurait mis à l'aise la diplomatie de M. le général de La Rue... »

Le général de La Rue avait été, on se le rappelle, chargé d'une mission auprès de l'empereur du Maroc. Horace Vernet, de nature un peu taquine et frondeuse, fait ici une petite excursion politique où nous ne le suivrons pas. En revenant de l'extrême avant-poste vers la mer à Djemma-Ghazaouet, et arrivé un jour plus tôt qu'on ne l'y attendait, Horace évita un grand embarras, celui d'une réception *mirobolante* qu'on lui préparait :

« L'arc de triomphe sous lequel je devais passer n'était encore qu'en planches, et la garnison n'était pas sous les armes. Je suis donc entré dans le camp comme un simple particulier, au grand désappointement du commandant supérieur ; mais hier, au moment de mon embarquement, je n'ai pu éviter les honneurs rendus par l'armée à son peintre. J'ai été forcé de passer devant la troupe au port d'armes et de recevoir quatre coups de canon, auxquels *le Lavoisier* a répondu. »

J'ai sous les yeux l'ordre du jour signé du lieutenant-colonel commandant supérieur; il est conçu en ces termes :

ORDRE SUPÉRIEUR.

« M. Horace Vernet, notre grand peintre de batailles, arrive demain à Djemmâa-el-Ghazaouet.

« L'armée ne peut rester froide en présence de l'homme de génie qui a fait revivre, sous son pinceau magique, les fastes de notre gloire militaire : M. Horace Vernet recevra donc les honneurs de la guerre.

« Toutes les troupes de la garnison prendront les armes, et se formeront en bataille sur la place en avant du pavillon; elles porteront les armes, et les tambours rappelleront. Les postes sortiront et porteront les armes.

« Une compagnie de gardes d'honneur lui sera fournie.

« MM. les officiers de tous les corps se tiendront prêts à faire à M. Horace Vernet une visite de corps.

« Des ordres seront donnés ultérieurement pour l'heure de la prise d'armes.

« Le lieutenant-colonel, commandant supérieur,

« *Signé*, DE MONTAGNAC. »

Et plus bas :

Pour copie conforme, le capitaine commandant la place,

BIDON.

Voilà bien du bruit et de la gloire. Tout à côté, je note quelque chose de plus humble et de tout simple. Le brave commandant de la place, qui vient de contre-signer cet ordre du jour triomphal et pompeux, avait une fille charmante qu'il désirait faire admettre dans une des maisons de la Légion d'honneur; il avait tous les titres par ses excellents services, et il recommandait sa demande à Horace Vernet, qui, toujours serviable et bon, l'appuyait vivement auprès du maréchal Gérard.

Ces fatigues de courses aux frontières du Maroc et dans le désert mettaient sur les dents plus d'un compagnon de voyage, mais laissaient Horace frais et dispos presque comme auparavant : « Quant à moi, la lame du fleuret est toujours droite et ne se rouille pas. »

C'était vrai encore, et pourtant on peut prévoir que le terme de la joie approche; on est aux dernières belles heures de l'après-midi. Horace fit bien d'autres voyages depuis, mais celui-ci peut être regardé comme la dernière des courses où son bonheur ne le quitta pas, et où il fut accompagné en tout de cette *bonne étoile* qu'il avait la prétention de fixer :

« J'ai besoin d'y croire, disait-il avec quelque pressentiment mélancolique, pour jouir entièrement de tout ce qui se déroule sous mes yeux. Comme il est probable que le voyage actuel est le dernier que j'entreprendrai, je tâche de pomper le plus possible et de ramasser les miettes, afin de n'avoir aucun regret par la suite et d'avoir dans mon sac tout le butin nécessaire pour achever le bout d'existence qui nous reste, dans notre solitude de Versailles, qui s'augmentera tous les jours; car, à nos âges, les jeunes se séparent de vous, et les vieux disparaissent dans le grand trou où chacun de nous va se faire oublier... »

Il vient une heure, un moment où, bon gré mal gré, tout s'obscurcit en nous et autour de nous. Bien avant que ce moment soit arrivé, et au milieu de nos dernières ondées de soleil, un brusque pressentiment l'annonce quelquefois, et les plus gais, les plus rieurs se surprennent à rêver.

Ce voyage de 1845 fut plein de péripéties et d'incidents. Horace visita Gibraltar où il fut reçu avec cordialité et avec honneur, — avec les honneurs militaires, comme partout, — par le gouverneur sir Robert Wilson, le sauveur de Lavalette. Mais au sortir de Gibraltar, bourrasque et gros temps : le vent a sauté, et, au lieu de cingler vers Mogador, *le Lavoisier*, rejeté, ballotté, *bourlinguant* dans le détroit et maltraité par l'Océan, trouve prudent de relâcher à Cadix. Horace, du coup, en prend une idée de l'Andalousie, des belles Andalouses, du *bolero* dansé sur place, et d'un combat de taureaux. Il y parle du grand peintre Murillo dont il a les types présents sous les yeux, et dont il voit le dernier ouvrage ; il le juge, je dois le dire, beaucoup trop à la française, et comme un disciple de Voltaire ferait de Shakspeare. Je suis franc, le côté faible d'Horace en critique d'art s'y trahit :

« Je ne connais pas, dit-il, l'histoire de ce grand artiste ; mais, à juger de sa vie privée par ses œuvres, il ne devait pas avoir les goûts fort élevés. Le choix de la nature qu'il se plaisait à représenter m'en donne l'assurance ; car, en général, ici l'espèce est belle et élégante ; l'exception se trouve au coin des rues, et c'est là qu'il cherchait sans doute ses modèles, car ils sont encore identiques avec les pouilleux, les galeux, les teigneux, dont fourmillent nos galeries. Dis-moi qui tu hantes, je te dirai ce que tu fais en peinture. Ici tout le monde est pauvre ; mais, vu la similitude du costume, chacun se ressemble et a un air d'aisance que la chemise sale, qu'on ne voit pas, pourrait seule démentir. Quant aux femmes, je ne dis pas qu'elles aient dû et qu'elles puissent inspirer des têtes de Vierges, comme on pourrait en trouver en d'autres pays ; elles sont trop brunes, le regard trop brillant pour cela ; mais elles ont une fermeté d'expression, une démarche si distinguée, une taille si souple, qu'il devait suffire de comprendre la nature dans ce qu'elle a d'élevé pour la traduire en peinture, de manière à laisser dans la pensée du regardeur quelque chose de noble et de généreux. Tout ici respire la fierté ou se roule dans la vermine. Pourquoi Murillo a-t-il choisi le coin de la borne ? »

Quoi ? Murillo n'a-t-il donc pas fait d'admirables Vierges, d'un type rayonnant, et dans toute la gloire de leur soleil ? Mais encore une fois, c'est là le pendant, la contre-partie des jugements que portait tout bon Français d'avant le romantisme sur Shakspeare ou sur Calderon. J'ai beau plaider pour tout ce qui rapproche et concilie ; je le sens et je le reconnais, il y a une limite qu'on ne franchit pas. A Cadix et devant Murillo, Horace Vernet rencontra cette limite, son *nec plus ultra*. Il est des races d'esprits, des espèces séparées qui demeurent étrangères l'une à l'autre et qui ne se pénètrent pas.

Chose singulière ! marque invétérée de l'éducation et de la coutume ! le Français, même le plus libre de procédé et d'allure, a peu à faire pour redevenir classique et académique dès qu'il se mêle de juger.

Le Lavoisier, ayant repris la mer, se dirige sur Tanger. Horace en profite pour voir de près les Marocains et leur façon de cavalcader, de manœuvrer. Homme de vérité à sa manière, lui qui vient de reprocher à Murillo son trop de vérité, il ne néglige rien pour être exact et fidèle dans le moindre détail de ce qu'il peut avoir à reproduire :

« A bord du *Lavoisier,* ce 17 avril 1845.

« ... Les Marocains sont excessivement soupçonneux. Je voulais voir manœuvrer les pièces dans la forteresse qui devait rendre le salut. Pour cela faire, il nous a fallu prendre toutes sortes de précautions. Enfin, grâce à des Juifs et à un bon pourboire, il y en a eu un qui nous permit de passer la tête par-dessus la terrasse pour regarder, au risque de recevoir pour sa complaisance une centaine de coups de bâton. Mais pour de l'argent que ne ferait pas un Juif? nous avions mis de sales paletots et de mauvaises casquettes pour avoir bien l'air de méchants marchands de lorgnettes : les ... s'y seraient mépris. Enfin j'ai obtenu de voir ce qu'il m'importe de connaître. »

Que de soins pour être vrai en toute chose ! — Mais voici un joli dessin à la plume, celui de la rentrée à Tanger du sous-gouverneur Ben-Abou, qui était allé faire une razzia sur des tribus des environs. « Il m'importait cependant, dit Horace, de voir les troupes et surtout un camp. » Pour cela, le consul de France, M. Château, expédie un courrier à ce sous-gouverneur pour lui demander, de la part de voyageurs de distinction, la faveur de lui être présentés : on a la réponse huit heures après : « les chevaux n'ont pas de jambes dans ce pays, mais des ailes. » Aussitôt la razzia finie, le sous-gouverneur s'en revient au galop avec son butin et son cortége ; Horace, qui les guettait avec impatience, va nous les montrer comme si nous les voyions :

« Nous avons vu venir de loin sur le sable des fantassins et quelques cavaliers suivis de troupeaux, de prisonniers et d'une arrière-garde. Nous nous sommes mis à courir et sommes arrivés à temps pour voir entrer en ville ce cortége singulier. Ben-Abou est un homme superbe : il était monté sur une mule blanche et environné d'une vingtaine de jeunes pages de l'empereur, le fusil haut, la tête découverte, une longue tresse de cheveux courts pendant sur l'oreille gauche, et vêtus de robes de toutes couleurs; les chevaux richement équipés : le tout formait un groupe éclatant. Le reste de la troupe était occupé à conduire le troupeau de bœufs qui semblaient se révolter d'être faits prisonniers, tandis que les hommes qui se trouvaient dans le même cas marchaient tristement la tête baissée, comme attendant et se préparant au coup qui devait bientôt la faire rouler dans la poussière. Il y avait quelque chose de fort imposant dans ce cortége qui marchait avec une grande rapidité et comme s'il craignait d'être rattrapé par un ennemi. »

Je passe sur le reste du voyage où les contrariétés mêmes, les retards et les coups de vent tournent à intérêt et sont au profit de la curiosité; jamais six semaines d'une vie ne furent employées plus vivement (mars-mai 1845).

Je remarque, au milieu de ces récits animés, deux passages qui expriment l'opinion d'Horace Vernet sur la critique qui, pendant ce temps-là, était à l'œuvre et le traitait assez mal en France. Sa femme en était occupée plus que lui, et lui en avait écrit avec ressentiment; il répond dans une lettre de Cadix (12 avril) :

« Dans le seul petit mot que j'ai reçu de toi, et encore n'étais-je qu'à Marseille, tu fulminais contre les journaux qui me travaillaient ferme, disais-tu. Que m'importent leurs injures, s'ils ont tort ; et qu'y a-t-il de mieux à faire qu'à baisser la tête, s'ils ont raison (1) ? Quant à moi, je fais de mon mieux ; quand je quitte mon atelier pour me reposer, je le fais la conscience pure comme la plus belle fille du monde qui n'a pu donner que ce qu'elle avait. J'ai le bonheur de n'être sur la route de personne, et les lauriers de Miltiade ne m'empêchent pas de dormir. Ne te vexe donc pas contre les cris des rabaisseurs de réputations ; laisse-les dire, et ne troublons pas notre quiétude intérieure en faisant attention à ces braillards qui, dans le fond, me représentent juste les chiens qui cherchent à mordre les roues d'un cabriolet qui passe dans la rue. »

Dans une autre lettre écrite d'Alger, il disait encore, en réitérant sa profession d'indifférence sur les critiques :

« Je n'estime que le succès que le bon sens vous accorde et non celui qu'on doit aux coteries ; il en est de même des critiques, qui n'atteignent pas le but lorsqu'elles le dépassent. »

Je compléterai encore par deux autres citations, prises dans la correspondance de Russie, ces contre-jugements d'Horace sur la critique :

« (3 mars 1843). Tu dis que tu as envoyé *Thamar* au Salon (2)... Je cours les risques des observations qu'on pourra faire sur le sujet, et je me soumets d'avance aux critiques.

(1) Il avait exposé, à ce Salon de 1845, *la Prise de la Smalah* et le portrait du *Frère Philippe,* supérieur des Écoles chrétiennes; il pouvait être tranquille au fond : ces tableaux combattaient pour lui.

(2) Le tableau de *Juda et Thamar,* dont le sujet scandalisa les critiques pudibonds et les mêmes gens du monde qui dévoraient, à cette date, *les Mystères de Paris.*

— Fais ce que dois, advienne que pourra ! Je veux être critiqué, moi. Si je ne l'avais été, je ne me connaîtrais pas. Juste, la critique m'a donné des leçons ; injuste, elle m'a donné des forces. Ne suis-je donc plus assez robuste pour me défendre contre elle ? Quand je ne le pourrai plus, alors je me cacherai tout à fait. Je sais que de fermer boutique à temps est ce qu'il y a de plus difficile pour l'homme dont la réputation est à la merci du public ; son orgueil bouche ses oreilles. C'est dans cette circonstance que les amis doivent paraître ; leur désapprobation est plus utile quand on baisse, que leurs compliments lorsqu'on monte. Dans ce dernier cas, il n'y a de profitable que le jugement de la multitude. N'ayant d'affection que pour l'objet qui lui procure des jouissances, elle parle juste parce qu'elle n'est jamais dominée par un sentiment individuel. La multitude au jugement de laquelle on en a appelé conserve plus longtemps que les coteries la reconnaissance qu'elle vous doit pour le soin que vous avez mis à lui plaire... »

Horace était d'avis qu'un peintre doit exposer, que c'est un devoir surtout pour un artiste aimé et accepté du public. Depuis plusieurs années, des artistes de réputation (Ingres, Delaroche) n'exposaient plus :

« Moi, Horace Vernet, je suis heureux d'avoir osé présenter ma poitrine en remplissant un devoir et en payant une dette de reconnaissance au public... Tant que ce même public voudra de moi, je serai sur la brèche. Quand je serai vieux, pourquoi me respecterait-il moins qu'un invalide ? Seulement, ce sera à moi de juger si je dois ou non sortir de l'Hôtel ; mais tant que je pourrai me tenir ferme dans la foule, j'y marcherai. » (18 mai 1843).

C'est un peintre soldat : il en a le propos, la vanterie ; il en a le feu et le courage. Son amour-propre est direct, sans complication du moins et sans double fond.

II.

Les événements de 1848 dérangèrent fort la vie et, un moment, la carrière d'Horace Vernet. Il allait partir pour Toulon, chargé d'y faire le portrait d'Abd-el-Kader, prisonnier, auquel on devait rendre la liberté. On était au mardi 22 février; il avait audience du roi Louis-Philippe aux Tuileries. Horace dit au roi, en lui parlant de ce départ qu'il désirait retarder : « Mais il y a de l'émotion dans Paris ; je suis officier de l'état-major de la garde nationale ; je désirerais ne pas quitter au moment où il peut y avoir des troubles à réprimer. » — « Quoi! des troubles! mon cher Horace, répondit le roi ; y pensez-vous? » — Au même moment quelque chose d'inusité appela l'attention du roi ; debout à l'une des fenêtres de son cabinet, un binocle sur les yeux, Louis-Philippe cherchait à se rendre compte d'un mouvement de troupes, d'une espèce de charge de cavalerie qui se faisait autour du palais Bourbon. Il fit appeler un aide de camp et demanda ce que c'était : il lui fut répondu que ce n'était rien, quelques polissons qu'on dissipait. « Vous voyez bien, mon cher Horace, lui dit le roi en se remettant à marcher, je suis plus fort que tous les rois d'Europe ; je tiens lord Palmerston dans ma main, je l'écraserais au besoin ; aucun roi en Europe ne peut bouger sans ma permission. » Ces paroles, ou leur équivalent, se retrouvent dans l'Histoire de M. Garnier-Pagès ; le roi, soufflant sur de la poudre répandue sur une feuille de papier, aurait dit en se tournant vers Horace : « Quand je voudrai (et d'un geste il montrait le quai), cela se dispersera comme ceci (1). » Toutes ces paroles, en effet, ont dû être dites dans le décousu et le déshabillé de la conversation.

Horace Vernet, pendant toute cette année 1848, fut exclusivement militaire. Nommé colonel de la garde nationale de Versailles, il fit son devoir en parfait grognard, et ceux qui l'ont vu à cette époque, qui l'ont rencontré à Paris dans les journées de juin 1848 au poste de l'Institut qu'il était chargé de garder, savent à quel point il était dans son rôle de citoyen en armes ou plutôt de *vieille moustache*, strict et ferré sur la discipline.

Cependant son imagination commençait à se rembrunir. Ce qu'il avait appelé si longtemps sa *bonne étoile* ne lui apparaissait plus qu'à travers les orages. Il essaya d'exprimer, dans un tableau qui sort tout à fait de son genre et de sa gamme habituelle, les tristes visions dont il était obsédé : c'est une espèce de satire allégorique de la république et des fléaux ou des menaces de 1848, socialisme, choléra-morbus. La scène se passe sur une guillotine et sur le corps d'un guillotiné ; le squelette de la Mort qui domine tient en main et lit le journal *le Peuple*; un peu au-dessous, un jeune Asiatique joue de la flûte sur un os perforé : dans le fond, ce ne sont qu'incendies et ruines. Ce tableau

---

(1) *Histoire de la Révolution de 1848,* par M. Garnier-Pagès, tome IV, chap. 8.

symbolique, qui, de son espèce, est unique dans l'œuvre d'Horace Vernet, ne saurait être qualifié qu'une singularité et une erreur.

Horace revint vite à sa manière, à ses travaux, à la célébration des hauts faits et des exploits qui, en France, ne sont inféodés à aucun régime. Il sentait lui-même qu'il avait eu tort de se décourager un moment, et dans des lettres d'un accent pénétré, d'une intention élevée,et soutenue, il s'attachait bientôt, au contraire, à remonter le moral de son gendre et ami Paul Delaroche. Cet artiste si ingénieux et si littéraire par l'esprit était de ceux, en effet, qui se tourmentent eux-mêmes et qui le laissent trop voir; il s'inquiétait des autres comme de lui; il se comparait et se tâtait sans cesse; il avait ce qu'on peut appeler l'organisation douloureuse. « Son imagination travaille tellement, disait Horace, qu'il lui vient là des oignons comme on en a aux pieds à force de marcher : le changement de temps lui fait mal. » Nul plus qu'Horace cependant ne jouissait des succès de ce gendre distingué et de l'espèce de triomphe qui couronna sa seconde manière, dans ce bel *Hémicycle* des Beaux-Arts. Mais Delaroche, malgré tout, n'était pas heureux; même heureux, il avait, on l'a dit, le bonheur triste et craintif. Il était le travail incarné, tandis qu'Horace était la peinture incarnée, de sorte que l'un souffrait en composant, tandis que l'autre jouissait en produisant. Après la mort de Mme Delaroche, les relations entre eux devinrent plus inégales et quelquefois difficiles. Horace, en une ou deux circonstances, ne craignit pas d'aborder avec lui par lettres ce sujet délicat et intime, et il le fit avec une noblesse de cœur, une élévation de sentiments qui nous le montrent sous un jour vraiment nouveau. Oh! que nous sommes loin du léger et pétulant Horace! c'est un beau-père, en deuil d'une fille chérie, c'est un aïeul, en vérité, qui parle et qui conseille; je donne quelques passages que rien ne pourrait suppléer pour le ton :

« Versailles, 16 septembre (ou octobre;) 1850.

« En arrivant, j'ai trouvé, comme vous me l'aviez dit, une lettre de vous datée du 9, mon cher Delaroche; quoique vous ayant vu depuis, j'y réponds par la raison toute simple qu'elle traite des questions graves qu'il m'importe à mon tour de traiter de vous à moi ; car je veux et je dois vous ouvrir mon cœur tout entier, au risque de vous déplaire sous certains rapports, et peut-être de voir nos relations se refroidir de nouveau ; mais il est des circonstances où ce serait un crime de se taire, puisqu'il y va de votre bonheur à venir et de vous préserver du plus affreux de tous les malheurs, de cette douleur sans compensation de rester seul sur la terre! Conservez vos enfants, si vous ne voulez pas connaître toutes les tortures que peut endurer le cœur d'un père réduit à l'isolement par un *dernier acte sanglant,* dont les rôles sont intervertis. En grâce, mon cher Delaroche, écoutez-moi; écoutez les conseils d'un grand-père qui vous parle de ses petits-enfants par-dessus la tombe de leur mère !... Les médecins vous ont dit de quitter, aussitôt que la convalescence d'Horace (1) le permettrait, les lieux dont l'insalubrité a rappelé la maladie dont il a tant souffert. Puisque vous avez renoncé à lui faire prendre les eaux dont la cure lui avait fait tant de bien l'année dernière, du moins courez au plus

(1) L'un de ses petits-fils.

vite vers le soleil, et ne sacrifiez pas à quelques convenances de société l'existence qui vous doit le jour et dont vous devez compte à la mémoire de sa malheureuse mère.

« Quant à nous, mon cher Delaroche, je ne vous offre pas notre secours... Depuis longtemps je déplore qu'un autre ordre de choses n'ait pu s'établir entre nous, et je vous jure que je n'éprouve aucun sentiment de jalousie pour ceux qui, plus heureux que nous, seront à même de vous donner des marques de dévouement ; tout en enviant leur sort, dites-leur que nous les bénissons, que nous les bénirons, s'ils aiment nos enfants comme les leurs... »

Nous, public, qui ne nous trouvons introduit que par accident et par faveur dans ces discussions si particulières et qui, sous une forme ou sous une autre, se rencontrent dans presque toutes les familles, notre rôle n'est pas, on le pense bien, d'avoir le moindre avis sur le fond ; faisons la part de ce qu'il peut y avoir d'exagération naturelle dans l'expression d'Horace, dans cette émulation et cette rivalité de tendresse, et disons-nous, que si nous entendions Delaroche, il aurait sans doute, pour répondre, son éloquence à lui, et il en avait beaucoup. Mais il ne s'agit ici ni de comparer ni de préférer. Nous montrons l'un des deux aussi au vif et aussi avant que nous le pouvons ; voilà tout. — Arrivant au genre d'éducation même que Delaroche semblait vouloir donner à ses fils, éducation toute choisie, toute délicate et de gentilshommes, Horace trouvait à y rediré ; et certes, en pareille matière, il ne nous appartient non plus, à aucun degré, de prendre parti entre le beau-père et le gendre, et un gendre si lettré, si éclairé : mais ce qu'il nous est permis de remarquer, c'est la nature et l'inspiration des conseils donnés, conseils tout paternels et quasi de patriarche. Horace voudrait non des talents d'oisifs, d'amateurs et de gens du monde, mais une éducation pratique, utile, qui menât à une carrière, à une profession, et qui fît des hommes instruits comme il l'entendait, c'est-à-dire armés pour lutter avec toutes les capacités de l'époque :

« Les gens qui touchent à tout ne produisent rien de bon. Une seule direction, fût-elle même médiocre, assure l'avenir. Ce choix appartient à la sagesse des parents comme au laboureur de choisir son terrain. Que serions-nous, vous et moi, si, dès nos premières années, nous n'avions marché dans l'unique voie qui nous a conduits à la grande réputation dont nous jouissons ? Toutes les fois que nous en sommes sortis, nous avons perdu notre temps sans rien ajouter à notre considération.

« J'oublie en écrivant que je parle à un homme qui en sait autant que moi sur tous les points, et auquel, par conséquent, je n'ai rien à apprendre. Cependant, je ne regrette pas de l'avoir fait. Chacun de nous veut sans doute arriver au même but, puisque nos intérêts si chers sont aussi les mêmes ; mais la manière d'y arriver est différente. Lequel a raison ? »

Le grand-père pouvait avoir raison en principe, et pourtant le père ne s'est pas trompé. Quand une éducation a formé des hommes aussi distingués que le sont MM. Delaroche fils, elle n'a jamais tort (1).

(1) Je crois devoir faire remarquer encore (et c'est une dernière excuse que je viens offrir presque en surcroît à MM. Delaroche fils), que dans ce que je me suis permis de citer tout à l'heure et d'indiquer, je n'ai eu garde de rien trancher, de rien pré-

Dans une autre lettre de date postérieure, également adressée à Delaroche, c'est le peintre, l'artiste qui reparaît, et avec un sérieux, un bon sens, un commencement de résignation qui montre que les années ont produit leur effet, leur action raisonnable :

« 15 avril 1852.

« Ce que vous me dites de votre découragement, mon cher Delaroche, est trop en rapport avec ce que j'éprouve moi-même, pour que ce ne soit pas la première chose à laquelle je réponde. L'exemple que vous me citez de Gros et de Gérard n'a rien à faire avec nous : l'envie, la jalousie les a épuisés; nous n'en sommes pas là, du moins je ne le pense pas. *La peinture est une maîtresse qui passe de main en main sans jamais vieillir; avec un peu de jugement on doit s'en éloigner avant qu'elle ne vous joue de mauvais tours;* du reste, c'est le secret de la vie tout entière. Il ne s'agit donc que d'en faire l'application en son temps. Pour mon compte, je viens de subir une rude épreuve contre laquelle je me roidissais depuis bien longtemps ; elle m'a confirmé dans la pensée que rien n'est plus fatal à un artiste que son éloignement de la multitude et du froissement du monde : l'isolement ne laisse prendre aucun repos à sa pensée dominante ; son sommeil même ne lui procure plus le moindre délassement; une seule idée le domine sans cesse ; elle l'use et l'énerve à force d'y songer, et, au bout du compte, il finit par ne plus savoir où il en est, faute d'objet de comparaison d'une part, et de l'autre parce qu'il ne rencontre plus sur sa

juger. Horace Vernet avait l'imagination vive; il pouvait s'exagérer certains dangers, se méprendre même en les articulant. Je ne donne raison ni tort à personne : j'essaye, à mes risques et périls, de faire connaître les hommes et de les prendre sur le fait dans la vivacité et jusque dans la pétulance de leurs impressions et de leur accent. (Note de 1865.)

route cet imprévu qui donne à chacun de nous la connaissance de sa force.

« Je suis convaincu, mon cher ami, que l'affaiblissement dans lequel je suis tombé est prématuré, que si les circonstances déplorables qui depuis une année ont changé mes rapports avec la société (1) ne s'étaient pas présentées, je suis persuadé, dis-je, qu'il m'aurait été possible de soutenir plus longtemps le rang que mes travaux m'avaient assigné. Qu'un si triste exemple vous serve d'avis, mon cher Delaroche ! vous avez bien des années de moins que moi, vous êtes dans la force de l'âge ; les succès *vous abondent ;* l'air qui nourrit l'imagination n'est pas dans un fromage, au fond d'une cave : c'est à ciel ouvert, et parmi les hommes, qu'on respire. Vous avez des enfants qui vous rattachent au monde, puisque vous avez à y guider leurs premiers pas ; comme père, vous ne devez pas renoncer à remplir ce devoir. C'est donc avec un profond regret que j'ai vu encore cette année le Salon veuf de vos ouvrages... »

Et le reproche est suivi d'une allocution chaleureuse. En ce qui est de lui, revenant à juger ses dernières productions, il excède bien plutôt en sévérité qu'en indulgence :

« Grâce à l'aspect boueux et plombé du Salon, mon tableau (*le Siége de Rome*) qui remplit lui-même pas mal de ces conditions, est sans doute celui qui attire le plus les regards; en le considérant, il n'éborgne pas, et on le quitte sans émotion fâcheuse. Je sens que bientôt il faudra finir, avant que, flétri par la vieillesse, ou d'ennui et par anticipation, la triste solitude ne vienne *fermer la boutique.* J'ai promis quelques tableaux, je vais les faire.

« La montre marche toujours, mais les aiguilles ne

---

(1) C'étaient des chagrins domestiques et une séparation à l'amiable, mais bien pénible après des années d'union.

marquent plus rien : autrement dit, ma vieille toiture (1) est encore là, mais le cadran n'indique plus ce que je voudrais faire comprendre. »

Nous savons des existences heureuses et qui le sont jusqu'au dernier jour de l'âge même le plus avancé; ce sont là d'insolents et aussi de trop frivoles bonheurs. Horace Vernet, tout heureux qu'il fût, mérita de vieillir d'une manière plus conforme à l'humaine destinée commune. La sérénité de son ciel se voilait, les ombres avançaient et se projetaient devant lui, mais c'était par degrés qu'elles se faisaient, et elles laissaient place encore à quelques belles et bonnes heures.

Il lui fut donné d'être, au moins au début et pour la mise en train, le peintre de notre armée de Crimée et d'attacher son nom à ce réveil de notre grande gloire. Il ne s'y mit pourtant pas avec son ardeur d'autrefois. Il avait assisté à la première partie de l'expédition en juin-juillet 1854, et il avait souffert autant que personne de cette longue inaction de Varna. La triste et funeste tournée de la Dobrutscha qu'il fit avec l'armée lui avait laissé les plus pénibles impressions. On raconte qu'interpellé un jour à la table du quartier général, et par le maréchal Saint-Arnaud, sur l'état de défense de Sébastopol que son voyage en Russie l'avait mis à même de connaître, il avait dit que cet état était formidable. Sur quoi le maréchal lui aurait répondu, sans amertume d'ailleurs et sur un ton de gaieté militaire qui ne laissa pas cependant de le froisser : « Ah! vous, Ho-

---

(1) Ou *triture*.

8.

race, vous êtes plus Russe que Français. Nous prendrons Sébastopol avec cinq officiers du génie, cinq douaniers et cinq gardes nationaux. C'est une baraque. » — « Je reviendrai l'année prochaine, repartit Horace, et vous y serez encore. » Il fut piqué du mot, et puis l'ennui le tenait déjà; il s'en revint en France.

L'année 1855 lui ménagea un beau et flatteur triomphe. La salle qu'il occupa et qu'il remplit tout entière à l'Exposition universelle soutint, à sa manière, la concurrence avec la salle d'Ingres et avec les pans de murailles couverts par d'éclatants rivaux. Ce fut un jury composé de peintres appartenant à toutes les nations de l'Europe qui lui assigna même le premier rang, en lui décernant la grande médaille d'honneur. Cette préférence se marque volontiers encore dans l'opinion des étrangers, et tout récemment Landseer, le célèbre peintre anglais, se trouvant à une réunion d'artistes et d'amateurs, disait : « Les tableaux de Vernet l'emportent sur ceux de tous ses rivaux, parce qu'en dehors de leur propre mérite, ils ne procèdent que de lui-même et de l'observation de la nature; chez tous les autres peintres, et dans toutes leurs œuvres sans exception, vous trouverez toujours une réminiscence de quelque ancien maître. »

Mais à côté du miel, la piqûre : Horace Vernet, ainsi apprécié des étrangers, souffrit d'autant plus des préférences françaises hautement déclarées en faveur de M. Ingres, et de l'inégalité marquée dans les récompenses nationales. Cette humeur si gaie d'Horace s'altérait et devenait volontiers chagrine en vieillissant.

Des idées graves et même religieuses le gagnèrent peu à peu. Il ne faudrait ni les diminuer, ni les exagérer, ni les antidater. On a lu le récit de ses impressions naïves à la vue de Bethléem et des lieux saints. Le beau portrait du frère Philippe, supérieur des Écoles chrétiennes, qui eut beaucoup de succès en 1845 et depuis, avait montré qu'il avait de la sympathie pour toute nature sincère. D'autres tableaux de lui, vers la fin, purent marquer un pas de plus en ce sens religieux. On connaît sa *Messe en Kabylie,* dont il conçut l'idée dans un dernier voyage d'Afrique en 1853. Mais il nous suffit d'indiquer, sans la forcer, cette nuance dernière.

Horace avait dès lors donné tout ce qu'il pouvait de meilleur et de plus grand ; il ne se survivait pas, mais il n'avait plus à se surpasser ni à s'égaler ; il le sentait et l'exprimait dans l'intimité avec bien de la franchise, lorsqu'il écrivait en 1855 à une amie (1), en lui annonçant qu'il allait se remettre au travail :

« Avec le retour du beau temps j'espère pouvoir reprendre assez d'activité pour conjurer les attaques que l'idiotisme semble diriger contre moi, depuis que sa sœur la paresse m'engourdit de plus en plus. Je viens de louer un atelier dans mon quartier ; je tâcherai d'y faire un grand tableau, qui procurera à mes jambes l'occasion de s'exercer... En me remettant au travail, j'espère qu'on ne me taxera pas d'être orgueilleux, car je n'ai plus qu'à perdre. Il ne s'agit que d'un peu de réflexion pour s'éclairer et voir les choses telles

(1) Mme de Boisricheux, devenue ensuite Mme Horace Vernet.

qu'elles sont; lorsque le temps a usé une partie de nos facultés, nous ne sommes pas entièrement détruits pour cela, seulement il faut savoir quitter le premier rang et se contenter alors du quatrième. Je viens d'avoir, à ce sujet, une longue conversation avec X...; nous sommes convenus ensemble que c'était là la véritable humilité... »

La suite de la correspondance entretenue avec cette même amie, et dont j'ai sous les yeux de nombreux extraits, fournirait bien des pensées semblables qu'on ne s'attendrait nullement à voir exprimées sous sa plume.

Les qualités morales d'Horace Vernet pourraient gagner à être observées à ce demi-jour des dernières années et du déclin; mais le public, en général, demande moins à l'artiste des vertus que des preuves de talent, et l'instant est venu d'ailleurs de nous séparer de lui. Un accident qui parut d'abord sans conséquence, une chute qu'il avait faite à Hyères, et dont le coup porta sur la poitrine, amena les suites déplorables qui ont hâté sa fin. Il avait depuis quelques années quitté Versailles, et il occupait un logement à l'Institut. Dans la longue maladie qui l'épuisa graduellement et l'enleva, il reçut tous les soins et toutes les consolations qu'on peut envier. Devenu veuf, il avait trouvé dans une amie, dans une personne d'intelligence et de cœur, une femme dévouée, l'épouse des jours plus sombres et des heures sérieuses. Les soins les plus tendres, les plus patients, l'environnèrent sans se relâcher jamais. On voulut croire tant qu'on le put à une convalescence; mais des rechutes trop fréquentes et continuelles apprirent enfin qu'il n'y avait plus à espérer. La sympathie universelle pour un talent cher à la patrie s'était réveillée de toutes parts : le Souverain se chargea d'en promulguer les marques et les témoignages.

L'Empereur, depuis quelque temps, était à Compiègne; on attendait son retour aux Tuileries. A peine arrivé (6 décembre 1862), une lettre (1) lui fut remise où il était dit qu'il en était temps encore, qu'une marque de distinction pouvait adoucir les derniers moments d'Horace Vernet et réparer un oubli; que personne plus que Béranger et lui n'avaient contribué à entretenir dans le peuple la tradition impériale. Le lendemain matin, Horace Vernet sur son lit de souffrance recevait un message au nom de l'Empereur, avec un billet que voici textuellement :

« 7 décembre.

« Mon cher monsieur Horace Vernet, je vous envoie la croix de grand-officier de la Légion d'honneur, comme au grand peintre d'une grande époque. J'espère que ce témoignage de mon estime adoucira les douleurs que vous éprouvez, et je fais des vœux sincères pour votre prompt rétablissement.

« Croyez à tous mes sentiments,

NAPOLÉON. »

Le rétablissement ne vint pas; durant plus d'un mois, l'affreuse souffrance d'Horace se prolongea encore. Dans son délire, son regret le plus vif, et qui s'exhalait sans cesse de ses lèvres, était de mourir dans

(1) Une lettre du comte de Nieuwerkerke.

son lit : « Mourir dans mon lit comme un épicier ! moi qui ai tant aimé l'armée, tant aimé la marine ! » Il aurait voulu tomber frappé d'une balle. Il désira jusqu'à la fin revoir le Midi, dût-il expirer en route ; c'était son idée fixe : « Du soleil ! du soleil ! je ne veux pas mourir ici, je veux mourir au soleil. »

Jusqu'à son dernier mot, on put voir qu'Horace n'était pas seulement un talent, mais une nature ; et c'est à ce titre que nous nous sommes fait un plaisir et un devoir sérieux de l'étudier.

III.

La mode n'est plus aux anecdotes. On dirait qu'en s'y amusant on déroge à la dignité du critique biographe. Cependant il est des cas où le portrait serait tout à fait incomplet sans cet accompagnement. Il est des noms populaires surtout qui appellent avec eux la gaieté des incidents, les quiproquos et les aventures.

Tous ces riens que chacun sait d'abord, qu'on néglige d'écrire comme trop connus, puis qu'à un second moment de réaction on dédaigne et l'on méprise, qu'on recherche en vain plus tard, redeviendraient précieux avec le temps. Mais, je le crains, le moment de faire un *Horatiana* est déjà passé. En voici, vaille que vaille, quelques fragments.

Un jour, Horace courait en cabriolet dans la rue Dauphine. Il tombe dans un embarras de voitures ; le cabriolet est renversé. Un peintre d'attributs, qui était occupé au haut de son échelle à peindre l'enseigne d'un charcutier, voit l'accident; il se précipite et relève Horace, qui n'est pas blessé : celui-ci, pour remercîment, veut lui mettre dans la main une pièce d'or. — « Oh! monsieur Vernet, s'écrie le peintre qui l'avait reconnu; pour un confrère! vous oubliez... » — « C'est vrai, réplique Horace, en changeant aussitôt d'idée, pardon! Eh bien! donnez-moi votre palette. » Et montant à l'instant à l'échelle, il achève le saucisson et autres objets que le confrère était en train de peindre : cela fait, il lui rend les armes. — « Monsieur Vernet, lui dit solennellement le peintre, en les recevant, ce pinceau et cette palette seront transmis à mes enfants comme mes titres de noblesse. » On ajoute que l'enseigne s'est vue longtemps rue Dauphine.

Il faisait un voyage pédestre en France, en Auvergne, avec M. de Pontécoulant, le pair de France. Ils étaient en blouse et sans grande mine. A Aurillac, à table d'hôte, au dîner, un commis-voyageur qui tenait le dé de la conversation, s'adjugeait en même temps les meilleurs morceaux; il allait s'appliquer les deux ailes du poulet; au moment où il levait la main pour prendre la seconde, Horace, d'un tour de fourchette plus habile, la lui escamote : une querelle s'ensuit; grand bruit. La garde arrive : « Vos passe-ports, Messieurs? » Mais quand on vit tous les titres, pair de France, membre de l'Institut, etc., l'affaire changea de face, et le commis-voyageur eut besoin qu'on intercédât pour ne pas être mis au violon.

Un autre jour, Horace était au bord du lac de Genève, il prenait quelques croquis, de simples indications. Il était en costume de rapin. Des jeunes filles à côté dessinaient, et très-correctement comme il convient à des jeunes filles. Une d'elles qui le reconnaît pour étranger, s'approche, regarde et lui dit : « Mais il me semble que ce n'est pas tout à fait ça. » Elle avait le droit de se croire très-forte sur son lac Léman qu'elle voyait tous les jours. Il la remercie et la prie de faire elle-même ce qui manque. Le lendemain, montant sur le bateau à vapeur, il retrouve la même famille, et la jeune fille qui accourt à lui : « Ah ! Monsieur, vous êtes de Paris, vous devez connaître Horace Vernet, on dit qu'il est sur le bateau. » — « Vous avez bien envie de le connaître... Eh bien ! Mademoiselle, regardez-moi. »

Dans les années où il habitait Versailles, un matin, un cuirassier vient le trouver. Il lui explique qu'il voudrait *se faire tirer en pied pour s'envoyer au pays;* mais avant tout il désirait savoir combien cela lui coûterait. — « Combien veux-tu y mettre ? » — « Trente sous. » — « Ça va. » — Et en quelques coups de pinceau, il vous a enlevé une charmante esquisse du cuirassier. Celui-ci l'emporte tout content et rencontre dans la rue un camarade : « Ça ne m'a coûté que trente sous, lui dit-il ; mais je crois que j'ai eu tort de ne pas marchander, il me l'aurait laissé pour vingt. »

Il faisait à Versailles un tableau pour le roi Louis-Philippe, et un gendarme venait poser pour une tête. Tout en posant, le brave homme lui racontait ses mésaventures, comme quoi il avait mérité la croix et ne l'avait pas. Son cas était vraiment digne d'intérêt. « Eh bien ! j'ai peut-être un moyen de vous la faire avoir, » lui dit Horace. Sur ce, il lui met la croix dans le tableau. Louis-Philippe devait venir en visite à l'atelier ; Horace se tenait sur le qui-vive, et, au moment où le roi entra, il fit comme s'il était occupé à effacer la croix. — « Que faites-vous donc là, Horace ? » — « Ah ! Sire, je m'étais trompé ; j'avais cru que ce brave militaire, qui a les plus beaux états de service, avait la croix : je viens d'apprendre qu'il ne l'a pas, et je l'efface. » — « Eh bien ! ne l'effacez pas, » dit le roi.

Un jeune peintre qu'il ne connaissait pas entre un jour dans son atelier : « Monsieur Vernet, je n'ai pas l'honneur de vous connaître... Je viens vous demander votre avis ; j'ai un cheval à faire dans un tableau qui est presque achevé ; je n'ai pas de cheval sous les yeux, je ne sais comment faire. » Horace le suit et va voir le tableau. — « Ce n'est pas mal, dit-il de l'ensemble ; mais en effet ce n'est pas là un cheval, ça ressemble à tout autre animal... Un avis ! un avis ! Donnez votre pinceau. » — Et il se met devant la toile, et il fait le cheval, non sans donner quelques petits coups de pinceau encore à droite et à gauche, et laisse le jeune homme confus et reconnaissant.

S'il agissait ainsi avec le premier venu, que ne faisait-il pas pour ses élèves ! Pendant tout le temps qu'il eut un atelier d'élèves, c'est-à-dire jusqu'à sa nomination de directeur à l'École de Rome, jamais il ne voulut recevoir de rétribution des jeunes gens qu'il y admettait. Non content de leur donner des leçons qui ne leur coûtaient rien, il leur venait en aide de la manière la plus délicate. Ainsi, à l'un il achetait son premier tableau; à l'autre, qui ne pouvait vendre le sien, il le lui retouchait de telle sorte que les amateurs bientôt y mordaient comme à l'hameçon et qu'on se le disputait. Pour un autre de ses élèves qui est devenu un peintre d'animaux de quelque réputation, et que la conscription allait enlever, il fit un tableau sans le lui dire et le lui donna en cadeau, le moment venu, pour qu'il eût de quoi acheter un homme (1).

A côté des actions, il avait des mots fins, spirituels. Ne lui demandez pas un fil logique continu, il en était incapable; mais du pittoresque, mais du trait et du malin, cela lui sortait de toutes parts. Un jeune homme, de ceux qu'il soupçonnait d'être un peu de la nouvelle école et des dissidents, lui apporte un jour deux dessins en lui demandant avec force compliments son avis sincère. Il prend le premier dessin, et après l'avoir regardé quelque temps : « Eh bien ! j'aime mieux l'autre. » Il n'avait pas encore vu l'autre.

Une fois, devant un tableau de bataille de deux peintres amis, dont l'un avait fait le paysage et l'autre les personnages (c'était une bataille où figuraient les Autrichiens), il remarquait que le ciel était un peu trop pommelé : « Je trouve, disait-il, qu'il y a un peu trop d'Autrichiens dans ce ciel-là. »

Il avait des observations originales qu'il exprimait d'un mot. Il disait un jour à un jeune peintre à propos

---

(1) Je serais ingrat si je n'exprimais ici mes remerciments à M. Huguet, neveu d'Horace Vernet, qui n'a cessé, dans tout le cours de ce travail, de me renseigner utilement et de m'aider de ses souvenirs.

d'un tableau où je ne sais quel de ses confrères avait mis un chien : « Ils veulent faire des chiens, et ils n'en ont jamais vu. Qu'est-ce qu'un chien? Un train de derrière et un train de devant, et qui ne vont pas ensemble. Tout le chien est là. »

Il était inexorable en fait d'exactitude militaire. Il avait fait pour l'empereur de Russie une Revue de Napoléon au Carrousel. Au nombre des personnages accessoires se trouvait un guide ou chasseur à cheval de la garde impériale. Le général Rabusson, son beau-frère, lui contestait un détail de harnachement ou d'uniforme. Horace persistait, le général aussi : « J'ai fait tout mon avancement dans les guides, je dois m'y connaître. » Horace n'en voulut pas avoir le démenti ; il alla au ministère de la guerre et revint preuves en main. Il ne s'était trompé ni d'une gance ni d'un bouton.

Un jour, en sa qualité de chef d'escadron de la garde nationale, il visitait la prison, l'hôtel dit *des haricots*. Gavarni et Français le paysagiste s'y trouvaient détenus pour le quart d'heure. On les avertit qu'un officier de l'état-major va venir et que cet officier est Horace Vernet. De son côté, Horace est averti sans doute de la qualité des prisonniers qu'il va trouver. Il arrive, il entre dans la chambre, un peu roide et comme sur ses gardes pour l'accueil qu'il recevra. Il était chef d'escadron avant tout. Et puis il ne savait pas bien comment ces hommes des écoles nouvelles étaient disposés à son égard. A peine fut-il entré, que Gavarni courut à la porte, la referma, et lui dit de son air malin : « Ah !

maintenant que nous vous tenons, vous allez en entendre de belles ! » Et il lui dit les choses les plus gracieuses sur son talent et sur ce qu'il avait toujours pensé de lui. Ce fut une très-jolie scène, comme il sied entre esprits gentils et bons enfants.

France, tant que tu resteras France, un pays distinct et une patrie, ne répudie jamais tes enfants sincères, les plus naturels, les plus légitimes ; ne te laisse pas aller à en décourager la race en la dédaignant. De ce que tu te reconnais en eux à première vue, de ce que tu les aimes d'instinct, de ce que, toi et eux, vous vous entendez sans apprentissage et sans effort, de ce qu'ils sont de la maison enfin, ce n'est pas du tout une raison pour les moins considérer et les faire descendre dans ton estime. Fortifie-toi sans doute, orne-toi, s'il se peut, des dons qui te manquent ; aspire à toute l'imagination que tu n'as pas ; acquiers, acquiers ; fais-toi des seconds ciels, des ciels d'Homère ou des ciels de Dante, des lueurs étranges à l'horizon, des visions et des visées plus hautes, des profondeurs en tout sens : si tu peux y atteindre, tant mieux ! tu n'en seras que plus forte et plus honorée. Peuple léger, flatte-toi même d'être devenu un peuple grave ; tu as pris assez de peine pour y réussir. Mais, de grâce, ne te dénature pas ; ne sacrifie jamais ta fibre première, essentielle, fondamentale, ta corde sensible, celle qui vibrait chez Voltaire quand il écrivait ses charmants vers sur le siége de Philisbourg. Qu'il ne vienne jamais ce temps présagé par de tristes prophètes, où l'on chercherait vainement des talents français en France. Pas trop de poëtes ou de peintres métaphysiques, je t'en conjure; pas trop de messieurs de l'Empyrée, ni d'abstracteurs de quintessence : deux ou trois, par génération, suffisent; mets-les à part et en haut lieu pour la rareté et pour la montre, garde-les pour tes grands dimanches; mais, les jours ouvrables, sois heureuse encore et contente de retrouver de tes favoris et de tes semblables, de ces talents ou de ces génies faciles, qui, de tout temps, t'ont défrayée et charmée, qui te parlent ton langage et t'y entretiennent, qui te font passer tes plus agréables heures, et non pas les moins salutaires, en t'offrant à toi-même en spectacle sous tes mille aspects vivants, avec tes qualités et défauts divers : crânerie, héroïsme, gaieté, sentiment, humeur légère, audace brillante, coup d'œil net et bon sens pratique (1).

(1) Le vœu que j'exprimais au commencement de ces articles a été rempli, et plus tôt que je ne l'espérais. Sous ce titre : *Joseph, Carle et Horace Vernet, correspondance et biographie*, M. Amédée Durande a publié en 1864, dans la collection Hetzel, un joli volume qui se recommande surtout par la suite des lettres d'Horace.

Lundi 15 juin 1863.

MÉMOIRES
DE
L'ABBÉ LEGENDRE
CHANOINE DE NOTRE-DAME,

secrétaire

DE M. DE HARLAY,
ARCHEVÊQUE DE PARIS [1].

Il y a peu de Mémoires ecclésiastiques, et, dans le nombre, très-peu qui soient intéressants. Ceux-ci font exception. L'abbé Legendre était un homme de lettres et un homme d'esprit; il fut sinon secrétaire à proprement parler, du moins de l'intimité et au service de l'archevêque de Paris, M. de Harlay de Champvallon, le beau, l'habile et l'éloquent prélat, qui administra et

---

[1] Ces Mémoires qui ont déjà été publiés successivement et par parties dans le *Magasin de librairie* sont aujourd'hui réunis en un volume in-8° (Charpentier, libraire éditeur, 28, quai de l'École). C'est par les soins de M. Charles Roux qu'ils ont été donnés avec des notes historiques ou biographiques, là où il en était besoin.

conduisit non-seulement son diocèse, mais l'Église de France sous Louis XIV ; il nous aide à le mieux connaître. Ce n'est pas un de ces secrétaires et familiers qui, le dos tourné, ne disent que du mal ou qui disent indifféremment le bien et le mal, comme l'abbé Ledieu pour Bossuet : l'abbé Legendre admire son prélat ; il l'aime et lui est demeuré reconnaissant. Il sait les faibles et les défauts de son bienfaiteur, mais il insiste sur ses belles qualités, et il plaide pour sa mémoire. Il continue de plaider pour lui jusque dans la sévérité dont il poursuit son successeur, et il n'estimera avoir fini sa tâche d'apologiste en faveur de M. de Harlay que quand il aura achevé de critiquer, de diminuer et de rabaisser jusqu'au mépris le cardinal de Noailles.

La figure de l'archevêque, M. de Harlay, est de celles qui peuvent tenter une plume amie des nuances ou des contrastes ; même après les beaux portraits qu'ont laissés de lui des maîtres de la fin du xviie siècle (Saint-Simon, d'Aguesseau), il reste bien à dire. Il y a, au Cabinet des Estampes, jusqu'à trente portraits gravés de ce prélat qui évidemment aimait à se contempler et à se voir reproduit dans sa noblesse et dans ses grâces ; il y est représenté à tous les âges, sous toutes les formes, abbé, docteur, archevêque de Rouen, archevêque de Paris, à tous les degrés de sa vie ou de ses dignités. De ces portraits trois ou quatre seulement le représentent au vif (*ad vivum*), en toute beauté et vérité. Eh bien ! pourquoi n'y aurait-il pas, de lui également, quatre ou cinq portraits au moral ? — Mais nous mettrons un peu d'ordre dans notre étude, et avant d'arriver à l'archevêque, qui est notre sujet principal, nous dirons de son biographe ce qu'il importe de savoir.

I.

Louis Legendre, né à Rouen, en 1655, avait fait de bonnes études. Il aurait voulu être avocat ou jésuite: contrarié sur ces deux points par sa famille, il entra simplement dans l'Église et prit cette carrière non par aucun mouvement de piété, mais uniquement comme une profession. Il se destinait à la prédication pour laquelle il se sentait du goût et des moyens, et il fit ses provisions de doctrine en conséquence. Il eut de bonne heure des cahiers et amassa force lieux communs. Il est curieux, en le lisant, de voir à quel point la pensée de s'enquérir du fond, l'idée de critique et d'examen est loin de son esprit; il ne se pose pas un seul instant cette question philosophique et morale de la vérité, de la certitude, la question de Pascal; Louis Legendre est un rhétoricien ecclésiastique; il veut faire son chemin par son talent, et il le fera :

« Quand je vins à Paris, dit-il, j'avais beaucoup de pièces faites, néanmoins j'étais résolu non-seulement d'y retoucher, mais de les refaire entièrement quand j'aurais entendu ceux des prédicateurs qui avaient le plus de réputation. Après y avoir réfléchi, j'eus honte de cette pensée, regardant comme une bassesse de ne pas suivre son génie et de ne faire que copier les autres. Les gens d'une bonne trempe, en fouillant dans leur propre fonds, y trouveront toujours du neuf et quelque chose de particulier qui leur fera plus d'honneur que de se parer des plumes d'autrui. Je me mis donc à prêcher, et bientôt je me fis un nom. Certains panégyriques où accourent les connaisseurs, des vêtures, des professions, me mirent en vogue de bonne heure ; je prêchai d'abord de petits Avents, puis de petits Carêmes, après quoi je fus retenu pour en prêcher un grand en trois paroisses considérables. Rien n'était si flatteur qu'un si prompt succès, et il me paraissait qu'il n'y avait point de présomption à en espérer un plus grand, quand je considérais que, sans avoir ni cabale pour m'annoncer, ni famille qui s'intéressât à me ménager des auditeurs, ni parti pour m'en attirer, j'avais été assez heureux pour me faire distinguer parmi tant de prédicateurs qu'il y avait alors dans le Clergé séculier et dans les Ordres religieux. »

Quand je l'ai appelé un rhétoricien, on voit quel correctif il convient d'apporter à ce mot en parlant de lui : c'est devant le public, c'est dans l'action extérieure qu'il est rhéteur ou avocat ; mais, hors de là et dans le particulier, il ne se drape nullement, et il nous livre avec une sorte de naïveté, sans en faire mystère, ses raisons d'agir et ses mobiles.

L'abbé Legendre vint donc à Paris, très-bien muni et avec des aptitudes heureuses ; il avait, à son arrivée, de vingt-huit à trente ans. Il nous expose dans ses Mémoires avec beaucoup de netteté et assez de piquant quel était l'état de la prédication en ces années brillantes (1682-1690), et il trace des principaux prédicateurs, alors en renom, des portraits ou des esquisses assez agréables. Ce n'est pas que je ne distingue entre ses jugements ; quand il parle de Fléchier, par exemple, qu'il n'avait pas entendu, je ne m'en fie pas aveuglément à lui; et lorsqu'il prétend caractériser cet aimable prélat dans ces termes étranges : « M. Fléchier étant né lent, l'esprit ne lui venait qu'*en ruminant;* à le voir en particulier, on eût dit qu'il en avait peu, tant sa conversation était *plate* et *chétive;* » quand Legendre parle ainsi d'après des ouï-dire, je ne l'en crois pas du tout; je proteste, et je soutiens que l'abbé a dû mal traduire en cet endroit ce que lui ont pu dire les meilleurs amis de Fléchier. Que Fléchier fût lent, qu'il n'eût pas beaucoup de vivacité en causant ni de vives saillies, c'est possible, et c'est même certain; mais que le fin auteur des *Grands Jours d'Auvergne* eût la conversation *plate*, je ne défère pas assez au goût de l'abbé Legendre pour lui accorder ce point, et j'aime mieux supposer qu'il a employé un mot impropre en matière si délicate.

Mais, là où l'abbé Legendre a vu directement et entendu, il a plus d'autorité. Il nous présente avec bien de la ressemblance ou de la vraisemblance ces figures de prédicateurs secondaires, l'abbé Anselme, l'abbé Boileau et autres, et il y mêle à l'occasion un grain de raillerie et de causticité, comme peut le faire un rival en parlant de ses rivaux. Il y remet à leur vrai rang le Père de La Rue, le Père Gaillard, un peu surfaits alors: il laisse le Père Bourdaloue à la première place où l'estime publique l'avait d'abord porté, quoiqu'il prétende n'avoir pas eu à se louer personnellement de lui; voici ce qu'il en dit :

« Peut-être n'y a-t-il pas eu de prédicateur plus suivi que le Père Bourdaloue, — j'ajoute, ni qui ait plus mérité de l'être. Il avait un air prévenant; sa voix était d'une étendue prodigieuse ; il prononçait fort vite, et cependant si distinctement qu'on ne perdait pas une seule de ses paroles. Quoiqu'il gesticulât un peu trop, son action ne déplaisait point. A l'égard de ses sermons, ils ont été accueillis par les acclamations de tous ceux qui les ont entendus, et on les a trouvés aussi beaux quand ils ont été imprimés. Ils ont été traduits en latin, en italien, en espagnol et en allemand ; il n'y a pas jusques aux Protestants qui ne les estiment. Est-il une plus forte preuve d'un mérite extraordinaire ?... »

En ce qu'il dit là de la rapidité de prononciation et de la gesticulation continue et trop uniforme de Bourdaloue, l'abbé Legendre se trouve d'accord avec Fénelon dans ses *Dialogues sur l'Éloquence;* mais il n'en prodigue pas moins les éloges à l'orateur, et il n'y met pas les mêmes restrictions que ce suprême homme de goût qui avait le droit d'être si difficile.

Le genre du Sermon, pris en dehors de son action présente, immédiate, et à l'état de branche littéraire, est, quoi qu'on fasse, un genre triste et presque nécessairement ennuyeux. Si pourtant on veut aujourd'hui l'embrasser dans toute l'étendue du xviie siècle, on a sous la main tous les éléments rassemblés. Un travailleur modeste et patient, un de ces ouvriers utiles de l'Université qui depuis des années rendent chaque jour des services sans faire de bruit, M. Jacquinet, vient de présenter réunis dans une analyse et une Étude complète tous les prédicateurs antérieurs à Bossuet, et dont les noms seuls étaient assez vaguement connus (1).

(1) *Des Prédicateurs du* xviie *siècle avant Bossuet;* thèse présentée à la Faculté des Lettres de Paris par P. Jacquinet, ancien

On saura désormais, grâce à son utile travail, tout ce qu'on peut savoir au juste sur les deux Lingendes qu'on est sujet à confondre, sur le Père Le Jeune de l'Oratoire, le Père Senault, et autres précurseurs plus ou moins oubliés. Bossuet sermonnaire et prédicateur, dans toute cette partie première et longtemps obscure de sa carrière oratoire, a été donné tout entier et remis sur pied par M. Floquet. Bourdaloue et Massillon sont dès longtemps en pleine lumière. Quant à l'époque intermédiaire et aux alentours, à ce qui se prêchait un peu avant Bourdaloue ou à côté, les jugements de l'abbé Legendre aideront beaucoup à s'en faire une idée précise. Il n'y a plus de lacune; on tient par lui les derniers anneaux de la chaîne.

Ce qui frappe en le lisant, c'est combien il considère la prédication purement et simplement comme un métier; rien de moins, rien de plus; toute inspiration de christianisme vif, toute idée d'un ministère supérieur et sacré est absente et lui demeure étrangère. Terminant cette revue d'orateurs contemporains, dans laquelle on a pris assez de plaisir à l'accompagner :

« Mais c'est assez parler, dit-il, des différents prédicateurs qu'on suivait le plus à Paris dans le temps que je commençai à tenir ma place parmi eux. Quoique la prédication fût alors mon plus grand objet, je ne laissais pas de m'exercer à écrire selon l'occasion, soit en français, soit en latin, sachant bien que plus on vaut, plus on peut faire fortune auprès des

---

élève de l'École normale. M. Jacquinet est depuis des années directeur des études littéraires dans cette même École, dont les traditions vivent en lui.

Grands qui en sont la source. Effectivement ce ne furent point mes prédications, mais quelques-uns de mes écrits qui me frayèrent le chemin à devenir ce que j'ai été. »

Certes l'abbé Legendre ne fut point un mauvais ecclésiastique; nous le trouvons même, dans une discussion qu'il eut dans sa vieillesse avec le Journal de Trévoux, qualifié par les Jésuites d'auteur *vertueux*. Et pourtant quelle onction pouvait-on attendre d'un prédicateur abordant la chaire avec cette seule idée de faire fortune? Combien on est loin avec lui de cette inspiration que demandait Fénelon à l'orateur sacré! Je ne serais pas étonné que ce fût après avoir entendu quelqu'un des sermons prêchés par l'abbé Legendre que Fénelon ait écrit :

« Il serait à souhaiter qu'il n'y eût communément que les pasteurs qui donnassent la pâture aux troupeaux selon leurs besoins. Pour cela, il ne faudrait d'ordinaire choisir pour pasteurs que des prêtres qui eussent le don de la parole. Il arrive, au contraire, deux maux : l'un, que les pasteurs muets ou qui parlent sans talent sont peu estimés; l'autre, que la fonction de prédicateur volontaire attire dans cet emploi je ne sais combien d'esprits vains et ambitieux... A quel propos tant de prédicateurs jeunes, sans expérience, sans science, sans sainteté ? »

L'abbé Legendre avait de la science, mais il n'avait aucune sainteté. La Chaire française, en le perdant, ne fit point une grande perte; mais M. de Harlay, en se l'attachant, fit une excellente acquisition, et l'abbé lui rendit plus d'un service, y compris celui de nous aider aujourd'hui à nous faire une plus juste idée de ses talents qu'un seul défaut obscurcissait.

II.

M. de Harlay avait commencé par être archevêque de Rouen ; il succéda dans le siége de Paris à M. de Péréfixe en 1671. Paris n'avait un archevêque que depuis environ cinquante ans (1622); auparavant il n'avait que des évêques, suffragants de Sens. Le premier archevêque avait été M. de Gondi, l'oncle de Retz, prélat faible, méprisé, sans caractère et sans mœurs. Son successeur Retz n'a besoin que d'être nommé : son règne épiscopal ne fut qu'un orage et un long danger. Au sortir de là et sa démission obtenue, le roi avait nommé M. de Marca, un savant homme, un ancien magistrat devenu homme d'Église, et qui mourut brusquement dans le temps même où il recevait ses bulles : on se rabattit alors à messire Hardouin de Péréfixe, ancien précepteur du roi, écrivain assez agréable dans sa *Vie de Henri le Grand,* assez instruit, assez bonhomme, mais sans caractère, sans élévation d'âme ni aucune dignité extérieure : il ne fut jamais au niveau de sa haute position, et il encourut en plus d'un cas le ridicule. Enfin, lui mort, le choix royal se porta sur le plus beau, le plus éloquent, le plus avenant et le plus habile des prélats du royaume, Harlay de Champvallon, et en sa personne Louis XIV put croire d'abord avoir donné à la capitale le pasteur le plus digne et le plus fait pour concilier le respect et l'affection, en même temps que lui-même il avait mis certainement la main sur son ministre ecclésiastique le plus souple et le plus capable de le servir.

L'abbé Legendre, qui a écrit jusqu'à quatre *Éloges* de M. de Harlay, sans compter ce qu'il en dit dans ses *Mémoires;* qui l'a loué une première fois en français, mais un peu brièvement (1); une seconde fois en français encore (2) et en s'attachant à ne mettre dans ce second morceau ni faits, ni pensées, ni expressions qui fussent déjà dans le premier; qui l'a reloué une troisième fois en latin (3), puis une quatrième et dernière fois en latin encore (4), mais pour le coup avec toute l'ampleur d'un juste volume, Legendre a commencé ce quatrième et suprême panégyrique qui englobe et surpasse tous les précédents par un magnifique Portrait de son héros; je le traduis; mais on ne se douterait pas à ce début qu'il s'agit d'un archevêque, on croirait plutôt qu'il va être question d'un héros de roman :

« Harlay était d'une taille élevée, juste, élégante, d'une démarche aisée, le front ouvert, le visage parfaitement beau, empreint de douceur et de dignité, le teint fleuri, l'œil d'un bleu clair et vif, le nez assez fort, la bouche petite, les lèvres

(1) *Éloge de Messire François de Harlay, archevêque de Paris,* 1695.

(2) *Nouvel Éloge de Messire François de Harlay*, etc., publié le 6 d'août 1696, jour anniversaire de sa mort.

(3) *Francisci de Harlai, archiepiscopi parisiensis, Laudatio,* 1698.

(4) *De Vita Francisci de Harlai... Libri VI*, 1720, in-4°.

vermeilles, les dents très-bien rangées et bien conservées jusque dans sa vieillesse, la chevelure épaisse et d'un blond hardi avant qu'il eût adopté la perruque ; agréable à tous et d'une politesse accomplie, rarement chagrin dans son particulier, mangeant peu et vite ; maître de son sommeil au point de le prendre ou de l'interrompre à volonté ; d'une santé excellente et ignorant la maladie, jusqu'au jour où un médecin maladroit, voulant faire le chirurgien, lui pratiqua mal la saignée ; depuis lors, s'il voyait couler du sang, ou si un grave souci l'occupait, il était sujet à des défaillances ou pertes de connaissance, d'abord assez courtes, mais qui, peu à peu, devinrent plus longues en avançant : c'est ce mal qui, négligé et caché pendant plus de vingt ans, mais se répétant et s'aggravant avec l'âge, causa enfin sa mort. »

L'explication que l'abbé Legendre essaye de donner des défaillances du prélat par suite d'une saignée mal faite est peu rationnelle : M. de Harlay était sujet à des attaques soit nerveuses, soit d'apoplexie plus probablement, dont une l'emporta.

Ce prélat de qualité et qu'on vient de voir si en beau, quoique réellement le portrait ne soit que ressemblant et nullement flatté, avait fait d'excellentes études au collége de Navarre, où il avait laissé de brillants souvenirs. Dès l'âge de quatorze ans, il savait si bien le latin que non-seulement il composait en prose et en vers, mais qu'il était en état de discuter à l'instant en latin et dans les meilleurs termes sur n'importe quel sujet, comme s'il devait avoir un jour à disputer la palme aux plus habiles humanistes. Il avait une de ces mémoires heureuses comme nous en connaissons ; ce qu'il avait su une fois, il ne l'oubliait jamais, et, âgé de plus de soixante ans, il citait, à l'occasion, des passages de Cicéron, de Virgile ou d'Horace qu'il n'avait guère relus depuis sa jeunesse. Sur la fin de ses études, il avait traduit en français une partie des livres d'Aristote touchant la Politique. Cette traduction, qui s'était conservée aux mains d'un de ses amis de ce temps-là, fut brûlée par lui un jour qu'on lui en faisait voir les cahiers quand il était déjà archevêque de Paris. Sa thèse de philosophie avait eu de la célébrité à son moment; et, au bruit qu'elle fit, le cardinal de Richelieu, quoique peu disposé en faveur des Champvallon, avait voulu que le jeune soutenant lui fût présenté. En théologie, Harlay n'avait pas eu un moindre succès pour sa thèse dite *Tentative;* en homme qui prévoyait et pressentait où il aurait à frapper plus tard, il la fit porter sur le point le plus controversé d'alors, saint Augustin et Jansénius; ayant établi les propositions catholiques orthodoxes, il soutint hardiment que le saint docteur que chacun tirait à soi était de son côté, et que Jansénius l'avait mal compris. Il eut fort affaire pour se tirer de cette position très-aventurée; mais il paraît bien qu'il sortit de la mêlée et de la lutte, sa thèse intacte, et victorieux. Les docteurs de Sorbonne, fiers d'un talent et d'un candidat qui devait faire honneur à leur maison, écrivirent à ce sujet une lettre de félicitation à son oncle l'archevêque de Rouen, et le jeune Harlay eut de lui promesse d'obtenir l'abbaye de Jumiéges, si la reine y consentait. Mazarin fit bien quelques difficultés, mais les instances de la Sorbonne et de l'oncle l'emportèrent. Harlay n'avait que vingt ans.

Abbé de Jumiéges, le jeune Harlay n'en était pas plus riche ; car l'oncle retenait la plus grande partie des revenus. Il aimait plus tard à raconter gaiement comment il avait dû, à cette époque, emprunter plus d'une fois à des amis. Un jour, peu d'années avant sa mort, on lui annonce, à l'archevêché de Paris, qu'un vieux prêtre tout brisé par l'âge est à la porte du palais, qu'il demande à le voir, et se dit un de ses anciens amis, venu exprès à Paris pour lui faire un dernier adieu : c'était le curé de Courbépine, du diocèse de Lisieux. A peine est-il entré que M. de Harlay lui saute au cou, l'embrasse, s'appelle lui-même le plus malheureux des hommes, se plaint à l'abbé Legendre, qui était présent, que la modestie obstinée du bon vieillard ne lui ait jamais permis de rien faire pour lui et de lui rendre ce qu'il en avait reçu autrefois de secours en tout genre : « Voilà, disait-il en se tournant vers l'abbé Legendre et en montrant le vieillard rustique, voilà un homme des plus distingués par l'esprit, par le cœur, par la science, et qui a bien mérité de moi à tous égards ; car, dans le cours de mes études, il m'a aidé des plus salutaires conseils, et plus d'une fois aussi de sa libéralité et de sa bourse. » On juge des pleurs du vieillard ainsi accueilli à bras ouverts par le premier et le plus illustre seigneur des prélats de France. Il ne put que s'écrier comme le vieux Siméon : « Maintenant, Seigneur, je puis mourir ! » C'était, on le voit, un aimable homme que M. de Harlay.

Je ne veux pas dire (Dieu me garde de calomnier un bon sentiment !) que M. de Harlay fût comédien cette fois ; mais que l'on juge cependant par là de ce qu'il devait être dans le tête-à-tête, lorsque président d'une assemblée, arbitre et pacificateur d'un différend, captateur habile, endormeur ou enjôleur d'un adversaire, il avait affaire à quelqu'un qu'il avait tout intérêt à concilier et à gagner. N'oublions pas que c'est ce même homme qui eut l'art de détacher, sur la fin, Nicole du Jansénisme et de le rallier en partie. Son eau bénite de Cour opéra souvent des merveilles : c'était au point qu'on aimait mieux être refusé par lui qu'agréé par un autre.

Simple abbé, il se distingua fort par sa parole et sa conduite dans les Assemblées du Clergé ; en une circonstance mémorable où le second Ordre était en conflit avec le premier, il se refusa à un rôle de chef de parti, de chef de file, qu'un ambitieux plus imprudent eût recherché : il aima mieux pousser à un rapprochement. Jaloux néanmoins de briller et de paraître, il s'occupait fort de la prédication et d'y réussir. Dans les études et exercices préparatoires auxquels il dut se livrer alors, je vois qu'on lui donne volontiers pour compagnons et pour émules deux hommes, depuis bien diversement célèbres, l'abbé de Clermont-Tonnerre, le futur et glorieux évêque de Noyon, et l'abbé de Rancé, l'austère réformateur de la Trappe (1). Dès leurs dé-

(1) De grands liens existèrent de bonne heure entre M. de Harlay et l'abbé de Rancé. Ce dernier, au cœur généreux, « entendant dire que l'abbé de Champvallon n'avait rien, lui donna un bénéfice, et depuis il travailla aussi plus que personne à le faire archevêque de Rouen. » Je tire cette particularité d'un Journal manuscrit du célèbre janséniste, M. de Pontchâteau.

buts, à tous trois, l'abbé de Champvallon surpassait les deux autres en éloquence proprement dite. Rancé, si agréable et si poli à lire, était, nous dit-on, plus froid à entendre; Clermont-Tonnerre avait du geste, un certain éclat aux yeux du peuple, mais plus de fracas que de fonds. Il paraît, au contraire, si l'on en croit l'écho qui nous arrive, un peu grossi peut-être à distance, que notre abbé réunissait toutes les qualités de l'orateur, — presque toutes, — l'accent, le charme de la voix, le geste, l'action souvent animée et toujours appropriée, la mémoire, les grâces de la diction, le trésor des saintes Écritures et des Pères : que de choses! il n'y manquait que ce que donne le Saint-Esprit. Qu'on me laisse dire hardiment qu'un tel homme avait et devait avoir la faconde sacrée plus que la véritable éloquence sacrée. Quoi qu'il en soit, les jours où il devait prêcher, il y avait concours prodigieux et affluence, et du plus beau monde, des personnages de la plus haute qualité, notamment des dames de la Cour : on n'avait de places à ses sermons qu'en les faisant retenir de très-bonne heure. Son biographe nous le dit.

Successeur de son oncle qui se démit en sa faveur, et archevêque de Rouen avant ses vingt-sept ans accomplis (1652), il commença à déployer ses talents d'administrateur et de conciliateur; il y avait matière dans un diocèse qui lui arrivait en très-fâcheux état. Nous ne saurions le suivre avec son panégyriste durant ce premier épiscopat. Il eut des affaires fort délicates, une entre autres où il se mit au plus mal avec la Cour et avec le cardinal Mazarin : il subit un temps d'exil dans son diocèse. Cette disgrâce dut être pénible à un homme de Cour aussi ambitieux : il n'en répara que mieux ensuite le temps perdu. Il reconquit la reine un jour qu'il prêcha à Paris en sa présence. Il venait de se signaler par tout un Carême prêché aux Minimes de la Place Royale, où de mémoire d'homme, assure-t-on, il ne s'était vu un tel mouvement de dévots et surtout de dévotes de la haute société. L'église restait ouverte nuit et jour, et les laquais, pour garder les meilleures places, étaient obligés d'y passer les nuits. Sur ce grand succès, les Augustins déchaux le supplièrent de venir prêcher dans leur église le samedi d'avant le dimanche des Rameaux. Harlay y consentit ; il se doutait bien que la reine y devait venir. C'est là qu'elle l'entendit, lui pardonna et lui promit de parler au roi en sa faveur. Elle avait un faible pour lui. Le roi, âgé de vingt ans, après un premier accueil assez sévère, lui sourit et sentit, en le voyant, que c'était là un prélat tout fait non pour l'irriter, mais pour lui complaire et le servir. Harlay, pénétré de reconnaissance, lui promit ce jour-là de n'avoir rien tant à cœur désormais que d'obéir en tout à un si grand roi et à un maître si clément, et il tint sa promesse. Le catholique et le chrétien cédèrent le pas au sujet ; Dieu et le pape ne vinrent qu'à la suite : *le roi avant tout,* ce fut sa devise. L'évêque de Cour entra dans son rôle pour n'en plus sortir.

Il excellait, d'ailleurs, à y mettre la façon. Chargé au nom des évêques de France de complimenter le cardinal Chigi qui était venu donner satisfaction pour l'insulte faite à l'ambassadeur de France par les gardes corses, et le roi désirant que dans sa harangue il fût dit quelque chose qui rappelât la cause de cette ambassade extraordinaire, M. de Harlay sut y mettre tant d'art et de bonne grâce qu'il remplit l'ordre du roi et qu'il ne fut point désagréable au cardinal. Celui-ci même loua tout haut l'élégance et la pureté de son latin (car le compliment était en latin) et dit n'avoir rien entendu de mieux tourné en ce genre ni de plus élégant soit en France, soit en Italie.

Il donna une autre preuve de sa merveilleuse dextérité de parole lorsque, chargé par le roi de prononcer, aux obsèques solennelles d'Anne d'Autriche, à Notre-Dame, l'oraison funèbre de cette reine à laquelle il devait tant, il le fit avec toute l'effusion convenable, mais en touchant les années de la Fronde et de la guerre civile de telle sorte et si délicatement que le Parlement de Paris présent, et si fort intéressé dans ces souvenirs, put l'entendre sans se sentir offensé. Cette vénérable Compagnie lui en sut tant de gré qu'elle lui demanda copie de ce discours aussi éloquent que prudent, pour le faire transcrire et le garder dans ses Archives.

A peine rentré en faveur auprès du roi, il avait été nommé, lui le plus jeune et le moins ancien des archevêques, à la présidence de l'Assemblée du Clergé; et l'on peut dire que ce fut désormais une de ses fonctions habituelles que de présider cette illustre Assemblée en chacune de ses sessions ordinaires ou extraordinaires. C'était, on le savait, le choix agréable au roi.

Nul, en effet, ne s'entendait aussi bien que M. de Harlay à aller au-devant des vœux de Louis XIV, à suivre ses ordres ou à prévenir ses désirs, à le servir en tous ses desseins conçus de bonne heure, pour l'extirpation du Jansénisme, pour l'extinction de l'hérésie, pour le maintien et l'extension des droits de la Couronne, pour l'établissement et l'achèvement de cette unité, chère au monarque, dans les choses de foi, de mœurs, de discipline, de liturgie. En même temps qu'il savait les affaires et qu'il était en mesure de parler et de répondre sur toutes avec un à-propos et une pertinence suprême, il apportait dans ce haut emploi de président un tact, un talent particulier à manier les esprits, à ménager les amours-propres, à prévenir et à conjurer les conflits de toute espèce, et il obtenait par la douceur et par la persuasion ce qui eût semblé impossible à un autre. C'était le président par excellence. Rien qu'à le voir et à l'entendre, il était né visiblement pour être l'ornement d'une assemblée ; elle devait être fière et flattée de l'avoir à sa tête. Sa parole avait des charmes, des facilités qui rappelaient, par de singuliers contrastes, à qui était tenté de s'en souvenir, l'éloquence de Retz, mais d'un Retz soumis, adouci, métamorphosé et tout à la Cour. Il était le harangueur toujours prêt, toujours juste et à propos, tout à la circonstance, jamais ennuyeux. On sentait, même sous le personnage d'apparat, l'homme d'esprit à l'aise et qui jouait de ses talents.

Un jour qu'il présidait l'Assemblée du Clergé (1670), on était à la veille de l'ouverture ; l'évêque qui devai prêcher à la grand'messe solennelle, à la messe du Saint-Esprit, Bertier, évêque de Montauban, fit dire qu'il était indisposé et hors d'état de tenir sa promesse. Harlay avait des jaloux, des envieux, et de ce nombre Le Tellier, frère de Louvois et coadjuteur de Reims; mais les envieux avec lui cachaient leur jeu, et cette fois ils se déguisèrent en flatteurs. Ils vinrent donc, Le Tellier en tête, lui dire avec toutes sortes de compliments et de cajoleries que l'occasion n'avait jamais été si belle pour lui, docte et éloquent comme il était, d'ajouter encore à sa réputation, et qu'il lui fallait absolument prendre la place et l'office du prédicateur en défaut. Harlay se fit prier et désigna l'un des assistants, l'abbé de Fromentières, un prédicateur en renom, comme très-digne de suppléer l'évêque et tout à fait capable. Mais, au refus de l'abbé de Fromentières, Le Tellier et son monde ne lâchèrent point prise, et ils insistèrent tant et si bien que M. de Harlay promit de monter en chaire le lendemain. Cependant les malins s'arrangèrent de telle sorte qu'ils lui prirent tout le temps, si court, qui restait pour la préparation; ils se relayèrent pour lui adresser questions, consultations coup sur coup, pendant toute cette journée de la veille et jusque bien avant dans la nuit. Ils espéraient lui faire faire un faux pas et le prendre au piége. Mais la facilité de Harlay les déjoua. Deux ou trois heures de méditation à peine lui suffirent; il prêcha au lieu et place de l'évêque, toute une heure durant, à l'applaudissement du grand nombre, à la courte honte et au silence des jaloux.

On racontait quelque chose de plus merveilleux : un jour à Rouen, à la fête de la Conception de la Vierge (1667), un récollet de talent appelé Le Bret prêchait dans la cathédrale sur le texte de la fête : il avait divisé son sermon en trois points, et il terminait le premier, lorsqu'il fut pris d'une extinction de voix et d'une indisposition subite qui l'obligea de demander grâce au prélat présent et à tout l'auditoire, et de descendre de la chaire. Dans un cas si soudain et si imprévu, que fit l'archevêque? Déjà les auditeurs se levaient pour sortir : il les retient du geste et les avertit de vouloir bien rester ; après un court instant, un éclair de recueillement, il monte lui-même en chaire, reprenant l'ordre de division adopté et annoncé par le récollet, il remplit les deux points qui restaient, et prêche une heure durant, à l'admiration, à l'émerveillement de tous. Quant à l'édification, on en parlera une autre fois; M. de Harlay s'en soucie moins que du brillant. Il aimait ces sortes de gageures; il se montrait supérieur encore dans l'improvisation à ce qu'il était dans le discours étudié. C'était un bel esprit servi à souhait par la nature et favorisé par la fortune. Il allait trouver son plus beau cadre et le plus apparent.

L'archevêché de Paris devint vacant par la mort de M. de Péréfixe. Les compétiteurs étaient le cardinal de Bouillon, porté par son nom, par l'orgueil de sa race et par ses talents, et aussi Le Tellier lui-même, le coadjuteur de Reims, que poussait le crédit de sa famille. Harlay l'emporta (1671). Nul, jusque-là, n'avait été plus heureux que lui, à part cette courte éclipse de faveur sous Mazarin. Au sacre de Reims, en ce jour solennel, c'était lui qui avait été choisi pour mettre la couronne sur la tête du roi. Il était cordon bleu dès 1661. Le plus présent et le plus agréable à la Cour des archevêques de province, il était le président habituel de son Ordre, l'orateur à la fois royal et sacré. Il plaisait visiblement au monarque, qui, dès qu'il l'eut placé au siége de Paris, lui accorda, le vendredi de chaque semaine, une et quelquefois deux heures d'entretien particulier dans son cabinet. Agé de quarante-six ans à peine, dans toute la force et la maturité de l'ambition, Harlay ne vit d'abord dans l'archevêché de Paris qu'un degré à une fortune plus éminente encore : il se voyait déjà en idée ministre ou chancelier. Il le crut si bien qu'il s'appliqua à l'étude de la politique proprement dite sous un maître, M. *Ariste,* bien nommé, homme de mérite, qui avait longtemps servi sous l'ancien secrétaire d'État Brienne. Il se fit mettre, par lui, au fait des traditions et des relations de la politique extérieure. Il eut dans un éclair rapide, au retour de quelque visite à Saint-Germain ou à Versailles, son éblouissement d'une heure, son rêve de continuateur de Richelieu et de Mazarin. Cette première chimère s'évanouissant, et comme pis aller, il crut devoir se mettre en mesure pour le cas très-vraisemblable où il serait nommé chancelier, et il prit pour guide dans l'étude des lois civiles un homme des plus habiles en cette branche, Jean *Legendre,* qui n'a rien de commun avec le nôtre, avec l'abbé de ce nom. La mort du chancelier Séguier, qui survint sur ces entrefaites (1672), excita au plus haut degré son espérance. La place resta vacante pendant deux ans. Le roi tenait les Sceaux comme suspendus, et Harlay y avait l'œil. Il ne les obtint pas; on craignait son trop de crédit et son esprit d'insinuation auprès du roi, et l'on fit entendre au monarque qu'il paraîtrait moins régner seul s'il appelait dans son Conseil un ministre de tant de montre. Les espérances ambitieuses du prélat durent se renouveler pourtant et s'irriter à chaque vacance des Sceaux ; il les convoitait encore de plus belle à la mort de Le Tellier, en 1685, et Saint-Simon, dans la revue qu'il fait à cette occasion des prétendants divers, a dit admirablement de lui (1) :

« Harlay, archevêque de Paris, né avec tous les talents du corps et de l'esprit, et, s'il n'avait eu que les derniers, le plus grand prélat de l'Église, devait s'être fait tout ce qu'il était ; mais de tels talents poussent toujours leur homme, et, quand les mœurs n'y répondent pas, ils ne font qu'aigrir l'ambition ; sa faveur et sa capacité le faisaient aspirer au ministère ; les affaires du Clergé, d'une part, et du roi, de l'autre, avec Rome, lui avaient donné des espérances ; il comptait que les Sceaux l'y porteraient et combleraient son autorité en attendant ; c'eût été un grand chancelier ; il ne pouvait être médiocre en rien, et cela même était redouté par le roi pour son cabinet, et encore plus par ses ministres. »

Tout le portrait de l'homme est dans ces quelques lignes de Saint-Simon ; il y est en germe et ramassé comme tout l'arbre est dans le bourgeon trop plein qui crève de suc et de séve.

Si Harlay avait été sage, il se serait résigné à n'être

(1) Dans ses Notes sur le Journal de Dangeau.

qu'archevêque de Paris, et, sous ce titre, l'arbitre écouté et influent des affaires ecclésiastiques du royaume. C'est dans ce rôle d'archevêque suprême que nous allons le considérer de plus près, en compagnie de l'abbé Legendre, non sans dénoter, quand il le faudra, le côté faible et fragile du beau pasteur trop enclin au sexe, et dont on disait en le voyant arriver parmi ses ouailles :

Formosi pecoris custos, formosior ipse.
Gardien d'un beau troupeau, plus bel encor lui-même !

En attendant, je suis étonné que parmi tant de sujets empruntés au xviie siècle et qu'on a traités de nos jours avec étendue et curiosité, M. de Harlay n'ait pas encore eu son tour. Je serais heureux de pousser à un pareil travail dont on a tous les éléments, les plus riches et les plus triés. L'idée du scandale attaché à son nom a pu en détourner jusqu'ici, je le conçois, les esprits sérieux ; on aurait tort pourtant de trop céder à ce scrupule. Il y a dans sa vie ecclésiastique et politique assez de faits importants, d'actes de premier ordre, pour mériter examen, analyse et tableau. Et si on le considère en lui-même, c'est un personnage, sinon un caractère, tout plein de belles qualités, avec un seul défaut, capital il est vrai, et qui finit par dominer trop insolemment et par éclipser le reste. On a dit de César qu'il avait tous les vices et pas un défaut ; et dans sa carrière de suprême ambition ses vices mêmes le servirent. L'exemple de M. de Harlay nous est la preuve, au contraire, que, dans l'ordre régulier des choses, il suffit d'un défaut, d'un vice mal placé, pour tuer un homme. Mais que de qualités d'ailleurs, politiques, civiles! Quel art d'insinuation et de persuasion! Quelle capacité facile et agréable; et combien d'affaires, et des plus délicates, dans le grand règne, dont il tient le fil et dont le nœud se dénoue entre ses mains! L'histoire ecclésiastique du règne de Louis XIV est à faire, et M. de Harlay en paraîtrait, pendant des années, le centre principal, le directeur le plus réel et le plus apparent : Bossuet n'était que pour la confirmation, pour le couronnement de la doctrine, et pour un complément d'autorité et de grandeur. Quant aux vices du brillant prélat, il n'y aurait pas à les dissimuler, ce serait peine inutile : en regrettant de les trouver dans un homme de son rang et de sa condition à l'état d'affiche et de scandale, il n'y aurait pas non plus à les exagérer, et la leçon morale qui sortirait d'elle-même de ce désaccord criant parlerait assez haut. Tant de vertus, aussi modestes que manifestes, dans les derniers archevêques que Paris a possédés, seraient la plus grande des accusations qui s'élèveraient contre lui, et il y aurait ce bonheur dans un tel sujet, même aux endroits les plus périlleux, qu'aucune allusion maligne ne trouverait place ni prétexte. On ne verrait que d'honorables contrastes, et tout à l'honneur de notre temps.

Lundi 22 juin 1863.

MÉMOIRES

DE

L'ABBÉ LEGENDRE

CHANOINE DE NOTRE-DAME,

secrétaire

DE M. DE HARLAY.

ARCHEVÊQUE DE PARIS.

SUITE ET FIN.

I.

Son ambition politique étant déçue en partie ou tenue en suspens, M. de Harlay s'appliqua au gouvernement de son diocèse, comme s'il n'avait eu d'autre soin. Il établit, dès le début, la meilleure police ecclésiastique dans la capitale, visitant les séminaires, les paroisses, tantôt l'une, tantôt l'autre, à l'improviste, s'inquiétant que les prêtres étrangers ou les religieux en passage à Paris n'y vécussent que convenablement à leur caractère ; sévère et sans quartier pour les moines errants. Ceux même qui ne connaissent ces choses d'Église que par le *Lutrin,* savent que la Discorde régnait en ce temps-là, et se faisait gloire de diviser Cordeliers, Carmes, Célestins, Augustins : M. de Harlay rétablit la discipline et la paix dans ces camps séditieux ou dissolus. Il n'était guère de communauté de l'un et de l'autre sexe, ou de corporation ecclésiastique, Doctrinaires, Prémontrés, Carmes, Moines de Cîteaux, Moines de Cluny, Jacobins, etc., dont il ne parvînt à remettre la règle en vigueur, à résoudre ou à assoupir les différends. En toutes les solutions, il préférait d'inclination et par goût celle qui était à l'amiable. Sa maxime était « de tourner les choses de manière qu'en donnant gain de cause à celui qui avait raison, son adversaire eût cependant lieu, par quelques endroits, de se consoler d'être vaincu. » Aux difficultés qu'il rencontrait en cette tâche ingrate d'arbitre et de pacificateur des couvents, il lui arriva cependant de dire plus d'une fois qu'il était moins aisé de remettre la paix parmi les religieux et les réguliers que de ramener au devoir les prêtres séculiers.

Le Jansénisme, apaisé en apparence depuis la Paix de l'Église (1669), s'aigrissait sous cette surface dormante et restait une des graves difficultés intérieures du règne. Il ne tint pas à M. de Harlay et à sa méthode que tout cela ne s'étouffât, ne s'éteignît peu à peu. Un juge impartial, le chancelier d'Aguesseau, a heureusement défini son principe de conduite, et a tracé de lui, à cette occasion, le beau portrait dont voici les points principaux :

« François de Harlay, prélat d'un génie élevé et pacifique, auquel il n'aurait rien manqué s'il avait su autant édifier l'Église qu'il était capable de lui faire honneur par ses talents et de la conduire par sa prudence, se conduisait lui-même avec tant d'habileté qu'il réussissait presque toujours également à contenir la vivacité de ceux qu'on appelait Jansénistes, et à éluder, au moins en grande partie, les coups des Jésuites. Il avait eu une grande part à la Paix de l'Église; il savait ce qu'elle avait coûté de peines et de travaux... L'archevêque étouffait d'abord, autant qu'il le pouvait, toutes les semences de discordes, persuadé, comme tous ceux qui sont propres au gouvernement, que jamais une affaire n'est plus aisée à terminer que dans le moment de sa naissance, et qu'il est incomparablement plus aisé de prévenir les maux que de les guérir. Les Jésuites, sûrs de lui et ne le craignant point parce qu'il les craignait, et que sa conduite, qui pouvait leur donner toujours prise sur lui, le mettait dans leur dépendance, le laissaient assez faire ce qu'il voulait, d'autant plus qu'il avait toujours l'habileté de les mettre dans sa confidence et de paraître agir de concert avec eux. Il n'était pas même haï des Jansénistes les plus sensés : il avait su parer adroitement des coups que l'on voulait leur porter. Ses manières aimables et engageantes étaient comme un charme qui calmait ou qui suspendait les fureurs des partis contraires, et jamais homme n'a mieux su se faire tout à tous pour les gagner tous : heureux si c'eût été à la religion qu'il eût voulu les attacher plutôt qu'à sa personne!... »

Ayant traité ailleurs (1) ce sujet des rapports de M. de Harlay avec les Jansénistes, je ne fais qu'y glisser ici.

---

(1) Dans le tome V de *Port-Royal*.

Lorsque l'abbé Legendre fit la connaissance de l'archevêque, le prélat était au plus fort de l'engagement dans la lutte soutenue par Louis XIV pour les droits de sa couronne et les libertés de l'Église gallicane contre la Cour de Rome ; on était au lendemain de l'Assemblée de 1682. M. de Harlay, serviteur zélé du monarque, portait plus qu'aucun prélat de ce temps le poids et la responsabilité de la Déclaration du Clergé ; les critiques qu'elle souleva au premier moment lui attirèrent des injures personnelles, des libelles sans nombre. Malgré son goût pour la pacification, il se trouvait en pleine guerre.

On s'étonnait qu'il n'eût point suivi, en une conjoncture si considérable, son procédé naturel, qui était de chercher à concilier. Voulait-il donc émanciper le Clergé national dont il était comme le chef, et se faire *Patriarche* en France ? On allait jusqu'à lui prêter cette folle vue. Mais ceux qui le connaissaient mieux, qui savaient qu'il avait le désir d'être cardinal et qui le voyaient compromettre à jamais une ambition si légitime par sa conduite envers Rome, y donnaient une autre explication. Le roi était défiant ; les malintentionnés lui insinuaient que l'archevêque pouvait bien le tromper et s'entendre sous main avec Rome. Pour déjouer tout soupçon, l'archevêque n'avait d'autre ressource que de redoubler de zèle. « Cette crainte de perdre son crédit, qu'il estimait plus que la pourpre, fut peut-être, nous dit Legendre, ce qui le détermina à ne point garder de mesure, » au risque de donner barre sur lui, en cette circonstance, à tous ses ennemis du dehors.

On se déchaînait, en effet, à outrance ; un cerveau brûlé surtout, un prêtre, attacha le grelot. Rien n'est plus dangereux pour un personnage en vue qu'un fou et un maniaque qui s'acharne contre lui et fait de ce duel son idée fixe. Un certain abbé Faydit poursuivit ainsi Fénelon. M. de Harlay eut son Faydit et pire encore dans un certain M. Le Noir, autrefois théologal de Séez, et qu'un ancien grief particulier avait aigri contre tout l'épiscopat. M. de Harlay devint le point de mire de ce Le Noir ; il eut pendant des années son Le Noir à ses trousses, comme M. de Talleyrand son Maubreuil.

Les libelles de Le Noir étaient plus que désagréables, ils étaient atroces. Étaient-ils vrais pour le positif des faits allégués, comme l'auteur le soutint toujours ? Ce serait matière à examen. L'archevêque prêtait flanc du côté des mœurs. Sur ce point il n'y a pas à chercher à le justifier ; tous les contemporains sont d'accord. Je laisse les souvenirs de Rouen comme trop lointains et trop vagues ; mais, depuis sa translation au siége de Paris, depuis qu'il avait changé de *théâtre*, comme il lui était échappé un jour de le dire, il n'avait pas changé de jeu, et les chansons n'avaient cessé de pleuvoir :

> A Paris comme à Rouen,
> Il fait tout ce qu'il défend ;

et bien d'autres refrains qu'il faut chercher dans le Recueil de Maurepas et qu'on ne peut redire. Sans parler des dames qu'on y met sur le tapis, des d'Aumont, des Brissac et autres bonnes fortunes de rencontre, on citait, comme amie attitrée du prélat, Mme de Bretonvilliers, de la haute bourgeoisie. Ce n'était là qu'un dire de société revêtu des plus grandes apparences; mais bientôt de véritables éclats vinrent démasquer les habitudes d'un homme qui, dans sa profession et sa position élevée, aurait dû être doublement irréprochable. L'histoire suivante se répandit dans Paris et courut sur la fin de 1679. Un gentilhomme nommé Pierrepont, qui était ou avait été lieutenant des gardes du corps, avait pour maîtresse une Mlle Varenne ou de La Varenne, fille d'un musicien et chanteuse elle-même. L'archevêque, ayant été informé de la beauté de cette personne, la voulut connaître et l'enleva à Pierrepont. Celui-ci, pour se venger, attendit la donzelle la nuit ou de grand matin, comme elle rentrait de l'archevêché chez elle par une rue voisine de l'Abbaye-aux-Bois, la rue de la Chaise probablement (Mlle La Varenne avait un logement rue de Grenelle, que lui avait donné l'archevêque). Pierrepont était avec trois hommes qui se saisirent de la demoiselle et la battirent outrageusement de verges. L'histoire courut avec variantes et embellissements, et chacun y mettait une suite à sa guise. On racontait aussi qu'un soir que l'archevêque rentrait seul de l'île Saint-Louis (où logeait Mme de Bretonvilliers) par le Pont-Rouge, ou plutôt une nuit qu'il s'en revenait en chaise de la rue de Grenelle, c'est-à-dire de chez La Varenne, vers la Croix-Rouge, il avait été attendu par huit hommes munis de flambeaux, lesquels, sous prétexte de lui faire honneur, l'avaient accompagné en pompe jusqu'à l'archevêché, non sans le haranguer au préalable et lui adresser tout le long du chemin mille compliments dérisoires. On peut juger de l'esclandre. Une de ces aventures, pour qu'il n'y manquât rien, se rapportait à une veille de Toussaint ; c'est ainsi que le prélat se préparait aux bonnes fêtes.

De telles historiettes à la Tallemant qui circulaient dans Paris, et que chacun brodait à plaisir, arrivaient à l'oreille du roi lui-même qui faisait semblant d'en rire, mais qui, tout en continuant à se servir de l'homme, tirait dès lors la barre à la fortune et au crédit de l'ambitieux. Les pamphlets, les pasquinades contre l'archevêque se multipliaient sous toutes les formes. Voici, par exemple, l'idée d'une *Pyramide* qu'on proposait d'élever au prélat dans la cour même de l'archevêché, avec une inscription dont je ne donne que les lignes principales :

A
l'unique
et l'incomparable seigneur
Messire François de Champvallon, archevêque
de Paris, duc de Saint-Cloud ;
Proviseur des colléges de La Marche et de Sorbonne ;
Fondateur du Saint-Bourbier (1) ;
Visiteur de l'île Notre-Dame (2) ;

---

(1) On racontait qu'autrefois en sortant d'un couvent de Pontoise où il avait rendu visite à l'abbesse, Mme de Guenegaud, M. de Harlay était tombé dans un bourbier où il avait perdu son cordon d'or.

(2) Mme de Bretonvilliers demeurait dans l'île Notre-Dame (c'est-à-dire, Saint-Louis), et les gens du peuple l'appelaient *la Cathédrale*.

Damoiseau de Conflans (1);
Toujours jeune,
Toujours souriant,
De qui l'on voit le mérite dès qu'on
arrive dans son antichambre;
Si patient qu'au milieu de cette ville
on l'a volé, sans qu'il s'en
soit plaint (2);
Si vigilant qu'à deux heures après
minuit on l'a trouvé dans les rues;
Si obligeant qu'il accorde toutes les dispenses
qu'on veut;
Le Tout Puissant;
L'Infaillible;
De qui l'on n'appelle point;
Qu'on ne peut déposer;

....

Grand maître des lettres de cachet;
Arrondisseur de la Couronne;
Intrépide amplificateur de la Régale;
Président perpétuel des Assemblées
Du Clergé;
Souverain dominateur de
L'Église gallicane;

....

Plus aimable que M. de Pierrepont;
Plus diligent que feu M. le Maréchal
De La Meilleraye (3);

....

Dont la sacrée pantoufle est à Andelys,

(1) Conflans, maison de campagne de l'archevêché, et dont l'archevêque avait fait un lieu de plaisance.

(2) Allusion à quelque autre histoire de nuit; on n'a que le choix des historiettes avec M. de Harlay.

(3) Il paraît qu'à propos du prélat on avait aussi jasé de Mme de La Meilleraye; c'étaient des histoires déjà anciennes que le scandale présent ravivait.

> Et le cordon d'or à Pontoise (1);
> ....
> Que sa dignité a fait recevoir dans
> L'Académie ;
> Qui parle comme il écrit et qui écrit
> Comme il parle ;
> Prélat des plus qualifiés;
> Prélat *Harlay-Quint*...

Il était Harlay, cinquième du nom ; ce qui prêtait au jeu de mots (*Arlequin*). Que voulez-vous? nous sommes dans les lazzis, dans les lardons, dans ce qui est éternel en France contre tout pouvoir qui y donne prise, *Mazarinades, Satyre Ménippée, Nain jaune*. La majesté de Louis XIV ne pouvait couvrir M. de Harlay.

Les châtiments furent terribles. Le Noir, auteur des principaux libelles, fut condamné à faire amende honorable devant l'église de Paris, nu, en chemise, la corde au cou, la torche au poing. Deux autres ecclésiastiques compromis, l'un notamment nommé Bourdin, ami et compagnon de Le Noir, et qui confessait avoir pris part aux libelles de ce dernier, en s'offrant de prouver tout ce qu'on avait avancé et en demandant à être renvoyé par-devant le juge d'Église, seul compétent, au lieu des juges laïques qu'on lui avait donnés, furent condamnés

---

(1) On disait qu'étant archevêque de Rouen il avait perdu, un matin, une de ses pantoufles en sortant précipitamment de l'abbaye des Andelys; on a déjà parlé du cordon d'or perdu à Pontoise. — Il avait eu aussi assez récemment (ce qu'on aurait pu indiquer) de grandes liaisons avec une maîtresse du roi d'Angleterre, la comtesse de Northumberland, qui était venue demeurer dans le monastère des Bénédictines de Conflans. Cette dame, à un moment, crut ou fit semblant de croire que son royal amant la redemandait, et elle retourna en Angleterre (juillet 1678); mais

aux galères, et Bourdin aux galères perpétuelles (1683).
Ces malheureux furent mis à la chaîne. C'étaient
douze juges du Châtelet nommés en commission avec
le lieutenant de police La Reynie et M. Robert, procureur du roi, qui avaient prononcé la sentence; on disait
même qu'il y avait eu quatre voix à mort pour Bourdin.
M. de Harlay était trop courtisan et trop voué à son
ambition pour avoir le sentiment de la justice; mais il
était doux, d'un naturel humain, et il dut souffrir de
ces sévérités exigées en son nom et pour sa défense.

Pour le consoler de ses ennuis et mettre un peu de
baume sur ses blessures, l'abbé Legendre imagina de
faire de lui un Éloge : « Je fis son Panégyrique dans le
goût de celui de Pline. Il fut charmé et lut la pièce
quatre ou cinq fois ; mais, soit modestie, soit politique,
après m'en avoir remercié, il me fit promettre de ne la
faire voir à personne. » La pièce ne fut imprimée
qu'après sa mort. M. de Harlay sentait que le moment
n'était pas venu; il ne faut pas arborer toutes ses voiles
contre le vent en plein orage.

Pour mieux se consoler et se remettre en lustre,
l'archevêque imagina, en cette même année (1683), une

Charles II la renvoya en disant qu'il était fort surpris qu'elle eût
quitté la France où elle avait de si bons amis, et il nomma le chevalier de Châtillon et l'archevêque de Paris. « Elle est donc revenue, nous dit un contemporain bien informé, au monastère de
Conflans, où M. de Paris la va voir très-souvent, et on dit plus
souvent que Mme de Bretonvilliers. » (Journal manuscrit de M. de
Pontchâteau, à la date du 25 août 1678). Plus on regarde dans la
vie de cet archevêque, et plus on y découvre de maîtresses ; c'est le
cas de tous les libertins.

diversion qui lui réussit: il tint dans une salle de son palais des Conférences sur la morale (*De re morali*). Le contraste ne parut pas trop criant. C'étaient des questions à l'ordre du jour dans le monde ecclésiastique. De telles Conférences, instituées par lui, avaient lieu précédemment au séminaire de Saint-Nicolas-du-Chardonnet. Un incident majeur, l'exil du supérieur et du curé de la paroisse, les ayant interrompues, il eut la pensée de les continuer à son compte et de les présider. Pour faire sa paix avec la Faculté à laquelle il était alors suspect et réputé hostile, il affecta de ne prendre pour assistants que des docteurs qui en fussent membres :

« Ces Conférences, nous dit Legendre qui, dans son enthousiasme, les appelle *le plus bel endroit* de la vie de M. de Harlay, ces Conférences les plus célèbres dont on ait garde mémoire, se tinrent dans la salle de l'archevêché qui, après celle du Palais, est la plus grande de Paris. Toute vaste qu'elle est, elle était trop petite pour le monde qui y accourait. Quoique les Conférences s'ouvrissent à trois heures après midi, la salle était si remplie dès les neuf heures du matin, qu'il n'y avait plus de places que celles qui étaient gardées pour les personnes du premier rang. M. l'archevêque, pour être vu et entendu plus commodément, était sur un amphithéâtre, ayant à droite et à gauche les docteurs qui devaient parler. Un d'eux proposait la question et l'agitait longtemps avant que de la résoudre ; un autre proposait les difficultés ; un troisième y répondait ; un quatrième examinait les objections et les réponses ; ensuite M. l'archevêque reprenait ce qu'on avait dit, et après avoir discuté avec autant de précision que de netteté ce qu'il y avait de douteux, de certain, de faux et de vrai dans le *pour* et le *contre*, il appuyait la résolution du cas avec une surabondance de preuves toutes neuves tirées de l'Écriture, des Conciles, des Pères et de Tite-Live. Il parlait avec tant de grâce, tant de feu, tant de majesté, souvent une heure durant, il s'énonçait en si beaux termes, tantôt latins, tantôt français, et disait de si belles choses, si curieuses, si recherchées, que les gens qui n'étaient venus qu'à dessein de le critiquer (ils étaient sans doute en grand nombre) ne pouvaient s'empêcher d'admirer son érudition et de se récrier comme les autres sur sa mémoire. Je n'ai point connu d'homme qui l'eût si heureuse. On l'a vu dans ses derniers temps réciter, sans broncher d'un mot, des passages de plus de vingt lignes, surtout de saint Augustin, quand l'occasion s'en présentait. Ces vives, ces générales, ces sincères acclamations firent taire pour longtemps ses ennemis, ses jaloux, et ces atrabilaires qui, souvent sans savoir pourquoi, ou croyant se faire valoir, crient sans cesse contre les gens en place et trouvent plus ou moins à mordre en tout ce qui excelle. »

Cette page, que j'ai tenu à donner dans toute son étendue, est le revers de la Pyramide de tout à l'heure. On fait de ces magnifiques frontispices pour masquer les misères et les délabrements du fond.

Si l'archevêque montra qu'il était homme d'esprit en établissant ces Conférences, il ne le montra pas moins en les terminant à temps et en ne souffrant pas qu'elles fussent mises ensuite par écrit. Il appréhendait que « ces discours qui avaient charmé dans sa bouche n'eussent pas le même succès quand ils seraient sur le papier. » Legendre qui avait eu l'idée de les rédiger est forcé de convenir que le prélat avait raison : « J'ai de lui des sermons qui avaient charmé quand il les avait prononcés et qui réellement ne m'ont paru, en les lisant, que des pièces assez ordinaires. » Les fameuses Conférences restèrent donc à l'état de pure renommée et de souvenir ; si glorieuses qu'elles fussent pour le prélat, elles avaient cessé du jour où il avait pensé que l'effet était produit et son nom remis suffisamment en honneur. Il ne fut point fâché que l'extinction du Calvinisme, qui devint dès lors la grosse affaire, arrivât tout à propos et à point pour lui donner prétexte de les rompre.

Le triomphe si bien ménagé de M. de Harlay en cette circonstance achève de nous le montrer dans tout son beau, j'allais dire dans tout son plein ; et, après tant de témoignages déjà produits, je ne saurais mieux le définir encore qu'avec les excellentes paroles de d'Olivet, qui cette fois (chose unique dans sa vie de grammairien et d'écrivain correct) a eu un ou deux traits de pinceau :

« Personne ne reçut de la nature un plus merveilleux talent pour l'éloquence. Il rassemblait non-seulement tout ce qui peut contribuer au charme des oreilles, une élocution noble et coulante, une prononciation animée, je ne sais quoi d'insinuant et d'aimable dans la voix, mais encore tout ce qui peut fixer agréablement les yeux, une physionomie solaire, un grand air de majesté, un geste libre et régulier. »

Cette physionomie *solaire*, qui était à l'ordre du jour sous Louis XIV et à l'instar du maître, répond bien aux beaux portraits peints ou gravés qu'on a de M. de Harlay : je veux parler surtout de ceux de Nanteuil, de Van Schuppen et de Champagne. Chez tous on distingue une grande douceur, de la finesse, un air de persuasion ; l'œil est riant, la lèvre est entr'ouverte et belle ;

mais dans celui de Nanteuil en particulier, le plus naturel des trois, on sent la force, quelque chose de mâle dans la douceur, et de capable, à un moment, d'imposer, d'éblouir et de remplir les yeux. C'est bien l'homme de qui l'on a pu dire qu'il parlait de la sagesse avec magnificence.

Dans l'Assemblée du Clergé de 1682, le prélat avait également déployé avec une supériorité incomparable toutes ses qualités de président, et il avait mérité d'être ainsi défini dans ce dernier rôle par un des évêques témoins et admirateurs, M. de Cosnac, lequel savait d'ailleurs saisir le fort et le faible des gens :

« Sa civilité et sa conversation étaient charmantes et auraient été pourtant mieux reçues, si elles n'eussent pas été également répandues à tous ceux qui le voyaient. Je m'y attachai, d'abord, parce que le roi l'avait ainsi désiré de moi ; après, par un grand fonds de mérite qu'il faisait paraître dans toutes les séances de l'Assemblée avec une si grande distinction, que personne, bien loin de prétendre le pouvoir surpasser, ne pouvait l'égaler. Dans un grand nombre d'affaires qu'on traita dans cette Assemblée, quoiqu'il parlât et dît son sentiment après tous les autres, il trouvait toujours de si fortes et nouvelles raisons, qu'il était bien difficile de ne pas se rendre à ses décisions. »

Tel était, dans l'entière vérité du portrait, l'homme dont on n'a pas à dissimuler les faibles, mais dont il faut reconnaître, avec tous les contemporains éclairés, la supériorité et l'espèce de génie. (1)

---

(1) De religion, de croyance religieuse proprement dite, il n'en faut point parler, il n'en avait pas. Le sérieux des autres en telle

II.

L'abbé Legendre, malgré le titre qu'on lui donne ou qu'il prend en tête des Mémoires, n'était pas proprement le secrétaire du prélat ou, si l'on veut, ce n'était qu'un secrétaire libre et détaché, qu'il employait aux recherches et qu'il envoyait à la découverte. L'abbé était un peu son *homme de lettres*; il travaillait le matin à faire pour lui des extraits, et l'après-midi il allait dans les assemblées d'où il lui rapportait des

matière l'étonnait même un peu. Je citerai à l'appui une anecdote que voici d'original; je la tire d'une lettre particulière écrite de Paris à M. de Pontchâteau et insérée dans un Journal manuscrit de ce dernier, à la date du 16 janvier 1679 : « M. Feuillet, chanoine de Saint-Cloud (un ecclésiastique des plus rigides), étant allé rendre compte, il y a sept ou huit jours, à M. de Paris du fruit ou plutôt de l'endurcissement qu'avaient produit les prédications de son Avent, ce Prélat qui sait que ce prédicateur a grande entrée chez Monsieur (*frère du roi*) lui demanda qui on donnerait pour confesseur à Son Altesse? M. Feuillet lui répondit qu'il n'en savait rien, mais que depuis peu il avait dit sur ce sujet à Monsieur (*et l'on sait de quelle nature étaient les mœurs de ce prince*) qu'il n'avait point besoin de confesseur en menant la vie qu'il mène à la Cour, et qu'il lui conseillait d'épargner les 6,000 livres qu'il donne à son confesseur qui ne sert qu'à le tromper, et qu'il valait bien mieux pour lui de les donner aux pauvres, afin de fléchir par leurs prières la miséricorde de Dieu sur sa personne : après quoi, si Jésus-Christ lui donnait quelque sentiment de pénitence pour se convertir, il choisirait lui-même un homme de bien pour régler ses mœurs et la conduite de sa vie. — Ce discours, que la plupart des gens prendraient pour quelque chose de bien grave et de bien sérieux, parut à M. de Paris si agréable et si divertissant qu'il fut plus d'un bon demi-quart d'heure à en rire de tout son cœur. »

informations agréables ou utiles. Le rapporteur y prenait goût : « Je ne sais, nous dit-il, s'il y a un plus délicieux passe-temps que de voltiger ainsi de compagnie en compagnie, pourvu qu'elle soit triée, et d'apprendre exactement à cette source les anecdotes de son temps. »

L'archevêque, qui était membre de l'Académie française, eut à un moment l'idée d'intervenir dans l'affaire de Furetière, violemment aux prises avec quelques meneurs de la Compagnie (1685), et de devenir arbitre entre des confrères. Ceci rentre dans le chapitre de sa Vie qui aurait pour titre : *M. de Harlay, académicien.*

Il aimait, on l'a dit, les Lettres. Il s'y sentait porté de race, étant fils d'un père qui avait traduit Tacite. Jeune, « il avait appris les humanités par goût, la théologie par devoir. » Dans ses années de résidence à Rouen, il avait fort connu Brébeuf et Corneille, et c'était lui qui avait exhorté, dit-on, le grand tragique à mettre *l'Imitation* en vers français. A peine promu au siége de Paris, l'Académie française l'avait appelé en son sein pour y remplacer M. de Péréfixe. Le 3 février 1671, l'Académie extraordinairement assemblée devant le chancelier Séguier, son protecteur, avait entendu le remercîment de M. de Harlay et la réponse du directeur Pellisson. L'Académie l'était allée féliciter en corps dans son palais archiépiscopal le 22 mars suivant, et avait parlé par la même bouche de Pellisson avec le zèle, l'effusion et le transport quasi apostolique d'un nouveau converti. Le chancelier Séguier étant mort au commencement de l'année suivante (1672),

M. de Harlay fut, auprès de Louis XIV, l'interprète du vœu de l'Académie pour que le roi en personne voulût bien agréer dorénavant le titre de son Protecteur. M. de Harlay, en toutes ces démarches qui ont gravé à jamais son nom dans l'histoire de la Compagnie, était animé du noble désir de la servir, et aussi peut-être de la crainte que si l'Académie venait à se choisir, après le chancelier Séguier, un second protecteur au-dessous du trône, ce protecteur ne fût pas lui, encore si nouveau et l'un des derniers élus. Quoi qu'il en soit du mobile, il fut le principal auteur et acteur dans cette élévation d'un cran et cet anoblissement définitif de la Compagnie; il obtint que l'Académie eût désormais ses séances dans une salle du Louvre et fût considérée comme un des ornements ou accessoires du trône; il usa de tout son crédit pour la faire valoir en toute occasion et la maintenir dans l'intégrité de son privilége; et un jour qu'allant complimenter le roi elle n'avait pas été reçue avec tous les honneurs rendus aux Cours supérieures, il s'en plaignit directement à Sa Majesté, en rappelant « que François Ier, lorsqu'on lui présentait pour la première fois un homme de Lettres, faisait trois pas au-devant de lui. »

La querelle engagée entre l'Académie et Furetière intéressait au plus haut degré l'honneur de la Compagnie : « car c'est grand'pitié, comme remarque très-sensément Legendre, quand des personnes d'un même Corps s'acharnent les unes contre les autres, et qu'au lieu de se respecter et de bien vivre ensemble comme doivent faire d'honnêtes gens, elles en viennent à se

reprocher ce que l'honneur de la Compagnie et le leur
en particulier aurait dû leur faire oublier. » Il s'agissait,
au fond, de l'affaire importante de l'Académie, le *Dictionnaire,* et de savoir si un académicien avait le droit
d'en faire un, tandis que l'Académie n'avait pas encore
publié le sien. Legendre, qui paraît fort au fait des circonstances et des phases de la querelle dont le dernier
résultat fut l'excommunication académique de Furetière, avait été chargé sans doute par l'archevêque de
le mettre lui-même au courant de la question. Ce prélat, en effet, « qui se faisait un plaisir d'être le pacificateur de tous les différends d'État, » eut, dans le
principe, quelque envie de s'entremettre pour réconcilier Furetière avec l'Académie. Mais, après avoir pris
conseil et mieux avisé, il sentit l'inconvénient qu'il y
aurait, pour un homme de sa dignité, à se jeter dans
la mêlée pour séparer des furieux. Il y a dans les
querelles de Vadius et de Trissotin une acrimonie
particulière qui échappe à l'action et au traitement
des esprits polis. Le premier président, M. de Novion,
qui avait eu la même pensée que M. de Harlay,
et qui y avait obéi en réunissant chez lui les parties
adverses, ne fut pas long à s'en repentir : on en vint
aux injures et à s'arracher les yeux en sa présence. Le
rôle de spectateur désintéressé était évidemment le
meilleur ; c'était celui de l'abbé Legendre : « Tant que
dura, dit-il, cette comédie dont je connaissais les
acteurs, le plaisir que j'avais les après-dînées d'en
apprendre les scènes nouvelles aidait à me délasser
du travail sérieux du matin. »

Quelques années après, lors de la querelle des Anciens et des Modernes, qui s'émut à l'occasion du poëme du *Siècle de Louis le Grand*, lu par Perrault à l'Académie, en 1687, M. de Harlay ne pensa plus à rétablir la paix et l'union parmi ses confrères; mais il s'amusa à faire traiter devant lui la question; il fit plaider le pour et le contre par deux avocats d'office qu'il désigna : Martignac, ancien précepteur de son neveu, et l'abbé de La Vau. Martignac tenait pour les Anciens, La Vau pour les Modernes. L'un et l'autre s'acquittèrent assez mal de leur tâche :

« Le prélat n'en fut point fâché, remarque à ce sujet Legendre, qui a bien son grain de causticité; il aimait à briller aux dépens d'autrui ; c'était assez sa coutume de faire agiter devant lui des problèmes de toute sorte, afin d'avoir le plaisir de donner à ce qu'on avait dit, et qu'il ne manquait point de résumer exactement, un tour si fin, si délicat, que l'on admirait dans sa bouche ce qui avait paru plat dans celle des autres. »

On aime d'ordinaire ce qu'on fait bien : le prélat aimait à jouer aux arbitrages.

III.

N'écrivant point la Vie du prélat, je n'ai pas à le suivre dans le détail des dernières années. Son crédit, tout arrêté et stagnant qu'il était, et sans plus de progrès possible, ne laissa pas d'être fort grand jusqu'à la fin, ainsi que l'apparence de faveur. Le 9 janvier 1695, le

roi lui écrivait de sa main une belle lettre sur la mort
de l'abbesse de Port-Royal, sa sœur. Depuis 1690, il
était désigné et nommé par le roi pour le chapeau de
cardinal, mais sans espoir, du côté de Rome, de l'obtenir.
Le 1er juin 1695, il allait à Versailles comme président
de l'Assemblée du Clergé, et il harangua au nom de cet
illustre Corps pour la *neuvième* fois. Cependant sa santé
s'altérait visiblement, et il essayait en vain de le ca-
cher. On a diversement parlé des ennuis qui auraient
hâté sa fin. On a dit (et c'est la version de Legendre)
que le Clergé lui en voulait d'avoir été amené par lui à
offrir quatre millions annuels de don gratuit, quand on
sut bientôt que le roi se serait à la rigueur contenté de
la moitié. Les intérêts ne pardonnent pas, et l'archevêque eut sensiblement à souffrir depuis lors de la part
de ce même Clergé qu'il avait si longtemps mené à son
gré. Vingt-quatre ans de domination sont un long
règne, et il y avait ce temps que l'archevêque conduisait l'Église de France en véritable primat. Ces ennuis
et d'autres encore purent contribuer à sa fin. Il avait,
après tout, ses soixante-dix ans presque accomplis. Il
mourut subitement, le 6 août 1695, à sa belle maison
de Conflans dont il avait fait un lieu de délices. C'était
un don ou plutôt un dédommagement du roi. Le roi,
ayant voulu acquérir les justices de Paris appartenant
à l'archevêque, on avait proposé à celui-ci, en manière
d'échange, Meudon ou Conflans; et sur le choix du
prélat, le roi avait acheté Conflans de M. de Richelieu
pour l'unir à l'archevêché. L'archevêque en avait fait
un lieu si soigné, si peigné, que lorsqu'on marchait

dans les allées un garçon jardinier, dit-on, était là qui passait le râteau derrière. On avait fort parlé, il y avait quelques années, et avec exagération sans doute, des parties fines de Conflans, des collations de Conflans. Il y était seul, l'après-midi qu'il mourut, avec son amie la duchesse de Lesdiguières, nièce du cardinal de Retz, et qui était sa dernière liaison; quoique cette dame ne fût plus jeune, on n'avait pas laissé, par habitude, d'en médire.

Cette mort subite, sans qu'il ait eu le temps de recevoir les sacrements, ce brusque appel au tribunal d'en haut, fit alors un effet terrible. La mort subite, qui, dans l'antiquité, était le vœu et faisait l'envie du sage, est l'épouvante et l'horreur du chrétien. Et qu'était-ce quand il s'agissait du pasteur même, et d'un pasteur au terme d'une vie sans repentance, surpris et enlevé comme dans un dernier flagrant délit de diversion mondaine? Ce fut au point qu'on ne trouva pas sur le moment un prédicateur pour prononcer purement et simplement l'oraison funèbre. Mme de Coulanges, cette aimable et légère amie de Mme de Sévigné, écrivait gaiement à celle-ci, alors en Provence :

« (Le 12 août 1695). La mort de M. de Paris, ma très-belle, vous aura infailliblement surprise. Il n'y en eut jamais de si prompte. Mme de Lesdiguières a été présente à ce spectacle; on assure qu'elle est médiocrement affligée. L'on ne parle point encore du successeur... Il s'agit maintenant de trouver quelqu'un qui se charge de l'oraison funèbre du mort ; on prétend qu'il n'y a que deux petites bagatelles qui rendent cet ouvrage difficile, c'est la vie et la mort. »

Et un mois après (15 septembre) :

« Encore faut-il bien vous apprendre, mon amie, que c'est le Père Gaillard qui *ne doit point faire* l'oraison funèbre de feu M. l'archevêque. Voici ce que je veux dire : M. le premier président (de Harlay) et le Père de La Chaise se sont adressés au Père Gaillard pour ce grand ouvrage ; le Père Gaillard a répondu qu'il y trouvait de grandes difficultés ; il a imaginé de faire un sermon sur la mort au milieu de la cérémonie, de tourner tout en morale, d'éviter les louanges et la satire, qui sont deux écueils bien dangereux ; tout le prélude des oraisons funèbres n'y sera point ; il se jettera sur les auditeurs pour les exhorter ; il parlera de la surprise de la mort, peu du mort ; et puis, Dieu vous conduise à la vie éternelle ! »

Mme de Coulanges parle déjà comme si elle avait entendu le Père Gaillard, dont le sermon ne fut prononcé que cinq semaines après (23 novembre). On peut, entre autres passages de cette singulière oraison funèbre, citer le suivant, pour montrer à quel point l'opinion était alors défavorable à M. de Harlay, et quelle clameur publique il y avait à surmonter et à combattre lorsqu'on en venait à toucher l'article de ses mœurs :

« Quand du côté de la paix et de la vérité, disait l'orateur, il n'aurait rien eu à se reprocher, est-il pour cela entièrement justifié ?... Si l'infraction d'une seule loi peut contre-balancer toutes nos bonnes œuvres, et que, par ce seul manquement, on soit coupable comme si l'on avait manqué à tout, qui pourra se sauver de la rigueur d'un jugement où rien ne nous sera pardonné ? Que si par une soudaine citation on est appelé à ce jugement, et que le juge vienne tout d'un coup à interroger, qui pourra lui répondre ?... Mystères terribles de la justice de Dieu, profonds abîmes de ses jugements, ce n'est pas à nous à vous pénétrer, mais nous ne saurions assez vous redouter. Malheur à nous qui, étant témoins de tant de subits ajournements devant le tribunal divin, vivons avec tant de sécurité !... Ce sont des réflexions que notre sujet nous présente... réflexions salutaires quand nous savons nous les appliquer, mais téméraires quand nous les portons hors de nous-mêmes; car alors nous jugeons ce que nous ne connaissons pas, au lieu que nous devrions être uniquement attentifs à juger ce que nous connaissons... Ce sont ces vagues et inutiles discours que Job reprochait à ceux qui voulaient raisonner sur le malheur de son sort. Ils le voient terriblement frappé de la main de Dieu, et ils s'en font une preuve pour assurer qu'il est tombé dans son indignation... Eh ! leur dit-il, vous ne vous étudiez dans vos discours qu'à trouver des moyens d'accuser les autres, et vous vous jetez sur un homme accablé... Contentez-vous de voir l'état où je suis réduit, et mettez le doigt sur votre bouche. Considérez-moi et soyez saisis d'étonnement : *Attendite me et obstupescite !* »

Dans ce passage, et dans tout le discours, on sent l'orateur qui a à marcher sur des charbons ardents : ce dont il faut le louer, c'est d'y avoir marché d'un pas si ferme. Il est peu d'oraisons funèbres, il n'en est peut-être aucune, où un coin de vérité se soit aussi fortement marqué (1).

(1) Dans une publication toute en l'honneur et à la dévotion de M. de Harlay, intitulée : *Éloges historiques des Évêques et Archevêques de Paris*, etc., par Martignac, l'un des serviteurs et des obligés de l'archevêque, et qui dédie son ouvrage à la duchesse de Retz elle-même (1698), on voit percer tout l'embarras de l'auteur si dévoué, lorsqu'il en est à la fin et aux derniers moments du prélat. Il suppose, d'après quelques mots confidentiels rapportés par deux amis de M. de Harlay, qu'il n'était pas si peu préparé à

On revint pourtant peu à peu, au sujet de M. de Harlay ; on lui rendit plus de justice. Son successeur, M. de Noailles, y aida lorsque, après la première lune de miel passée, on s'aperçut de son insuffisance et de ses petitesses. Un homme qui connaissait bien les hommes, le cardinal de Forbin-Janson, avait tiré son horoscope : « M. de Noailles, avait-il dit, sera un jour chef de parti, mais ce sera sans le vouloir ni le savoir. »

Encore une fois, au point de vue politique et ecclésiastique extérieur, et comme archevêque dirigeant tout un Ordre auguste et vénérable, M. de Harlay n'avait qu'un défaut, celui qui fit tort au sage roi Salomon ; et La Bruyère, ce grand et excellent juge, l'a dit avec bien de la modération et de la finesse ; car c'est très-probablement à l'archevêque de Paris qu'il pensait lorsqu'il a tracé ce Caractère :

« Il coûte moins à certains hommes de s'enrichir de mille vertus que de se corriger d'un seul défaut ; ils sont même si malheureux que ce vice est souvent celui qui convenait le moins à leur état et qui pouvait leur donner dans le monde plus de ridicule : il affaiblit l'éclat de leurs grandes qualités, empêche qu'ils ne soient des hommes parfaits et que leur réputation ne soit entière. On ne leur demande point qu'ils

---

la mort qu'on l'avait cru généralement. Il nous apprend que la duchesse de Retz, pour plus de sûreté, avait fondé à ses frais, dans l'église de Paris, un service complet et perpétuel pour y faire recommander par les prières de MM. du Chapitre le repos de l'âme du prélat à Dieu. Laissant la question de l'éternité à part, c'est quelque chose, dirons-nous, que d'avoir su s'acquérir en cette vie des amis si affectionnés et si fidèles.

soient plus éclairés et plus incorruptibles ; qu'ils soient plus amis de l'ordre et de la discipline, plus fidèles à leurs devoirs, plus zélés pour le bien public, plus graves : on veut seulement qu'*ils ne soient point amoureux.* »

Voilà la vraie morale humaine, ramenant les choses au juste point, sans exagération, sans haine, sans frayeur et sans terreur.

L'abbé Legendre, qui devait à M. de Harlay d'être chanoine de l'Église de Paris, eut, des premiers, à son égard, le courage de la reconnaissance ; il le loua publiquement le lendemain de sa mort et fit distribuer par les facteurs de lettres un premier Panégyrique qu'il répéta et varia d'année en année. Cet abbé se fit connaître encore de son temps par d'autres écrits, par des compositions historiques qui, sans grande nouveauté dès leur naissance, ont perdu aujourd'hui tout intérêt. Mais une particularité qu'il ne faut pas omettre à son sujet, c'est que, lorsqu'il mourut en 1733, il laissa par son testament des fondations bizarres, d'une exécution impossible, et qui furent appliquées par l'autorité civile pour une distribution solennelle de prix dans l'Université, c'est-à-dire pour la fondation du Concours général. Legendre se trouva être ainsi le bienfaiteur et comme qui dirait le Montyon de l'Université, sans s'en être douté et sans l'avoir su (1).

---

(1) Ses Mémoires, quoiqu'il n'y ait pas lieu de soupçonner la véracité de l'auteur, renferment pourtant des inexactitudes évidentes, comme lorsqu'il dit (page 173) avoir rencontré à Auteuil, chez Boileau, Mme Des Houlières : c'est tout simplement impossible, Mme Des Houlières et Boileau étant brouillés à mort depuis

la querelle de *Phèdre;* et de plus, il est peu exact de dire, comme il le fait, que la vertu de Mme Des Houlières avait essuyé bien des assauts, et sans que la médisance y pût mordre. On sait les aventures de jeunesse de cette muse. L'abbé Legendre est plus sur son terrain quand il parle des ecclésiastiques et des chanoines, que quand il touche aux poëtes.

Lundi 29 juin, — lundi 6 et mardi 7 juillet 1863.

M. LITTRÉ [1].

Le nom de M. Littré, qui depuis des années était en estime auprès des savants et de tous les hommes instruits, est devenu, grâce à une circonstance imprévue (son échec à l'Académie par suite de la dénonciation de l'évêque d'Orléans), des plus célèbres tout d'un coup et presque populaire. C'est le moment aussi où les premières livraisons de son *Dictionnaire de la Langue française* viennent mettre en lumière et répandre, à l'usage de tous, les trésors d'une érudition si longuement amassée. Je n'ai point attendu ces circonstances pour exprimer les sentiments de déférence et de respect que m'a toujours inspirés l'auteur; mais je profiterai du moment favorable pour parler de lui avec l'étendue qu'il mérite, pour caractériser quelques-uns de ses tra-

[1] M. Hachette m'a demandé dans le temps de réunir en brochure, sous le titre de *Notice sur M. Littré*, trois de mes articles du *Constitutionnel*, ce que j'ai fait, en les revoyant avec soin, en les corrigeant et en y ajoutant; ç'a été toute une légère refonte. Je les donne ici, par exception, sous cette forme qui est, après tout, plus coulante et définitive.

vaux, et le présenter au public tel que je l'ai vu constamment et que me le peignent les hommes qui l'ont le plus cultivé et qui l'ont suivi de plus près.

I.

SA NAISSANCE. — SES PARENTS. — SES ÉTUDES. — PREMIÈRE CARRIÈRE. — PREMIERS ÉCRITS.

Maximilien-Paul-Émile Littré, né à Paris le 1ᵉʳ février 1801, fut élevé par des parents d'une moralité forte, sévère et profonde; il reçut une éducation domestique qui eut sur lui la plus grande influence et qui le marqua à jamais. Son père, en particulier, mérite qu'on s'arrête à le ressaisir et à le considérer.

C'était un Normand, d'Avranches, fils d'un orfévre; il avait reçu une certaine éducation et était déjà en mesure d'en profiter, lorsque, s'ennuyant de la maison paternelle où il avait une belle-mère avec laquelle il ne s'accordait pas, il alla chercher fortune à Paris. Là, informé que son père était dans la gêne, il s'engagea dans l'artillerie de marine, et envoya à Avranches le prix de son engagement. Il fut canonnier de marine pendant des années et, dans ce service borné où l'on n'a pas chance d'avancement comme sur terre, il parvint au grade de sergent-major (1). Tel qu'on me l'a dépeint, et quoique

(1) Dans un sanglant combat, livré en vue de l'Ile-de-France par *la Cybèle*, de 44 canons, à un vaisseau anglais de 50, et où l'Anglais eut le dessous, la conduite du sergent-major Littré fut tellement remarquée que l'Assemblée coloniale lui décerna un sabre d'honneur.

enlaidi par la petite vérole, il était des mieux faits dans
sa jeunesse, un homme superbe, athlétique, d'une vigueur, d'une adresse, d'une intrépidité sans égale, et
avec des sentiments d'une fierté, d'une indépendance,
d'une ambition généreuse, qui le mettaient tout à fait
hors de pair. Nul doute que si, au lieu de courir les
mers de l'Inde, il s'était trouvé en France dans ces années brûlantes et fécondes où les géants se levèrent,
sortirent des sillons, et où la Révolution enfanta ses
hommes, il n'eût été l'un d'eux et n'eût fait grandement
son chemin, s'il n'avait péri. Au lieu de cela, il sema sa
force sur l'élément stérile, sur la plaine *où l'on ne vendange pas*. Quand, après onze ans d'absence, il revint à
terre, ayant quitté le service, le 18 Brumaire avait sonné
ou allait sonner : la lutte des principes expirait. Il fallait
vivre. Littré s'était marié, il était père : il entra dans
les Droits réunis dès la fondation, grâce à une très-belle écriture et à la bienveillance de Français de
Nantes. Après quelque emploi en province, il fut appelé à Paris, où il devint chef de bureau à l'administration centrale. Sa carrière ne fut même fixée et arrêtée à ce cran définitif qu'à la suite d'un incident où
il fit preuve d'une probité intraitable et inflexible.
Cependant il profitait de ses moments de loisir pour
l'étude ; il avait assemblé une très-bonne bibliothèque
en tout genre, et se jetant sur les choses de l'esprit
avec la force qu'il mettait à tout, il s'était avancé et
formé lui-même. Il apprit le grec pour le montrer à son
fils ; plus avancé en âge, il apprit même du sanscrit,
et il avait des livres en cette langue; ce qui était alors fort

rare. Ce père, en un mot, avait le sentiment des hautes études. Il mérita que, dix ans après sa mort, M. Barthélemy Saint-Hilaire, ami de ses fils, et qui avait vécu dans sa maison sous la même discipline, lui dédiât sa *Politique* d'Aristote (1837), et en des termes qui se gravent et ne s'effacent plus; voici en partie cette dédicace qui prouve quelle idée, quelle empreinte ce père de M. Littré avait laissée de lui et de sa force d'initiative : « A la mémoire de Michel-François Littré, d'Avranches, chef de bureau à la direction générale des Contributions indirectes, mort à Paris le 20 décembre 1827 ; canonnier de marine durant les guerres de notre Révolution; l'un des collaborateurs du *Journal des Hommes libres* en 1799; patriote sincère et constant, qui a cru et travaillé pendant sa vie entière aux progrès de la liberté; érudit qui ne devait qu'à lui seul et à la persévérance de ses travaux des connaissances étendues et variées ; philologue distingué, l'un des plus anciens membres de la Société asiatique de Paris; homme d'une inaltérable droiture, etc. » J'abrége. Voilà l'homme qui a créé et formé celui que nous avons.

Logé au n° 3 de la rue des Maçons-Sorbonne, dans une maison qui avait un jardin, il se plaisait à y réunir les camarades de son fils ou de ses fils ; car il avait deux fils, Émile, l'aîné, le nôtre, et Barthélemy, le cadet. Mais c'était l'aîné surtout qui portait le cachet paternel, et à qui son père avait transmis toute sa passion de l'étude par le sang à la fois et par l'exemple. Il réunissait donc les jours de congé les premiers de la classe, Burnouf, Hachette, Bascou, mort professeur de littérature française à Montpellier. Ce père énergique était en plein, on le voit assez, dans les principes et les idées philosophiques du dix-huitième siècle. Il ne séparait pas la science de la morale, et il n'était pas non plus de ceux qui ensevelissent leurs débuts pénibles et leurs origines ; il avait eu la vie rude et même misérable ; il avait été pauvre, et il lui arrivait de le rappeler à son fils en des termes qui ne s'oublient pas : « Il m'est arrivé de manquer de pain, toi déjà né. » Cela devenait un stimulant ensuite pour mieux acquérir le pain de l'esprit, et surtout pour être disposé à le partager avec tous.

La mère d'Émile Littré, qui était d'Annonay, — elle, protestante de religion et croyante, — n'avait pas dans son genre une moindre originalité que son mari. C'était, telle qu'on me l'a dépeinte, une figure antique, habillée le plus souvent non comme une dame mais comme une servante, en faisant l'office au logis, la femme de ménage parfaite, une mère aux entrailles ardentes, et avec cela douée d'une élévation d'âme et d'un sentiment de la justice qu'elle dut transmettre à ce fils dont elle était fière et jalouse. Il tient beaucoup d'elle, pour le moins autant que de son père (1).

---

(1) Sophie Johannot, c'était le nom de famille de Mme Littré. Elle était d'une branche des Johannot d'Annonay, ruinée, mais parente des Boissy d'Anglas et amie des Montgolfier. S'il est vrai que dans son humble ménage elle remplit plus d'une fois le rôle de servante, elle était telle, en le remplissant, qu'elle avait été jadis dans la maison paternelle, fille adorée d'un père riche commerçant. Les Johannot étaient papetiers. Une affreuse catastrophe, où elle avait montré toute sa force d'âme, dominait ses souvenirs de jeu-

M. Littré (sans parler d'une sœur morte en bas âge) avait un frère plus jeune, employé, homme instruit, distingué, qui mourut en 1838; mais, par une variété ordinaire dans cet ordre physiologique si complexe et si mobile, il ne portait point, je l'ai dit, l'empreinte des mœurs domestiques comme son aîné.

On ne voyait pas, à proprement parler, le monde dans la maison Littré ; c'était une officine d'étude, un laboratoire : *domus mea, domus orationis*. Émile était

nesse. Son père s'était déclaré avec énergie pour la Révolution ; il appartenait au parti montagnard et fut, dans un temps, maire de Saint-Étienne. Des luttes sanglantes s'engagèrent dans le Midi. Johannot fut emprisonné, et il était détenu à Lyon quand cette cité se souleva. Sa fille vint se loger près de la prison ; elle consolait chaque jour son père et les amis de son père, tous menacés de l'échafaud. Elle sortit quand les troupes de la Convention investirent la ville et, retournant dans son pays, elle décida des paysans et des ouvriers à s'armer : dans son héroïsme filial, elle les conduisit elle-même au camp de Dubois-Crancé. La ville prise, elle et sa mère se hâtaient sur la route de Lyon, quand elles rencontrèrent quelqu'un de leur connaissance qui leur annonça que Johannot était mort dans les prisons : cette nouvelle leur perce le cœur ; la mère refuse de faire un pas de plus, la fille veut aller chercher le corps de son père ; elle chemine pleurant ; puis au loin, sur la route, elle aperçoit... son père lui-même vivant et délivré ; qu'on juge des émotions de ces tragédies! Mais on n'était pas à bout de tragédies. Après le 9 thermidor, dans ce second moment de réaction, Johannot est incarcéré de nouveau, et peu après, sous prétexte de le transférer, on le livre en proie aux fureurs ennemies : il tombe dans la rue assassiné de dix-sept coups de poignard et de pistolet par les compagnies dites *de Jésus et du Soleil*. Sa fille, se précipitant sur le corps de son père et appelant les habitants et citoyens à la vengeance, devint si menaçante pour l'ordre d'alors que les autorités la firent arrêter. — Je ne regarde point en tout ceci à la couleur des opinions du père ; je ne vois que le courage de la fille. C'était une Romaine.

externe et suivait, ainsi que son frère, les classes à Louis-le-Grand. Il avait d'ordinaire la première place et tous les prix à la fin de l'année. La première question des parents au retour du collége était : « Quelle place as-tu? » Rien ne le distrayait d'apprendre. Les amis même, invités les jours de congé, continuaient en quelque sorte l'émulation de toute la semaine. Il croissait ainsi à côté de ses parents et de sa mère, très-libre et dominant avec simplicité parmi ses condisciples.

Ses succès de chaque fin d'année, de bons témoins me l'attestent, étaient prodigieux. En rhétorique, vétéran, il eut tous les prix du collége et plusieurs au concours : on fut tout surpris qu'il n'eût pas le prix d'honneur. Il revenait littéralement chargé et accablé de livres. La dernière année, le nombre des volumes obtenus en prix dépassait de beaucoup cent volumes.

Il n'était pas homme à plier sous le faix. Tel qu'on me le décrit à cet âge de première jeunesse, il n'était pas du tout pareil à ce savant d'une santé ferme encore, mais réduite, que nous avons sous les yeux : il jouissait d'une force de corps et d'une organisation herculéenne, héritée par lui de son père. Le premier aux exercices corporels comme à ceux de l'esprit, aux barres, à la natation, d'un jarret d'acier, d'un poignet de fer, il était capable de lever, à bras tendu, une chaise qui portait un camarade âgé de dix-neuf ans. Rien de gracieux, mais la force même. Cette force se détruisit par l'excès du travail intellectuel. Il passa du tempérament athlétique à ce tempérament diminué qui est le sien, moyennant une gastrite permanente qui ne lui dura pas moins de dix ans. Sa vigueur native, consumée ailleurs et transformée, s'est portée tout entière et s'est concentrée désormais dans les fibres seules du cerveau.

Il terminait ses classes en 1819. Il fit une année de mathématiques; s'il eut un moment l'idée d'entrer à l'École polytechnique, il n'y donna pas suite. Un incident, une épaule qu'il se démit en piquant une tête dans une partie de natation, l'empêcha de se présenter à l'examen. Il fut placé deux ans auprès du comte Daru en qualité de secrétaire. Sa santé commença à se déranger. Il continuait d'étudier, mais il se lassa de voir que c'était sans destination. Au sortir de chez M. Daru, il se mit à la médecine, et cette étude devint désormais la principale branche à laquelle il se rattacha (vers 1821, 1822).

Il savait dès lors (sans parler des deux langues anciennes) l'allemand qu'il possédait à fond, plus l'anglais et l'italien; et ces diverses langues, il les savait assez, remarquez-le, pour écrire dans chacune et pour y composer même des vers. Il aimait ce dernier genre d'exercice.

Vers 1823-1824, il recevait, en même temps que M. Barthélemy Saint-Hilaire, des leçons de sanscrit d'Eugène Burnouf; il n'en fit jamais parade, mais il assurait ainsi par les plus fortes assises les fondements de sa science philologique.

Pendant huit années, il se consacra d'ailleurs, presque sans partage, aux études médicales et aux préparations pénibles qu'elles exigent; il disséquait dans les amphithéâtres, légèrement vêtu en hiver et sans aucune des précautions ordinaires à ceux qui ne passent pas pour délicats. Même en étudiant le corps, il semblait pour lui, au peu de soin qu'il en prenait, que le corps n'existât pas. Pendant trois ans, il allait assidûment au Jardin botanique étudier les plantes, les familles, parlant peu en chemin à son compagnon, le front penché et tout à ses classifications exactes. Il ne s'en tint pas aux cours de l'École, il passa par tous les degrés de l'externat et de l'internat dans les divers hôpitaux ; il y fut condisciple et collègue des docteurs Michon, Danyau, Natalis Guillot, Gervais (de Caen). A tous, selon l'expression de ce dernier, il inspirait dès lors plus que de l'estime ; c'était du respect. On avait de lui la plus haute idée. Un nouveau *Journal de médecine* s'était fondé sous les auspices et par la collaboration de jeunes médecins déjà en renom, Andral, Bouillaud, Blandin, Casenave, Dalmas, etc. Ils s'adjoignirent M. Littré, encore interne. Sa carrière médicale semblait tout indiquée, toute tracée. Mais en 1827, son père meurt ; il reste avec sa mère et son frère sans fortune, sans ressources. Il faut soutenir sa mère ; il y pourvoit et donne des leçons de latin, de grec, jusqu'en 1831.

Pourquoi alors ne pas se faire tout simplement recevoir docteur en médecine et ne pas se livrer incontinent à l'exercice d'un art où il était déjà maître, et où les maîtres le traitaient au moins en égal ? On se le demande ; ses amis se le demandèrent dans le temps et le pressèrent de questions, quelques-uns même d'instances. Il avait toutes ses inscriptions; il ne lui manquait qu'un titre, et ce titre, il ne l'a même pas encore aujourd'hui ; il a toujours négligé de le prendre. Il est membre de l'Académie de médecine, et il n'est pas docteur ! Pourquoi s'être arrêté ainsi au terme, non pas devant le seuil d'une initiation nouvelle et d'une épreuve (ce n'en était pas une pour un tel candidat), mais devant la porte de sortie toute grande ouverte ? Nous touchons là, dans ce caractère essentiellement moral, à quelqu'une des difficultés secrètes qui sont le scrupule des consciences délicates et qu'on ne peut que sonder discrètement. Les années de son internat terminées, il n'avait, nous l'avons dit, aucune fortune : l'établissement d'un médecin coûte en premiers frais ; il aurait fallu contracter une dette, une obligation ; il n'osa prendre sur lui ce risque, il ne voulut pas « charger sa vie. » C'était chez lui un principe de conduite qu'il s'était fait de bonne heure. Et voilà pourquoi, tout traducteur d'Hippocrate qu'il est, tout excellent praticien qu'il est aussi et très-habile guérisseur, il n'est pas médecin en titre et sur l'*Annuaire*. S'il pratique l'été à la campagne (et il le fait de grand cœur et avec grand succès), c'est pour les pauvres, pour les voisins, et rien que pour eux.

Dirai-je toute ma pensée ? quand les Stoïciens se mêlent d'être modestes, on ne peut savoir à quel point ils le sont, et quel degré de scrupule et de raffinement ils portent dans cette vertu d'humilité, et même, à leur insu quelquefois. J'ai beaucoup étudié les Port-Royalistes, ces Stoïciens du Christianisme. Eh bien ! parmi eux, combien en ai-je rencontré qui, purs, éclairés, savants et fervents, tout nourris de la moelle sacrée des Basile et des Chrysostome, capables d'être prêtres et des meilleurs, n'osaient prendre sur eux le ministère de l'autel et se rabattaient à ne vouloir jamais être que diacres ou acolytes! De même, j'imagine, cette âme austère et modeste de M. Littré, qui s'est montrée égale à l'interprétation du plus grand médecin de l'Antiquité et à l'intelligence de cette royale nature d'Hippocrate, se rabat volontiers à n'être qu'un des derniers de son Ordre, un officier de santé, pendant ses mois d'été à la campagne. Jouissance intime et sobre, non exempte de privation, d'autant plus voisine de la conscience, et qui fuit les orgueilleux vulgaires!

Dans les journées de Juillet 1830, après la violation des lois par le pouvoir existant, M. Littré avait fait selon ses principes; il avait pris le fusil ainsi que ses amis, avec cette particularité qu'il s'était revêtu d'un habit de garde national, habit séditieux, puisque la garde nationale était dissoute; et il joignait à l'uniforme un chapeau rond. Pendant toute la journée du mercredi 28, il avait fait le coup de feu dans la Cité, le long du quai Napoléon. Le lendemain jeudi, au Carrousel, Farcy avait été frappé d'une balle à son côté; et c'est chez lui que le corps du généreux jeune homme avait été ramené à travers les mille difficultés du moment. On avait fait une civière avec le pan de volet d'une boutique de marchand de vin; quatre porteurs de bonne volonté s'étaient chargés du fardeau, et M. Hachette, conduisant le convoi sanglant, chapeau bas, à travers le respect universel, était arrivé à la maison de M. Littré, d'où le corps, dès qu'on l'avait pu, était ensuite allé au Père La Chaise, y recevoir les derniers honneurs.

M. Littré entra au *National* en 1831. Un de ses anciens collègues d'internat, le docteur Campaignac, parla de lui à Carrel dont il était le médecin, et M. Barthélemy Saint-Hilaire se chargea aussi de l'introduire. Mais il n'y était point d'abord sur le pied auquel il aurait pu prétendre. Il était simple traducteur des journaux étrangers sous M. Albert Stapfer. Trois années durant, il resta dans cette position secondaire, sans que le rédacteur en chef devinât toute la portée de son mérite et sans que lui, de son côté, il fît rien pour l'en avertir. Un article qu'il écrivit un jour, à la recommandation du libraire Paulin, au sujet d'un Discours de W. Herschell, fils de l'illustre astronome, *sur l'Étude de la philosophie naturelle*, un très-bel article tout animé du souffle newtonien et où il s'inspirait du génie des sciences (14 février 1835), frappa pourtant et devait frapper Carrel; arrivant ce jour-là au *National*, et voyant Littré qui traduisait ses journaux allemands, selon son habitude, au bout de la table de la rédaction dans le salon commun : « Mais vous ne pouvez rester dans cette position, lui dit-il, vous êtes notre collaborateur. » L'estime de Carrel fut très-haute dès qu'il se mit à l'apprécier ; il essaya même de faire de lui un rédacteur politique et de premiers-Paris. C'était trop demander à l'écrivain philosophe. M. Littré, du vivant de Carrel et après lui, fit des articles et rendit des services au *National*, mais sans jamais être, à proprement parler, un collaborateur politique et une plume d'action.

Dès ce temps et à travers les diversions commandées par la nécessité, il avait repris la suite de ses études médicales. Il mêlait la pratique à la science. Il était des plus assidus au service de M. Rayer à la Charité, et il prit part pendant six ans aux travaux de ce médecin si distingué qui est son ami. Dès 1830, le libraire Baillière lui avait proposé de faire une traduction et une édition d'Hippocrate. Ce devait être d'abord avec M. Andral. L'affaire ne fut reprise et convenue avec M. Littré seul qu'en 1834. A partir de ce moment, la publication d'Hippocrate devint l'œuvre capitale de M. Littré, celle sur laquelle se dirigea et se concentra pendant des années son principal effort intellectuel. Les articles publiés par lui dans la *Revue des Deux Mondes* depuis 1836, et ailleurs, n'étaient que des accessoires et des hors-d'œuvre.

Je ne puis cependant omettre de signaler quelques-uns de ces beaux articles qui montraient dès lors en M. Littré le médecin et le naturaliste philosophe, le morceau des *Grandes Épidémies* (*Revue des Deux Mondes*, 15 janvier 1836), et les deux morceaux précédemment publiés dans un autre recueil (*Revue républicaine*, 10 juin et 10 novembre 1834), au sujet des *Recherches sur les ossements fossiles, de Cuvier,* et des *Nouvelles recherches des géomètres sur la chaleur de la terre.* Le sentiment de ces époques antérieures à l'homme et à l'humanité, plus grandes que notre faible espèce, qui en embrassent et en dépassent les limites, et qui sont mesurées sur un tout autre compas que nos cadrans particuliers, y respire et y règne sans partage avec une sorte de tristesse sereine. La vue élevée et anticipée qu'eurent de ces choses, dans l'Antiquité même, les Sénèque, les Lucrèce, les Aristote, les Empédocle, M. Littré l'a retrouvée, et il la rend à son tour, en y joignant la connaissance plus précise qui caractérise les modernes :

« On prétend, dit-il, que Virgile, interrogé sur les choses qui ne causent jamais ni dégoût, ni satiété, répondit qu'on se lassait de tout, excepté de comprendre (*præter intelligere*). Certes, la pensée est profonde, et elle appartient bien à une âme retirée et tranquille comme celle du poëte romain. Une vie entière d'étude, accompagnée de lumière et de poésie, l'avait porté dans les pures et paisibles régions de l'intelligence ; mais jamais on ne sent mieux la vérité des mots qui lui sont attribués, que lorsqu'on touche à ces questions qui nous lancent dans la double immensité du temps et de l'espace. Il y a dans la petitesse de l'homme, dans la petitesse de sa terre, dans la brièveté de sa vie, quelque chose qui contraste singulièrement avec les énormes distances qu'il soupçonne, et les vastes intervalles de temps qu'il suppute et qu'il retrouve dans les ombres du passé. Grâce à ceux qui, comme dit Childe-Harold, *ont rendu légers nos travaux mortels,* une certaine lumière a commencé à poindre. La science est le flambeau qui vient éclairer un lieu obscur ; et tout entraîné qu'on est par le tourbillon de la terre et de la vie, c'est quelque chose que de pouvoir jeter un grave et long regard sur ces ténèbres et cet abîme. »

Nourri des fortes lectures et abreuvé aux hautes sources des poëtes, M. Littré a un côté de lui-même qu'il n'a jamais laissé qu'entrevoir et qui est celui d'une poésie philosophique à laquelle, m'a-t-on assuré, il excelle. On m'a parlé d'une ode *sur la Lumière,* dans laquelle, pénétré de toutes les théories optiques modernes et imbu des grandes paroles pittoresques des maîtres primitifs, il s'est élevé à une belle inspiration de science et de poésie. Je voudrais la lui arracher et j'en désespère (1).

Dans ses articles sur les âges du monde antérieurs à l'homme, il a su rendre avec un sentiment bien présent cet accident et ce mystère de la vie qui vient, à

---

(1) J'avais tort de désespérer; ces Stances désirées m'arrivent à l'instant, avec quelques autres pièces de vers, de la jeunesse de l'auteur. L'ode intitulée *la Lumière* est de 1824; qu'on veuille se reporter au moment. M. de Lamartine venait de faire *les Étoiles;* M. Littré, de son point de vue de savant ému, interroge, à son tour, les rayons lumineux qui nous arrivent de si loin et qui ont vu tant de choses au passage; voici les dernières strophes :

> Rayons que nous envoie une nuit étoilée,
> Venus de cieux en cieux jusqu'en notre vallée,
>   Que nous apportez-vous?
> Vous n'avez point de voix, seuls messagers des mondes,
> Et poursuivant en paix vos courses vagabondes,
>   Vous passez devant nous.
>
> Que dis-je! ce rayon, que tant de force anime,
> De l'espace toujours ne franchit pas l'abîme,
>   Ni n'atteint notre bord ;
> Le flot étincelant qui partout le propage,
> Baissant de plus en plus dans la mer sans rivage,
>   S'affaiblit et s'endort.
>
> Par delà ce ruban dont la blanche lumière,
> A peine descendant jusque sur notre terre,
>   Vient mourir à nos yeux,
> Sont encor des soleils, étoiles inconnues,
> Qui, voilés à jamais, de leurs clartés perdues
>   N'atteignent pas nos cieux !

certains jours, éclore tout à coup à la surface. « Je ne sais, disait autrefois la mère des Machabées à ses enfants, comment vous avez paru dans mon sein ; ce n'est pas moi qui vous ai donné l'âme, l'esprit et la vie que vous y avez reçus. » — « Il faut, ajoute M. Littré, qui invoque ce passage, répéter les paroles de la femme de l'Écriture au sujet de l'apparition de l'homme sur la terre, des races animales, du plus humble des insectes, du moindre des végétaux, de la plus petite chose vivante. » Mais il y avait alors, au moment de la vaste éclosion première, je ne sais quel grand printemps plus magnifique et plus fécond ; le monde entier plus jeune menait un printemps plus sacré que ceux qu'on a vus depuis, toute une saison de fête et de triomphe, dont les nôtres ne sont plus que de moindres et pâles images. « Il semble que la puissance qui s'exerça alors jouissait d'une activité immense, qui est réduite aujourd'hui à des effets obscurs et à d'insignifiantes ébauches. »

En s'appliquant à l'exposé de ces hautes questions primordiales, M. Littré y affermit son âme et y fortifie son entendement. Il est plein, chemin faisant, de citations littéraires admirables et qui sortent d'un fonds riche où toute doctrine s'est accumulée. Il n'est jamais plus satisfait que quand il peut revêtir sa propre pensée de l'expression de quelque ancien sage ; et, par exemple, il tire à lui et détourne ici à son objet, en l'accommodant quelque peu, ce beau mot du philosophe Charron traitant de Dieu même : « Le plus expédient est que l'âme s'élève par-dessus tout comme en un vide vague et infini, avec un silence profond et chaste et une admiration toute pleine de craintive humilité. » Tel est le sentiment, religieux à sa manière et des plus graves, des plus moraux assurément, que M. Littré apporte en ces considérations d'un ordre si étendu et si vaste. Béranger, qui avait lu ces articles de la *Revue républicaine,* en avait été vivement frappé et avait dû à l'auteur un agrandissement d'horizon (1).

En 1835, M. Littré se maria. Peu de temps auparavant, il comptait encore échapper à ce joug que la société impose et se croyait fait pour le célibat. Il changea brusquement d'avis et se soumit avec facilité. Il épousa une personne simple et de mérite, pieuse et pratiquant. La fille qui lui naquit et qui est aujourd'hui si digne de son père, une aide intelligente dans ses travaux, fut élevée de même selon la foi de sa mère,

---

(1) Voici encore l'éloquente conclusion d'un article de M. Littré, dans la *Revue des Deux Mondes* du 1ᵉʳ avril 1838, à propos des *OEuvres d'histoire naturelle* de Gœthe :

« En commençant, j'ai rappelé, dit-il, la magnificence du spectacle du ciel, et combien les yeux se plaisent à considérer ces étoiles innombrables, ces globes semés dans l'espace, ces îles de lumière, comme dit Byron, dont se pare la nuit : je termine en rappelant que, pour les yeux de l'intelligence, le spectacle des lois mystérieuses et irrésistibles qui gouvernent les choses n'est ni moins splendide ni moins attrayant. Le poëte latin, quand il dissipe l'obscurité qui enveloppe son héros, lui fait voir, au milieu du tumulte d'une ville qui s'abîme, les formes redoutables des divinités qui président à ce grand changement, *numina magna deûm*. Ainsi, au milieu du tumulte de la vie qui arrive et de la vie qui s'en va, au milieu de l'évolution perpétuelle des êtres, apparaissent les lois redoutables que l'esprit humain ne peut contempler ni sans effroi ni sans ravissement. »

chrétiennement. C'est ainsi que ce philosophe, au cœur doux autant qu'à l'esprit élevé, comprend la tolérance et l'exerce autour de lui. Ce fut lui-même qui éleva sa fille. Chaque jour, après le dîner, une heure durant, il lui faisait faire des devoirs, des dictées, dont *Sophie* était l'occasion et le sujet. Il y mettait de l'ingénieux et même une sorte de grâce. De même qu'il respecta toujours dans sa femme la piété qu'elle avait, il la respecta également dans sa fille avec une délicatesse et une douceur parfaites. Quand on est initié comme je le suis, comme je viens de l'être par toutes sortes de témoignages, à cet intérieur d'honnêteté, de simplicité et de devoir, le cœur se révolte à penser que c'est cet homme-là, la droiture et la vertu même, une âme en qui jamais une idée mauvaise ou douteuse n'a pénétré, que c'est lui qu'on est allé choisir tout exprès pour le dénoncer à tous les pères de famille de France comme un type d'immoralité. — Et cela, parce qu'il pense autrement que vous, partisan littéral de la Genèse, sur l'origine des choses et l'éternité du monde ! Quand donc ne placerons-nous la morale que là où elle est réellement ?.

II.

ÉDITION ET TRADUCTION D'HIPPOCRATE. — NOMINATION A L'INSTITUT.

Mais il nous faut en venir au premier et principal titre de M. Littré en ces années et dans la première moitié de sa carrière, à son *Hippocrate*.

Ce qu'il fallait de connaissances positives et variées, d'aptitudes et de spécialités diverses, concourant dans un labeur assidu, pour entreprendre et mener à fin cette grande œuvre de la Collection hippocratique, rien qu'une telle idée, au premier aspect, eût été capable d'effrayer et de détourner tout autre que M. Littré : intelligence approfondie du grec, lecture des manuscrits, collation des textes et détermination du dialecte ; intelligence et reconstitution des doctrines au point de vue médical ancien, examen critique en tous sens, interprétation et traduction à notre usage, tellement que les traités hippocratiques, en définitive, « pussent être lus et compris désormais comme un livre contemporain. » Le traducteur-éditeur a suffi à cette tâche considérable, et le monument qu'il a mis vingt-cinq ans à préparer et à produire répond pour lui (1839-1862).

Hippocrate ! si je me laissais aller à parler comme je sentais à l'âge où j'essayai pour la première fois de t'aborder, que ne dirais-je pas de toi ! Nom vénérable et presque sacré, plus mystérieux et plus voilé que ceux de Socrate et de Platon, à peine plus dessiné à nos yeux et plus distinct que celui d'Homère, on ne t'interrogeait qu'avec respect et religion ; on supposait derrière ta science toutes sortes de sciences perdues, on voyait dans ton expérience le résumé de toutes les expériences ; on sentait en toi, aux bons endroits lumineux, l'universalité d'une doctrine, le lien de l'observation comparée, partout le sentiment de la vie ; on voulait tout comprendre ; on espérait t'arracher de

derniers secrets; on te demandait presque des oracles.
M. Littré, le flambeau ou la lampe à la main, a rabattu
beaucoup de ces vagues espérances et a simplifié l'étude par la critique. Du véritable Hippocrate, à le
prendre dans sa vie, si l'on retranche tout ce que la
légende et la fable y ont ajouté, combien on sait peu
de chose ! Platon, seule autorité authentique sur son
compte, nous apprend, par le passage d'un dialogue,
qu'Hippocrate de Cos, contemporain de Socrate, était
de la famille des Asclépiades, c'est-à-dire d'une race
de médecins qui prétendaient remonter à Esculape;
qu'il était praticien et professeur renommé, et qu'il
donnait des leçons qu'on payait. C'est bien peu. Il nous
faut renoncer dès lors à toutes les anecdotes postérieures qui ont couru et qui font légende à son sujet ;
aux services qu'il aurait rendus à la Grèce pendant la
peste d'Athènes, et dont Thucydide ne dit mot; à ces
grands bûchers qu'il aurait fait allumer pour purifier
l'air et qui chassèrent le fléau; à son refus d'aller
servir le roi de Perse, et à son mépris des présents
d'Artaxerce : inventions agréables, ingénieuses, mais
inventions de rhéteurs, nées d'écrits apocryphes que la
critique n'admet pas et qu'elle met à néant. Elle est
sans pitié, cette critique; elle est en garde contre tout
ce que cette Grèce aimable et mensongère a imaginé; elle
se bouche les oreilles avec de la cire contre la voix des
Sirènes. Je suis de ceux qui ne sont pas sans quelque
regret sur ces pertes que fait l'imagination des âges en
avançant. Si nous détruisons la légende, il semble que
nous devrions nous mettre en peine de la remplacer

aussitôt; si nous arrachons le rameau d'or, qu'un autre rameau succède à l'instant et repousse, ne fût-ce qu'un rameau d'argent. Ne laissons pas une lumière, même décevante, s'éteindre sans la rallumer sous une autre forme et, s'il se peut, par un autre flambeau. N'appauvrissons pas la mémoire humaine et le Panthéon du passé d'une grande image. Si la figure d'Hippocrate se détruit et s'évanouit par un côté, qu'elle se relève aussitôt et subsiste de l'autre.

M. Littré l'a fait en partie, bien que, doué comme il est, il l'eût pu faire peut-être encore davantage. J'aurais aimé à trouver dans son *Introduction* d'Hippocrate quelque page vivante, animée, se détachant aisément, flottante et immortelle, une page décidément de grand écrivain et à la Buffon, comme il était certes capable de l'écrire, où fût restauré, sans un trait faux, mais éclairé de toutes les lumières probables, ce personnage d'Hippocrate, du vieillard divin, dans sa ligne idéale, tenant en main le sceptre de son art, ce sceptre enroulé du mystérieux serpent d'Épidaure; un Hippocrate environné de disciples, au lit du malade, le front grave, au tact divinateur, au pronostic sûr et presque infaillible; juge unique de l'ensemble des phénomènes, en saisissant le lien, embrassant d'un coup d'œil la marche du mal, l'équilibre instable de la vie, prédisant les crises; maître dans tous les dehors de l'observation médicale, qu'il possédait comme pas un ne l'a fait depuis. Quand je dis que j'aurais désiré trouver un tel portrait idéal, je ne suis pas juste, car il y est, bien qu'un peu trop dispersé; les chapitres XIII et XIV de l'*Introduction* qui ont pour titre : *Exposé sommaire de la doctrine médicale d'Hippocrate*; *Remarques sur le caractère médical et le style d'Hippocrate*; ces chapitres ne sont autre chose que la description exacte, précise, définitive, de la forme de science et du genre de talent de l'Homère médical. Il faudrait bien peu pour donner à telle de ces pages de la couleur et de la flamme, de ce qui brille de loin; mais ce peu eût sans doute paru de trop à l'esprit exact et consciencieux qui tient à ne pas excéder d'une ligne la limite du vrai.

Voici pourtant quelques beaux passages, du jugement le plus sûr, de la meilleure et de la plus saine des langues :

« Hippocrate a fleuri à l'époque la plus brillante de la civilisation grecque, dans ce siècle de Périclès qui a laissé d'immortels souvenirs. Il a vécu avec Socrate, Phidias, Sophocle, Euripide, Thucydide, Aristophane, et il n'a pas été indigne de cette haute société. Lui aussi a partagé le sentiment qui pénétrait alors les Hellènes, enorgueillis de leur liberté, enthousiasmés de leurs triomphes, épris de leurs belles créations dans les arts, dans les lettres et dans les sciences. Voyez dans le traité *des Airs, des Eaux et des Lieux,* avec quelle fierté le Grec triomphe du barbare, l'homme libre du sujet soumis à un maître, l'Européen vainqueur de l'Asiatique partout vaincu sur terre et sur mer. Se peut-il trouver un sentiment national plus fièrement exprimé que cette supériorité de race que le médecin de Cos attribue à ses compatriotes? Plus on pénètre le sens des écrits d'Hippocrate, et plus l'on s'identifie avec le fond et la forme de ses pensées, plus aussi on comprend l'affinité qu'il a avec les grands esprits ses contemporains, et plus l'on est persuadé qu'il porte comme eux la vive empreinte du génie grec. »

Et plus loin, je détache, avec le regret de l'abréger, une belle et bien bonne page encore :

« Celse a vanté la probité scientifique d'Hippocrate dans une phrase brillante qui est gravée dans tous les souvenirs : (« Hippocrate, a-t-il dit, a témoigné qu'il s'était trompé dans un cas de fracture du crâne, et il a fait cet aveu avec la candeur propre aux grands hommes, aux riches qui ont pleine conscience du grand fonds qu'ils portent en eux »)... C'est le même sentiment de probité qui lui inspire la plus vive répugnance pour tout ce qui sent le charlatanisme... La haine qu'Hippocrate ressentait et exprimait à l'égard des charlatans est très-comparable à la haine qui animait Socrate, son contemporain, contre les sophistes. Le médecin et le philosophe poursuivent d'une égale réprobation ces hommes qui abusaient de la crédulité populaire pour vendre, les uns, une fausse médecine, les autres une fausse sagesse... Il fallait véritablement qu'Hippocrate eût été blessé du spectacle donné par l'effronterie des charlatans et par la crédulité du public pour insister auprès des médecins ses élèves avec tant de force, non pas seulement contre l'emploi d'un charlatanisme honteux, mais encore contre toute conduite dont le soin exclusif ne serait pas d'en écarter jusqu'à l'ombre la plus légère. La guerre aux sophistes faite par Socrate, la guerre à l'esprit de charlatanisme faite par Hippocrate, sont de la même époque et portent le même caractère. »

M. Littré, en cela, est bien un disciple d'Hippocrate. Bien qu'il n'ait pas prononcé le fameux *Serment* qui lie au sacerdoce médical, il le porte écrit dans son cœur. A le voir passer si souvent tout près de l'éclat en l'évitant, et si en garde contre toute magie, même celle du langage, on ne peut s'empêcher de faire la comparaison de lui à tant d'autres, qui ont du talent, mais aussi la montre et l'emphase du talent.

Venant à définir le style si caractéristique du père auguste de la médecine, cette langue ionienne, chez lui si ferme et si sévère, bien qu'élégante toujours, ce style aphoristique en particulier auquel Hippocrate a donné vogue et qu'il semble avoir communiqué depuis à des moralistes eux-mêmes pour graver leurs pensées, il y reconnaît la marque primitive du maître, qui est demeurée sans égale, bien des choses qui, répétées depuis, n'ont plus été exprimées avec le même sens et la même grandeur. « On ne doit pas aller là, dit-il, pour apprendre la médecine; mais, quand on est pourvu d'une instruction forte et solide, il faut y chercher un complément qui agrandisse l'esprit, affermisse le jugement, excite la méditation, genre de service que tous les livres ne rendent pas. » Modeste pour son auteur comme pour lui-même, on peut trouver qu'il ne le loue que juste assez.

Je regrette que ce ne soit pas ici le lieu d'entrer dans le détail des commentaires si sagaces et si fins qu'il donne de quelques-uns des aphorismes, notamment de ce premier aphorisme si célèbre :

« La vie est courte, l'art est long, l'occasion fugitive, l'expérience trompeuse, le jugement difficile. Il faut non-seulement faire soi-même ce qui convient, mais encore faire que le malade, les assistants et les choses extérieures y concourent. »

Il en tire les inductions les plus légitimes sur la pratique d'Hippocrate en qui il se refuse à ne voir, comme quelques-uns, qu'un observateur diligent, mais inactif, de la marche de la maladie et un médecin expectant.

Hippocrate ouvrirait-il son livre par cet avertissement solennel concernant *l'occasion fugitive*, s'il n'avait été frappé des malheurs causés par d'irréparables hésitations, et s'il n'avait senti par expérience toute la responsabilité des heures perdues? M. Littré a là-dessus une belle page.

Le premier volume terminé, M. Littré eut la pensée pieuse de le dédier à la *mémoire* de son père, et il le fit en des termes qui rivalisent avec ceux de M. Barthélemy Saint-Hilaire, dédiant à la même mémoire sa traduction de la *Politique* d'Aristote. Savez-vous que de tels hommages sont des épitaphes en lettres d'or?

A LA MÉMOIRE DE MON PÈRE
MICHEL-FRANÇOIS LITTRÉ...

« Malgré les occupations les plus diverses d'une vie traversée, il ne cessa de se livrer à l'étude des lettres et des sciences, et il forma ses enfants sur son modèle. Préparé par ses leçons et par son exemple, j'ai été soutenu dans mon long travail par son souvenir toujours présent. J'ai voulu inscrire son nom sur la première page de ce livre, auquel du fond de la tombe il a eu tant de part, afin que le travail du père ne fût pas oublié dans le travail du fils, et qu'une pieuse et juste reconnaissance rattachât l'œuvre du vivant à l'héritage du mort... »

C'est ainsi que ce juste et ce sage à la manière de Confucius entend la reconnaissance filiale, et qu'il en motive le témoignage en le consacrant.

Une grande douleur avait frappé M. Littré au moment où il achevait d'imprimer le premier volume (1838), et elle en eût suspendu à coup sûr la publication si elle était venue l'atteindre plus tôt. Il perdit son frère, homme d'esprit et de goût, et qui périt pour s'être livré avec trop d'imprudence à des études d'anatomie : comme Bichat, il mourut des suites de cette sorte d'empoisonnement cadavérique. La douleur de M. Littré, à chacune de ces pertes de famille, ne peut se rendre : à la mort de son frère, plus tard à la mort de sa mère, on me le dépeint fixe, immobile, la tête baissée près du foyer, dans une sorte de stupeur muette, restant des mois entiers sans travailler, sans toucher une plume ni un livre, et comme mort à tout. Ces âmes intègres et entières ont des sensibilités plus entières aussi; elles ont, à leur manière, des religions de famille, et, quand le destin les frappe, elles reçoivent le coup en plein, sans subterfuge, sans consolation.

Des amis essayèrent de le tirer de cet état sombre. Une place était vacante à l'Institut, à l'Académie des Inscriptions et Belles-Lettres; Eugène Burnouf vint trouver M. Littré et lui dit à brûle-pourpoint : « Il faut que tu te présentes. » Littré résista, et même violemment. La difficulté était bien plus en lui que du côté de l'Académie. Le vieux et respectable Burnouf père fut mis alors en mouvement et vint le presser à son tour. Littré résista encore, avec moins de vivacité cependant. Mais ce fut sa mère seule qui, en dernier lieu et après un double assaut, l'emporta, comme la mère de Coriolan. Le voilà donc sur les rangs, en tournée de visites, de concert avec M. Barthélemy Saint-Hilaire, qui ne le lâchait pas, et qui faisait de ce succès de son ami comme un triomphe personnel. On se trompait parfois à les voir arriver tous deux, et l'on ne savait lequel précisément se présentait aux suffrages : « Non, ce n'est pas Aristote cette fois, disait M. Barthélemy Saint-Hilaire, c'est Hippocrate qui a le pas et qui vient à vous. »

M. Letronne était des plus vifs pour M. Littré. Un incident survint. M. Littré, à ce moment, faisait imprimer sa traduction de la *Vie de Jésus*, de Strauss. Il sut que quelques académiciens timorés ou hypocrites en faisaient une objection contre lui ; on colportait des feuilles pour faire échouer sa candidature. M. Letronne, qui le poussait et le patronnait, lui demanda un jour : « Qu'est-ce donc que ce livre allemand que vous imprimez et dont on parle? » M. Littré le lui expliqua, en ajoutant : « Si cela ne contrarie que tel ou tel membre de l'Académie, peu importe ; mais si c'est un embarras pour l'Académie elle-même et pour mes amis, je me retire. » L'Académie des Inscriptions n'y vit point un embarras, et se fit honneur en nommant M. Littré (1839).

III.

NOMBREUX TRAVAUX EN TOUS SENS.
— UNIVERSALITÉ.

Au point où je suis arrivé dans la carrière scientifique et littéraire de M. Littré, je suis obligé de prendre un parti et de diviser l'homme, sans quoi je ne pourrais le suivre de front dans tous les ordres de travaux.

Une fois de l'Académie des Inscriptions, il remplaça Fauriel dans la Commission de l'*Histoire littéraire de la France* (1844). Les tomes XXI, XXII, XXIII, de cette *Histoire* contiennent de lui des notices importantes sur des médecins du Moyen-Age, des glossaires, des romans ou poëmes d'aventures et autres branches de poésie des trouvères.

Collaborateur de la *Revue des Deux Mondes* depuis 1836, il ne cessa d'y donner des articles excellents où sa littérature, toujours forte, s'animait et s'ornait davantage. C'est là que parut cet article en l'honneur de nos vieux trouvères, qui fit sensation et un peu scandale parmi les partisans religieux de l'Antiquité, et dans lequel il se risqua à traduire un chant de l'*Iliade* en vers français du treizième siècle : tentative ingénieuse où le poëte peut échouer, où le critique et le linguiste prennent leur revanche et triomphent. Notez qu'en traduisant ainsi tout un chant, là où cinquante vers eussent suffi pour donner une juste idée aux lecteurs, M. Littré s'exerçait pour son compte et achevait de se rendre maître de notre vieille langue. Il se faisait trouvère lui-même pour mieux juger les trouvères.

Collaborateur du *Journal des Savants* depuis 1855, il est un de ceux qui y contribuèrent le plus dans les années suivantes par des articles de fond, philologiques, historiques, dont une partie seulement (ceux qui concernent la langue et la littérature du Moyen-Age) a été recueillie. Je distingue, entre tous ces articles sévères, d'analyse et de discussion, celui qui traite des Mélanges littéraires de M. de Sacy, une oasis charmante au milieu de ces graves domaines, une causerie pleine de laisser aller, où M. Littré, en compagnie d'un ancien ami, consent à ôter sa ceinture, à détendre tous ses systèmes, à se conformer à cette nature d'esprit de M. de Sacy, qu'il définit « exclusive à la fois et tolérante, » et à n'être plus qu'un Rollin supérieur et souriant.

M. Littré a donné de plus au *Journal des Débats*, depuis 1852, nombre d'articles littéraires très-remarqués et toujours instructifs, bien que le ton tranche parfois sur celui de la rédaction ordinaire. J'y distingue, à propos de traductions nouvelles de la *Divine Comédie*, trois articles sur Dante, où il y a force, gravité, beauté et même de jolies choses. Vous en doutez ; écoutez ceci :

« Nul plus que lui (Dante) n'a contribué à fixer ce bel idiome, que j'appellerais avec Byron *le doux bâtard du latin,* si je ne prétendais que l'italien, avec les autres idiomes romans ses frères, l'espagnol et le français, sont des fils légitimes qui, ayant été livrés pendant leur minorité à la violence des voisins, ont fini par reprendre le rang dû à leur haute origine. C'est grâce à lui que les Italiens entendent couramment leur langue du quatorzième siècle ; nous qui n'avons pas eu de Dante, nous avons vu la nôtre, dont alors la culture était plus ancienne et plus étendue, tomber rapidement en désuétude, si bien qu'elle est reléguée aujourd'hui dans le domaine de l'érudition. Dante a défendu le vieil italien contre la vieillesse... »

La *Revue germanique*, recueil utile fondé depuis quelques années, a réclamé le concours de M. Littré et l'a obtenu. Il y a notamment inséré des traductions en vers de poésies de Schiller, essais de jeunesse datant de 1823 et 1824. Comme les savants du seizième siècle, il sait tout, et il fait de tout. La poésie n'est qu'une des formes plus légères de son application : c'est une des rares récréations qu'il s'est permises ; c'est chez lui le coin de l'*amateur*.

Je ne parle plus du tout des travaux de M. Littré comme médecin, quoiqu'il n'ait cessé de produire dans cette voie : le Dictionnaire, connu dans le monde médical sous le nom courant de *Dictionnaire en 30*, est rempli de ses excellents articles. Je remarquerai seulement, à propos du *Dictionnaire de médecine, de chirurgie*, etc., pour lequel on lui a cherché chicane, comme s'il avait voulu se couvrir du nom de Nysten, que c'est sa délicatesse même qui, dans ce cas, lui a nui. Ce Dictionnaire appartient au libraire M. Baillière : il le fit revoir et refaire presque de fond en comble, et il voulait ôter le nom de Nysten. Ce fut M. Littré qui s'y opposa et qui lui dit : « Mais non, il faut laisser le nom du premier rédacteur ; il ne faut pas effacer toute trace des hommes nos devanciers. » C'est cet acte de scrupule et de réserve honorable qu'on a depuis voulu retourner contre lui. Des libelles au nom de Nysten ont couru ; par une manœuvre adroite, ils se sont glissés sous nos portes, à nous membres de l'Académie, la veille même de l'élection. Les gens de parti ne reculent pas devant ces petites infamies ; j'en reçois personnellement des preuves pour mon compte. Des niais qui n'entendent pas le premier mot à ces choses se sont enflammés d'un beau zèle. Jamais l'on n'a tant parlé de Nysten que depuis que ce nom est devenu un caillou pour lapider M. Littré.

M. Littré, avec l'assentiment de tout ce qui compte dans la science, revoyait (1851) et annotait pertinemment la traduction du *Manuel de Physiologie* de l'illustre Mueller de Berlin, et y mettait une Préface philosophique où il assignait à la biologie ou physiologie sa vraie place et son vrai rôle dans l'ordre des sciences. Il ne faudrait pas séparer de cette préface le beau travail d'analyse intitulé : *De la Physiologie,* et dont le livre même de Mueller est le sujet (*Revue des Deux Mondes,* 15 avril 1846).

Traducteur depuis 1839 de la *Vie de Jésus*, de Strauss, M. Littré en donnait en 1853 une deuxième édition, augmentée d'une Préface capitale dans laquelle il expose la loi des religions, comme il l'entend depuis qu'il est passé, disait-il, de l'état sceptique à une doctrine plus stable. En supprimant, comme font volontiers les modernes, et comme ils sont portés à le faire de plus en plus, les anciens miracles et l'ordre surnaturel, il essaye de substituer et d'inaugurer un autre idéal, celui de l'Humanité; et ce qui n'était chez lui d'abord qu'un sentiment de justice et de reconnaissance individuelle devenant un dogme social avec les années, il se range à cette parole d'un maître : « L'Humanité est composée de plus de morts que de vivants, et l'empire des morts sur les vivants croît de siècle en siècle : sainte et touchante influence qui se fait sentir de plus en plus au cœur à mesure qu'elle subjugue l'esprit. » Grande et haute pensée sans doute, à laquelle je ne ferai qu'une objection : c'est qu'elle suppose une postérité de plus en plus sérieuse et bien révérente pour le passé, et un passé de plus en plus digne du respect de l'avenir. Pour moi, dussé-je trahir en ce point ma légèreté et me dénoncer d'une génération frivole, il me sera toujours très-difficile, je l'avoue, de me contempler et de m'admirer si constamment dans la personne de l'Humanité. Molière et tout ce qui le faisait rire m'est trop présent pour cela. Pauvres hommes ! je vous vois, il est vrai, plus fiers et plus grandioses que jamais, mais c'est le dehors qui a changé plus que le fond. Il y a, en un mot, des moments où mes semblables, comme à Térence, me sont bien chers; il y en a d'autres où ils me semblent bien ridicules, bien injustes, bien plats : témoin ce qui s'est passé hier dans le sujet qui nous occupe. Or, combien de ces cas-Littré en grand et en petit depuis le commencement! et il y en aura toujours. Tout ce qui arrive a sans doute ses raisons d'être et d'arriver, mais ces raisons ne sont pas nécessairement les plus justes par rapport à nous ni les meilleures.

Je passe le plus vite que je puis, car chacune de ces étapes de M. Littré demanderait toute une séance et un examen. Je ferai pourtant remarquer encore, à propos de cette traduction de Strauss, cette singularité que le plus grand nombre des exemplaires ont été placés en Allemagne. Ce livre allemand, traduit en français et tamisé à travers notre langue, à travers l'esprit exact et ferme du traducteur, a paru, même au delà du Rhin, plus clair que l'original. Voilà un hommage.

M. Littré est vraiment, à lui seul, toute une bibliothèque et une encyclopédie. En 1848, il traduisait pour la Collection des auteurs latins, publiée sous la direction de M. Nisard, Pline l'Ancien : bonne traduction, bonne notice, point de vue juste, élevé, mais général, et d'où les mille difficultés de détail qui se rattachent au livre ne sont pas abordées. C'eût été, en effet, la mer à boire, tout un monde à remuer et à reconstruire, que de s'engager dans l'examen critique de cette vaste compilation d'un ancien si curieux de la nature et de toutes choses, et il eût fallu y mettre quelque vingt-cinq ans. Le Pline monumental et qui remplacera celui du Père Hardouin reste à faire.

Un esprit exact, mais un peu étroit, un érudit resté au point de vue strict du dix-huitième siècle, M. Eusèbe Salverte, avait fait, sur les *Sciences occultes* et sur la *Magie*, un livre rempli de faits curieux et d'explications hypothétiques. M. Littré, dans une Introduction de 60 pages placée en tête de la troisième édition (1856), rectifiait le point de vue, marquait les pas de l'histoire, faisait la part des artifices et des habiletés secrètes en usage dans l'Antiquité ; mais aussi il restituait tout un ordre de phénomènes nerveux extraordinaires, se renouvelant isolément ou par épidémie, jouant le miracle, ne relevant pourtant que de la médecine, et qui même, n'étant pas expliqués encore, ne sauraient réussir un seul instant à tromper l'œil de la philosophie, « amie de la régularité éternelle. »

En 1857, M. Littré mettait en ordre, annotait et publiait, de concert avec Paulin, les *Œuvres politiques et littéraires* d'Armand Carrel. La Notice est parfaite, simple, grave et sentie; mais l'éditeur, astreint à des volontés particulières rigides, et les respectant avec scrupule, a fait entrer dans le recueil trop de matière, et sur des sujets dès longtemps éteints; il n'a pas tout mis, il aurait dû retrancher plus encore, couper, tailler, sacrifier sans merci dans l'intérêt du mort et pour dégager la statue.

Nous sommes dans une forêt de vaste savoir où bien des routes pratiquées en tous sens nous appellent; nous les indiquons du doigt sans y pénétrer, et nous arrivons peu à peu à notre objet principal. Dès 1844, par son association au comité de l'*Histoire littéraire de la France*, M. Littré fut amené à s'occuper avec suite des origines de notre langue; il passa décidément de l'antiquité grecque et latine à cette autre demi-antiquité si ingrate et si confuse d'apparence, à celle du Moyen-Âge, et il y prit goût, il y prit pied au point de penser déjà à ce *Dictionnaire de la Langue* qu'il exécute aujourd'hui, qui s'élève chaque jour à vue d'œil, et qui devient le monument de la seconde moitié de sa carrière.

IV.

LIAISON AVEC AUGUSTE COMTE : UNE CRISE INTELLECTUELLE.

Cependant un fait grave dans sa vie intellectuelle s'était passé en 1840, un fait auquel il accorde la valeur d'une initiation : il avait lu Auguste Comte, il l'avait connu en personne, et la parole, la doctrine du philosophe l'avait, selon son expression, subjugué. Il n'a cessé d'y adhérer depuis, nonobstant toutes les objections des choses et des hommes, au milieu de toutes les épreuves intellectuelles et autres; il n'a cessé d'y voir une méthode applicable à tout et comme une clef ou un outil qui, bien manié, est universel. Je me trouve ici en présence d'un embarras réel qui tient, s'il m'est permis de le dire, à la nature même de mon esprit : je n'ai pas à donner un avis ferme et de fond. Selon moi, et si je m'écoute, Auguste Comte ne serait qu'un des hommes qui depuis Lessing, Turgot, Condorcet, Saint-Simon, conçoivent le progrès de la société et celui de l'entendement humain selon une certaine ligne qu'on peut admettre dans sa généralité sans aller pourtant jusqu'à la serrer de trop près dans le détail. Il y a lieu, en effet, de la part des réalités de chaque jour, à trop d'exceptions et de démentis. Ces doctrines-là, quelles que soient les formes anticipées qu'elles revêtent, ne sont après tout que des manières de concevoir le possible et le probable dans le lointain ; ce ne sont que des à peu près. Mais telle n'était pas sa prétention à lui, M. Comte; il entendait bien avoir trouvé la formule précise de ce développement humain, tant dans le passé que dans le présent et l'avenir. Ici, on se heurte, quand on s'attache absolument à lui, à des singularités qui compromettent les résultats généraux qu'on serait d'ailleurs assez disposé à accueillir. M. Littré ne s'est pas effrayé de ces bizarreries chez celui qu'il appelle son maître, et il a pensé que la

partie neuve, originale et utile de la doctrine était plus
que suffisante pour couvrir et racheter le reste. Ces
âmes vigoureuses, amies du vrai sans partage, trem-
pées dans le Styx, non amollies par l'air du siècle, non
brisées par le frottement, non usées par le monde, ont
avec elles leur inconvénient; il faut payer la rançon,
même des vertus. M. Littré, au lieu de faire comme tout
autre, de profiter d'Auguste Comte là où il lui semble
vrai, et en le citant comme on citerait Turgot, Kant ou
Hegel, M. Littré a cru qu'il était lié, attaché à lui
par une obligation plus forte, plus étroite, par une de
ces obligations qui constituent la relation du disciple
au maître; et, le croyant ainsi, il l'a déclaré, pro-
fessé et maintenu en toute rencontre, au risque de
compliquer sa vie et sa propre action à lui-même, au
risque de se nuire dans l'opinion de quelques-uns. Il
se réjouit peut-être tout bas d'avoir à souffrir quelque
chose pour un juste méconnu et persécuté. Qu'est-ce
qu'un sacrifice d'amour-propre auprès d'un devoir? Il
se croit moralement lié envers cet esprit à qui il a dû
ce qu'il y a de plus précieux et de plus inestimable
pour un homme de pensée, une évolution intérieure.
Les convictions, dans ces âmes si fermes, si ardentes
sous leur apparente froideur, ne se comportent pas
comme les simples opinions dans les âmes ordinaires
et communes, ou distinguées, mais tièdes; elles ne
flottent pas, elles mordent à fond; elles sont sujettes à
une entière fixité et adhérence; une fois qu'elles prennent, elles ne cessent plus. C'est ici le cas. Le plus
grand inconvénient que j'ai trouvé à cette adhésion

fréquente et répétée de M. Littré à M. Comte; ç'a été, je l'avoue, un inconvénient littéraire : toutes ces idées générales qu'il déduit d'après le penseur solitaire et dont il lui fait honneur me paraissent le plus souvent vraies ou plausibles, et même grandes, quand il me les traduit et me les interprète; mais les citations textuelles, toutes les fois qu'il en introduit, répandent du sombre et du terne à travers ses pages.

Mon objection, on le voit, porte plutôt sur la forme et la mesure que sur le fond. Il est difficile, en effet, de contester à une intelligence aussi éclairée que celle de M. Littré le droit de régler elle-même le compte de ses obligations essentielles et de ses dettes contractées dans le secret de la méditation. Que si le système adopté par lui l'a conduit à forcer un peu dans l'application certaines lois dont le sens général est vrai, à mettre parfois trop d'ordre et de régularité dans l'étude qu'il a faite des éléments divers du passé, n'est-ce pas là une faute heureuse et préférable au défaut contraire, et n'est-il pas infiniment mieux d'avoir introduit un peu trop d'ordre dont on peut toujours rabattre, que d'avoir laissé subsister une confusion d'où l'on ne serait pas sorti?

Enfin, s'il est des disciples (et c'est le plus grand nombre) qui compromettent par leurs excès ou leurs faiblesses les maîtres qu'ils adoptent, il en est d'autres qui les garantissent au contraire par leur autorité et leur vertu, et qui répondent d'eux, en quelque sorte, auprès de ceux qui n'en sont pas les juges directs et immédiats. Tel est, à nos yeux, M. Littré, par rapport à Auguste Comte : il lui a rendu, dans une suite de publications dont la dernière et la plus complète sortira tôt ou tard (1), le même service, et plus grand encore, que celui que Dumont, de Genève, a rendu à Bentham : il l'expose, il l'éclaircit, et l'on peut dire que, s'il en reçoit un peu d'ombre, il lui rend de la lumière. Ce qu'il perd, l'autre le gagne, et si Comte a mérité réellement un tel disciple, le sacrifice n'est pas de trop. L'interprétation, coûte que coûte, était nécessaire. Nous sommes très-longs en France, même dans ce qu'on appelle la région intellectuelle, à apprécier ce qui ne brille pas d'abord, et il n'y a que bien peu de temps que nous épelons Spinoza.

V.

ÉTUDES SUR LA LANGUE FRANÇAISE, LES ORIGINES, L'ÉTYMOLOGIE, LA GRAMMAIRE, LES DIALECTES, ETC.

J'ai hâte d'en venir aux travaux sur la langue. Pour bien apprécier dans ce genre tout ce qu'on doit à M. Littré depuis une quinzaine d'années environ, il importe de se représenter l'état de la question, l'état de la science au moment où il y intervint.

L'idée d'étudier le vieux français, de remonter au delà d'Amyot, de Montaigne et de Rabelais, ne vint que tard ; le grand siècle se suffisait à lui-même ; les grands

---

(1) Le livre que M. Littré a consacré à l'Histoire de la vie et des idées d'Auguste Comte n'a pas tardé à paraître.

écrivains des règnes de Louis XIV et de Louis XV se trouvaient trop bien chez eux, surtout en fait de langage, pour sentir le besoin d'en sortir. Ce n'est guère que vers le milieu du dix-huitième siècle qu'un érudit de médiocre valeur, un homme de plus de zèle que de génie, La Curne de Sainte-Palaye, se mit résolûment à lire ces vieux textes français manuscrits, à les dépouiller et à en dresser un Glossaire qui se consulte encore. On avait à peine essayé ce déchiffrement avant lui (1).

Il existait une scission profonde entre les érudits qui s'occupaient de l'Antiquité et ceux qui commençaient à se soucier du Moyen-Age, et les premiers professaient un superbe dédain pour les seconds : il semblait que les uns possédassent seuls les trésors et les temples ; les autres n'inventoriaient que de vieux papiers. Le président de Brosses, l'ami de Sainte-Palaye, qui s'occupait de la formation *mécanique* des langues, en négligeait tellement la formation *historique,* qu'il écrivait ces étranges paroles : « Assurément le français de Molière est plus éloigné de celui de Villehardouin qu'il ne l'est de Goldoni. »

Les érudits gaulois, de jour en jour plus nombreux, qui se prenaient d'un beau zèle pour nos vieux titres et notre vieille littérature, ne faisaient rien cependant pour réfuter ce dédain des érudits classiques ; ils accumulaient les textes ou les extraits ; mais quand ils don-

---

(1) J'ai écrit moi-même, sur ce sujet des études relatives à notre vieille langue, un travail spécial qui a été inséré dans la *Revue contemporaine* du 30 novembre 1858 ; je ne puis entrer ici dans le même détail, et je dois courir rapidement.

naient les textes, comme Barbazan et Méon, ils les transcrivaient et les imprimaient avec une véritable incurie qui se trahissait à toutes les pages : il semblait que c'était chose sous-entendue et convenue d'avance qu'on n'avait à faire ici qu'à des patois informes où les règles n'existaient pas, et où il fallait deviner les choses spirituelles à travers un fatras de mots qui pouvaient se prendre les uns pour les autres presque indifféremment. Raynouard, de nos jours, fut le premier qui signala une règle, — quelques règles grammaticales dans notre vieil idiome, et qui donna à penser que les bons auteurs de ce vieux temps, ceux des douzième et treizième siècles, n'écrivaient pas tout à fait au hasard. Les règles qu'il indiqua, et que je ne puis ici expliquer avec détail, étaient un vestige des cas de la déclinaison latine et constituaient une sorte d'étape ou de station intermédiaire entre l'ancienne langue classique et le français moderne. Ce service rendu par Raynouard, quand il fit remarquer cette particularité caractéristique, fut plus grand que lui-même ne le soupçonna.

On continua, depuis lui, à fouiller notre Moyen-Age, à l'exhumer sur tous les points, à publier sans relâche des textes : chacun sait les obligations qu'on a à M. Paulin Paris, à M. Francisque Michel et à tant d'autres laborieux émules; l'École des Chartes fut une pépinière féconde. Cependant Fauriel, M. Ampère, M. Gustave Fallot, enlevé trop tôt, plus tard M. de Chevallet, enlevé de même, essayaient d'apporter quelque ordre dans l'idée qu'on devait se faire des origines et de la formation de notre langue et des langues mo=

dernes. A l'étranger, des philologues distingués, M. d'O-
rell, de Zurich; M. Diez, de Bonn; M. Fuchs, M. Bur-
guy (un Français de Berlin), s'appliquèrent à ces mêmes
questions et à débrouiller le problème des origines. Ces
travaux si voisins, et qui nous intéressaient de si près,
étaient généralement inconnus parmi nous; chacun
suivait sa voie de routine sans profiter des efforts d'autrui et sans être informé des résultats obtenus ailleurs.
M. Édélestand du Méril, seul en France, était parfaitement au courant; mais il l'était au point de paraître
un homme d'Outre-Rhin lui-même. C'est alors que
M. Littré intervint, et du moment qu'il eut l'œil sur ces
matières, il les démêla, il les traita de manière à les
éclaircir pour tous.

Il se rendit compte d'abord avec une parfaite exactitude de tous les systèmes des philologues allemands; il
les exposa dans notre *Journal des Savants* avec analyse
et discussion, dans une suite d'articles aujourd'hui recueillis, et dont quelques-uns en leur genre sont admirables. Le pont désormais était jeté et établi. Il profitait
en même temps de chaque système, et il le perfection-
nait en l'important; il corrigeait l'un par l'autre. Il
faisait la part des observations et des hypothèses. Comment avait-on cessé, à un certain moment, de parler
l'ancien latin dans les pays de domination romaine et
dans la Gaule en particulier? Comment le bas latin, le
latin des paysans et du peuple, de plus en plus mal
parlé et estropié, mélangé et trituré avec d'anciens
idiomes locaux préexistants ou des jargons d'invasion
nouvelle, était-il devenu peu à peu, ici le français, là

l'espagnol ou le catalan, là l'italien ? Comment de ce mélange si confus, de ce broiement en tous sens, de cet amalgame d'apparence si incohérente, était-il sorti en ces divers lieux, et avec des différences tranchées, des produits congénères pourtant et marqués de certains traits de commune ressemblance ? Quelle était la part des accidents, quelle était l'action intime, sourde et fondamentale, de certaines lois ? Tout avait-il été perte dans cette transformation ? n'y avait-il pas eu aussi du profit et du gain, du moins en perspective, pour l'action plus libre de la pensée et le procédé de plus en plus analytique de l'esprit ? Je pose en termes bien vagues tous ces problèmes que M. Littré précise, serre de près, et qu'il s'est accoutumé à traiter comme ferait un chimiste pour des combinaisons délicates de substances.

Un fait piquant et très-essentiel, dont M. Diez avait fort tiré parti et signalé déjà l'importance, est devenu aux mains de M. Littré un instrument presque infaillible pour la plupart des cas d'étymologie : c'est la loi de l'*accent*. Les Latins ne prononçaient pas toutes les syllabes d'un mot ; les peuples du Midi chantent et ne parlent pas. Un mot latin n'était donc pas prononcé comme il est écrit. Or, quand vint la décadence, quand on ne sut plus ni lire ni écrire, il en résulta que les mots ne purent se conserver et se transmettre dans leur entier ; ils se brisèrent, ils se contractèrent et se *croquèrent* en quelque sorte, et il ne subsista de solide que la syllabe qui s'accentuait et qui fut comme la pointe de rocher de chaque mot ; c'est à cette pointe seule qu'on se raccrochait comme on pouvait : le reste des syllabes s'en alla à vau-l'eau comme une terre molle dans une inondation. Ce fait essentiel, bien compris et bien appliqué, devient une clef pour l'étymologie et sert de fil conducteur ou de sauvetage dans le naufrage des mots de l'ancien latin, au moment où ils passèrent au *roman* ou vieux français. Je ne puis ici qu'indiquer bien légèrement ces choses.

Elles sont résumées par M. Littré dans les *Introductions* qui précèdent son *Dictionnaire* et ses *Études* sur la langue. C'est en lisant ces morceaux de forte et savante structure et dont rien ne donnait l'idée avant lui, qu'on aperçoit aisément, pour peu qu'on soit au fait de ces questions, quel pas M. Littré leur a fait faire, et combien il est vrai de dire qu'il a *organisé* véritablement chez nous cette étude du français à tous les âges.

VI.

OBJECTIONS SUR LE SYSTÈME : RÉPONSE.

On me dira qu'il l'a trop organisée, que les choses ne se sont point passées en fait avec une telle régularité ; que, par exemple, cette distinction de deux cas conservés dans la langue des douzième et treizième siècles n'était pas aussi universelle et aussi sensible qu'il le dit ; que c'était plutôt une intention et un soupçon qu'une règle adoptée et régnante ; que rattacher le progrès ou le déclin de cette langue intermédiaire du siècle de Philippe-Auguste et de saint Louis à l'observance ou à l'oubli d'un pareil détail, c'est mettre trop d'importance à une curiosité, etc., etc. J'abrége; mais on voit de quelle nature est cet ordre d'objections que je ne prétends pas dissimuler. En général, c'est ce qu'on peut opposer au procédé que suit en tout sujet l'esprit de M. Littré, agissant dans sa seconde forme. Il a son explication de l'histoire, sa loi trouvée ; il applique ensuite sa formule à des cas particuliers : elle est, en toute rencontre, un peu rigide, cette formule, et arrange quelque peu les choses après coup. On ne voit pas assez ce qui fuit et ce qui s'échappe à travers les mailles du filet. Les choses purement littéraires, s'il les traite par ce procédé, peuvent quelquefois souffrir d'être prises et serrées comme dans un étau ; j'aimerais mieux, par moments, un ignorant sagace ou un sceptique allant à l'aventure en chaque étude, s'y éveillant chaque jour d'une vue matinale, recommençant et rafraîchissant chaque fois son expérience, comme s'il n'avait pas de parti pris. A faire l'école buissonnière, on rapporte certainement plus de fleurs. Mais, cela dit, il ne reste pas moins incontestable qu'il faut tôt ou tard, dans ce vaste arriéré humain qui s'amoncelle, en venir à des lois, à des règlements du passé, à des conceptions sommaires, fussent-elles un peu artificielles, à des méthodes qui ressemblent à ces machines qui abrégent et résument un travail de plus en plus interminable et infini. Il suffit que ces méthodes se justifient dans leur ensemble. Or, il est très-vrai, comme le dit M. Littré, qu'il y a eu, dans cette transformation confuse de l'ancien latin et dans son passage aux idiomes romans modernes, des traits singuliers de ressemblance jusque dans la diversité, de conformité jusque dans les différences :

> . . . . *Facies non omnibus una,*
> *Nec diversa tamen; qualem decet esse sororum.*

Il est très-vrai que, dans cette dissolution de l'antique latinité et lors de la rénovation qui s'en est suivie, tout semble s'être passé, dans les contrées gauloise, espagnole, italienne, comme si l'immixtion germanique n'avait guère été qu'une perturbation accidentelle et superficielle. Il est très-vrai, d'autre part, que le Moyen-Age tel que M. Littré le comprend, et quand même il inspirerait peu de goût, a été un rude et courageux effort; que le nœud qu'y a contracté l'esprit humain n'a pas été une nouure ni une servitude irrémédiable; que « dans l'histoire déjà si longue et toujours enchaînée que l'on parcourt depuis la civilisation grecque jusqu'à la nôtre, à toutes les époques favorables ou inclémentes (et celle du Moyen-Age a été assurément inclémente), la vertu qui tendait à réparer, à tirer de l'existence antérieure une existence plus développée, s'est exercée avec pleine vigueur; » qu'en ce sens le Moyen-Age n'a été qu'un stage plus dur pour l'esprit humain; qu'au sortir de là et à l'époque du quinzième siècle et de la Renaissance, le monde est entré, par le fait même de la réaction et de la lutte, dans un cercle plus large et plus étendu que s'il avait continué mollement de vieillir sans complication et sans accident sous une suite pieuse d'éternels Antonins. Il y a une belle remarque d'Hippocrate dans son Traité *des Airs, des Eaux et des Lieux* : « Ce sont, dit-il, les changements du tout au tout qui, éveillant l'intelligence humaine, la tirent de l'immobilité. » Ces points principaux admis, et sauf les réserves déjà faites, on ne peut qu'admirer la nouveauté, la sagacité, la fermeté ingénieuse et fine que M. Littré apporte dans sa manière de traiter chaque question particulière.

VII.

DICTIONNAIRE DE LA LANGUE FRANÇAISE.

Le *Dictionnaire* de M. Littré mériterait un examen à part et approfondi; il y aurait (et je le ferai peut-être quelque jour) à le comparer de près aux deux Dictionnaires de l'Académie française qu'à lui seul il unit et représente. Je dis les deux Dictionnaires ; car l'Académie a le Dictionnaire *de l'usage* qui comprend les termes et acceptions légitimes qui ont cours et vogue depuis deux siècles et de nos jours ; elle a, de plus, commencé un Dictionnaire tout *historique,* qui va rechercher les termes et mots de la langue aussi loin qu'il se peut dans le passé et en les suivant par une série d'exemples ininterrompus dans toute leur vie et leurs vicissitudes. La dernière édition du Dictionnaire *de l'usage* est de 1835, et il serait grand temps de le revoir et d'y retoucher ; car, selon la remarque de M. Littré, le néologisme marche toujours; et il y a, tous les quarts de siècle ou les demi-siècles, de petits *raccords* à faire dans la langue comme dans toute institution mobile qui dépend de l'état de la société. Il tombe chaque jour quelques feuilles des rameaux du tronc vénérable, il en repousse d'autres ; mais, quoi qu'en ait dit Horace, celles qui sont tombées une fois ne reverdissent plus. Quant au Dictionnaire *historique* de l'Académie, il n'est encore connu du public que par un premier fascicule qui a été bien accueilli, mais qui n'a guère été pris qu'à titre de gage et d'arrhes. A la manière dont il est conçu et dont il s'exécute, il est sensible que l'agrément des exemples entraîne quelquefois le rédacteur à des promenades plus ou moins longues selon la nature des sujets : on est quelquefois, à la lettre, dans un parterre d'exemples, et les divisions, les bordures se multiplient, selon que la récolte de ces citations se trouve plus ou moins heureuse et abondante. On obéit au nombre des exemples plus que les exemples ne nous obéissent. M. Littré qui n'a pas devant lui, comme l'Académie, le temps et l'espace, — qui n'a pas l'éternité, — s'est formé un plan très-exact, complexe, mais limité, où tout se presse et se condense, et où il ne se permet aucun écart, aucun excès de latitude. Il donne d'abord la prononciation, la spécification grammaticale du mot, puis ses *sens actuels*, appuyés et prouvés par des exemples d'auteurs classiques ou modernes, par des phrases courtes dont aucune ne fait double emploi. Ce n'est qu'après avoir épuisé ces sens et acceptions de l'usage présent qu'il passe à l'*historique* du mot depuis les onzième ou douzième siècles jusqu'au seizième, et là il procède également par une série d'exemples incontestables et triés, ne mettant que le nécessaire ; ce n'est pas lui qui ferait un pas de plus pour aller cueillir la fleurette. Il termine enfin par l'*étymologie,* partie dans laquelle il excelle, où il a sa méthode à lui, sa pierre de touche, et où il ne tâtonne pas comme on le faisait auparavant. Il est, par ce dernier point, incomparablement supérieur à l'Académie, qui aura désormais à profiter de son travail, sinon de sa méthode. L'Académie, historiquement, a bien plus d'exemples ; elle est en cela plus riche, et d'une richesse plus amusée : M. Littré l'emporte par la précision et le topique de ses choix. On sent qu'une seule et même main (comme pour le grand Dictionnaire de Johnson) a choisi les épis et noué le faisceau. Ce faisceau chez lui est un peu dense et compacte à la vue, tandis qu'il paraît du lâché dans le Dictionnaire *historique* de l'Académie. Il ne se peut de procédé plus dissemblable : concision d'une part, diffusion de l'autre. Qu'on lise, pour s'édifier, les deux Préfaces mises en tête des deux Dictionnaires ! Dans l'une, celle de M. Littré, tout est réglé, prévu, pondéré et sentencieux ; on marche de loi en loi, on est dans la philosophie historique du langage. Et quant à la forme c'est du granit et du ciment. Dans l'autre, — je ne parle pas de l'ancienne Préface mise en tête du Dictionnaire de 1835 et due à la plume du secrétaire perpétuel, préface élégante et frêle, — mais dans celle du Dictionnaire *historique,* qui date de cinq ans à peine, que fait-on ? On part d'Horace, le point de départ invariable, l'alpha et l'oméga des gens de goût ; on commence et on finit par lui, et, dans l'intervalle, on a fait une revue et une tournée instructive en compagnie d'un rédacteur spirituel et poli, s'exprimant dans une prose facile, *encore qu'un peu trainante* : on n'est pas sorti d'un empirisme délicat. On ne croirait point vraiment qu'il s'agisse du même sujet et du même thème.

C'est qu'en effet les choses et l'œuvre sont envisagées et conçues tout différemment. Oh! si je ne me retenais, qu'il y aurait une jolie comparaison à faire de M. Patin, le rédacteur du Dictionnaire de l'Académie, et de M. Littré; une opposition de leurs deux esprits, de leurs qualités et de leur trempe! Ne voyez-vous pas d'ici le parallèle et l'antithèse? M. Patin, homme de goût, avec toutes les délicatesses, mais avec toutes les mollesses aussi et les faiblesses ou les négligences que ce mot comporte ou suppose; M. Littré, homme de science, de méthode, de comparaison, de raison, de vigueur, et même de rigueur; le premier d'un tempérament doux, sensible, de bonne heure pétri de la pulpe et de la fine fleur de l'antiquité; le second nourri du pain des forts en tout genre, du suc généreux des doctrines, tout ressort et tout nerf. J'avais fait un beau rêve, moi et quelques amis. Au lieu d'opposer l'un à l'autre, au lieu d'instituer entre les auteurs ou les œuvres un parallèle et un contraste désormais inévitable, et dont le public sera un juge peu indulgent, j'aurais voulu réunir et fondre, combiner les avantages sans les défauts. Les Dictionnaires étant réellement différents et le grand Dictionnaire *historique* de l'Académie commençant à peine, je m'étais dit, et plusieurs autres avec moi, que l'Académie et M. Littré pouvaient très-bien, et sans aucunement s'entraver, se rendre utiles et profitables l'un à l'autre. Ce qui domine en effet à l'Académie et qu'on appelle du nom flottant de *goût*, ce qui se produit parfois et jaillit à l'improviste dans des conversations d'un hasard et d'un laisser aller aimable, pouvait ne pas être inutile à l'esprit sévère, mais un peu absolu, de M. Littré. Et surtout l'esprit d'un nouveau confrère, rigoureux, exact, et plus savant (sans mentir), plus sûr de son fait en ces matières que nous ne le sommes généralement, eût pu nous être d'un usage et d'un recours journalier. Hélas! il était écrit que ce ne serait là qu'un rêve, et que jamais aucun auteur, — j'entends un auteur sérieux, — de Dictionnaire ne ferait partie de l'Académie française. Elle a autrefois chassé Furetière pour avoir osé entreprendre une telle rivalité; elle n'a pas voulu du savant Ménage qui était également coupable du même délit. Elle vient de repousser M. Littré. Cela fait dire aux malins du dehors qu'on n'est pas insensible, même en un lieu composé de si honnêtes gens, à une certaine jalousie de métier. J'aurais voulu, moi et quelques autres, conjurer ce mauvais bruit. Mais qu'y faire? la question d'athéisme est venue là très à propos (*Deus ex machina*) pour tout déranger, pour mettre à la gêne — ou à l'aise — les consciences. Chut! il n'y a rien de plus respectable que la conscience.

VIII.

VIE ET RÉGIME. — JUGEMENTS ET TÉMOIGNAGES.

Le Dictionnaire de M. Littré marche rapidement; les livraisons se succèdent : on peut dire dès aujourd'hui que le livre est fait; du moins la mise au net est faite jusqu'à la lettre P, et elle sera terminée pour le tout à la fin de 1865. Dans quatre ou cinq ans au plus, le public possédera l'ouvrage tout entier. Avec un tel travailleur, on est sûr d'être plutôt en avance sur les promesses qu'en retard.

Un si vaste travail, qui n'en exclut pas d'autres encore, accessoires et à la traverse, ne se mène point, on peut le penser, sans une austérité de régime et une régularité invariable et comme monastique.

C'est de nuit que travaille habituellement M. Littré. Sa journée est occupée par les recherches, les devoirs académiques, les œuvres de charité médicale quand il est à la campagne. Vers six heures et demie du soir, après un frugal repas, il se met à l'ouvrage, et depuis plusieurs années, notamment depuis 1859, il ne s'est jamais couché avant trois heures du matin.

L'été il habite la campagne, Mesnil-le-Roi près Maisons-Laffitte; il y occupe une petite maison des plus modestes, acquise de ses deniers. Ne dites point que c'est la maison d'Horace, mais tout simplement celle du savant le plus étranger aux besoins et le plus aisément content de peu. C'est là qu'il faut le voir pour apprécier en lui le médecin des pauvres ; il est vraiment la providence des gens de campagne, le bienfaiteur du pays à la ronde. Comme il n'est pas docteur, dès qu'il se rencontre un cas grave, il ne décide rien sans appeler un homme de l'art ayant diplôme. Sa modestie y trouve son compte, et, moyennant cette déférence, son humanité peut se donner pleine carrière.

Chaque année il s'accorde un mois, un seul mois de vacances, qu'il va passer avec sa famille au bord de la mer. Une personne de haut esprit et de grand cœur (1) qui a eu occasion de vivre près de lui dans une de ces courtes vacances d'été, m'écrit : « Ne négligez pas de dire combien il est bon, simple, charitable. L'an passé, je l'ai vu à Saint-Quay, en Bretagne, établi avec sa femme et sa fille chez des religieuses ; soignant les pauvres en qualité de médecin et quêtant pour les plus en détresse : sa femme et sa fille, très-catholiques, allaient à la messe ; lui, point ; mais il charmait les sœurs et les laissait très-perplexes sur ce qu'il fallait penser de son âme. »

On voit à quel point M. Littré est médecin par la vocation, le dévouement, la science, et j'ajouterai, la méthode en tout : c'est un physiologiste et un *organicien* en toute étude ; être médecin est son vrai caractère scientifique.

Le plus convaincu et le moins empressé des hommes, loin de prétendre imposer son opinion, il ne l'expose même pas et n'en dit mot, à moins qu'on ne la lui

---

(1) La comtesse d'Agoult.

demande; mais alors rien au monde ne l'empêchera de vous la dire entière et sincère.

A Paris, il loge depuis des années rue de l'Ouest. Il a mené tous ses grands travaux dans le plus humble et le plus étroit logis, ne s'isolant même pas de sa famille, attentif à suivre son idée et sa composition, tandis que la causerie du soir se fait à voix basse tout à côté. Il prétend toutefois n'avoir pas le travail facile, et il ne se reconnaît un peu d'aptitude spéciale que pour les langues. Sa facilité, quoi qu'il en dise, est grande. Ses meilleurs morceaux sont ceux qu'il a écrits tout d'une teneur. On me raconte qu'entre les nombreux articles par lesquels il contribua au *Dictionnaire de médecine* en trente volumes, l'article *Cœur* fut dicté par lui à un collaborateur en une seule séance de nuit. Il a de ces tours de force de travail.

L'avénement de la République surprit M. Littré en 1848, mais changea bien peu à sa vie. Ses collaborateurs du *National* prirent beaucoup alors pour eux et lui offrirent également sa part du pouvoir; il refusa tout, excepté d'être du Conseil municipal et de la Commission des récompenses nationales; fonctions gratuites. La rédaction du *National* étant très-absente et dispersée, il fit alors le journal presque seul, ou du moins il y fit le service plus exactement que jamais, comme un soldat fidèle au poste. Telle fut sa curée à lui.

Il a, par nature autant que par principes, le goût de tout refuser et de n'être rien. En 1840, M. Cousin, ministre de l'Instruction publique, le fit presser par

M. Barthélemy Saint-Hilaire d'accepter une chaire d'Histoire de la médecine qu'il avait dessein de fonder en sa faveur à la Faculté même de médecine. M. Littré commença par donner le change et par mettre en avant M. Dezeimeris. Mais c'était lui qu'on voulait, et pas un autre. Il refusa.

Trop pressé, dans l'un de ces cas d'honorable sollicitation, par sa mère qu'on avait gagnée, il lui dit pour dernière raison : « Si mon père vivait, me conseillerait-il d'accepter ? » — « Non. » — « Eh bien ! la chose est jugée. »

Pressé encore, sous la République, d'accepter je ne sais quelle fonction, et comme, sur un premier refus, on lui recommandait d'y réfléchir : « Oui, j'y réfléchirai, dit-il, et assez longuement pour donner à la monarchie le temps de revenir. »

Si la République avait été possible en France ; si, à la fin du dernier siècle surtout, l'ordre de choses de l'an III avait pu se consolider et subsister ; si le Directoire n'avait pas été le Directoire, c'est-à-dire un régime de corruption, de réaction en tous sens et d'intrigue, c'eût été à la condition d'avoir et de former beaucoup de citoyens comme M. Littré et sur ce modèle : aucune ambition, aucune gloriole, aucun luxe, aucun besoin factice ou sensuel ; le brouet des Spartiates lui suffit.

Dans ce dix-neuvième siècle, qui sera réputé en grande partie le siècle du charlatanisme littéraire, humanitaire, éclectique, néocatholique et autre, et où c'est généralement à qui fera le plus valoir sa marchandise, ces sortes d'hommes originaux et singuliers sont une exception criante : ils sont tout le contraire du charlatan. Ils enterrent tant qu'ils peuvent leur mérite, et quand, à la fin, par la force des choses, il sort de terre, ils n'y mettent aucune enseigne et jamais une lanterne, ni un bec de gaz à côté, ni le moindre transparent.

Il est si réellement et si sincèrement modeste, que je ne suis pas bien sûr, dans ce travail que j'ai entrepris sur lui et que j'aurais pu faire plus développé encore, de ne l'avoir pas plus effarouché que flatté, et de n'avoir pas même froissé en lui quelque fibre secrète en touchant à tant de choses intimes. Mais si quelqu'un ne dit pas le bien sur son compte, ce n'est certes pas lui qui le dira.

N'allez pas cependant le faire plus sauvage et plus rébarbatif qu'il ne l'est, car il ne l'est pas du tout. Il a une nuance d'amabilité, et même de la gaieté à ses heures. Jeune, dans les réunions médicales, il était, me dit-on, un boute-en-train; et il chantait volontiers au dessert des couplets de sa composition. Une de ses chansons de 1828, dont l'écho m'arrive, débutait ainsi :

> Hippocrate a dit qu'on s'enivre
> Pour le moins une fois par mois,
> Et ses fils qui devraient le suivre
> Ne boivent par an qu'une fois, etc.

Son visage creusé et sombre, son air noirâtre, qui, de profil, me rappelle parfois celui de Lamennais, n'est nullement désagréable quand il s'anime et qu'il y passe un rayon.

Il excite des affections respectueuses, des amitiés enthousiastes et fidèles ; il y a comme de la vénération mêlée dans les sentiments qu'il inspire. Ce que j'ai reçu de témoignages en sa faveur depuis huit jours, de la part de médecins distingués et d'hommes de science que j'avais à peine l'honneur de connaître, me prouve combien ses confrères de l'Académie de médecine sont heureux et fiers de le posséder. D'autre part, un de ses amis tout littéraires, M. Géruzez, m'écrit :

« Ouvrez à son intention votre *Pline le Jeune*, et voyez au livre Ier la lettre à Catilius Severus ; vous y trouverez le portrait de notre ami sous le nom de Titus Ariston. Tout y est... »

J'obéis au conseil, et je lis en effet, au sujet de cet ami de Pline, dont les mœurs égalaient le savoir, ce bel éloge dont je fais mon profit :

« Rien de plus respectable que lui, de plus pur et de plus saint, rien de plus docte, au point que les lettres elles-mêmes et toutes les bonnes études me paraissent en danger avec la vie d'un seul homme (Ariston était alors malade)... Que de choses il sait ! que d'exemples ! quelle vaste portion d'Antiquité ! Il n'est pas un point que vous désiriez savoir, sur lequel il ne puisse vous renseigner. Pour moi, à coup sûr, toutes les fois que je suis en quête de quelque chose de difficile, je m'adresse à lui ; il m'est un trésor... Avec cela, quelle frugalité dans le régime ! quelle simplicité dans la mise ! Je ne puis voir sa chambre à coucher et son lit même, sans me représenter comme une image de la pauvreté antique. Et le tout est relevé d'une grandeur d'âme qui n'accorde rien à l'ostentation, mais qui rapporte tout à la conscience ;

qui cherche la récompense du bien, non pas dans le bruit public, mais dans le sentiment du bien même... »

Bel éloge, en effet, qu'il faut lire surtout dans ce charmant latin de Pline, et qui s'applique si parfaitement à M. Littré, hormis en un point toutefois; car il ne souffrirait jamais qu'on pensât de lui et qu'on dît, même par manière de métaphore, qu'il porte tout entières avec lui les lettres et les sciences, et que leur sort dépend du sien : il croit fermement que tout marchera après lui de plus en plus et de mieux en mieux, et que le trésor s'accroîtra incessamment.

Il appartient enfin, pour le définir par un dernier mot, à cette élite, à cette école consciencieuse et méritante, toujours rare, mais insensiblement plus nombreuse, de naturalistes philosophes qui tendent à introduire et à faire prévaloir en tout les procédés et les résultats de la science, et qui, affranchis eux-mêmes, s'efforcent peu à peu, et plus peut-être qu'il n'est possible, d'affranchir l'humanité des illusions, des vagues disputes, des solutions vaines, des idoles et des puissances trompeuses.

Lundi 13 juillet 1863.

ŒUVRES COMPLÈTES DE MOLIÈRE

NOUVELLE ÉDITION

REVUE, ANNOTÉE ET PRÉCÉDÉE D'UNE INTRODUCTION

PAR M. LOUIS MOLAND (1).

Recherches sur Molière et sur sa Famille

PAR M. EUDORE SOULIE (2).

Déridons-nous avec Molière. On se lasse et on s'ennuie de tout; on se lasse d'entendre louer M. de Turenne, d'entendre appeler Aristide le juste, d'entendre dire que le grand siècle est le grand siècle, Louis XIV un grand roi, que Bossuet est l'éloquence en personne, Boileau le bon sens, Mme de Sévigné la grâce, Mme de Maintenon la raison; on se dégoûte de Racine plus

(1) Garnier frères, 6, rue des Saints-Pères. — Les deux premiers volumes de l'édition venaient de paraître.
(2) Un vol. in-8°. — Librairie de Hachette, boulevard Saint-Germain, 77.

aisément encore que du café. A la longue, « on se rassasie même du miel, dit Pindare, même des fleurs enchanteresses d'Aphrodite. » Il y a une seule chose en France dont on ne paraît pas près de se déshabituer et de se lasser, c'est d'entendre dire du bien de Molière.

On est dans ce train depuis quelques années, et l'émulation augmente chaque jour. Dans ces éditions des Classiques que de grandes maisons de librairie entreprennent, on commence le plus volontiers par Molière. Sa première vie étant peu connue, on fouille en tous sens, on s'attache aux moindres vestiges, on voudrait lui reconstituer sa jeunesse : on s'inquiète de tout ce qui l'a connu, approché, jalousé même ou rivalisé. Décidément il est entré non-seulement dans la gloire, mais dans le tempérament de la nation. Désormais on est en France pour Molière comme les Anglais pour Shakspeare. Aujourd'hui, entre tant de livres que j'ai devant moi et qui me sollicitent à son sujet, — les *Contemporains de Molière,* dont M. Victor Fournel publie en ce moment le premier volume (1); — les *Œuvres de Molière,* de la maison Furne, magnifiquement exécutées, et où se trouve en tête la cinquième édition de l'Histoire de sa vie et de ses ouvrages, par M. Taschereau, augmentée, revue, complétée (2); — les mêmes *Œuvres de Molière,* en petit format, un chef-d'œuvre de la typographie Plon, faisant partie de la jolie Collection

(1) Librairie de Firmin Didot, rue Jacob, 56.
(2) 6 vol. in-8° imprimés chez Plon; — Furne et C°, 45, rue Saint-André-des-Arts.

dédiée au Prince Impérial (1) ; — le *Roman de Molière*, où M. Édouard Fournier a rassemblé quantité d'heureuses trouvailles ou de conjectures curieuses comme il aime à en faire sur nos grands auteurs (2), etc., etc ; entre tous ces volumes et sans en exclure aucun, je m'attacherai à deux publications qui me paraissent offrir mérite et nouveauté, le travail critique de M. Moland sur Molière, et les recherches et découvertes de M. Eudore Soulié, qui viennent s'ajouter à celles de l'estimable Beffara.

Je dis *découvertes,* non qu'il faille s'attendre à de bien grands résultats nouveaux, mais parce que M. Eudore Soulié a mis dans ses recherches méthode, suite, un plan ingénieux qui, à travers bien des détours et même de petites embûches, l'a conduit à bonne fin sur quelques points et peut le conduire à mieux encore.

I.

Qu'on s'imagine la situation d'esprit d'un éditeur (car M. Soulié doit donner, lui aussi, une édition de Molière), d'un biographe curieux et consciencieux qui se dit : « On a bien peu de choses authentiques sur les premiers temps de Molière ; on a tiré des registres de l'État civil tout ce qu'on pouvait espérer d'y rencontrer en fait d'actes de naissance, de mariage ou de décès. Comment s'y prendre pour atteindre quelque

---

(1) 8 vol. Henri Plon, rue Garancière, 8.
(2) *Le Roman de Molière, suivi de fragments sur sa vie privée...* Dentu, Palais-Royal.

autre source de documents précis? Il y a des actes *notariés :* il est impossible que Molière et ses proches n'en aient pas contracté de tels ; mais où les saisir? »
Il s'agissait avant tout, pour cela, de mettre la main sur un premier acte qui menât à d'autres. M. Soulié, raisonnant méthodiquement, s'est dit que, d'après les actes trouvés par Beffara, Molière n'avait laissé qu'une fille, née en 1665, et par conséquent mineure en 1673, au moment de la mort de son père ; qu'en raison de la fortune assez considérable de Molière, un inventaire avait dû être dressé pour garantir les droits de son enfant. Or, la fille de Molière, après avoir épousé un sieur de Montalant, s'était retirée avec son mari à Argenteuil. Leurs actes de décès, donnés par M. Taschereau, constataient que tous deux y étaient morts, et habitaient une maison rue *Calée* (lisez *de Calais*). Il n'y a que deux notaires à Argenteuil, et les recherches promettaient d'y être plus faciles que dans les nombreuses études de Paris.

Tel fut le point de départ : il faut convenir qu'il était bien lointain, et quiconque n'eût pas été un chercheur intrépide l'eût trouvé d'avance bien incertain et bien hasardeux. M. Soulié nous a exposé brièvement, dans son Introduction, comment il parvint à trouver cette première pièce quelconque (un titre de propriété), laquelle le renvoya à d'autres, à des actes passés à Paris, et comment, de contrat en contrat, de testament en testament, de fil en aiguille, il en vint à reconquérir péniblement, mais avec une joie indicible, quelques faits précis et certains sur l'état de maison, la famille, les obligations de théâtre, les dettes, et les mœurs domestiques du grand poëte chef de troupe.

Ceci est bientôt dit, mais que de pas et de peines pour arriver à ce résultat heureux! Figurons-nous d'abord l'embarras du notaire chez qui l'on se présente, bien recommandé d'ailleurs et avec une lettre du président du tribunal de la Seine vous autorisant dans vos recherches, et que l'on aborde en lui disant : « Monsieur, vous êtes le successeur du notaire M⁰ Boivin (ou M⁰ Guyot ou M⁰ Gaillardie), qui tenait l'étude il y a environ cent cinquante ans; vous devez avoir minute de tel acte passé par-devant ce prédécesseur, et je viens pour le consulter. » Mais ces anciens papiers sont relégués, entassés dans des greniers, dans des arrière-chambres où l'on n'a pas pénétré depuis des années; il faut ouvrir et desceller des placards remplis et regorgeant de dossiers, morts dès longtemps à la lumière; pour trouver un seul acte, il faut étaler, dépouiller tout cela, il faut tout parcourir; car la pièce qu'on cherche, si elle s'y trouve, sera enfouie, comme il arrive souvent, dans la derniere liasse, et cette liasse sera peut-être elle-même tombée au plus profond recoin de l'armoire où elle gît et où elle resterait à jamais, si l'on n'y plongeait de toute la longueur du bras. Mais, enfin, on est en présence de la masse entière qui couvre le plancher. « Eh bien! dit l'érudit, je me charge de la recherche, je vais tout lire, tout dépouiller. » — « Mais, Monsieur, vous n'y pensez pas. » — « Pardon, j'y ai pensé, et j'en aurai raison. » Et voilà notre homme enfermé, dévorant tout ce grimoire sans en rien passer, car il s'agit d'un seul nom propre qui peut vous mettre sur la voie; et si, après une journée tout entière employée à cette chasse d'un nouveau genre, l'érudit sort tout poudreux, plus couvert de toiles d'araignée que Gabriel Naudé à Rome au sortir de chez les bouquinistes, mais tenant en main l'acte qu'il désirait, qu'il avait flairé et dénoncé à l'avance, quelle joie, quel triomphe! Non, l'astronome qui a prédit par son calcul une planète, que la lunette ensuite va reconnaître et vérifier dans l'espace, n'est pas plus heureux et glorieux... *sublimi feriam sidera vertice.* Le notaire lui-même, pour peu (comme cela se rencontre de nos jours) qu'il soit animé et touché d'une étincelle littéraire, prend part à la satisfaction érudite et n'est pas insensible à l'honneur d'avoir du Molière dans ses archives.

Mais le jaloux, mais le traître! Il est partout, il se glisse, il est aux aguets; le ver est dans le fruit, le serpent est sous la fleur. N'y a-t-il pas eu, en quelque étude, un clerc digne de s'appeler Maucler, un officieux qui a prêté l'oreille, qui a tout d'un coup prétendu savoir ce qu'il venait fortuitement d'apprendre et qui a cherché à dérober le los et honneur d'autrui. Mais laissons-le dans l'ombre! Americ Vespuce n'a pas eu raison cette fois de Christophe Colomb. Les frelons n'ont pas mangé le miel des abeilles.

C'est assez indiquer toute la patience et le zèle sagace dont M. Eudore Soulié a eu besoin dans cette odyssée qu'il ne considère pas comme épuisée encore. Venons au résultat. Molière, on le sait, né probablement la veille, a été baptisé à Saint-Eustache le 15 janvier 1622, sous le nom de Jean ; il précisa depuis ce nom en s'appelant Jean-Baptiste. Il était l'aîné des enfants de Jean Poquelin et de Marie Cressé. La maison qu'habitait son père au moment de sa naissance se trouvait à l'angle des rues Saint-Honoré et des Vieilles-Étuves, et non où on l'a voulu voir depuis. Cette maison, entièrement reconstruite, porte le n° 96 sur la rue Saint-Honoré, et le n° 2 sur la rue des Vieilles-Étuves. Jean Poquelin, son père, n'était pas encore tapissier du roi ; il n'eut cette charge qu'en avril 1631, en vertu d'un acte de résignation d'un sien frère cadet, Nicolas Poquelin. Molière perdit sa mère à l'âge de dix ans (1632); elle n'avait que trente et un ans, était mariée depuis onze ans, et laissait trois fils et une fille en bas âge. L'inventaire, fait huit mois après sa mort, donne sur cette mère de Molière des aperçus, des détails caractéristiques, et la font entrevoir comme une femme digne d'avoir mis au monde un tel fils. Dans le peu de livres qu'elle possédait se trouvaient Plutarque et la Bible. De même, dans l'inventaire de Molière, on trouvera deux exemplaires de Plutarque, l'un à Paris, l'autre à Auteuil, et une Bible. « Ces livres lui venaient-ils de sa mère? » se demande M. Soulié. En tout cas, Molière n'est pas allé bien loin pour trouver ce « gros Plutarque à mettre les rabats. »

Muni de l'inventaire et plein des souvenirs du xviie siècle qu'il a étudié dans toutes ses branches, M. Soulié a restauré et restitué l'appartement et la chambre à coucher de Mme Poquelin. Cette restitution ingénieuse, qu'on admirerait si elle s'appliquait à une maison romaine du temps d'Auguste ou de Trajan ou à un intérieur de châtelaine du Moyen-Age, ne mérite pas moins d'éloge et d'estime, se rapportant au xviie siècle, qui est déjà pour nous une antiquité ; c'est un parfait tableau d'intérieur, digne en son genre de Mazois ou de Viollet-le-Duc ; on me saura gré de le donner ici :

« Les époux Poquelin occupaient dans la maison de la rue Saint-Honoré une boutique avec salle à la suite servant de cuisine et probablement de salle à manger, et au-dessus de cette salle une soupente ; entre le rez-de-chaussée et le premier étage se trouvait une sorte d'entre-sol dans lequel étaient la chambre à coucher et un cabinet ; le premier étage était transformé en magasin. La chambre au-dessus de la boutique et qui a vue sur la rue Saint-Honoré est évidemment celle des époux Poquelin, celle où a dû naître Molière.

« Si l'on veut se figurer l'aspect de cette chambre et se former une idée de ceux qui l'habitaient, il faut, après une visite aux musées de Cluny et du Louvre (collection Sauvageot), et après avoir feuilleté l'œuvre d'Abraham Bosse, relire l'inventaire de Marie Cressé. On distingue alors de chaque côté de la cheminée, garnie de ces grands chenets en cuivre jaune, deux petits sièges analogues à ceux que nous nommons *causeuses* et que les bonnes bourgeoises du xviie siècle appelaient des *caquetoires ;* ils sont un peu usés, et l'on a dû s'y asseoir souvent auprès du feu pour caqueter à son aise, comme dit Furetière. Au milieu de la chambre est « une grande table à sept colonnes, de bois de noyer, fermant par les deux bouts, garnie de son tapis vert à rosette de Tournay. » Le centre d'un panneau est occupé par un de ces meubles en forme de buffet, si recherchés aujourd'hui, dans lesquels on renfermait les objets les plus précieux et qu'on désignait sous le nom de *cabinet ;* celui de Marie Cressé est en bois de noyer marbré, à quatre portes ou guichets fermant à clef, et « garni par dedans de satin de Bruges. » Dans le milieu d'un autre panneau est le meuble fait comme un grand coffre, que nous appelons encore bahut et dont les ferrures étaient presque toujours curieusement historiées; ce bahut, posé sur un pied de bois de noyer « marqueté et marbré, » est couvert de « tapisserie à l'aiguille, à fleurs, rehaussée de soie. » Sur ce bahut est posé un petit coffre contenant un autre coffret; le plus petit de ces coffrets couvert « de même tapisserie » devait servir à serrer les bijoux. A côté de ces meubles et le long des murs sont rangées six grandes chaises à dossier très-élevé « couvertes de tapisserie à fleurs, rehaussée de soie. » Le lit à pente de serge de Mouy vert brun, avec des passements, des crépines et des franges de soie, est garni d'une couverture de parade; dans la ruelle est le fauteuil ou *faudesteuil,* siége d'honneur occupé quelquefois par le médecin ou par le confesseur. Enfin la chambre des époux Poquelin est tendue d'une tapisserie de Rouen sur laquelle sont accrochés cinq tableaux et un miroir de glace de Venise. »

Ce sont là les objets qui frappaient habituellement la vue de Molière enfant; il ne naquit nullement dans un intérieur pauvre ou mesquin, et tout sentait autour de lui le marchand à son aise et le bourgeois cossu. L'inventaire de la garde-robe, de la toilette, du linge, des bijoux, est à l'avenant et permet à M. Soulié d'achever le portrait conjectural de cette jeune femme d'ordre et de solide élégance, Mme Poquelin. On n'est pas mieux pourvu qu'elle en bracelets, colliers, pendants d'oreilles, agrafes et chaînes, aiguilles à cheveux, bagues et anneaux :

« Les quatorze bagues sont ornées de diamants, d'émeraudes et d'opales ; l'une d'elles a pour chaton une tête de nègre en émail. Les objets de piété ne sont pas moins riches : aux chapelets en nacre de perle sont suspendus « un petit Saint-Esprit d'or où il y a un diamant, » des croix d'or et un reliquaire en cristal ; le bouton du signet, qui sert à marquer les pages du livre d'heures, est orné de perles fines ; les petits anneaux d'or donnés par la grand'mère Marie Asselin (Mme Cressé) à sa petite-fille Madeleine Poquelin sont encadrés dans « une bordure de pièces d'or avec petites perles. » Il n'y a pas jusqu'aux « ustensiles de petit ménage » qui ne soient en argent. Parmi tous ces objets on aime à voir Marie Cressé conserver avec soin, dans un coffret couvert de tapisserie, le linge qui a servi à ses enfants sur les fonts de baptême. »

Le père de Mme Poquelin, Louis de Cressé (car il prenait le *de*), qui avait si bien pourvu et doté sa fille, possédait lui-même à Saint-Ouen, dans la Grande-Rue, une belle propriété avec cour, étables et jardin. C'est là, suppose très-vraisemblablement M. Soulié, que, le dimanche, dans la belle saison, on devait conduire les enfants chez leur grand-père pour leur faire prendre l'air des champs :

« L'inventaire des objets restés dans la chambre de cette maison, occupée par les époux Poquelin, prouve qu'on trouvait là tout ce qui était nécessaire pour passer une nuit ; on n'y a oublié ni les *boules de buis* qui servaient sans doute de jouets aux enfants, ni la *paire de verges* destinée à les corriger. »

Ce confort, cette opulence domestique de la maison Poquelin, tenaient en partie à la présence de la femme dans la maison : il est permis de le penser ; du moins, dans le dernier inventaire fait chez Jean Poquelin bien des années après, tout dénote négligence, désordre et abandon ; ce père, en vieillissant, n'était plus le même. M. Soulié va plus loin, et supposant cet axiome admis et accepté : « Montrez-moi la chambre à coucher d'une femme, et je vous dirai qui elle est, » il conclut, non sans quelque couleur de raison et selon qu'on aime à le croire avec lui :

« C'est donc de Marie Cressé que Molière tenait son esprit élevé, ses habitudes somptueuses et simples à la fois, sa santé délicate, son attrait pour la campagne hors de Paris, et désormais la mère de Molière, restée inconnue jusqu'à ce jour, aura sa place bien marquée dans les commencements de la vie de son premier-né. »

Voilà où peuvent conduire, à toute force, des inventaires bien lus et finement commentés.

La mère de Molière était morte depuis un an à peine que le mari veuf contractait un second mariage (mai 1633), et peu après il quittait son premier logis pour aller habiter une maison qu'il acquérait, située sous les piliers des Halles : de là la tradition vulgaire qui fait naître Molière sous ces piliers. Cette maison des Halles fut démolie lors du percement de la rue Rambuteau, et elle n'est pas même celle qu'on a, jusqu'à ces derniers temps, qualifiée obstinément de maison de Molière et qu'on a décorée, à cette fin, d'un buste sur la façade aussi bien que d'une inscription désignative (1). Ces

(1) La fausse maison natale va être, dit-on, démolie. A la bonne heure ! mais pourquoi l'administration de Paris qui fait tant de belles et grandes choses, n'achèterait-elle pas la vraie maison, celle qui occupe le véritable emplacement du logis où naquit Molière? On

erreurs si répandues et si accréditées, qui portent sur des points matériels, ne sont que l'image de celles, bien plus subtiles, qui se glissent dans le récit des faits et événements, et qu'il est si difficile de démêler après deux siècles. Chacun aujourd'hui s'efforce de s'en garantir. M. Taschereau, le premier biographe copieux, avait ouvert la voie en rassemblant dès 1825 tout ce qu'on savait sur Molière, et en ajoutant ou corrigeant depuis à chaque édition nouvelle qu'il donnait de cette ample et complète biographie. M. Bazin, esprit ironique et critique, homme d'humeur, fit en 1847, sous le simple titre de *Notes historiques sur la Vie de Molière*, un premier examen très-sévère de tout ce qu'on avait précédemment écrit à ce sujet; il trancha et retrancha fort librement, tantôt se fondant sur des faits, tantôt se confiant à des raisonnements ou à des conjectures ; et, s'il fut quelquefois injuste pour le travail de ses devanciers, il a du moins obligé tous ceux qui, depuis, sont venus ou revenus à la charge, à plus d'exactitude et de prenez-y garde qu'on n'en mettait auparavant. Je n'irai pas jusqu'à dire avec un grand et spirituel exagérateur (M. Cousin) que la vraie critique sur Molière date de M. Bazin, et qu'elle a été instituée par lui ; mais incontestablement il a averti cette critique d'être désormais plus en éveil et en précaution sur tous les points.

Je reprends le fil avec M. Soulié, qui ne procède que

y mettrait une école de dessin ou une salle d'asile, et les enfants du quartier viendraient y étudier ou y apprendre à lire sous l'invocation de ce nom illustre et trois fois populaire. C'est une idée aimable et qui est, je le crois bien, l'un des vœux de M. Soulié.

pièces en main. En 1637, Molière n'ayant que quinze ans fut pourvu de la charge de tapissier et valet de chambre du roi en survivance de son père qui, par la résignation de son frère cadet, jouissait de la charge depuis déjà six ans, mais avec quelques restrictions. Devenu seul et entier possesseur de l'office, le père Poquelin a évidemment en vue de le céder un jour à son fils, qui prête serment comme survivancier, dès le mois de décembre de cette année 1637. Molière, à cette date, devait être en plein dans son cours d'études qu'il fit, comme on sait, excellentes et complètes, jusqu'à être reçu avocat très-probablement.

Cependant le grand-père maternel et subrogé tuteur de Molière, Louis de Cressé, ce riche bourgeois, aimait, dit-on, la comédie avec passion et menait souvent le petit Poquelin à l'hôtel de Bourgogne; l'hôtel de Bourgogne où se tenait le théâtre, rue Mauconseil, n'était pas loin de la rue Saint-Honoré, ni des Halles. De plus, les confrères de la Passion qui, dépossédés du droit de jouer eux-mêmes sur leur théâtre depuis près d'un siècle, demeuraient propriétaires et entrepreneurs avec privilége, s'étaient, en louant leur salle, réservé une loge avec « le lieu au-dessus de la dite loge appelé *le paradis*. » Le doyen de ces maîtres confrères, en 1639, était un Pierre Dubout, tapissier ordinaire du roi et collègue de Jean Poquelin. Il y avait donc toutes sortes de raisons et de facilités pour que le jeune Poquelin allât dans cette loge ou au paradis, en compagnie de son grand-père ou du collègue de son père. En un mot, il eut de bonne heure ses *entrées*, et il en profita.

Dès l'âge de vingt et un ans (ce qui ne veut pas dire qu'il fût majeur, on ne l'était alors qu'à vingt-cinq), on le voit émancipé, lié avec des enfants de famille dont il va faire ses camarades de jeunesse, et bientôt chef de la troupe dite de l'*Illustre Théâtre* qui s'amuse à jouer la comédie dans les jeux de paume aux faubourgs de Paris. La vocation l'emporte, et le démon fait rage en lui pour ne plus cesser.

Ce démon du théâtre a pris la forme de l'amour pour mieux réussir, et c'est parce qu'il est amoureux de Madeleine Béjart déjà comédienne, que Molière se fait, dit-on, comédien à son tour. Mais ce n'est là que le prétexte; il aurait eu bien de la peine, même sans cette rencontre, à ne pas devenir un jour ou l'autre ce qu'il a été. Le théâtre avait besoin de lui, et il avait besoin du théâtre.

M. Soulié a retrouvé des pièces qui permettent de reconstituer avec plus de précision que par le passé l'histoire de l'*Illustre Théâtre*. On a les noms de tous ces fils de famille que l'amour du plaisir et la passion de l'art associent dans une entreprise commune, assez brillante au début, mais tournant vite à la ruine. A peine entré dans la société, Molière en devient le chef. Son nom, dans tous les actes, précède toujours celui de ses associés; en même temps qu'il est le plus brave au jeu, à ce que nous appellerions le feu de la rampe et devant le public, il prend vis-à-vis des siens, dans l'affaire commune, la grosse part de la responsabilité; il souscrit pour tous des obligations, il s'engage, et finalement, les recettes étant insuffisantes, les fournisseurs n'étant pas payés, les obligations n'étant pas remboursées au terme préfix, Molière se voit un jour appréhendé au corps et mis en prison au Grand-Châtelet. C'est l'éclaireur, le fournisseur de chandelles de l'*Illustre Théâtre,* un nommé Antoine Fausser, maître chandelier, qui fait arrêter Molière pour la somme de cent quarante-deux livres. Un usurier prêteur, appelé Pommier, survient aussi pour sa part dans cet emprisonnement, et un linger nommé Dubourg obtient à son tour son arrêt de prise de corps contre le pauvre et illustre garçon, qui ne resta pourtant que peu de jours sous les verrous (août 1645). Un honnête homme, dont le nom s'est conservé, Léonard Aubry, paveur des bâtiments du roi, se porta caution en sa faveur pour la somme de trois cent vingt livres et hâta l'heure de la délivrance. Toute la troupe de l'*Illustre Théâtre,* assemblée le 13 août au jeu de paume de la Croix-Noire au port Saint-Paul, s'engagea solidairement « envers honorable homme Léonard Aubry, » à le garantir et indemniser de la somme par lui avancée, « d'autant plus, est-il relaté dans l'acte, que ce qu'en a fait ledit sieur Aubry n'a été qu'à leur pure requête et pour leur faire plaisir, et pour tirer hors des prisons du Grand-Châtelet ledit Poquelin. » La reconnaissance des comédiens, selon la remarque de M. Soulié, et leur affection pour Molière se font jour ici, à travers les formules inséparables d'un acte notarié.

Voilà ce que M. Soulié a reconquis de certain et de plus intéressant sur les premiers temps de Molière. L'année suivante, Molière part pour la province, à la tête de sa troupe qui a quitté son titre magnifique et renouvelé en partie son personnel; il commence sa vie aventureuse de comédien de campagne, qui ne se terminera qu'en 1658. C'est dans cet itinéraire qu'il faudrait le suivre à la piste, non plus par des légendes ou des anecdotes arrangées à plaisir et auxquelles M. Bazin a fait rude guerre, mais par des actes positifs dont minute doit se trouver dans des études ou des archives de province; car le chef de troupe n'a pas été sans devoir contracter, chemin faisant, mainte obligation. M. Eudore Soulié, voué comme il l'est à la mémoire de Molière, et piqué au jeu par le succès même, aura bien de la peine à ne pas entreprendre cette recherche, qui ne serait pas ingrate à ses yeux si elle lui procurait un seul document d'importance.

II.

L'étude de M. Moland est d'une tout autre nature et d'un tout autre genre que celle de M. Soulié : elle sent moins l'antiquaire; elle est surtout littéraire et critique. Malgré de très-légères erreurs qu'un des rivaux les plus compétents et non des moins malins s'est amusé à y relever, et qui me prouvent précisément combien il y a peu à y reprendre, elle est généralement irréprochable sur tous les faits essentiels, et elle porte avec elle, sur l'œuvre et le caractère du grand comique, toutes les considérations élevées et justes qu'on peut désirer. Si je voulais suivre, par exemple, la jeunesse entière de Molière durant ses courses en province et dans ces douze années d'apprentissage, je n'aurais qu'à me confier à M. Moland, qui, résumant tout ce qu'on sait d'un peu certain, y a mêlé habilement la conjecture et l'induction. Il nous montre, dans la vie des comédiens de campagne décrite par Scarron en son fameux Roman, la peinture fidèle de ce que devait être la destinée et la fortune de cette troupe ambulante de Molière; il se demande s'il n'y a même pas de rapport, de reflet plus direct de l'un de ces groupes comiques à l'autre, et si Scarron, du temps qu'il était au Mans, n'a pas eu l'occasion d'y voir cette troupe de passage des Béjart avec son illustre capitaine. Les nouvelles indications dues à Daniel de Cosnac, futur archevêque et, pour lors, intendant des plaisirs du prince de Conti, les confessions du joyeux compagnon d'Assoucy, les moindres indices semés çà et là, rien n'est oublié; mais surtout l'esprit des choses est ressaisi, et le Molière que M. Moland nous dépeint au sortir de là, le Molière âgé de trente-six ans, rompu au métier, maître enfin de son art et avec la pleine conscience de son génie, est bien celui que nous connaissons et que tout Paris va applaudir :

« Si l'apprentissage était rude, nous dit le judicieux critique, il était aussi merveilleusement propre à former l'auteur comique. Molière y avait en effet forgé et trempé une à une, pour ainsi dire, les pièces de son armure. Il avait acquis d'abord une expérience pratique du monde aussi complète que possible, et désormais aucun terrain, pas même celui de la Cour, ne serait si glissant qu'il y perdît l'équilibre.

Puis, quel vaste champ s'était ouvert à son observation, et quel trésor d'impressions et d'images il en devait rapporter! La province était alors infiniment variée d'aspects, de costumes, de types et de mœurs. Il y avait alors plus de contrastes d'une ville à la ville prochaine, qu'il n'y en a maintenant d'une ville de la frontière belge à une ville sise au pied des Alpes ou des Pyrénées. Battre l'estrade, courir la campagne, comme fit Molière pendant douze années, c'était fourrager parmi les originaux; Molière put en recueillir une rare et abondante collection. Pour comble d'à-propos, la France, participant tout entière à cette ébullition fantasque (la Fronde) qui avait commencé à Paris, s'étalait palpitante sous le regard curieux qui l'étudiait. C'était un de ces moments si précieux pour la haute éducation de l'esprit, où les masques se détachent, où les physionomies ont toute leur expression, où les caractères ont tout leur jeu, où les conditions sociales s'opposent violemment les unes aux autres, où les travers, les vices, les ridicules se montrent avec une pétulance fanfaronne... »

Non content d'une large et riche Introduction, qui se poursuit et se renouvelle même en tête du second volume par une Étude sur la troupe de Molière, M. Moland fait précéder chaque comédie d'une Notice préliminaire, et il accompagne le texte de remarques de langue, de grammaire ou de goût, et de notes explicatives. Il s'est fait une règle fort sage, de ne jamais critiquer ni discuter les opinions des commentateurs qui l'ont précédé; cela irait trop loin : « Lorsqu'ils commettent des erreurs, dit-il, il suffit de les passer sous silence : lorsqu'ils ont bien exprimé une réflexion juste, nous nous en emparons. » Il s'en empare donc, mais en rapportant à chacun ce qui lui est dû. M. Moland est, en effet, le contraire de ces critiques dédaigneux qui incorporent et s'approprient sur le sujet qu'ils traitent tout ce qu'ils rencontrent et évitent de nommer leurs devanciers; qui affectent d'être de tout temps investis d'une science infuse et plénière, ne reconnaissant la devoir à personne; qui ont l'air de savoir de toute éternité ce qu'ils viennent d'apprendre au moment même, et dont le premier soin est de lever après eux l'échelle par laquelle ils sont montés : ces critiques-là se piquent d'être nés tout portés et installés à la hauteur qu'ils occupent. Lui, il ne s'arroge rien d'emblée; il est graduel pour ainsi dire, et laisse subsister les traces; il tient compte de tous ceux qui l'ont précédé et aidé; il les nomme, il les cite pour quelques phrases caractéristiques; il est plutôt trop indulgent pour quelques-uns. Enfin sa critique éclectique, au meilleur sens du mot, fait un choix dans tous les travaux antérieurs et y ajoute non-seulement par la liaison qu'il établit entre eux, mais par des considérations justes et des aperçus fins qui ne sont qu'à lui.

A lui qui sait si bien son Molière, il me plaît pourtant de lui adresser non pas une critique, mais une question, de lui proposer une sorte d'énigme. Je lui demanderai donc (en ne faisant ici que répéter ce que je tiens d'un amateur du théâtre, d'un de ces hommes de finesse, de rondeur et de sens, tels que Molière les eût aimés en son temps, et qui, en revanche, méditent et ruminent sans cesse leur Molière), je lui demanderai s'il sait quelle est la pièce en cinq actes, avec cinq personnages principaux, trois surtout qui reviennent perpétuellement, dans laquelle deux d'entre eux, les deux amoureux, qui s'aiment, qui se cherchent, qui finiront par s'épouser, n'échangent pas durant la pièce une parole devant le spectateur et n'ont pas un seul bout de scène ensemble, excepté à la fin pour le dénoûment. Si l'on proposait la gageure à l'avance, elle semblerait presque impossible à tenir. Cette gageure, Molière l'a remplie et gagnée dans l'*École des Femmes,* et probablement sans s'en douter. Horace et Agnès ne se rencontrent en scène qu'au cinquième acte. Ce n'est pas l'effet d'un calcul ni d'une préméditation de l'auteur sans doute, c'est un résultat de la situation même; il est plus comique que le spectateur ne voie rien et que tout se passe en récit, puisque c'est l'amoureux en personne qui vient faire ce récit en confidence au jaloux qu'il ne sait pas être son rival et à qui il se dénonce. Mais enfin *l'École des Femmes* est la seule pièce au théâtre qui présente cette particularité assez piquante (1).

Et maintenant nous n'avons qu'à encourager M. Moland à poursuivre du même pas, et avec lui ceux des autres éditeurs qui sont à l'œuvre et qui contribuent, chacun de son côté et par une estimable émulation, à recruter de plus en plus des lecteurs et des admirateurs à Molière. C'est, à mon sens, comme un bienfait public que de faire aimer Molière à plus de gens.

(1) Un de mes amis, M. Ernest Serret, me fait observer qu'il y a en ceci une légère erreur : il me rappelle qu'il y a une autre pièce très-connue, où les amoureux ne se rencontrent aussi qu'à la fin : c'est *le Méchant* de Gresset. Il est vrai que l'amour joue un bien petit rôle dans *le Méchant :* qui est-ce qui s'intéresse à Chloé et à Valère ?

III.

Aimer Molière, en effet, j'entends l'aimer sincèrement et de tout son cœur, c'est, savez-vous? avoir une garantie en soi contre bien des défauts, bien des travers et des vices d'esprit. C'est ne pas aimer d'abord tout ce qui est incompatible avec Molière, tout ce qui lui était contraire en son temps, ce qui lui eût été insupportable du nôtre.

Aimer Molière, c'est être guéri à jamais, je ne parle pas de la basse et infâme hypocrisie, mais du fanatisme, de l'intolérance et de la dureté en ce genre, de ce qui fait anathématiser et maudire; c'est apporter un correctif à l'admiration même pour Bossuet et pour tous ceux qui, à son image, triomphent, ne fût-ce qu'en paroles, de leur ennemi mort ou mourant; qui usurpent je ne sais quel langage sacré et se supposent involontairement, le tonnerre en main, au lieu et place du Très-Haut. Gens éloquents et sublimes, vous l'êtes beaucoup trop pour moi!

Aimer Molière, c'est être également à l'abri et à mille lieues de cet autre fanatisme politique, froid, sec et cruel, qui ne rit pas, qui sent son sectaire, qui, sous prétexte de puritanisme, trouve moyen de pétrir et de combiner tous les fiels, et d'unir dans une doctrine amère les haines, les rancunes et les jacobinismes de tous les temps. C'est ne pas être moins éloigné, d'autre part, de ces âmes fades et molles, qui, en présence du mal, ne savent ni s'indigner, ni haïr.

Aimer Molière, c'est être assuré de ne pas aller donner dans l'admiration béate et sans limite pour une Humanité qui s'idolâtre et qui oublie de quelle étoffe elle est faite et qu'elle n'est toujours, quoi qu'elle fasse, que l'humaine et chétive nature. C'est ne pas la mépriser trop pourtant, cette commune humanité dont on rit, dont on est, et dans laquelle on se replonge chaque fois avec lui par une hilarité bienfaisante.

Aimer et chérir Molière, c'est être antipathique à toute *manière* dans le langage et dans l'expression ; c'est ne pas s'amuser et s'attarder aux grâces mignardes, aux finesses cherchées, aux coups de pinceau léchés, au marivaudage en aucun genre, au style miroitant et artificiel.

Aimer Molière, c'est n'être disposé à aimer ni le faux bel esprit ni la science pédante ; c'est savoir reconnaître à première vue nos Trissotins et nos Vadius jusque sous leurs airs galants et rajeunis ; c'est ne pas se laisser prendre aujourd'hui plus qu'autrefois à l'éternelle Philaminte, cette précieuse de tous les temps, dont la forme seulement change et dont le plumage se renouvelle sans cesse ; c'est aimer la santé et le droit sens de l'esprit chez les autres comme pour soi. — Je ne fais que donner la note et le motif ; on peut continuer et varier sur ce ton.

Aimer et préférer ouvertement Corneille, comme le font certains esprits que je connais, c'est sans doute une belle chose et, en un sens, bien légitime ; c'est vouloir habiter et marquer son rang dans le monde des grandes âmes : et pourtant n'est-ce pas risquer, avec la grandeur et le sublime, d'aimer un peu la fausse gloire, d'aller jusqu'à ne pas détester l'enflure et l'emphase, un air d'héroïsme à tout propos? Celui qui aime passionnément Corneille peut n'être pas ennemi d'un peu de jactance.

Aimer, au contraire, et préférer Racine, ah! c'est sans doute aimer avant tout l'élégance, la grâce, le naturel et la vérité (au moins relativement), la sensibilité, une passion touchante et charmante; mais n'est-ce pas cependant aussi, sous ce type unique de perfection, laisser s'introduire dans son goût et dans son esprit de certaines beautés convenues et trop adoucies, de certaines mollesses et langueurs trop chères, de certaines délicatesses excessives, exclusives? Enfin, tant aimer Racine, c'est risquer d'avoir trop de ce qu'on appelle en France le goût et qui rend si dégoûtés.

Aimer Boileau... mais non, on n'aime pas Boileau, on l'estime, on le respecte; on admire sa probité, sa raison, par instants sa verve, et, si l'on est tenté de l'aimer, c'est uniquement pour cette équité souveraine qui lui a fait rendre une si ferme justice aux grands poëtes ses contemporains, et en particulier à celui qu'il proclame le premier de tous, à Molière.

Aimer La Fontaine, c'est presque la même chose qu'aimer Molière; c'est aimer la nature, toute la nature, la peinture naïve de l'humanité, une représentation de la grande comédie « aux cent actes divers, » se déroulant, se découpant à nos yeux en mille petites scènes avec des grâces et des nonchalances qui vont si bien au bonhomme, avec des faiblesses aussi et des laisser aller qui ne se rencontrent jamais dans le simple et mâle génie, le maître des maîtres. Mais pourquoi irais-je les diviser? La Fontaine et Molière, on ne les sépare pas, on les aime ensemble.

Lundi 20 juillet 1863.

DON CARLOS ET PHILIPPE II

PAR M. GACHARD (1).

DON CARLOS ET PHILIPPE II

PAR M. CHARLES DE MOUY (2).

Je ne sais pas, dans le moderne, de plus frappant désaccord entre la tradition ou, si l'on aime mieux, la légende littéraire et poétique et la vérité historique, de plus éclatant démenti donné par celle-ci à l'autre que l'histoire de don Carlos, fils de Philippe II. Je ne sais pas d'exemple plus propre à marquer la difficulté de condition qui est faite dorénavant aux poëtes modernes, condition la plus opposée à celle des poëtes de l'Antiquité, lesquels, avant l'institution de la critique, avaient

(1) Deux vol. in-8°, Bruxelles, chez Devroy, rue de Louvain, 40.
(2) Un vol. in-18, Paris, librairie de Didier, quai des Augustins, 35.

pour eux et en faveur de leurs créations les bruits, les fables, les erreurs répandues dans l'air, pourvu qu'elles fussent touchantes et de nature à exciter l'intérêt. Aujourd'hui tout cela n'existe plus ou vient se briser contre les faits, les pièces authentiques, les papiers d'État qui sortent tôt ou tard de leur poussière. Il n'y a plus guère moyen de mentir; il n'y a plus moyen surtout d'inventer en l'air et de rêver.

Don Carlos a été longtemps réputé sujet de roman et de tragédie. Saint-Réal a commencé et a écrit, dans ce genre spécieux de la nouvelle historique, un petit roman aussi faux dans son genre que les grands romans de Mlle de Scudéry, mais qui avait cela de plus insidieux d'être court, vraisemblable, insinuant, et de marcher d'un style sage et vif, qui n'eût pas craint la comparaison avec celui de Mme de La Fayette. La nouvelle de Saint-Réal ne se présentait qu'appuyée et comme escortée du témoignage des historiens espagnols ou français, dont les noms étaient même cités au bas des pages; elle était composée de manière à faire illusion. Schiller y fut pris. Chez Saint-Réal, l'amour de la reine Élisabeth pour le jeune prince son beau-fils, et de celui-ci pour elle, faisait la donnée principale et charmait les cœurs tendres ; le marquis de Posa, cet ami généreux de don Carlos, n'était qu'indiqué. Schiller, en embrassant ce sujet avec ses idées absolues, son libéralisme exalté d'avant 93, son humanitarisme sans limite, féconda le tout et créa ce caractère idéal du marquis de Posa, qui parut bien dès lors à tout le monde d'un anachronisme trop manifeste pour un homme du seizième siècle, mais qui fut accepté néanmoins à la faveur de sa fougue vertueuse et d'un souffle de grandeur. Ce contraste du roi le plus sombre et le plus despotique, maître de tant de royaumes, et du cœur républicain le plus brûlant, le plus épanoui, le plus vaste, battant pour toute l'humanité et enveloppant dans son amour le monde entier, avec toutes les races futures, visant à réaliser au plus tôt le bonheur de l'espèce ou par le fils, le royal héritier de tant de sceptres, ou directement par le père même dès qu'il se flatte d'avoir action et prise sur lui, ce contraste une fois admis amenait des scènes d'un grand effet et d'une beauté morale saisissante, toujours à la condition de se laisser enfermer dans le cercle magique du poëte. Mais, hélas ! aujourd'hui ce cercle est rompu, et il n'y a plus de baguette d'enchanteur qui puisse le reformer. Nous avons besoin pour ne pas sourire de pitié à la vue de ces conceptions grandioses, envolées en fumée et pour jamais évanouies, de nous souvenir de cette parole même du marquis de Posa : « Dites-lui, quand il sera homme, de garder du respect pour les rêves de sa jeunesse. » C'étaient en effet de purs rêves, c'étaient des jeux d'enfant sublime que ces scènes de Schiller ; ce sont des monstruosités de grandeur comme se les figure volontiers l'enfance dans ses contes d'ogres et de géants : et la première jeunesse, après l'enfance, est sujette à avoir aussi ses contes d'ogres et de géants au moral. Schiller fut long à s'en dégager, si tant est qu'il s'en dégagea jamais. Oh ! que les personnages du théâtre grec sont différents ! Comme ils expriment du moins, même dans les données mythologiques, des sentiments humains et naturels de tous les temps! comme ils ne sont pas nés dans les hauteurs métaphysiques de l'âme et descendus par degrés des nuages de la pensée! Et pourtant il est heureux pour Sophocle et Euripide, et pour l'honneur entier de leurs tragédies, que la légende ait régné dans l'antiquité sans partage, et nous ne pouvons savoir toute la gravité de l'échec qu'auraient subi leurs héros si l'on avait retrouvé au temps d'Aristote la correspondance d'Oreste et si l'on avait publié les *papiers de Simancas* de la famille d'Agamemnon.

Aujourd'hui donc, c'en est fait de toute tragédie au sujet de don Carlos. Nous avons le dernier mot de la vraie chronique à son sujet. Nous le devons à M. Gachard, ce savant et modeste archiviste de Bruxelles, qui s'est borné longtemps à publier des pièces capitales, fondement de l'histoire, et qui n'a lui-même abordé qu'assez tard ces fonctions et ce ministère d'historien dont il est si digne. Un jeune écrivain français, de ceux qui s'occupent d'études sérieuses, M. de Mouy, venait de publier sur ce même épisode un volume très-consciencieux, très-estimable, puisé en partie aux mêmes sources et arrivant à très-peu près aux mêmes résultats. M. de Mouy doit, ce me semble, bien moins se plaindre que se féliciter de voir l'ouvrage de M. Gachard paraître sitôt après le sien et le dépasser sur plus d'un point; c'est moins pour lui une défaite qu'une confirmation, c'est moins un désagrément qu'un honneur, de se rencontrer ainsi avec un maître de la science et de le voir donner raison presque entièrement à ses recherches et à ses conclusions judicieuses. L'Académie française, qui vient de remarquer et de couronner l'ouvrage de M. de Mouy, lui dira bientôt d'une manière flatteuse, et par un organe éloquent, tous ses mérites (1). Nous nous attacherons ici au livre de M. Gachard comme à celui du meilleur guide, de l'historien qui tient de longue main tous les fils de cette histoire, et qui a su en faire le tissu le plus solide et le plus ferme.

I.

Don Carlos, mort à vingt-trois ans, naquit le 8 juillet 1545, de Philippe, prince d'Espagne, alors âgé de dix-huit ans, et de la princesse doña Maria de Portugal ;

(1) Voici le passage du rapport de M. Villemain, lu à la séance du 23 juillet 1863 : « Une étude d'histoire bien faite et dictée par un grand scrupule de vérité, une réhabilitation — partielle, il est vrai,— de Philippe II, obtient la même distinction (il venait d'être question d'un livre sur Turgot). C'est l'ouvrage de M. Charles de Mouy, *Don Carlos et Philippe II*. A l'intérêt que le roman et le théâtre avaient jeté sur l'infortuné don Carlos, à cet amour partagé qui aurait fait deux victimes, à cet enthousiasme de philosophie et de liberté dont le prince espagnol aurait été le complice et le martyr, est substitué, d'après des pièces authentiques, le récit d'une longue démence et d'une maladie terminée par la mort. Il n'y a plus rien des fictions de Saint-Réal, ni des rêves généreux et des crimes atroces mis en tragédie par Schiller et Alfieri. Mais il reste la justice de l'histoire sur le souverain qui rendit contre lui toute calomnie vraisemblable, et mérita même les mensonges accusateurs qu'il encourut. Il reste le pathétique de la vérité, assez touchante par elle-même. »

sa mère mourut quatre jours après l'avoir mis au monde. Sa naissance procura une immense joie à son aïeul Charles-Quint, alors en Allemagne, joie sitôt attristée par la seconde nouvelle funèbre. Il paraît que dès le sein et en tétant, don Carlos marqua des instincts étranges : « Non-seulement il mordait, dit-on, mais encore il mangeait le sein de sa nourrice ; il en eut jusqu'à trois auxquelles il fit des morsures telles qu'elles faillirent en mourir. » Il fut très-long avant de prononcer un mot, et l'on put craindre qu'il ne restât muet. Le premier mot qu'il prononça, âgé déjà de cinq ans, fut le mot *non*. Sur quoi Charles-Quint plaisanta, en disant que l'enfant avait bien raison de dire *non* à tout ce que dépensaient et prodiguaient son aïeul et son père. Tout en parlant, il bégayait, et on ne lui coupa le filet qu'à vingt et un ans. On lui donna une noble et affectionnée gouvernante ; il passa sa première enfance sous la surveillance de ses tantes, les princesses doña Maria et doña Juana. Lorsque cette dernière dut le quitter pour aller à Lisbonne épouser le prince de Portugal, don Carlos éprouva une vive douleur : « Que va devenir l'enfant, s'écriait-il avec sanglots et en s'attendrissant sur lui-même, seul ici, sans père ni mère, l'aïeul étant en Allemagne et mon père à Monzon ? » Ce n'était pas de sensibilité qu'était dépourvu don Carlos, mais il avait la sensibilité impétueuse et le plus souvent mal éclairée et mal réglée. A sept ans, on le mit entre les mains des hommes, et on lui donna pour précepteur Honorato Juan, un personnage des plus estimés, très-instruit et bon, et qui s'attacha à son élève.

Les commencements de cette éducation ne furent pas mauvais, et l'on pouvait s'en promettre mieux que ce qui en sortit.

Cependant Charles-Quint abdique et vient terminer sa carrière de grandeur et de fatigue au monastère de Yuste. Don Carlos marqua une vive joie à l'arrivée de son aïeul et une extrême impatience de le voir; il voulait aller à sa rencontre. En général l'impatience fut un des caractères de cette nature impuissante et faible, incapable de se contenir et de se gouverner. Charles-Quint, en passant à Valladolid, y vit pour la première fois ce petit-fils qu'il ne connaissait pas encore et qui devenait l'héritier présomptif d'une moitié de son empire; don Carlos avait onze ans.

« On rapporte qu'un jour où il lui faisait le récit de ses entreprises de guerre, il le trouva si attentif qu'il en éprouva un plaisir extrême; il s'émerveilla surtout lorsque, lui ayant dit la nécessité où l'électeur Maurice le mit de s'enfuir (à Inspruck), le jeune prince lui déclara qu'il était content de ce qu'il venait d'entendre, mais que, pour lui, il n'aurait jamais pris la fuite. L'empereur eut beau lui expliquer qu'il y avait été contraint par le manque d'argent, de capitaines et de soldats, ainsi que par l'indisposition de sa personne : il répondit toujours qu'il n'aurait jamais voulu fuir. L'empereur chercha à lui faire comprendre alors que, s'il y avait un pareil nombre de ses pages qui eussent cherché à s'emparer de lui, il lui aurait bien fallu prendre la fuite : il répliqua tout en colère, au milieu des éclats d'admiration et de rire de l'empereur et des personnes qui étaient présentes, que lui jamais ne se serait enfui. »

Je doute que ce trait d'obstination d'un Charles le

Téméraire en herbe ait causé autant d'admiration à l'empereur qu'on le dit. Don Carlos, en tout, voulait obstinément et aveuglément tout ce qu'il désirait. Charles-Quint avait apporté des Pays-Bas un poêle pour chauffer sa chambre : don Carlos le vit et le voulut. Son grand-père fut obligé de lui dire : « Tu l'auras quand je serai mort. » On rapporte cet autre mot très-probable du vieil empereur à la reine Éléonore : « Il me semble qu'il est très-turbulent; ses manières et son humeur ne me plaisent guère ; je ne sais ce qu'il pourra devenir un jour. » Son gouverneur, don Garcia de Tolède, dans une lettre à l'empereur où il rend compte du régime et de l'éducation du prince, le montre en bonne santé à cet âge, « quoique n'ayant pas bonne couleur, » peu avancé dans ses études, s'y livrant de mauvaise grâce ainsi qu'aux exercices du corps qui forment le cavalier et le gentilhomme, ne faisant rien en aucun genre que par l'appât d'une récompense, et en tout « très-évaporé. » On insista beaucoup auprès de Charles-Quint, retiré à Yuste, pour qu'il y laissât venir quelque temps le jeune prince; on espérait que l'autorité de l'aïeul aurait quelque influence sur lui pour le réformer et l'exciter. Charles-Quint, lassé et près de sa fin, ferma l'oreille à ces sollicitations. Un ambassadeur vénitien, qui était à la source de tous les bruits dans les Pays-Bas et qui paraît bien informé, écrivait vers ce temps au Sénat de Venise :

« Le prince don Carlos est âgé de douze ans. Il a la tête disproportionnée au reste du corps. Ses cheveux sont noirs. Faible de complexion, il annonce un caractère cruel. Un des traits qu'on cite de lui est que, lorsqu'on lui apporte des lièvres pris en chasse, ou d'autres animaux semblables, son plaisir est de les voir rôtir vivants. On lui avait fait cadeau d'une tortue de grande espèce : un jour, cet animal le mordit à un doigt; aussitôt il lui arracha la tête avec les dents. Il paraît devoir être très-hardi et extrêmement porté pour les femmes. Quand il se trouve sans argent, il donne à l'insu de la princesse ses chaînes, ses médailles et jusqu'à ses habillements. Il aime à être vêtu avec pompe... Tout en lui dénote qu'il sera d'un orgueil sans égal : car il ne pouvait souffrir de rester longtemps en présence de son père ni de son aïeul, le bonnet à la main. Il est colère autant qu'un jeune homme peut l'être, et obstiné dans ses opinions... Son précepteur s'attache uniquement à lui expliquer les *Offices* de Cicéron, afin de modérer l'impétuosité de son caractère ; mais don Carlos ne veut presque toujours parler que des choses de la guerre et lire que des ouvrages qui s'y rapportent. Si quelqu'un des sujets de son père va lui faire de ces protestations dont on use ordinairement avec les princes, il les reçoit, et, le prenant à part, il le force à jurer, en un livre, qu'il le suivra dans toutes les guerres où il ira ; il le contraint ensuite à accepter à l'instant même quelque présent. »

L'excellent précepteur, avec son *De Officiis*, fut de tout temps impuissant, on le conçoit, à modérer la fougue de ce jeune poulain vicieux de nature. Cet honnête homme eut la loyauté d'avertir le roi du peu de progrès que faisait son fils et du peu de fruit qu'il tirait des leçons les plus assidues : Philippe II, dans sa patience, ne désespérait pourtant pas encore, et son affection paternelle ne semble avoir reçu aucune atteinte de ces premières impressions défavorables.

Le livre de M. Gachard dépasse son cadre, et don Carlos y disparaît quelquefois dans la bordure. Il y a, à cet endroit, des pages curieuses sur les menaces d'invasion du luthéranisme en Espagne et sur les auto-dafé qui les réprimèrent (mai 1559). Plus tard, il y aura des chapitres tout entiers consacrés à la révolte des Pays-Bas et aux causes qui amenèrent cette révolution : ce sont des chapitres d'histoire où l'auteur intervient à peine et où, parlant le moins possible en son nom, il ne vous fait marcher avec lui que sur des extraits enchâssés, tirés des documents originaux : méthode des plus solides et des plus sûres.

Philippe II se remarie à Élisabeth de France, sœur des Valois (janvier 1560). En arrivant à Tolède, la nouvelle reine fut reçue par don Carlos, et à la vue de ce jeune prince déjà malade de la fièvre et tout exténué, cette jeune femme fut saisie d'un mouvement de compassion et de tendre pitié qui se peignit sur son visage et dans son regard : don Carlos le sentit, fut touché de son accueil, et « dès ce moment il conçut pour elle des sentiments de respect et de déférence qui ne se démentirent jamais depuis. » C'est à cette limite qu'il convient de s'arrêter, et rien de ce que les romanciers et poëtes ont imaginé d'un sentiment mutuel entre la reine et son beau-fils n'a le moindre fondement ni même le moindre prétexte historique.

Philippe II, ayant besoin d'argent, avait décidé de convoquer les cortès de Castille, et, en même temps il voulut que les représentants de la nation reconnussent pour son futur héritier le prince des Asturies, ce don Carlos déjà si compromis de santé morale et physique. La prestation solennelle du serment eut lieu le 22 février 1560 ; le prince était dans sa quinzième année. Vêtu avec magnificence, monté sur un cheval blanc richement caparaçonné, sa mine chétive et blême contrastait singulièrement avec celle de son jeune oncle, don Juan d'Autriche, qui était à sa gauche dans le cortége, et qui montrait à la foule, dans toute sa fleur de bonne grâce et d'audace, le futur vainqueur de Lépante. Après la messe pontificalement célébrée, au moment du baise-main, on remarqua les moindres circonstances. Lorsque la princesse doña Juana se fut levée la première à l'appel, qu'elle fut allée devant le cardinal de Burgos célébrant, et que, la main posée sur les Évangiles, elle eut juré fidélité et obéissance à son neveu, elle voulut, en revenant à sa place, baiser la main du prince : il refusa, par respect, de la lui donner et l'embrassa. Don Juan vint ensuite et, le serment prêté, il fit une profonde révérence à don Carlos, lui baisant la main malgré sa résistance : c'est que don Carlos voyait surtout en lui un camarade et un ami. Cette façon d'agir annonçait un naturel aimant et reconnaissant. Mais, sur la fin de la cérémonie, le duc d'Albe, qui y avait présidé en qualité de grand maître de la maison du roi, se présenta le dernier pour le serment, et comme au retour il allait oublier de baiser la main du prince, don Carlos le lui rappela par un regard de mécontentement et de courroux. Le duc s'excusa, le prince l'embrassa ; mais le mouvement avait été remarqué.

Cet héritier chargé en idée de tant de couronnes, don Carlos se minait, consumé par une fièvre intermittente. Il semblait parfois se rétablir. Un accident vint mettre tout à coup ses jours en péril. Étant à Alcala, où on l'avait envoyé pour le bon air, il eut envie, quoique en général il fût assez peu porté pour les femmes, de rencontrer la fille du concierge qui était à son gré et qu'on voulait l'empêcher de voir. S'étant engagé dans un escalier obscur qui conduisait au jardin, lieu du rendez-vous, il fit une chute et se blessa grièvement à la tête (19 avril 1562). A la nouvelle du fâcheux accident, Philippe II fut plein d'inquiétude et manifesta le plus grand intérêt pour l'état de son fils. Il ordonna des prières publiques et des processions par tout le royaume ; il passa des heures en prière, et voulut assister et présider aux consultations des médecins. Il se mit bientôt en route lui-même pour Alcala, emmenant avec lui l'illustre anatomiste Vésale et un autre médecin de sa chambre. Aux tendres soins qu'il prodigua au malade pendant toute la crise, personne n'eût pu deviner la suite, et un témoin oculaire disait à l'ambassadeur de Florence quelques jours après, que « voir le prince dans son lit, la pâleur de la mort sur le visage, avait été certes un sujet de grande compassion, mais que voir le roi servir incessamment son fils, les yeux remplis de larmes, avait été un spectacle à faire pleurer les pierres. » Chacun, au reste, rivalisa de soins et de zèle ; à cette époque, il est bien clair que ni son père ni personne dans l'État ne désespérait encore du moral du jeune prince âgé de dix-sept ans, et ce fut, par toute l'Espagne, à qui ferait des vœux et des dévotions extraordinaires pour obtenir du Ciel sa guérison et son salut. Le traitement de Vésale paraît avoir eu de bons effets : le toucher des reliques d'un religieux, Fray Diego, mort en état de sainteté il y avait quelque cent ans, et dont on fit apporter processionnellement le corps dans la chambre du malade, fut réputé aussi une des causes du rétablissement. Don Carlos crut voir, de plus, ce religieux lui apparaître en songe et lui dire qu'il ne mourrait pas cette fois. A peine debout et convalescent, un de ses premiers soins fut de se peser, « afin d'accomplir le vœu qu'il avait fait, au plus fort de sa maladie, d'offrir en cas de guérison quatre fois son poids en or et sept fois son poids en argent à plusieurs maisons religieuses. » La vue du prince qui leur était rendu fit éclater parmi les grands et parmi le peuple une allégresse universelle. Le genre humain s'est pris de tout temps, avec une facilité extrême, à ces espérances prématurées.

II.

C'est bien peu après ce dernier et court moment d'illusion que la conduite de don Carlos vint derechef affliger son père, et lui mettre au cœur une de ces épines que les pères ambitieux ressentent peut-être encore plus vivement que les autres. Les cortès d'Aragon, de Valence et de Catalogne, étant, après bien des retards, convoquées à Monzon, le roi avait dessein d'y faire reconnaître son fils pour héritier de la monarchie, de même qu'il l'avait déjà présenté pour tel aux cortès de Castille. Mais don Carlos, pour s'être livré aux excès et déréglements qui lui étaient habituels, surtout dans le manger, retomba malade et ne put se rendre à Monzon ; les cortès ne voulurent pas reconnaître le prince par procuration. Don Carlos étant retourné à Alcala, et se sentant miné de plus en plus par le mal, eut alors l'idée de faire son testament (mai 1564). Cet acte qu'on possède témoigne, de sa part, de sentiments honorables et meilleurs que ses actions : ce n'étaient pas les bons mouvements qui manquaient à ce malheureux prince, mais c'était la suite, la force de les régler, de tempérer ses impatiences et de réprimer ses penchants vicieux : il était en tout d'une organisation instable, défectueuse. Le char aux roues inégales était mal attelé et manquait de cocher.

Tous les jugements des ambassadeurs et résidents étrangers concourent et s'accordent à ce sujet. Le baron de Dietrichstein, ambassadeur impérial à Madrid, s'exprimait ainsi dans une dépêche écrite dès son arrivée (22 avril 1564), et avant d'avoir vu le jeune prince :

« Les informations que j'ai obtenues jusqu'à présent sur le prince d'Espagne sont peu satisfaisantes. A ce qu'on dit, il a le teint blanc et les traits réguliers, mais il est d'une pâleur excessive. Une de ses épaules est plus haute que l'autre ; il a la jambe droite plus courte que la gauche. Il bégaye légèrement. En beaucoup de choses il montre un bon entendement ; en d'autres, un enfant de sept ans ferait preuve d'autant de raison que lui. Il veut tout savoir et pose quantité de questions, mais sans jugement et *in nullum finem*, plutôt par habitude qu'autrement. Jusqu'ici on n'a pu remarquer s'il a de nobles inclinations, ni voir à quoi il est porté, si ce n'est au plaisir de la table : car il mange tant et avec tant d'avidité que ce n'est pas à dire, et à peine il a fini qu'il est prêt à recommencer. Ces excès de table sont la cause de son état maladif, et bien des personnes pensent qu'en continuant de la sorte il ne pourra vivre longtemps. Il ne fait aucun exercice. Quand il s'est proposé quelque chose, il le poursuit avec ardeur. Il ne connaît pas de frein à sa volonté : pourtant sa raison n'est pas assez développée pour lui faire discerner le bon du mauvais, le nuisible de l'avantageux, ce qui est convenable de ce qui peut ne pas l'être. »

Et le 29 juin suivant, après l'avoir vu :

« Le prince se porte maintenant assez bien. Le portrait que je puis faire de lui à Votre Majesté ne différera pas beaucoup de celui que j'ai fait précédemment. Il est assez bien de figure, et ses traits ne sont pas désagréables. Il a les cheveux bruns et lisses, la tête médiocre, le front assez peu élevé, les yeux gris, les lèvres moyennes, le menton un peu long, la figure très-pâle. Rien en lui ne rappelle le sang des Habsbourg. Il n'est pas large des épaules, ni d'une taille élevée ; l'une de ses épaules est un peu plus haute que l'autre. Sa poitrine rentre ; il a une petite bosse au dos, à la hauteur de l'estomac. Sa jambe gauche est beaucoup plus longue que la droite, et il se sert moins facilement de tout le côté droit que du côté gauche. Il a les cuisses assez fortes, mais mal proportionnées, et il est faible des jambes. Sa voix est fine et fluette ; il éprouve de la gêne quand il commence à parler, et les mots sortent difficilement de sa bouche ; il prononce mal les *r* et les *l;* en somme toutefois, il sait dire ce qu'il veut, et parvient à se faire comprendre assez bien. »

Suivent quelques détails sur son moral, un peu mêlés, et où il entre du pour et du contre. Le physique revient à la fin et nécessairement puisqu'il peut être question, d'un moment à l'autre, de marier avec une archiduchesse ce riche héritier de tant de royaumes. Est-il habile ou non au mariage? On se posait la question, et le prince avait pour lors dix-neuf ans. La conclusion prudente et toute politique du baron de Dietrichstein était :

« Don Carlos est un prince infirme et faible ; mais, en revanche, il est le fils d'un puissant monarque. »

Les envoyés vénitiens, ces grands diplomates qui se trouvent être aussi de grands peintres, écrivaient de leur côté à leur Sénat, avec encore moins de façons et d'ambages :

« Le prince don Carlos est très-petit de taille. Sa figure est laide et désagréable. Il est de complexion mélancolique : c'est pourquoi il a, pendant trois ans, presque sans interruption, souffert de la fièvre quarte, avec aliénation d'esprit parfois : accident d'autant plus notable chez lui, qu'il paraît en avoir hérité de son grand-père et de sa bisaïeule (Jeanne la folle). Par suite d'une aussi longue maladie, mais plus encore de celle dont il a été atteint en dernier lieu, et dont, selon l'opinion commune, il a été délivré miraculeusement, il est demeuré extrêmement faible et languissant, outre que, de sa nature, il n'a pas beaucoup de santé ni de vigueur... Lorsqu'il est passé de l'enfance à la puberté, on ne l'a vu prendre plaisir ni à l'étude, ni aux armes, ni à l'équitation, ni à d'autres choses vertueuses, honnêtes et plaisantes, mais seulement à faire mal à autrui. Ainsi, quand des personnes qui lui paraissent de peu de considération se présentent devant lui, il leur fait donner le fouet ou la bastonnade, et il n'y a pas longtemps qu'il voulait absolument que quelqu'un fût châtré. Il n'aime personne, qu'on sache ; mais il y a beaucoup de gens qu'il hait à mort. Il est enchanté de recevoir des présents et il les recherche, mais il n'en fait point aux autres. Dans tout il montre de la répugnance à être utile et une très-grande inclination à nuire. Il est ferme, obstiné même, dans ses opinions. Il parle avec difficulté et lenteur, et ses paroles manquent de suite. Eu égard à son âge de dix-sept ans (1), il s'entend très-peu aux choses du monde, et quoique les Espagnols, qui ont coutume d'exagérer leurs faits et de s'émerveiller de tout, exaltent quelques questions qu'il adresse indistinctement à tous ceux qui l'approchent, d'autres, avec plus de fondement peut-être, tirent de l'inopportunité de ces questions un argument peu favorable à son intelligence. »

Voilà la triste vérité que notre bon compagnon et compatriote Brantôme vient confirmer et relever de sa manière gaillarde et piquante, ne fût-ce que par ce seul petit trait :

« Moi étant en Espagne, il me fut fait un conte de lui, que son cordonnier lui ayant fait une paire de bottes très-mal faites, il les fit mettre en petites pièces et fricasser comme tripes de bœuf, et les lui fit manger toutes devant lui, en sa chambre, de cette façon. »

Quand un prince de dix-neuf ans en est là, il me semble qu'il est jugé à jamais et que son avenir est écrit plus clairement que dans les astres. Tel était, vu de près et selon des témoins venus d'Allemagne, d'Italie et de France, le héros de roman et de drame poétisé et platonisé à distance par Schiller, celui dont

---

(1) Lisez dix-huit ans; la dépêche est de 1563.

il a voulu faire, en plein xvie siècle, le Cid et le Rodrigue des idées libérales du xviiie.

Une seule bonne qualité surnageait au milieu de tant de travers et de vices, c'était son sentiment d'affectueuse déférence pour sa jeune belle-mère, la reine Élisabeth, dont la bonté compatissante et gracieuse l'avait touché.

Jamais prince d'ailleurs ne ressembla moins à son père. M. Gachard, instituant le contraste et l'antithèse, trace, de Philippe II, à cette occasion, un portrait développé, que j'appellerai admirable dans son impartialité. Il y a là trente pages (p. 237-266) d'une texture exacte et parfaite. Ce portrait, qui se compose tout entier de mots et de traits originaux rapportés, me donne au plus haut degré le sentiment de la vérité et de l'équité historique, et ceux qui ont une fois goûté à ce genre sobre et sain sont guéris à jamais du clinquant, du flambant, du faux enthousiaste, du faux pittoresque, du faux lyrique.

Ce portrait, après tout, est celui d'un roi et d'un personnage politique qu'on peut haïr, mais qui se fait respecter et compter pour sa tenue, sa consistance et sa hauteur : le caractère de don Carlos est celui d'un pauvre enfant, gourmand, brutal, extravagant, incapable de rien avec suite et capable de tout dans un accès de fureur. Une fois que la mésintelligence se fut mise entre le roi et lui, les choses allèrent vite. Philippe II, il faut le dire, s'il cessa bientôt d'être père dans sa manière de juger son fils, ne cessa pas un instant d'être roi. L'idée, en partie fausse, mais haute du moins et sévère, qu'il se faisait des droits et des devoirs de la royauté, ne l'abusa point en ceci : il se dit que ce serait une calamité pour ses peuples et une honte pour lui comme pour sa race d'avoir un tel rejeton et successeur après soi sur le trône. Il n'en admettait même pas la pensée. La reine Élisabeth accoucha vers ce temps et lui prouva qu'il y avait à espérer de ce côté une nouvelle tige féconde. Don Carlos ayant été choisi pour être parrain de ce premier enfant, une fille, il se trouvait tellement débile qu'il ne put tenir lui-même l'infante sur les fonts et la rapporter de la chapelle du château dans la chambre de la reine : il fallut que don Juan lui rendît ce service. Don Carlos, selon l'énergique expression d'un ambassadeur, n'avait de force que *dans les dents*.

On ne manquait pas d'agiter pour ce triste héritier bien des projets de mariage ; son alliance était recherchée et au concours. Le parti qui souriait le plus à don Carlos était l'archiduchesse Anne, sa cousine. Philippe II, serré de près et mis en demeure de se décider pour rendre réponse à son cousin d'Autriche, différait sans donner les vraies raisons.

Les troubles des Pays-Bas survinrent. Rien ne prouve que don Carlos ait été sérieusement en pourparler avec les ambassadeurs belges qui vinrent à Madrid pour traiter de ces affaires épineuses. N'y eut-il pas cependant quelques ouvertures dont Coligny fut informé et dont il parla vaguement à Catherine de Médicis ? On ne peut rien conclure de ces demi-mots mystérieux, sinon que le père et le fils étaient mal ensemble. Don Carlos espérait que son père irait à Bruxelles, et il comptait bien l'y accompagner. Lorsque ensuite on s'aperçut que ce projet de voyage royal n'était qu'une feinte, il s'en montra très-irrité et pensa à s'y rendre lui-même; c'était moins sans doute dans la vue de se lier avec un parti politique et avec des hérétiques que pour échapper au joug paternel trop pesant de près, et pour pouvoir se livrer avec plus de liberté à son agitation turbulente. Les incartades publiques de ce prince se multipliaient de jour en jour. Une des plus éclatantes fut son allocution aux cortès de Castille convoquées en décembre 1566. Les cortès, dès leurs premières conférences, avaient agité la question du gouvernement que le roi laisserait en Espagne, dans la supposition du voyage à Bruxelles, et la majorité avait été d'avis que si le monarque partait, l'héritier du trône au moins demeurât. Don Carlos, irrité de cette décision qui contrariait ses désirs, profita d'une absence de Philippe, alors en retraite à l'Escurial pour les fêtes de Noël; il se fit ouvrir la salle du palais où les cortès étaient réunies et lança, à la stupéfaction de tous, l'allocution suivante :

« Vous devez savoir que mon père a le dessein d'aller en Flandre et que j'entends de toute manière y aller avec lui. Aux dernières cortès, vous eûtes la témérité de supplier mon père qu'il me mariât avec la princesse ma tante. Je trouve fort singulier que vous vous mêliez de mon mariage qui ne vous regarde pas, et je ne sais pourquoi vous prétendez que mon père me marie plutôt avec l'une qu'avec l'autre. Je ne voudrais pas que la fantaisie vous vînt maintenant de commettre une nouvelle témérité, en suppliant mon père de me laisser en Espagne. Je vous engage à ne pas faire cette demande; car les députés qui la feraient pourraient me tenir pour leur ennemi capital, et j'emploierais tous mes moyens à les détruire. »

Cela dit, il tourna le dos aux députés et sortit de la salle. C'était là de ses gentillesses.

D'ailleurs il battait ses gens, les gentilshommes mêmes de sa maison; sur la moindre contradiction, il donnait du poing à l'un, un soufflet à l'autre, menaçait un troisième du poignard. Un jour, passant dans la rue, un peu d'eau lui tomba sur la tête de la fenêtre d'une maison : il commanda qu'on brûlât la maison et qu'on mît à mort tous les habitants. Il fallut que ceux qu'il avait envoyés à cet effet prétextassent qu'ils avaient rencontré le saint Viatique qu'on portait dans la maison au moment où ils se présentaient.

Dans ses fureurs il ne connaissait personne. Le duc d'Albe, nommé pour aller commander aux Pays-Bas, ne put se dispenser d'aller prendre congé du prince à Aranjuez où il était alors. Mais, à sa vue, don Carlos entra dans une soudaine colère, lui fit une scène des plus violentes, et finit par tirer son poignard en criant: « Vous n'irez pas en Flandre, ou je vous tue. » Il fallut tout l'effort du duc pour l'arrêter à deux reprises et lui retenir les mains, jusqu'à ce qu'on accourût au bruit.

III.

Injures et sévices contre le premier venu, insultes et algarades de nuit, prodigalités folles, emprunts par force à des marchands et banquiers auxquels il ne rendait jamais, à côté de cela une superstition crasse, — je passe sur toutes ces folies et extravagances, parmi lesquelles la plus grotesque, assurément, fut la façon dont il crut devoir s'y prendre pour réfuter les mauvais bruits qui couraient sur son inhabileté au mariage. Un tel prince, héritier reconnu du trône, était un scandale pour tous et un danger. Le projet de fuite clandestine qu'il machina dès qu'il vit le voyage de Bruxelles manqué, projet aussi imprudent que coupable, dont le roi fut informé dès l'origine et à tous les moments, combla la mesure : il n'était pas possible qu'on laissât l'héritier de la monarchie s'insurger au dehors contre son père et contre l'État. Remarquez qu'au moment même où il se préparait à s'enfuir, don Carlos, ce séditieux d'un nouveau genre, se rendit au monastère de Saint-Jérôme près Madrid (27 décembre 1567) pour s'y confesser, y communier le lendemain et gagner le jubilé que le pape avait accordé à toute la chrétienté pour ce jour-là, qui était celui des Saints-Innocents. Mais, en se confessant, il déclara qu'il portait une haine mortelle à quelqu'un. Le prêtre là-dessus lui refusant l'absolution et don Carlos l'exigeant, on convoqua incontinent des théologiens. L'un d'eux prit à part le pénitent opiniâtre, et, à force de questions, lui arracha l'aveu que cet ennemi mortel qu'il haïssait, c'était son père. On en informa aussitôt Philippe II. Le roi, qui était à l'Escurial, procéda, selon son habitude, en toute lenteur.

Vingt jours après seulement (le samedi 17 janvier 1568), il revint à Madrid et, après en avoir conféré avec ses conseillers intimes, sa résolution fut prise. Le dimanche soir, dans la nuit du 18 au 19 janvier, il se rendit avec quelques-uns de ses ministres et un petit nombre d'hommes de sa garde dans la chambre de don Carlos qu'on trouva endormi. Philippe II, pour cette expédition nocturne, portait le casque en tête, une armure sous sa robe et une épée sous le bras. D'ordinaire, le prince s'enfermait, et la porte ne s'ouvrait que moyennant une mécanique dont il disposait de son lit. On y avait pourvu, pour cette nuit, en enrayant le ressort. On se saisit de ses armes qu'il avait toujours à son chevet. S'éveillant en sursaut et voyant paraître le roi derrière ses ministres : « Qu'est ceci? s'écria-t-il; Votre Majesté veut-elle me tuer? » On le rassura, on chercha à le calmer. En même temps le roi faisait clouer les fenêtres de sa chambre, enlever toutes les armes et pièces de fer, y compris les chenets. On s'empara de la cassette où étaient les papiers. Le désespoir de don Carlos fut sans égal; il passait de la supplication à la fureur; il menaçait de se tuer, et tenta même de le faire en se jetant dans la flamme de la cheminée. Sa captivité commençait.

Philippe sentit qu'il devait sans retard, et pour en bien fixer le caractère, informer de cet événement les principales autorités de son royaume et les souverains ses alliés, à l'étranger; des lettres furent écrites en ce sens pendant les jours suivants. Dans toutes ces lettres une pensée revient et se marque en termes exprès : c'est que ce n'est pas pour une offense ni pour une faute particulière, ni dans un but de châtiment, de correction et d'amendement, que le prince est enfermé, et qu'il ne l'est point, par conséquent, pour un temps limité : « Cette affaire a un autre principe et d'autres racines. » Ce principe, c'est la raison d'État qui frappe un héritier reconnu pour incapable, inepte et indigne, pour incurable, et qui l'interdit à jamais, si elle ne le retranche. En un mot, c'est le roi qui fait justice sur don Carlos, ce n'est pas le père. La lettre autographe du roi au pape, qu'on croyait perdue, qui faisait lacune dans les Archives du Vatican, dont la minute manque également dans les papiers de Simancas, mais dont M. Gachard a retrouvé la substance ou même la teneur dans une traduction latine, n'en dit pas davantage, et rien ne saurait faire soupçonner la sincérité de Philippe II dans cette explication si constante et si uniforme de sa conduite.

La prison de don Carlos devait être à perpétuité. On le transféra de sa chambre dans une tour voisine, plus sûre. On lui retira les gentilshommes de ses amis, on licencia sa maison; on régla tout le détail et l'ordre de sa captivité. Il avait toujours l'idée de se tuer, ou de se laisser mourir; il essaya d'abord du jeûne et s'abstint d'aliments pendant cinquante heures (fin de février); mais il n'eut pas la force de persévérer. Un jour il avala un anneau avec diamant qu'il portait au doigt, mais sans en venir à ses fins. Aux approches de Pâques, il se tourna à des actes de religion, et y trouva de l'adoucissement. Cela dura peu; il revint à l'idée de se détruire, et n'ayant pu y parvenir par excès de jeûne, il songea à le faire par excès de manger, ce qui était plus dans sa nature et dans ses goûts. Pâté de perdrix, croûte de pâté, mets épicés, glace et neige pour boisson, il en prit tant qu'il se tua. Il mourut, au commencement du septième mois de sa captivité, le 24 juillet, à une heure du matin, après avoir dicté, deux jours auparavant, un testament en bons termes, et faisant une fin très-chrétienne qui édifia ceux qui en furent témoins. Il avait vingt-trois ans et seize jours. Son père fut jusqu'au bout inflexible, et refusa de le voir.

La vérité, pour qui sent et réfléchit, est que ce père dur et farouche, quoique ayant eu raison au fond dans le jugement définitif et péremptoire qu'il porta de son fils, est très-peu intéressant, et le fils de son côté, on doit l'avouer, ne l'est pas davantage. Mais les peuples d'humeur mobile et d'impression superficielle se mirent aussitôt à regretter à l'excès un prince que chacun bafouait la veille, et dont l'existence, si elle s'était prolongée, eût pu être pour eux un malheur et un fléau; la pitié s'émut comme pour une victime; les poëtes qui ne cherchent que des thèmes le chantèrent; on se plut à voir dans sa fin rapide un mystère de machiavélisme et de ténèbres. En un mot, on put apercevoir, à cette occasion, comme flottants dans l'air, les germes de ce qui serait devenu en d'autres temps une légende, mais qui ne purent éclore qu'imparfaitement à cause du climat un peu froid et rigoureux qu'impose le régime de l'histoire.

IV.

Et maintenant, poëtes, romanciers, vous voilà avertis ; gardez-vous de l'histoire. Fussiez-vous Schiller, fussiez-vous son égal, je tremble toujours quand je vous vois l'aborder. Ces personnages historiques célèbres et tout entiers en lumière que vous prétendez faire agir et parler à votre guise, ces Charles Quint, ces Louis XIV, ces Richelieu en pied et debout, nous savons comment ils parlaient et surtout comment ils ne parlaient pas. Passe encore quand ce sont des femmes comme Marie Stuart que vous mettez en scène, il y a place jusqu'à un certain point au roman : mais les hommes d'État, mais les caractères connus, définis, ceux dont on a pu lire dans la matinée quelque parole ou acte mémorable, quelque dépêche mâle et simple, peut-on raisonnablement les entendre déclamer, rêver, rimer, métaphoriser, même en beaux vers, le soir ? Évitons, dans l'art sérieux, de rendre trop sensible le divorce entre la poésie et la vérité; la première ne peut qu'y perdre et se décréditer à vue d'œil. Il faut s'y résigner : la légende, cette fleur primitive, est morte ou se meurt chaque jour dans ce vaste champ défriché de toutes parts. Shakspeare, dont le drame a parfois égalé ou ressuscité l'histoire, a paru à la limite des âges modernes et des âges nébuleux. Un nouveau *Cid*, de nos jours, est impossible. De ce côté la poésie elle-même n'a plus que la vérité pour ressource. Dure condition, — qui sait? heureuse après tout peut-être. Que si vous voulez des légendes, poëtes, prenez-les ailleurs, à côté de l'histoire. Laissez les Philippe II et les don Carlos, prenez des don Juan, — je veux dire ceux de la fantaisie. Oh! ici, créez, variez, vous êtes libres, vous êtes maîtres. Sur ce nom demi-fabuleux, depuis Tirso de Molina, Molière, Mozart, jusqu'à Byron, Mérimée et Musset, chacun a joué à son tour et à sa guise; chacun a transformé le type à son image et l'a fait chaque fois original et nouveau. Que si les types connus et répétés vous ennuient, rien n'est épuisé; l'imagination et l'observation sont deux sources; ayez vos types tout neufs, ayez-les à vous, et, par votre talent, faites-les aussitôt vulgaires; opérez le miracle du poëte et dites-leur : *Vivez et marchez!* Mais l'histoire, chaque fois que vous voulez la toucher, consultez-la bien; elle est jalouse; respectez-la : tôt ou tard, chez les modernes, elle se venge du poëte qui l'a méconnue et lui inflige de sanglants démentis.

Lundi 27 juillet 1863.

LA GRÈCE EN 1863

PAR M. A. GRENIER (1).

« Ne revoyez jamais, dit Hoffmann, la beauté qui fut votre premier idéal dans la jeunesse. » Faut-il dire cela également des nations ? faut-il que celles que l'on a le plus admirées et plaintes, le plus exaltées et célébrées, nous fassent faute à quelques années de là, nous donnent le regret, la confusion et presque le remords de nos espérances, et que cette misérable vie qui, passé une certaine heure, se compose pour nous d'une suite d'affronts secrets et d'échecs individuels, ne puisse s'achever sans que nous ayons vu coucher l'un après l'autre tous nos soleils, s'abîmer dans l'Océan toutes nos constellations, pâlir au fond du cœur toutes nos lumières ? Ce n'est pas la faute des choses, c'est la nôtre. Nous étions jeunes, nous avions besoin d'un objet pu-

(1) Un vol. in-18, chez Dentu, Palais-Royal.

blic d'enthousiasme : il s'en présentait un devant nous, nous l'avons saisi. Plus il était lointain, plus il nous frappait d'éblouissement ; les vapeurs mêmes dont il nous apparaissait enveloppé l'exagéraient à nos yeux, comme la lune plus large quand elle se lève à l'horizon. Si nous avions été prudents et sages, si une première chevalerie ne nous avait pas emportés, ou si nous avions su y joindre (ce qui semble contradictoire et presque impossible, ce qui pourtant ne l'est pas absolument) une clairvoyance rapide et positive, nous serions moins déçus et moins étonnés après coup. Je suis persuadé que si dans cette brillante levée de jeunesse qui s'enrôla sur la foi de La Fayette pour voler au secours des insurgents de Boston, il y a eu quelque esprit fin, sagace, mordant, comme il s'en trouvait volontiers dans la jeune noblesse d'alors, il a dû, au retour et dans des conversations familières, rabattre beaucoup de l'idée exaltée qu'on se faisait des républicains de ce pays, et dénoncer déjà en eux le côté si peu idéal qui s'est marqué si vite, que Franklin connaissait et, en partie, personnifiait si bien. Les nations, comme les hommes, n'ont que d'illustres moments; aux jours de gloire et de grandeur morale qui méritent et obtiennent le triomphe, succèdent des journées monotones que le bon sens et une juste politique pratique doivent, sous peine de déchet, occuper tout entières et remplir. Amérique, Grèce, chère Italie aujourd'hui à l'œuvre ! vous n'avez pu échapper à cette loi ; il ne suffit pas d'exploits brillants et d'un jour, il faut une bonne conduite continue. La Grèce, depuis que ses dissensions intestines ont éclaté, depuis qu'elle a cru devoir se passer du roi modeste qu'elle avait gardé pendant trente ans et en quêter partout un autre, a présenté à ses anciens amis et admirateurs un spectacle bien digne de réflexion et qui reporte la pensée avec d'étranges vicissitudes vers des temps de meilleure mémoire.

Le volume de M. Grenier, qui débrouille aussi nettement que possible l'état présent, qui l'analyse et l'expose en pleine connaissance de cause, comme il sied à quelqu'un qui aime les Grecs, qui les a vus chez eux, qui leur a dû une hospitalité amicale et savante, et qui n'en désespère nullement, ce volume, toutefois, a surtout contribué à réveiller en moi tous les souvenirs contraires, et à me rendre, avec une certaine amertume qui ne déplaît pas à l'expérience, le sentiment de ces belles années où la Grèce n'était pas comme un malade atteint de maladie chronique, exposé à l'indifférence de tous, mais une héroïne saignante et une victime, une Andromède enchaînée et palpitante pour laquelle on s'enflammait.

I.

Aller en Grèce dès 1824, c'était, pour bien des âmes lassées et rassasiées de tout, le réveil moral, la guérison des passions factices, des vagues ennuis; — pour le vieux soldat des grandes guerres, c'était retrouver un digne emploi de son épée non rouillée encore; — pour le jeune homme en proie aux lâches oisivetés et aux

inoccupations rongeantes, c'était la réalisation inespé-
pérée d'un beau rêve, cette fois saisissable et palpable;
c'était le baptême et la consécration pour une grande
cause. Les Renés n'avaient plus de raison d'être ; les
marquis de Posa désormais n'étaient plus en peine ; les
âmes chevaleresques comme Santa-Rosa avaient leur
destination toute trouvée : elles savaient où aller se
dévouer et mourir.

Aller en Grèce quand une tache morale vous avait
atteint et avait rejailli jusqu'à votre front, quand une
de ces fautes de jeunesse ou l'un de ces malheurs de
nature (comme il s'en peut rencontrer, même chez les
organisations distinguées), vous avait fait tristement
faillir et vous exposait à rougir sans cesse au milieu des
vôtres, c'était se relever à l'instant, c'était expier et
réparer aux yeux de tous, c'était, par une vaillance no-
blement et saintement employée, se retremper dans
l'estime publique et se refaire une vertu. Aller se battre
à Missolonghi, c'était gagner indulgence plénière,
comme autrefois quand on allait à la conquête du
saint Tombeau.

Pour les purs, pour les lettrés enthousiastes et ardents, pour ceux qu'un danger de plus stimule à
l'étude, et qui aiment à montrer qu'ils sont capables
d'être hommes en même temps qu'érudits, aller en
Grèce un jour et le plus tôt possible, arriver au pied
de ses monuments, en face de ses marbres, avant que
la flamme, la fumée des dernières explosions fût dissi-
pée et éteinte, avant que les dernières balles eussent
cessé de siffler, c'était, — comme l'a dit Quinet et

comme il l'a prouvé, — c'était « le long désir de la jeunesse. »

Et tous ceux qui n'allaient pas en Grèce la chantaient, la racontaient, la pleuraient sur tous les tons. Moi-même, *si parva licet...*, si j'ose, en présence de tant de noms et d'œuvres d'alors, me rappeler tout bas ce premier souvenir de ma vie littéraire, lorsqu'en 1824 j'entrais comme apprenti rédacteur au *Globe*, que me demandait comme échantillon, comme premier essai de ma plume, mon ancien maître M. Dubois? Il me demandait de petits articles sur Chio, sur Psara, sur la géographie de la Grèce.

La Grèce, c'était le thème favori pour la peinture, la poésie, l'éloquence, c'était l'hymne universel. Deux grands précurseurs y avaient puissamment contribué, et, avec la perspicacité du génie, avaient préparé cette popularité immense, — Chateaubriand et Byron, mais surtout Byron. Chateaubriand, qui visitait la Grèce en 1806, en avait rapporté la matière et le souffle des meilleures pages des *Martyrs* et de l'*Itinéraire*. Byron, qui avait pour la première fois, non-seulement traversé, comme Chateaubriand, mais parcouru en tous sens et habité la Grèce et l'Orient en 1809, 1810, 1811, en avait rapporté, déjà écrits ou en germe, cet immortel *Childe Harold*, dont les deux premiers chants parurent en 1812, le *Giaour* et tous ces poëmes bientôt populaires en Europe, qui mirent le feu aux imaginations à partir de 1816, et qui bientôt consacrèrent dans une même admiration, dans un intérêt commun, à demi mystérieux, les noms de Byron et de la Grèce.

Que de beautés, à les relire aujourd'hui, dans cette suite de romans en rimes et de stances brûlantes! Quelle source inépuisable de jets lyriques les plus puissants et les plus fougueux qui soient sortis d'un cœur moderne de poëte! La Grèce esclave et la Grèce héroïque, antiques évocations et modernes images, s'y associent ou s'y heurtent sans cesse, et l'ardeur, la soif vous en prend chemin faisant, comme au chantre voyageur lui-même. On sort d'une telle lecture tout enfiévré, mais cette fièvre est celle de la vie; elle donne le désir. Non que Byron se soit jamais fait aucune illusion sur les Grecs ni sur leur caractère. Lorsque âgé de moins de vingt-deux ans il débarquait en Albanie, ce jeune homme déjà blasé, — aussi blasé que pouvait l'être un Benjamin Constant à cet âge, mais portant de plus que lui je ne sais quel feu sacré inviolable, inextinguible, — voulait simplement renouveler et rafraîchir ses sensations au contact d'une nature étrange et sauvage. Il voulait savourer cette sorte de bain russe, ce passage soudain de l'extrême raffinement à la barbarie. En commençant par l'Albanie et l'Épire, en visitant la Morée, puis l'Attique encore turque, il prend les Grecs pour ce qu'ils valent, sans les surfaire, et se borne à jouir de ses impressions âpres et neuves, à les exprimer toutes vives et sur le temps : « J'aime les Grecs, disait-il, ce sont de spécieux et séduisants vauriens, avec tous les vices des Turcs sans leur courage. Il y en a cependant quelques-uns de braves; et tous sont beaux, ressemblant beaucoup au buste d'Alcibiade. » Il répète plus d'une fois qu'il les trouve inférieurs aux

Turcs, « cette ruine vigoureuse d'une grande nation. » Le mot n'est pas de lui, mais mériterait d'en être (1). N'ayant point apporté là d'idée préconçue ni de lieu commun d'aucun genre, il n'a éprouvé « ni déception ni dégoût. » Il a prévu pourtant qu'un moment viendra où les Grecs se lèveront contre les Turcs. Ses vœux, au reste, sont bien lointains encore, et ils sentent le regret plus que l'espérance. Écoutons Childe Harold en ces passages célèbres :

« *Fair Greece, sad relic...* Belle Grèce, triste relique d'une gloire évanouie! immortelle, bien que disparue! grande, bien que tombée! qui guidera maintenant tes enfants dispersés? qui anéantira le long joug accoutumé? Tels n'étaient point tes fils d'autrefois, qui, soldats sans espoir d'une destinée acceptée, l'attendirent dans le défilé sépulcral des froides Thermopyles! — Oh! qui donc suscitera cet héroïque esprit, et, s'élançant des rives de l'Eurotas, te réveillera du fond de la tombe? — Esprit de liberté!... »

Lui qui, dans le dernier chant de *Childe Harold* tout entier consacré à la glorification de l'Italie, appellera Rome une « mère sans enfants, la Niobé des nations, » il avait fait auparavant, de la Grèce morte, cette admirable et divine comparaison avec une femme dont la beauté se conserve encore, dans une indéfinissable nuance de calme, de douceur et de majesté, pendant les premières heures du moins qui suivent le dernier soupir :

(1) Le mot est de M. Edmond About dans la *Grèce contemporaine*.

« Tel est l'aspect de ce rivage, s'écrie-t-il; c'est la Grèce encore, mais non plus la Grèce vivante. Elle est si froidement douce, si mortellement belle, qu'on se sent tressaillir; car l'âme ici est absente. Sa beauté à elle, c'est la beauté dans la mort, qui ne s'en va pas toute avec le dernier souffle envolé, beauté à l'effrayante fleur, avec cette teinte qui la suit jusque dans la tombe, dernier rayon d'expression qui se retire, cercle d'or qui voltige autour de la ruine, rayon d'adieu du sentiment évanoui, étincelle de cette flamme, peut-être d'origine céleste, qui éclaire encore, mais ne réchauffe plus une argile chérie. »

Il faudrait tout relire de ce *Childe-Harold.* Quelle intensité d'impression et de sentiment d'un bout à l'autre! Quelle langue concise et lyrique en même temps! « Il n'y a pas, me dit un connaisseur, dans cette brave langue d'un esprit fier un mot qui ne soit vivant, brillant, brûlant de poésie. » Et encore, dans le chant troisième de *Don Juan,* il faudrait détacher cette suite de ravissants couplets, l'hymne en l'honneur des *Iles de la Grèce,* encadré dans d'autres stances d'une amère et méprisante ironie.

L'insurrection éclatant, nul donc plus que le grand poëte, à la fois généreux et sceptique, ne contribua à enflammer l'enthousiasme européen, surtout quand on le vit partir de l'Italie dans l'été de 1823 et donner le signal du dévouement en payant de sa personne. Ce qu'il faut dire à son éternel honneur, c'est qu'il partit prévoyant sa fin, ne se faisant pas plus illusion alors que le premier jour sur le caractère et les défauts de ceux qu'il allait servir, s'étant tout dit sur les lenteurs et les misères de tout genre inhérentes à une telle entreprise : « Je n'ai pas de bourdonnement poétique aux oreilles, je suis trop vieux pour cela ; des idées de ce genre ne sont bonnes que pour rimer. » — « Je ne m'aveugle pas sur les difficultés, les dissensions, les défauts des Grecs eux-mêmes ; mais il y a des excuses pour eux dans l'âme de tout homme sensé. Tant que je pourrai me soutenir, je soutiendrai la cause. » C'est ce qu'il répète sans cesse dans ses lettres à ses amis de Londres ou d'Italie. Il se regardait, selon sa magnanime expression, « comme une des nombreuses vagues avant-courrières qui doivent se briser et mourir sur le rivage avant que la marée soit haute. » Dans son ambition modeste et mâle, il n'ambitionnait que « la fosse du soldat. » Le premier et le plus glorieux des philhellènes, il se montra, dans le court espace de temps qu'il lui fut donné de vivre encore et d'être à l'œuvre, homme d'action et homme pratique, d'une générosité judicieuse, propre à l'organisation et au commandement.

M. Grenier, quand il fera réimprimer son excellent livre, nous doit, ce me semble, un court résumé historique de tout ce passé, un chapitre narratif où se dessineraient quelques figures originales de philhellènes : je vois d'ici sous sa plume trois beaux portraits aussi peu semblables entre eux que possible, mais dignes d'être réunis et rapprochés sous une même invocation et à un même titre de pieuse reconnaissance : lord Byron, le banquier genevois Eynard et le colonel Fabvier, trois types de cœurs passionnés, dévoués et sans réserve aucune au service de la même cause.

« Les mots, comme disait Byron, sont des choses. »

Peu à peu, du moins, ils le deviennent. « Une goutte d'encre tombant chaque matin comme la rosée sur une pensée est féconde. » A force d'écrire et de parler pour la Grèce, — la Grèce elle-même continuant de s'acharner à la délivrance et de combattre, — il s'était créé pour tous une Grèce; elle se détachait aux yeux sur la carte de l'Europe en traces de sang; on la voyait en idée, et mieux qu'en idée : on la voulait; plus ou moins, elle devait désormais se réaliser. Ce mouvement de l'opinion fut si fort, si irrésistible et tempétueux, qu'il pénétra jusque dans les cabinets et atteignit les gouvernements; ils marchèrent en partie d'eux-mêmes, en partie ils furent entraînés : la Grèce fut délivrée et naquit. Elle naquit telle quelle, comme tant de choses naissent ou renaissent, rognée, écourtée, incomplète, une vraie cote mal taillée; n'importe! elle naquit. Mais de nouvelles difficultés commencèrent, et ces difficultés, qui se prolongent et traînent depuis plus de trente ans, elles sont encore à résoudre.

II.

Il y eut chez nous une réaction contre la Grèce. On se lasse d'admirer ce qu'on a admiré, on change de veine; on pariait pour, on parie contre; on est homme, on est mobile, on est Français. Un poëte le premier, Alfred de Musset, s'avisa qu'on avait trop chanté sur cette corde, et le cruel enfant, dès les premiers couplets de *Mardoche*, ne manqua pas de nous montrer son héros prenant, comme de juste, le rebours de l'opinion, et aimant mieux la Porte et le sultan Mahmoud.

> Que la chrétienne Smyrne, et ce bon peuple hellène,
> Dont les flots ont rougi la mer Hellespontienne,
> *Et taché de leur sang les marbres, ô Paros!*

Ce fut le premier symptôme, la première irrévérence contre la Grèce. Musset nous présageait, à vingt ans de là, cet autre enfant charmant et cruel qui devait aller sur place observer et étudier la Grèce, qui l'a si bien peinte, mais si malignement et tout en gaieté, dans ses mœurs, dans sa politique, dans ses finances, dans sa police, dans sa pauvre royauté.

Cruel enfant, en effet (il n'avait guère que vingt ans alors)! tous ses maîtres lui avaient dit et répété bien des fois, avant de partir, ce que Pline le Jeune disait à un de ses amis qui était envoyé de Rome pour être quelque chose comme préfet à Sparte ou à Athènes : « Souviens-toi bien et ne perds pas un moment de vue que c'est en Grèce que tu vas, et au cœur de la plus pure Grèce, là où d'abord la civilisation, les lettres, toute culture, celle même du blé, passent pour être nées... Respecte les dieux fondateurs et instituteurs de toutes ces belles choses, et jusqu'au nom des dieux. Respecte cette gloire ancienne et cette vieillesse elle-même qui, vénérable quand elle se rencontre dans les hommes, est tout à fait religieuse et sacrée dans les villes. Rends honneur à tout, à l'antiquité, aux hauts faits du passé, aux fables elles-mêmes..., etc. » Le précepteur et professeur peut continuer longtemps sur ce ton : le spirituel élève d'Athènes, à peine débarqué, songea bien vraiment à ces recommandations de ses maîtres ! il regarda, il vit tout, il pensa de son chef, et dit gaiement, impertinemment et avec une grâce des plus vives et des plus mordantes, tout ce qu'il pensait ; il se passa toutes ses saillies et ses fantaisies à la barbe des vieux murs et des grands ancêtres.

Mais ce premier livre de M. About, *la Grèce contemporaine*, savez-vous que c'est un amusant et un charmant livre, instructif aussi, prophétique même (l'événement l'a prouvé), et plein de bon sens sous ses airs d'étourderie ? Quand je dis qu'il est irrévérent, il ne l'est qu'à l'égard des hommes, des fonctionnaires et des institutions. Nul mieux, d'ailleurs, que M. About n'a senti et n'a décrit le caractère et le genre de beauté des paysages, l'éclat et la transparence du ciel de l'Attique à de certaines heures, la maigreur élégante de cette plaine, opposée à la terre riche et grasse, aux fertiles glèbes d'Argos ou de Thèbes. Il a sa Laconie, son Arcadie, bien vraies et à lui, un Ladon joli et neuf, d'après nature. Hippocrate a dit, dans une remarque féconde en conséquences : « En général tout ce que la terre produit est conforme à la terre elle-même. » M. About applique la remarque d'Hippocrate en courant : « La race grecque, dit-il, est sèche, nerveuse et fine comme le pays qui la nourrit. » Il a de ces mots exquis, définitifs. Il nous donne des descriptions vivantes des principaux types, l'Albanais, le Phanariote, l'Insulaire ; en un mot il est peintre, il est portraitiste avec saillie et ressemblance : le satirique ne commence et ne se donne tout son jeu que là où il se trouve en face d'une société et d'une Cour ridicules.

M. Grenier, en tête de son livre, a eu la loyauté et la modestie de nous recommander trois autres livres, excellents, dit-il, et déjà faits sur la Grèce moderne : l'un des trois est cette *Grèce contemporaine* de M. About; les deux autres sont le *Voyage en Morée* de M. Quinet, et le *Journal de voyage* de Mme de Gasparin. J'ai obéi à l'invitation indirecte de M. Grenier, et je me suis mis à lire ou à relire ces trois ouvrages ; j'avoue que le premier seul a justifié pleinement l'éloge. M. Quinet, intelligence élevée, imagination féconde, mais trop complexe et qui ne s'est jamais entièrement dégagée, a écrit un livre plein et dense où il y a sans doute de belles pages, mais d'un lyrisme trop soutenu et trop tendu. Les aperçus à vol d'oiseau s'y tiennent volontiers à une hauteur et dans une région voisine des nuages. Mme de Gasparin, âme ardente, promeneuse naïve et originale, et qui se porte elle-même tout entière partout, est par trop occupée, en posant le pied à Corinthe, de rendre grâces en style biblique, et, en face du Parthénon, de discuter pour ou contre l'utilité des missionnaires. Il est singulier, quand on revient de visiter Mégare, ou en descendant de l'Érymanthe, d'entendre le maître proposer à l'un de ses gens de « faire un culte » le soir. Cette expression protestante et de jargon me paraît détonner dans de tels lieux, et à tout moment ce livre de Mme de Gasparin, qui pourtant m'instruit, m'impatiente.

Esprit vigoureux et positif, M. Grenier n'a nul besoin de demander à ses devanciers ce qu'il faut penser de la Grèce. Il était de cette première génération, de ce premier essaim de l'École d'Athènes, qui inaugura l'institution en 1847, et il s'est formé ses idées sur le peuple et sur le pays pendant un séjour de trois années. Quoique voué d'abord par profession à l'étude de l'Antiquité, M. Grenier est un esprit essentiellement moderne; il l'a assez prouvé dans une brochure curieuse intitulée : *Idées nouvelles sur Homère* (1861), dans laquelle il s'exprime en pleine liberté sur ce père de toute poésie, et en sens contraire de l'opinion commune. Tous ceux, en effet, qui voyagent en Grèce ou dans la Troade commencent invariablement, on le sait, par vérifier et admirer l'exactitude et le pittoresque de la plupart des épithètes homériques relatives aux lieux : Ithaque *aux beaux couchants*, la *sablonneuse* Pylos, la *profonde* Lacédémone, Épidaure *fertile en raisins*, la *venteuse* Ilion, le Pélion *agitateur de feuilles*, etc. En général il semble reconnu de la plupart des critiques qu'Homère est un excellent peintre d'après nature, qu'il décrit tout pour l'avoir vu ou comme s'il l'avait vu, les lieux, les rivages, les navigations et les manœuvres de la marine, la guerre jour par jour et ses opérations. Il n'eût pas mieux fait, a remarqué un grand juge en cette dernière matière, s'il avait eu sous les yeux le journal d'Agamemnon. Cette fidélité presque technique s'étend à tout. A un certain endroit de l'*Iliade,* parlant de la blessure d'Agamemnon au bras ou à la main, et des douleurs aiguës qu'elle lui causait, Homère compare ces douleurs à celles qu'éprouverait une femme en travail d'enfant; sur quoi Plutarque se récrie d'admiration : « Les femmes disent que ce n'est point Homère qui a écrit ces vers, mais la *femme Homère,* après avoir accouché ou pendant qu'elle accouchait encore ; » tant la douleur lancinante de l'enfantement y est bien rendue! « Il crie comme si c'était lui. » Telle était l'idée que les Anciens, dans leur religieuse admiration, entretenue et fomentée par une lecture continuelle, se faisaient d'Homère; telle est l'idée qu'ont volontiers acceptée les modernes et qu'ils se sont attachés à confirmer à leur tour. Homère a voyagé, a observé de ses yeux tout ce qu'il a décrit, l'a exprimé au naturel, et a rendu toute chose avec une telle vérité, qu'il semble avoir tout vu et presque *avoir tout été* lui-même. C'est là l'expression dernière et le dernier mot de l'admiration, de la dévotion classique et consacrée. Or, M. Grenier est venu résolûment s'inscrire en faux contre une telle superstition, comme il la qualifie; et tandis que ses camarades et confrères de l'École d'Athènes, les Gandar, les Lévêque, à la suite d'Ampère et de presque tous les voyageurs, reconnaissaient la vérité d'Homère à chaque pas et la proclamaient avec louange, lui, esprit ferme, original, un peu humoriste, un peu sombre, destiné aux luttes de chaque jour avec la rude et poignante réalité, il disait *non,* et ne voyait dans la plupart des épithètes homériques que des banalités convenues, vagues ou fausses, et si générales qu'on n'en peut rien conclure. Les détails dans lesquels il est entré à l'appui de sa thèse sont très-ingénieux, et d'un homme qui a beaucoup lu et compulsé Homère dans l'original. Il y aurait, sur ce seul point, une grande discussion à entamer avec lui et tout un combat à livrer à fond (1). Je ne le puis faire ici, et je me borne à remarquer que sa conclusion, tout à fait dans le sens des Fontenelle, des Lamotte, des Terrasson et de quelques modernes de ma connaissance, a plus de chance qu'on ne le croit d'être reprise et accueillie un jour. Tôt ou tard, je le crains, les Anciens, Homère en tête, perdront la bataille, — une moitié au moins de la bataille. Tâchons, pour l'honneur du drapeau, nous qui soutenons la retraite, que ce soit le plus tard possible, et que la nouveauté dans les lettres, — cette nouveauté en partie si légitime, — ne batte pourtant pas à plate couture la tradition.

(1) Ce combat, je voudrais voir un de nos jeunes et savants professeurs le livrer. Je reçois des *Études littéraires et morales sur Homère,* par M. Auguste Widal, professeur à la Faculté de Douai (seconde édition, chez Hachette), un livre intéressant, d'une bonne et agréable critique, assez ample et abondante, mais pas assez décisive sur certains points : et, par exemple, l'auteur cite à un endroit M. Grenier, en acceptant à peu près son point de vue, et en faisant toutefois remarquer que le nouveau contempteur d'Homère ne garde pas assez de mesure. Mais M. Grenier ne peut être accepté ou écarté ainsi à demi, incidemment. Il faut le discuter de front et en détail ; il le mérite, et je voudrais voir M. Widal, dans la suite de ses estimables Études homériques, nous donner un chapitre où il traiterait expressément ce sujet et où il viderait la question, s'il est possible. M. Grenier, pour tout admirateur d'Homère, est un adversaire qui vient barrer le chemin. Il faut le réfuter et s'en débarrasser ou le subir.

III.

Abordant la Grèce avec cette sévérité et cette nudité de coup d'œil, M. Grenier ne s'est pas laissé séduire à la magie des noms : il ne se laisse pas non plus décourager par les mécomptes et l'ironie des événements. Il nous fait bien sentir en quoi consiste la difficulté de tout gouvernement en Grèce. Il n'y a jamais eu l'unité de *peuple* proprement dit, il y a quantité de peuples différents. Lorsque les puissances ont fait une Grèce, elles se sont trop hâtées et l'ont faite trop petite, trop à l'étroit. On a délivré le tronc, et on ne lui a pas rendu la liberté des membres. « Comment la Grèce serait-elle heureuse? disait un des vieux soldats de l'insurrection ; elle est comme une famille dont les membres sont dispersés. » Les Grecs ne se considèrent pas comme définitivement constitués. De même que les Juifs attendaient le Messie, ils attendent et espèrent toujours Constantinople : c'est la chimère. Il eût fallu du moins, pour prévenir et tromper le malaise, une bonne et solide réalité. Le Grec a le génie du commerce; il aurait fallu à la Grèce pour sa prospérité, non quelques îlots dépouillés, mais les vraies îles. La race grecque est encore, malgré tous ses mélanges et ses altérations, une race d'élite, aisément reconnaissable :

« On a beau considérer à Athènes, ou dans une autre ville grecque, toutes les physionomies qui passent et repassent devant les yeux, il n'y en a pas une qui soit vulgaire, niaise, assottie, plate, éteinte, bonasse, moutonnière, badaude, végétative. Beaucoup peuvent appartenir à des bandits, à des pirates, à des gens de sac et de corde ; mais la plus ingrate a un cachet de vigueur, d'astuce et de passion, qui la sauve de la trivialité. »

Les Grecs sont sobres. Ils ont la fierté et la conscience d'eux-mêmes et de leur noblesse, « un facile et gracieux langage, un sentiment exquis du beau dans la pose et dans le costume, une intelligence subtile, un amour extraordinaire de l'étude. » Cet amour de l'étude, hérité et renouvelé des ancêtres, est porté à un point qu'on ne se figure pas. « Dans quelque condition qu'ils soient, tout le loisir dont ils disposent est employé à dévorer des livres et des journaux, à apprendre les langues. » Un domestique trouve moyen de ménager et d'excepter, en s'engageant, une parcelle de son temps, pour pouvoir faire son droit et prendre ses grades à l'Université. Ce qu'on rapporte de l'ancien philosophe Cléanthe, homme de peine la nuit pour être homme d'étude le jour, n'a plus rien que de naturel, et on en a le commentaire vivant sous les yeux. L'enseignement public est des mieux organisés à tous les degrés. Des gens du peuple lisent couramment Xénophon et Plutarque. C'est même un inconvénient dans l'état actuel que cet enseignement « qui tend à surexciter les aspirations, déjà excessives, des Grecs vers les carrières libérales : avocat, médecin, homme de lettres, la race grecque tend à s'absorber dans ces trois professions. » Le Grec est babillard, discuteur et aime à politiquer. La Grèce, telle qu'elle est aujourd'hui, a un trop gros cerveau ; c'est « une tête énorme sur un petit corps. »

Ajoutez les habitudes invétérées d'une trop longue décadence, d'une société longtemps relâchée, décousue et dissoute; les héros à pied et en disponibilité qui n'ont de ressource que de se faire brigands; peu de respect pour la vie humaine; pas d'idée bien nette du *tien* et du *mien;* le vol sous toutes ses formes, la corruption et la vénalité faciles et courantes, comme l'admet trop aisément la moralité restée ou redevenue trop primitive. M. Grenier, qui nous fournit tous ces traits d'un parfait signalement, nous a tracé, d'après ses souvenirs de 1847, la rencontre qu'il fit d'un brigand ou du moins d'un berger très-suspect et sans moutons; c'est un très-joli croquis à détacher d'entre ses pages politiques, c'est une eau-forte :

« Je chassais, dit-il, aux abords du golfe d'Éleusis, à gauche de la grand'route de Daphni. Je me trouvai tout à coup, — dans une gorge profondément encaissée et fort sauvage, — à dix pas d'un indigène qui était assis sur une pierre, un long fusil à la main. Il avait une cape grise, pas de knémides; au lieu du bonnet rouge, un mouchoir brun roulé autour de la tête. L'accoutrement était suspect et avait une forte odeur klephtique. On m'avait prévenu que les brigands, pour ne pas être aperçus de loin, ne portent, au rebours de leurs compatriotes honnêtes gens, que couleurs ternes. Il m'était aussi difficile de m'arrêter que de reculer. Je marchai en avant, d'une apparence brave, au fond un peu ému, je l'avoue...

« Mon fusil était armé et chargé de tel plomb qu'il eût

pénétré cape, mouchoir, crâne. J'avais deux coups, l'étranger un seul ; sa figure me paraissait effrayante, mais la mienne pouvait lui produire la même impression.

« En me voyant approcher, il se leva, et je remarquai avec satisfaction que le chien de son fusil était au repos. Alors eut lieu entre nous le dialogue suivant, serré comme celui d'Eschyle dans les endroits pathétiques :

« — Qu'est-ce que tu fais ici, mon frère ?

« — Mon frère, je chasse.

« — A quoi, mon frère ?

« — A tout, mon frère. Et toi, mon frère ?

« — Je suis berger.

« — Et où est ton troupeau ?

« — Là-bas.

« — Où ça ? je n'en vois pas.

« — Par delà cette montagne. Où vas-tu ?

« — Au khani de Daphni.

« — Es-tu seul ?

« — Non, je suis avec des amis qui suivent la grand'route.

« — Veux-tu que je t'accompagne, frère ?

« — Frère, je serais fâché de te déranger. »

« Nous partîmes ensemble, lui portant son fusil sur l'épaule, moi le mien couché le long du dos, horizontalement, appuyé sur le bras gauche, la main droite sur la gâchette.

« Avant le khani (l'auberge), mon compagnon parla de retourner à ses moutons.

« — Frère, veux-tu me donner de la poudre ?

« — Frère, je le veux bien. »

« Et je versai deux ou trois charges dans un coin de son mouchoir.

« — Donne-moi du plomb, maintenant.

« — Je n'ai que des balles et je n'en donne pas.

« — Adieu, frère.

« — Frère, adieu. »

« Et je regardai mon berger s'éloigner, afin d'éviter de lui tourner le dos. »

Je recommanderai encore le fragment de voyage intitulé *Trois jours à Sparte* (page 99).

M. Grenier ne désespère pas de la Grèce ni des Grecs ; il leur donne, en finissant, de très-bons conseils, conseils d'ami et tout actuels, tout pratiques. Il a très-bien fait voir que les hommes d'État véritables ont trop manqué à la régénération de ce pays. Après l'habile Capo d'Istria, trop homme de cabinet pourtant, trop habit noir pour la Grèce, et si odieusement frappé au début de sa mission pacificatrice, il n'y a eu d'homme d'État que Coletti, celui-ci tout à fait selon le cœur et le génie du pays et du peuple, le seul Grec de ce temps-ci qui, selon la parole de M. Guizot, *mérite de rejoindre le bataillon de Plutarque*. Il y prendra place, s'empresse d'ajouter M. Grenier, à côté de Lysandre auquel il ressemble, ayant été comme lui moitié lion et moitié renard. Tout ce portrait de Coletti par M. Grenier est ressemblant et fin. Il faudrait aujourd'hui à la Grèce, indépendamment d'un roi, un autre Coletti, un Cavour, un grand homme approprié. Les nations, pour se former, pour sortir de l'état social élémentaire et pour s'élever dans la civilisation et dans la puissance, ont besoin de tels hommes ; quand elles se sont défaites et qu'elles sont restées, des siècles durant, en dissolution et en déconfiture, elles en ont également besoin pour se reformer, et rien n'en saurait tenir lieu : elles languissent et traînent, ou s'agitent vainement, jusqu'à ce qu'elles aient trouvé cet homme-là. En un mot, pour faire un État il faut un homme d'État, comme pour faire un poëme il faut un poëte. Le bon sens du grand nombre, dans de pareilles conditions, n'est qu'au prix d'un sage et ferme moteur en même temps que modérateur au centre. Il y a, me dit-on, en Italie à cette heure, à défaut d'un grand ministre dirigeant, une *épidémie de bon sens et de sens commun* dans toute la nation : heureuse et vraiment merveilleuse affection des esprits, qui suppose un peuple de rare qualité et déjà mûr! Je voudrais croire à une épidémie de cette nature pour la Grèce; elle en a besoin. Elle ne doit compter que sur elle. L'Europe est distraite, elle l'est de bien d'autres qu'elle en ce moment : l'Europe ne peut avoir dans l'esprit qu'un seul grand intérêt à la fois.

Lundi 3 août 1863.

TÉRENCE.

SON THÉATRE COMPLET

TRADUIT

PAR M. LE MARQUIS DE BELLOY (1).

Comme les goûts changent! comme le flot se déplace! comme il y a des branches tout entières de littérature qui défleurissent et se dessèchent! comme ce qu'on aimait et ce qu'on recherchait le plus la veille court risque d'être négligé ou dédaigné le lendemain! Lorsque, il y a cent ans environ, tout le public lettré, à l'annonce de la traduction des *Géorgiques* par l'abbé Delille, se prononçait si vivement en faveur des traductions en vers des poëtes anciens, qui eût dit qu'à un siècle de là le point de vue serait retourné et ren-

(1) Un vol. in-8°. — Michel Lévy.

versé, que l'on nierait l'avantage qu'il peut y avoir à posséder chez soi les tableaux anciens dans des copies harmonieuses, élégantes, suffisamment ressemblantes et fidèles, et qu'on ne priserait plus guère, en fait de traductions, qu'un calqué rude, sec, inélégant, heurté? Je suis moins étonné de ce changement de goût que je n'en ai l'air; il s'explique très-bien et se justifie même en grande partie. Dans cette incessante variabilité des modes et des vogues littéraires, les traductions, notamment, sont chose essentiellement relative et provisoire; elles servent à l'éducation des esprits, elles en sont la mesure, et il n'y a rien d'étonnant qu'à un moment venu, ils s'en passent ou en veuillent d'une autre sorte et d'une autre marque. Traduire en vers surtout est une entreprise qui suppose entre l'auteur et les lecteurs certaines conditions convenues, qui doivent changer d'un âge à l'autre. Quoi qu'il en soit, Delille ouvrit la marche dans notre littérature et commença par Virgile; chacun le suivit dans cette voie : Daru un peu lentement et pédestrement pour Horace; Saint-Ange, avec une obstination parfois couronnée de talent, pour Ovide; Aignan sans assez de feu et trop médiocrement pour Homère; Saint-Victor, le père du nôtre, par une vive, légère et encore agréable traduction d'Anacréon. On eut le *Tibulle* de Mollevaut, les *Bucoliques* par Tissot. Delille, en traduisant le *Paradis Perdu,* avait également ouvert la voie et donné le signal du côté des modernes : Baour-Lormian, assez heureux avec Ossian et les poésies galliques, s'attaquait imprudemment à la *Jérusalem délivrée.* C'était à qui, dans les littératures anciennes ou modernes, trouverait un poëte non traduit encore et y planterait le premier son drapeau, en disant : *Il est à moi* (1). Pour la littérature ancienne et latine particulièrement, une traduction en vers, faite avec soin et élégance, était jugée une conquête définitive, une œuvre considérable et de toute une vie, qui, menée à bonne fin et imprimée, conduisait tout droit son homme à l'Académie française. Ainsi en pensaient les Daru, les Raynouard, les Laplace eux-mêmes, et le traducteur harmonieux de Lucrèce, notre cher confrère M. de Pongerville, le représentant le plus accrédité du genre sur la fin de la Restauration, était appuyé et porté par eux d'un vœu unanime à l'Institut.

Je ne pèse pas les mérites, je note les moments. M. Bignan qui, voué de bonne heure au culte d'Homère, s'adonna toute sa vie à une traduction en vers de l'œuvre homérique et ne cessa de l'améliorer, homme instruit, versificateur élégant, n'eut jamais le prix de son travail : il était né quinze ans trop tard.

J'ai vécu de bien des vies littéraires, et j'ai passé de douces heures d'entretien avec des hommes instruits de plus d'une école : il me semblait que j'étais de la leur, tant que je causais avec eux. Dans ces passe-temps et ces aménités oisives de plus d'une après-midi,

---

(1) Cet article des *traductions en vers* est traité fort au complet, sans beaucoup de distinction, il est vrai, et sans finesse de goût, mais avec exactitude, dans l'*Histoire de la Poésie française à l'Époque impériale*, par M. Bernard Jullien. Ce genre, en effet, est l'un des plus beaux fleurons de la poésie dite de l'Empire. Marie-Joseph Chénier, dans son *Tableau de la Littérature*, avait donné les vrais jugements dans les termes mesurés.

je n'ai pas été sans reconnaître qu'il y avait bien quelques avantages, pour une culture perfectionnée de l'esprit, à ce régime des traductions en vers : un de ces avantages, c'était de remettre sans cesse la traduction elle-même en question, de comparer et de confronter les textes, la copie avec l'original, et, s'il y avait plusieurs traductions rivales, comme c'était le cas pour Virgile, de mettre aux prises ces traductions entre elles. Dans ces jeux de l'érudition et du goût, l'original sans cesse relu, manié et remanié à plaisir, devenait chose familière, facile, non apprise, mais sue de tout temps et comme passée en nous ; on ne l'oubliait plus. On sortait de là, la mémoire involontairement remplie de mille semences poétiques, de mille charmantes réminiscences qui avaient leur réveil à toute heure. Et ce n'est qu'ainsi qu'on peut bien goûter les poëtes anciens ; il ne suffit pas de les comprendre, de les lire purement et simplement comme on consulterait un texte, et de passer outre ; il faut avoir vécu avec eux d'un commerce aisé, continuel et de tous les instants : *Nocturna versate manu...* Or les traductions en vers qui, pour les ignorants et les *non doctes,* étaient une dispense de remonter au delà, devenaient un prétexte, au contraire, et une occasion perpétuelle pour les gens instruits, un peu paresseux (comme il s'en rencontre), de revenir à la source, et d'y revenir tout portés sur un bateau.

Enfin, il en faut prendre son parti. La critique littéraire, par ses progrès mêmes et en marquant de traits de plus en plus distincts et individuels le caractère des talents originaux, a dégoûté des copies ambitieuses et a découragé les émules. Il n'est pas invitant de s'aller engager dans un long combat, dans une joute inégale, non-seulement avec la certitude d'être finalement vaincu, mais de plus avec l'assurance qu'on sera déclaré inférieur à tous les moments du duel. C'est un rôle par trop ingrat, un vrai rôle de dupe que celui où l'on ne peut qu'avoir le dessous. La galerie, en effet, n'est pas indulgente. Cette partie honnête et nombreuse de l'ancien public, qui vous était bonnement reconnaissante de lui montrer ou de lui faire entrevoir ce qu'elle n'eût fait que soupçonner sans vous, existe peu ou n'existe plus. Parmi ceux qui ne sont pas purement indifférents, chacun aujourd'hui prétend s'y connaître : pour peu qu'on ait fait un brin d'études classiques, on ne consent pas à passer pour un homme qui en sait moins que le traducteur et qui se laisse guider par lui; on l'arrête à chaque pas, on juge, on tranche. Il est si aisé désormais de savoir en une matinée, — de paraître savoir ce qu'hier encore on ne savait pas. En fait d'érudition comme de tout, il n'y a plus de distance. Or, les traducteurs en vers des Anciens supposent qu'il y a une distance, qu'il y a même une station permanente que quelques-uns ne franchiront pas. « J'écris, je traduis, semblent-ils vous dire, pour ceux qui n'iront jamais à Rome ni à Athènes, et j'ambitionne de leur donner, de leur rendre, par un équivalent habile, le sentiment de ce qu'ils ne verront jamais face à face, *facie ad faciem.* » Mais, sans être allé à Rome et à Athènes, chacun prétend sentir de soi-même, comme s'il y avait été. On a tant de des-

sins, de fac-simile, de photographies soi-disant fidèles !
Tout cela revient à dire que la disposition particulière des esprits et le moment précis de culture littéraire qui favorisaient et réclamaient les traductions en vers sont passés et ont fait place à une autre manière de voir, à un autre âge; et ici, comme dans des ordres d'idées bien plus considérables et bien autrement importants, il n'est que vrai d'appliquer ce mot d'un ancien sage que je trouve heureusement cité, à savoir qu'on ne retourne jamais au même point et que le cours universel du monde ressemble à « un fleuve immense où il n'est pas donné à l'homme d'entrer deux fois. »

Les choses allant de la sorte, on doit savoir d'autant plus de gré aux esprits non pas attardés, mais foncièrement religieux à l'art ou obstinément délicats, qui n'ont pas perdu la pensée, même devant un public si refroidi, de lutter de couleur, de relief et de sentiment avec de désespérants modèles. Honneur avant tous les autres au poëte Barthélemy, à celui des anciens jours, celui de la *Némésis* et de tant de poëmes d'une spirituelle et acérée vigueur, qui a remis sur le métier son Virgile, sa traduction en vers de l'*Énéide*, l'a revue, corrigée à fond, et en a fait une œuvre nouvelle de laquelle je pourrais détacher maint passage célèbre rendu avec caractère et énergie dans des vers bien frappés (1) ! Mais ce n'est pas ici le moment de se livrer à cet examen. Je ne fais aussi que nommer et réserver l'essai de traduction en vers du *Théâtre d'Aristophane,* par

(1) *L'Énéide*, traduite en vers français par Barthélemy, 1 vol. in-8º, chez Hachette.

M. Fallex (1), qui n'avait d'abord donné que de courtes scènes et des extraits, qui cette fois ne donne encore que des scènes, mais plus complètes, et qui travaille ainsi à nous initier graduellement, à nous apprivoiser à l'œuvre du plus puissant et du plus hardi des comiques de l'Antiquité. Pour aujourd'hui, un tout autre sujet est le nôtre : M. de Belloy, avec son Térence, nous appelle et nous suffit.

I.

Le marquis de Belloy est un de ces hommes d'esprit qui, dans l'ancienne société et au xviiie siècle, aurait été poëte et homme de lettres, tout comme il l'est de nos jours ; il a eu de bonne heure le signe et la vocation. Entré jeune dans la vie littéraire sous l'astre orageux de Balzac (l'auteur assurément qui ressemble le moins à Térence), M. de Belloy a sauvé de cette influence caniculaire son originalité, une manière de sentir à lui, modeste, discrète, délicate. J'ai cité autrefois telle de ses poésies ou petites odes, qui est un chef-d'œuvre d'exécution et de finesse. Il s'est fait remarquer au théâtre par des pièces en vers, qui étaient plutôt des anecdotes poétiques et romanesques que des comédies, mais qui avaient leur cachet toujours de distinction et d'élégance. Aujourd'hui il publie cette traduction complète de Térence, qu'il a gardée neuf ou dix ans sous

---

(1) *Théâtre d'Aristophane, scènes traduites en vers français*, par M. Eugène Fallex, professeur au lycée Napoléon (deuxième édition, 2 vol. in-8°, chez Auguste Durand, 7, rue des Grès).

clé, selon le conseil d'Horace, et il nous donne la joie, en le lisant, de retrouver, de relire aussi par occasion quelque chose du plus pur et du plus attique des poëtes romains.

Térence, grâce en partie au naufrage qui a emporté tant d'antiques trésors, est un des cinq ou six poëtes anciens qui, sauvés comme par miracle, nous donnent l'idée immortelle d'une certaine perfection. Je crois bien que, si l'on avait Ménandre son modèle, on rabattrait de Térence. César, dont la parole est un décret, même en matière de goût, l'a appelé un *demi-Ménandre,* et, en le louant comme un amateur de la plus pure diction, il a fort regretté qu'il n'eût pas plus de force unie à la douceur, afin que son talent comique fût au niveau des premiers et brillât d'un égal éclat en regard des maîtres grecs :

Lenibus atque utinam scriptis adjuncta foret vis,
Comica ut æquato virtus polleret honore! (1)

N'ayant pas sous les yeux Ménandre ou tout autre des comiques grecs imités par Térence, nous ne pouvons bien juger du sens et de la nuance exacte du regret exprimé par César. Térence, en effet, loin d'avoir affaibli

---

(1) On parle toujours du *vis comica;* l'expression est tirée de cette épigramme latine de César. Mais la phrase mieux lue et mieux ponctuée ne laisse pas subsister cette association de mots que sépare une virgule ; le *comica,* au lieu d'aller à *vis,* se rapporte au substantif qui suit, à *virtus,* qui n'a plus le même sens. C'est égal, le *vis comica* est en circulation et y restera, nonobstant la meilleure leçon. Ce sont de ces erreurs qu'il est plus commode de garder que de corriger. Plût à Dieu qu'il n'y en eût pas de plus grosses!

Ménandre dans l'action, paraît, au contraire, avoir jugé celui-ci trop simple et l'avoir voulu d'ordinaire renforcer et doubler. Il met volontiers deux comédies en une. Sa pièce de *l'Eunuque* est fort intriguée. C'est moins dans l'action apparemment que dans le style, dans le dialogue, que cette ardeur de verve se faisait désirer. Mais était-il possible de la demander à Térence sans lui demander de cesser d'être lui-même et de devenir Plaute ou tout autre? César demandant à Térence d'être plus vif et lui opposant dans sa pensée Ménandre ou Plaute, ne serait-ce pas comme Fénelon opposant (à l'inverse) Térence à Molière et préférant décidément le premier? Les plus grands et les meilleurs juges de l'esprit ont leurs faveurs et leurs prédilections.

Dire comme un de nos jeunes et spirituels critiques très au fait de l'Antiquité (1) que Térence n'a que du talent tandis que Ménandre avait du génie, c'est sans doute marquer les degrés probables et faire la part de l'invention; mais n'est-il pas juste aussi de considérer que, dans ce naufrage de l'Antiquité (j'y reviens toujours), une équité indulgente doit tenir compte à ceux qui ont survécu de ce qui a disparu à côté d'eux, derrière eux? Si, dans les grands et pathétiques naufrages modernes, l'intérêt public se porte naturellement sur les deux ou trois survivants que le radeau a rapportés et qui représentent pour nous les absents abîmés et engloutis, il convient de faire, ce semble, la même chose dans l'ordre de l'esprit et du talent, et de ne pas trop

---

(1) M. Emmanuel Des Essarts, dans *la Presse* du 20 juillet 1863.

chicaner un ancien qui nous est arrivé par exception et par un singulier bonheur, surtout quand il nous offre en lui des dons charmants, incontestables ; il sied bien plutôt de l'aimer et de le louer tant pour son propre compte que pour les amis et parents qu'il représente et qui ne sont plus, au lieu d'aller se servir de ces noms très-grands assurément, mais un peu nus désormais et à peu près destitués de preuves, pour l'infirmer et le diminuer. En un mot, honorons Ménandre dans Térence plutôt que de nous diminuer Térence avec Ménandre, et de déprimer, de dégrader ce que nous avons avec ce que nous n'avons pas. Sentir et juger ainsi, c'est être fidèle à l'esprit de tous deux et remplir, en quelque sorte, leur intention habituelle si humaine, si indulgente, et penchant plutôt du côté de la conciliation que de l'envie. Pour moi, je crois entendre l'Ombre de Ménandre, par chacun de ces vers aimables qui nous sont arrivés en débris, nous dire : « Pour l'amour de moi, aimez Térence. » Les Anciens eux-mêmes, en les comparant, restaient parfois dans le doute. Varron ne préférait-il pas le commencement des *Adelphes* au morceau original dans Ménandre ?

Qu'on veuille donc penser à ce que c'était que Térence, ce premier Romain qui, à côté de Scipion et de Lélius, sut être l'urbanité même dans la langue latine. Mais Térence n'était ni un Romain ni un Italien ! Né à Carthage, esclave de je ne sais quel sénateur, Terentius Lucanus, dont il a immortalisé le nom, il vint de bonne heure en Italie et mérita, pour son esprit, d'être élevé d'abord avec soin, puis affranchi par son maître. Ce

Carthaginois fut un attique chez les Romains. Il me rappelle à quelques égards cet Hamilton qui, sans être Français, a été un modèle de la grâce et de la raillerie française dans ses *Mémoires de Grammont.* Térence n'a laissé que six pièces de théâtre, et toutes imitées du grec ; on était encore à cet âge intermédiaire que traversent les littératures de seconde formation, où il semble plus honorable d'imiter et d'importer que d'inventer et de créer sur place, d'après nature. Venu plus tard, Térence eût sans doute pensé différemment, et il aurait tenté au théâtre ce que Virgile accomplit pour l'épopée ; il aurait essayé de combiner les éléments étrangers et l'inspiration latine en des productions toutes neuves, et de rester Romain en imitant. On sait la jolie anecdote de son début. Ayant fait sa première pièce qu'il vendit aux édiles pour être représentée, on exigea qu'il la lût auparavant au vieux poëte Cécilius, alors en grand renom, et qui faisait ainsi l'office de censeur. Le jeune homme se présenta donc chez lui et le trouva à table ; comme il était plus que modestement vêtu et de chétive apparence, on lui donna près du lit de Cécilius un petit siége, une sellette, et il commença sa lecture. Mais aussitôt les premiers vers entendus, Cécilius l'invita à souper et le fit asseoir à côté de lui : il avait reconnu un héritier et un confrère. La lecture de la pièce s'acheva après souper, à la grande admiration du juge qui n'était plus qu'un ami. L'historiette est agréable ; elle a été bien des fois racontée avec variantes et broderie, et on résiste de son mieux aux critiques qui, se fondant sur la date connue de la mort de Cécilius, n'y voudraient voir qu'un conte, bon tout au plus à être rimé par quelque Andrieux. Après avoir réussi sur la scène, non sans bien des difficultés et quelques vicissitudes, jouissant de l'amitié du second Lélius et de Scipion Émilien (ce qui lui fit bien des envieux), possesseur d'une maison avec jardin sur la voie Appienne, il voulut voir la Grèce, y étudier de plus près ses sources et grossir son trésor : il partit et ne revint pas ; il mourut au retour du voyage, avant d'avoir revu l'Italie. Virgile de même mourut, on le sait, au retour d'un voyage en Grèce, au moment où il touchait le sol italique. Il y a entre eux quelque conformité de destinée comme de génie. Mais, plus à plaindre que Virgile, Térence n'avait que trente-cinq ans environ, la première jeunesse pour un auteur comique, l'âge même auquel Molière a commencé sa grande carrière. Que d'œuvres charmantes cette mort si précoce nous a ravies ! Térence, avec ses six comédies, laissa une fille qui épousa, après sa mort, un chevalier romain. On aime à savoir que Térence a été père.

On sait si peu de chose de ces Anciens ! attachons-nous à leurs œuvres. M. de Belloy est un guide commode et d'excellente compagnie. Quoiqu'il n'ait pas mis le texte en regard de sa traduction et qu'il ait dû obéir aux nécessités d'une librairie courante qui, comme l'ancienne malle-poste, ne permet que le moins de bagage possible (le texte de Térence un bagage !), il n'a pas à fuir le rapprochement avec son auteur ; il nous y invite, et nous ne faisons certainement que lui obéir en relisant à son occasion Térence.

« Je ne m'inquiète pas de la valeur de Térence, me disait à ce sujet un des maîtres qui l'entendent le mieux ; tout ce que je sais, c'est qu'il me plaît infiniment ; je l'oublie, j'y reviens, et chaque fois il me plaît de nouveau. Il justifie pour moi l'éloge que lui a donné Cicéron :

Quicquid come loquens ac omnia dulcia dicens.

Tout ce qu'il dit, il le dit avec une douceur, avec un agrément qui n'est qu'à lui. »

Prenons-le dans quelques passages faciles, ouverts, et où il n'y ait qu'à l'aborder de plain-pied, pour ainsi dire, sans grand effort d'analyse ni débrouillement d'intrigue, — dans quelqu'une de ses expositions par exemple.

II.

J'ouvre *l'Andrienne*. On est dans les préparatifs d'un festin ; Simon, le père de famille, et un père des plus indulgents, parle à Sosie, un affranchi, un bon et loyal serviteur. « Vous autres, dit-il en s'adressant aux esclaves chargés des provisions, emportez tout cela au logis, allez ; et toi, Sosie, viens ici, j'ai quelques mots à te dire. » — « J'entends, dit le bon Sosie, toujours prompt à entrer dans la pensée de son maître et à la devancer s'il est possible, vous voulez que je veille à ce que tout aille à souhait. » — Mais il s'agit de tout autre chose. Le maître y met de la préparation, un air de solennité mystérieuse : « Ce n'est pas de ton savoir-faire ordinaire que j'ai besoin dans l'affaire présente, mais d'autres qualités que j'ai remarquées en toi, ta fidélité et ta discrétion. » — « J'écoute. » — Et ici le maître rappelle à l'affranchi ses bienfaits : il l'a acheté tout enfant, il l'a toujours traité avec douceur et clémence ; le voyant servir d'un cœur si honnête, il lui a donné ce qu'il y a de plus cher, il l'a affranchi. Le bon serviteur, s'entendant rappeler tout ce qu'il n'a pas oublié, en est presque formalisé ou légèrement atteint dans sa sensibilité et sa délicatesse ; c'est quasi un reproche que cette remémoration des bienfaits ; le maître n'a qu'un mot à dire pour être obéi : que ne le dit-il ? Eh bien ! ce mot tant attendu, le voilà : c'est que tout cet apprêt de noces n'est qu'une feinte ; il n'y a pas de noces. — « Comment cela ? pourquoi ce stratagème ? » — Pour le bien expliquer, « il faut, dit le père, reprendre les choses dès l'origine. » Et ici commence tout un récit fort admiré des Anciens, proposé comme un modèle de narration aux orateurs eux-mêmes par Cicéron, qui y fait remarquer le développement approprié, le mouvement dramatique, le parfait naturel des personnages introduits et des paroles qu'on leur prête, et, par instants, mais par instants seulement, la brièveté excellente, qui à toute cette abondance persuasive ajoute une grâce.

« Dès que mon fils fut sorti de l'enfance, dit le bon père à Sosie, il eut toute liberté de vivre à son gré ; car, auparavant, comment aurait-on pu connaître son esprit et ses penchants, lorsque l'âge, la crainte, le précepteur toujours présent le retenaient ? » — « C'est juste, » répond Sosie, espèce de Sancho naïf qu'on voit d'ici, le bonnet à la main, toujours prêt à approuver, à abonder dans la pensée du maître. Et le père optimiste, même alors qu'il croit avoir à se plaindre de son fils, va s'étendre le plus longuement qu'il pourra sur ses louanges. Son fils n'annonçait d'abord aucune passion trop vive; les chevaux, la chasse et les chiens, les philosophes, ces goûts ou ces passions de la première jeunesse, il en usait, mais sans en abuser, mais sans excès. « Je m'en réjouissais fort, » dit le père. — « Vous aviez bien raison, répond Sosie, qui ne perd jamais l'occasion de glisser son proverbe : je suis bien d'avis qu'il n'y a rien de plus utile dans la vie que *rien de trop.* » — Simon continue l'éloge de ce modèle de fils qui s'accordait si bien avec tous ceux de son âge, prenait sa part modérée dans leurs plaisirs, se prêtant à tous, ne se préférant à personne : manière sûre de se faire bien venir et d'acquérir des amis. — Le bon Sosie ne manque pas de glisser de nouveau son proverbe et de pousser, selon son habitude, l'idée de son maître jusqu'à en faire une maxime : « C'était bien sage à lui, dit-il, d'en agir ainsi; car, par le temps qui court, la complaisance engendre l'amitié, la vérité fait des ennemis. » — « Cependant, poursuit le père, voilà bien trois ans de cela, arriva ici dans le voisinage une femme d'Andros, sans parents, pauvre, belle, à la fleur de l'âge. » — « Aïe! s'écrie Sosie, je crains fort que cette *Andrienne* ne nous apporte quelque malencontre. » — Pourtant tout se passe encore à merveille; la femme, il est vrai, pressée par le besoin, se lasse bientôt de gagner sa vie à filer et à tisser ; elle prend un amant, puis un autre, puis plusieurs, et se fait payer. Ce fils si sage se laisse conduire par des amis chez elle ; il y va de compagnie. Grande alarme du père qui ne peut s'empêcher de se dire : *Il en tient!* Mais non : le père a beau questionner le matin les petits esclaves qui vont et viennent. — « Holà! dis-moi donc, petit, je t'en prie, qui a eu hier Chrysis (c'était le nom de l'Andrienne)? » Et l'on répondait : C'est tel ou tel, ou tel, c'est Phèdre ou Clinias ou Nicérate (car ils étaient trois à l'aimer à la fois). Mais Pamphile, le fils même, celui dont le père est si en peine, — Pamphile? — Il a soupé, payé son écot ; rien de plus. Et le père, de jour en jour, d'admirer davantage son fils, et de s'en faire une plus haute idée. Ma foi! se disait-il parlant à lui-même, c'est là, après tout, un cas bien rare ; résister ainsi à l'exemple, à l'entraînement de compagnons de plaisir, c'est ce qui s'appelle être maître de soi, c'est déjà tenir le gouvernail de sa vie. — Joignez à cela que le jeune homme si cher à son père était en même temps agréable à tous ; chacun chantait ses louanges et félicitait l'heureux Simon d'avoir un tel fils. Attendons. Mais dans tout ce récit où se complaît cette nature paterne si sincère et si naïve, ne sentez-vous pas la veine de bonhomie, d'indulgence et d'humanité, propre au poëte qui avait le droit de dire : *Homo sum?*

C'est alors (le récit du bonhomme dure toujours) qu'un bourgeois d'Athènes, un certain Chrémès, sur la bonne réputation de ce jeune fils de famille, vient offrir au père de lui accorder sa fille unique avec une grosse dot. Le père enchanté s'empresse d'accepter; parole est donnée; on prend jour pour les noces. — « Mais alors, demande le bon Sosie dont la curiosité est éveillée au plus haut degré, qu'est-ce qui empêche donc que ce ne soient de vraies noces? » — Patience! Sur ces entrefaites, cette femme, cette Chrysis vient à mourir. — « Eh bien! tant mieux, s'écrie Sosie qui était dans une véritable anxiété, me voilà soulagé; j'avais grand'peur de cette Chrysis. » Une fois morte, ses amis soignent ses funérailles, et Pamphile avec eux; on le voyait aller et venir dans la maison de la défunte avec ceux qui l'avaient aimée; il y avait même des moments où il mêlait ses larmes aux leurs. Et le père de s'attendrir sur ces marques de bon cœur et de sensibilité de son fils : « S'il se montre ainsi touché pour une femme qui n'a été qu'une simple connaissance, que serait-ce s'il l'avait aimée en effet! Que ne ferait-il pas s'il m'avait perdu, moi, son père? » Bref, par égard et considération pour son fils, ce père complaisant veut se joindre lui-même au convoi et aux funérailles, ne soupçonnant encore rien de fâcheux. — « Hem! qu'est-ce donc? » s'écrie Sosie dont l'attention redouble. — On enlève le corps; on se met en marche. Cependant, parmi les femmes qui sont du cortége, on voit s'avancer une toute jeune fille, d'une beauté!... d'une modestie!... d'une attitude si honnête et si décente! et qui se montre plus affligée que toutes. Quelle est-elle? Le père interroge les suivantes; on lui répond : « C'est la sœur de Chrysis. » Ce fut un trait de lumière. « Ah! ah! voilà donc l'affaire. Voilà d'où viennent toutes ces larmes, tout cet attendrissement... » Le cortége s'avance; on arrive au tombeau; on place la morte sur le bûcher. C'est à ce moment que cette sœur éplorée s'étant approchée imprudemment trop près de la flamme, Pamphile éperdu, hors de lui, s'élance, déclarant en cet instant tout cet amour si longtemps caché ; il accourt, il saisit la femme par le milieu du corps : « Ma chère Glycère, s'écrie-t-il, que fais-tu ? pourquoi veux-tu mourir ? » Et elle, donnant aisément à voir que ce n'était pas la première fois, se rejeta sur lui, pleurant aussi tendrement que possible :

> *Tum illa, ut consuetum facile amorem cerneres,*
> *Rejecit se in eum flens quam familiariter.*

Et dans la version de M. de Belloy :

> Mais elle, lui cédant, tout en pleurant plus fort,
> Sur le sein de mon fils tombe à demi pâmée,
> Comme reprenant là sa place accoutumée.

Un dernier vers charmant.

La fin du récit n'est plus que pour dire que le mariage de Pamphile étant manqué par l'éclat de cette scène, et le beau-père Chrémès ayant retiré sa parole, le bon père Simon dissimule encore vis-à-vis de son fils, afin de l'éprouver jusqu'au bout, et bien déterminé à toute extrémité à le gronder d'importance, s'il le trouve rebelle à sa volonté. Il y a là un fripon de valet, conseiller du fils, Dave, un Scapin, un Frontin qu'il faut surveiller : ce sera l'affaire de Sosie. Mais ce Dave lui-même, qui va éventer le stratagème du père, n'est coquin qu'à demi ; ce sont volontiers de braves gens chez Térence, même les femmes, les courtisanes ou demi-courtisanes qui se trouvent, à la fin, de naissance libre et d'un naturel ingénu.

Et quel naturel plus ingénu, plus fait pour exciter la sympathie, que celui de cette jeune fille éplorée, oublieuse de la foule et se renversant dans le sein d'un ami : *flens quam familiariter?* C'est un de ces mots qui, une fois entendus, ne s'oublient pas et qui font tableau à jamais dans la mémoire. C'est comme le mot d'Homère sur Andromaque, lorsqu'elle présente le petit Astyanax, tout effrayé et bientôt rassuré, à Hector en armes qui part pour le combat : *Elle riait au milieu de ses larmes!* C'est comme le mot de Catulle nous exprimant Ariane abandonnée, debout sur la plage, les bras tendus vers les flots qui emportent le vaisseau de Thésée, pareille dans son immobilité à une statue de bacchante : *Saxea ut effigies bacchantis.* C'est comme les Troyennes de Virgile qui, au bord du rivage de Sicile, regardent fixement la mer en pleurant : *Pontum adspectabant flentes.* Images éternelles et vivantes! Pour nous tous, qui sommes déjà d'autrefois, pour ceux qui, comme nous, ont été nourris des lettres dès l'enfance et qui sont plus volontiers critiques qu'artistes, plus des hommes de livres que des curieux de marbres et de statues, ce sont nos figures préférées, nos formes à nous, toutes poétiques et littéraires, lesquelles aussi, comme les trois ou quatre beaux groupes antiques conservés, nous apparaissent toutes les fois que nous regardons en arrière et décorent nos fonds de lectures et de souvenirs.

Lundi 10 août 1863.

TÉRENCE.

SON THÉATRE COMPLET

TRADUIT

PAR M. LE MARQUIS DE BELLOY.

(SUITE ET FIN.)

I.

La scène touchante de *l'Andrienne,* qui est en récit dans l'exposition, cette espèce de déclaration publique involontaire de l'amour de la jeune fille éplorée, de Glycère pour Pamphile, aux funérailles de Chrysis, ne saurait se séparer de cette autre scène racontée par Pamphile lui-même à la fin du premier acte. Son père veut le marier ou fait semblant de le vouloir, et sur l'heure ; la suivante de Glycère, Mysis, très-attachée à sa maîtresse, apprend cette nouvelle de quelques paroles échappées à Pamphile dans son trouble; elle le voit hésitant, elle craint qu'il ne cède par égard pour son père, et qu'il n'abandonne cette jeune fille enceinte et tout près d'accoucher. Elle l'aborde résolûment, et sur la question que lui adresse Pamphile au sujet de Glycère, elle répond que la pauvre jeune femme est à la fois dans les premières douleurs du travail et dans l'inquiétude d'être délaissée par lui. Il suffit de ce mot pour que Pamphile n'hésite plus : « Quoi! pourrais-je en avoir seulement l'idée? quoi! souffrir que la pauvre enfant soit trompée à cause de moi? Elle qui m'a confié toute son âme et toute sa vie, quand moi-même je lui ai voué dans mon cœur toute la tendresse qu'on a pour une épouse, souffrirais-je qu'une nature aussi honnête, aussi pure, aussi bien élevée, en vienne, par misère, à tourner mal? Non, jamais! » — Et Mysis exprimant encore quelques craintes, et Pamphile s'animant de plus en plus :

« Tout ce que je sais, dit la suivante qui a sa réserve d'expression et sa délicatesse à sa manière, c'est qu'elle mérite bien que vous ne l'oubliiez pas. » — « Que je ne l'oublie pas, ô Mysis, Mysis! Elles sont encore gravées dans mon cœur, les paroles que Chrysis m'a dites sur Glycère. Se sentant près de mourir, elle m'appelle; je m'approche : on vous avait éloignées; nous étions seuls (tous trois); elle commence : « Mon cher Pamphile, tu vois sa beauté et son âge,
« et il ne saurait t'échapper que ce sont là de pauvres se-
« cours pour garantir sa vertu et tout ce qu'elle possède. Ce
« que je te demande, par cette main que je tiens, par ton
« bon Génie, au nom de ton honneur et de son isolement à

« elle, ce que j'implore de toi, c'est de ne la point quitter,
« de ne la point délaisser. S'il est vrai que je t'ai toujours
« chéri à l'égal d'un frère, si elle, elle n'a eu en estime que
« toi seul, et si elle a toujours fait en tout ta volonté, je te
« donne à elle pour mari, pour ami, pour tuteur et père : je
« te mets entre les mains tout notre bien, et je le confie à ta
« foi. » Elle met la main de Glycère dans la mienne : la mort
la prend au même instant. Je l'ai reçue, je la garderai fidèlement : *Accepi, acceptam servabo.* »

Ce sont là de ces passages qui ravissaient Fénelon :
« Tout ce que l'esprit ajouterait à ces simples et touchantes paroles ne ferait, disait-il, que les affaiblir. »
Le vœu de Tibulle se voyant en idée au lit de mort et
tenant de sa main défaillante la main de son amie,
Didon adjurant Énée au nom de tout ce qu'il y a de plus
doux et de plus sacré dans le souvenir, nous reviennent
en mémoire ; mais Térence ici n'a rien à craindre à la
comparaison. Tout est sobre, vrai, parti du cœur. On
est touché, sans qu'il y ait un mot de trop qui l'indique, ni aucun étalage de repentir, du sentiment dont
est pénétrée cette courtisane mourante, et de cette pitié
qu'elle a pour une pauvre enfant qu'elle ne voudrait
à aucun prix, non pas voir (elle n'y sera plus), mais
prévoir sur la même voie et dans les mêmes traces
qu'elle-même a suivies. Tout cela est sous-entendu sous
la diction la plus chaste. Comment traduire des beautés si simples? Je prendrai M. de Belloy, de préférence,
à d'autres endroits. L'*Héautontimorouménos* ou *le Bourreau de soi-même* m'en fournira l'occasion (1).

(1) Il y a dans le discours de Chrysis, traduit par M. de Belloy,
un *donc* qui me gâte le naturel : *Donc, ami, sur ta foi, par ta main*

II.

L'exposition de ce *Bourreau de soi-même* est des meilleures de Térence, et de celles qui caractérisent le mieux cette nature de génie. La scène est dans un bourg voisin d'Athènes : un voisin Chrémès s'approche de son voisin Ménédème qui ne l'est que depuis peu, mais qui lui fait peine, à le voir travailler et s'excéder de la sorte. Ce n'est pas sans bien des précautions qu'il risque sa remontrance : « Quoiqu'il n'y ait que bien peu de temps que nous nous connaissions, depuis que vous avez acheté ce champ proche du mien, et qu'il n'y ait guère rien eu jamais de plus entre nous, cependant, soit votre mérite, soit le voisinage, que je fais bien entrer pour quelque chose dans l'amitié, m'oblige à vous dire tout hardiment et en ami que vous me paraissez faire au delà de votre âge et plus que votre état de fortune ne l'exige... » Et en effet, ce Ménédème à qui il s'adresse paraît avoir soixante ans et plus; il

---

que je serre, etc..., *protége ma Glycère*. Ce *donc* au commencement d'une phrase, et qui semble marquer le pas comme si l'on frappait en même temps du talon, est un reste du style moyen-âge, gothique ou chevaleresque, mais n'est pas du tout de la langue de Térence ni du langage d'une mourante. C'est bon pour un Ruy Blas d'entrer en matière en éclatant de la sorte : *Donc, vous n'avez pas honte...!* On ne peut oublier, pour peu qu'on ait été romantique, ce fameux exorde *ex abrupto*, ce début de tirade d'une superbe et terrible emphase; mais ce n'est pas une raison pour l'imiter couramment. Ne confondons pas les tons, comme on le fait perpétuellement de nos jours; le goût est dans ces distinctions fines.

a un fonds de terre excellent, des esclaves en nombre, et il fait la besogne d'eux tous comme s'il était seul. On ne peut se lever si matin, ni rentrer si tard le soir, qu'on ne le voie occupé à bêcher, à labourer, à porter des fardeaux. Il ne se donne aucun bon temps, il n'a aucune pitié de lui. « Vous me direz, ajoute le bon Chrémès qui va au-devant de la riposte comme pour l'adoucir, vous me direz : *Ça me fait mal de voir comme on travaille peu.* Mais ce que vous passez de temps à travailler vous-même, si vous l'employiez à surveiller votre monde, vous y gagneriez. » A ces observations hasardées d'un ton de bonté, avec intérêt, Ménédème répond d'abord sèchement : « Chrémès, vos affaires vous laissent-elles donc assez de temps de reste pour vous occuper de celles des autres et de ce qui ne vous regarde en rien ? » C'est ici que Chrémès fait cette heureuse réponse qui a eu son écho à travers les siècles : « Je suis homme, et je considère que rien d'humain ne m'est étranger. » Et il s'attache de son mieux à désarmer la misanthropie du farouche voisin, à lui rendre en un sens quelconque la réponse facile : « Prenez que c'est ou un avertissement, ou bien une simple question à mon usage ; si vous avez raison, pour que je vous imite ; sinon, pour que je vous ramène. » Ménédème, malgré tout, regimbe encore : « C'est mon habitude à moi ; à vous de faire comme vous l'entendez ! » La douceur de Chrémès ne se décourage pas : « Est-ce une habitude pour aucun homme de se tourmenter lui-même ? » — « C'est la mienne. » — « Si c'est quelque peine que vous avez, c'est différent. Mais quel peut être ce mal-là? Je vous en prie, qu'est-ce qui peut vous forcer à vous traiter ainsi? » Chrémès a touché la corde. Il a mis le doigt sur la plaie. Cet interlocuteur féroce, tout d'un coup vaincu, n'est plus qu'un pauvre homme brisé par l'affliction; il ne répond qu'en éclatant en larmes et en sanglots. « Ne pleurez pas, lui dit Chrémès, et quelle que soit la chose, dites-moi tout; pas de réticence, ne craignez rien; confiez-vous à moi, vous dis-je, et consolation ou conseil, ou de toute autre manière, je vous aiderai. » Et Ménédème, que son secret oppresse, et qui a besoin de l'épancher, ne résiste plus : « Vous voulez le savoir? » — « Oui, et dans l'intention que je vous ai dite. » — « Eh bien! vous saurez tout. » — « Mais, en attendant, laissez-là ce hoyau, cessez votre travail. » Ici une petite lutte s'engage, Ménédème voulant continuer de piocher tout en racontant, Chrémès s'y opposant et lui arrachant des mains son outil. « Ah! ce n'est pas bien, » dit Ménédème. — « Et pourquoi, si lourd, je vous prie? » dit Chrémès en sentant le poids du hoyau. — « Je l'ai bien mérité. » — On arrive ainsi tout préparé au récit, à la confession. C'en est une. Ménédème est père, il a un fils unique fort jeune : « Ah! que dis-je, j'ai un fils! je l'ai eu, Chrémès; maintenant l'ai-je ou ne l'ai-je plus? » En deux mots voici l'histoire : le fils de Ménédème a fait comme bien des fils : il est devenu amoureux, et d'une jeune fille qui n'avait rien. Ménédème a fait comme bien des pères : il a grondé, il a été dur, il a fait chaque matin une scène à son fils sur sa conduite, sur son déréglement, sur le scandale de sa liaison : « Quoi ! mèneras-tu longtemps pareille vie ? espères-tu qu'il te sera permis, moi vivant, moi ton père, d'avoir ta maîtresse en lieu et place de femme légitime? Tu te trompes si tu crois cela, et tu ne me connais pas, Clinias. » Et puis les vanteries ordinaires aux hommes d'âge, les contrastes de leur conduite à celle des jeunes gens d'aujourd'hui : « A ton âge j'étais occupé à tout autre chose qu'à l'amour ; pauvre, je suis allé en Asie porter les armes, et là j'ai su acquérir du bien à la fois et de la gloire. » C'était le refrain. Si bien que le jeune homme, outré et piqué de ces reproches de chaque jour, est parti un matin sans rien dire, et s'en est allé servir chez le grand roi. Et voilà trois mois de cette fuite. — Chrémès, après avoir tout entendu : « Il y a de votre faute à tous deux, dit-il, bien que ce coup de tête annonce pourtant une nature sensible à l'honneur, et à qui certes le cœur ne manque pas. » — Ménédème a raconté ce qui lui était le plus pénible ; c'est alors que le malheureux père, en apprenant le départ de son fils et se voyant seul, a tout quitté et vendu de désespoir ; il a fait maison nette et s'en est venu se confiner dans ce champ pour s'y mortifier et s'y punir. Mais ici M. de Belloy prend la parole et supplée à l'original dans un couplet soutenu et de la meilleure veine. C'est Ménédème qui parle :

> Lorsque l'on m'eut appris l'effet de ma rigueur,
> Je retournai chez moi, triste, comme on peut croire.
> N'ayant plus ni désir, ni force, ni mémoire,
> Je m'assieds, l'on accourt. Des serviteurs nombreux
> M'entourent, délaçant mes brodequins poudreux.

On prépare les lits, pour souper l'on se presse;
Chacun fait de son mieux, comprenant ma tristesse,
Et moi, je me disais, les voyant se hâter :
« Tant de gens, pour un homme, à ce point s'agiter!
Rien que pour mes habits, tant de femmes en peine!
Pour moi seul tant d'objets dont la maison est pleine!
Et mon unique enfant, l'héritier de ces biens
Plus conformes aux goûts de son âge qu'aux miens,
A quitté la maison, fuyant mon injustice!
Ah! je mériterais le plus cruel supplice
Si je les conservais quand il n'en jouit pas.
Tout le temps qu'en exil vivra mon Clinias,
Je veux tirer de moi quelque bonne vengeance,
Amasser, travailler sans la moindre dépense,
Épargner pour lui seul. » Aussitôt fait que dit :
Je jette tout dehors, jusqu'à mon dernier lit ;
Je rassemble en un tas meubles, outils, vaisselle ;
Servantes et valets, je vends tout pêle-mêle,
Y compris la maison, sauf, toutefois, les gens
Dont le travail pouvait m'indemniser aux champs ;
Et, des quinze talents que j'en obtins à peine,
Pour bien m'y tourmenter, j'achète ce domaine,
Pensant que, plus j'endure et vis en me privant,
Moins j'aggrave mes torts envers mon pauvre enfant.
Là, comme vous voyez, j'accomplis cette tâche,
Et je n'accepterai ni bon temps ni relâche,
Que mon fils, avec moi, pouvant les partager,
Ne soit là, sain et sauf, et loin de tout danger.

Quand on a pu traduire de la sorte trente vers de Térence, on était digne de le traduire tout entier.

On aura remarqué dans toute cette scène ce qui est partout ailleurs dans Térence, le sentiment et l'intelligence de la jeunesse, une parfaite indulgence pour cet âge où la vie est si belle et si propice qu'il lui faut bien passer quelque chose, s'il abonde et s'il excède dans sa joie. Et en même temps, pas une déclamation, pas une épithète inutile, pas de tirade proprement dite et pour la galerie ; c'est l'expression même de la nature, « une naïveté inimitable qui plaît et qui attendrit par le simple récit d'un fait très-commun. » C'est encore Fénelon qui dit cela.

Rarement, à propos de Térence, on omet aujourd'hui de faire quelque rapprochement avec le christianisme. Ce Ménédème, par exemple, tout en restant parfaitement naturel, a déjà quelque chose du principe chrétien ou, si l'on aime mieux, du principe religieux en général qui aboutit à l'ascétisme. Il a au plus haut degré l'idée de sacrifice. Il se punit en faveur de son fils. Il veut expier. « Plus je me rends malheureux, plus je me soulage ; moins je me sens coupable envers lui. Il me semble que jusqu'à un certain point je m'absous. » Je force à peine sa pensée ; mais Térence ne la force pas du tout, et c'est là qu'est le charme.

III.

Je continue à passer devant quelques pièces de Térence en ne faisant qu'entrer dans le vestibule. La première et la seconde scène des *Adelphes* sont célèbres. Ce sont deux frères (comme le titre l'indique) : l'un, Micion, qui est célibataire et habite la ville, — toujours Athènes ; l'autre, Déméa, marié et père, qui habite les

champs. Cet homme des champs a deux fils dont il a
donné l'un à l'oncle de la ville, qui l'a adopté et qui
l'élève à sa manière, c'est-à-dire fort doucement et en lui
laissant la bride sur le cou ; il a gardé l'autre avec lui
et l'a de tout temps tenu fort sévèrement : il l'a élevé à
la Caton. Or, quel est le résultat de ces deux éducations
contraires ? Il semble d'abord qu'il n'y ait pas lieu à
hésiter. Micion, l'homme de la ville, à l'ouverture de
la pièce, est dans une inquiétude mortelle. Eschine, son
neveu, son fils d'adoption, n'est pas rentré la nuit dernière ; et là-dessus le pauvre père se forge mille craintes :
« Faut-il donc qu'un homme aille se mettre dans le
cœur et se donner à plaisir des affections qui lui soient
plus chères que lui-même ! Et pourtant, ajoute-t-il, il
n'est pas mon fils, il est celui de mon frère... Mais je
l'ai adopté enfant ; je l'ai élevé, il m'est aussi cher que
s'il était mien : il est ma seule joie, ma seule tendresse,
et je fais tout, absolument tout, pour qu'il me rende la
pareille : je donne, je pardonne, je ne crois pas nécessaire d'user en chaque rencontre de mon droit. Enfin,
tout ce que les jeunes gens font d'ordinaire en cachette
de leur père, tout ce qui est péché de jeunesse, j'ai
accoutumé mon fils à ne pas m'en faire mystère ; car
qui s'accoutume une fois à mentir et à tromper son
père, celui-là l'osera d'autant plus à l'égard des autres.
Je crois qu'il est mieux de retenir ses enfants par
un sentiment de pudeur et d'honneur que par la
crainte... » On voit d'ici quel est le système de Micion,
système bien connu et des plus relâchés : celui de
Déméa est précisément le contraire ; aussi les deux

frères sont-ils habituellement en querelle ouverte, et le frère des champs arrive souvent chez celui de la ville en s'écriant : « Que faites-vous, Micion ? pourquoi nous perdez-vous ce jeune homme ? pourquoi le laissez-vous faire l'amour, faire l'orgie ? pourquoi fournissez-vous à ses vices ? » Micion, toutefois, estime que son frère, avec sa rigidité, a tort, et quoique Eschine, ce jour-là, lui donne bien de l'inquiétude, il ne se blâme pas de le traiter si indulgemment ; il repasse à ce sujet toutes ses maximes d'éducation débonnaire et s'y confirme : l'affection, pour stimuler au bien, vaut mieux que la crainte ; un père n'est pas un tyran ni un maître, etc. Mais Déméa, le frère rustique, survient tout à coup. Gare l'orage !

Déméa est triste ; il est irrité, mais il triomphe ; car la conduite différente des deux jeunes gens semble tout à fait lui donner raison. Pour bien saisir le comique de la situation, il est bon de savoir que tous les désordres contre lesquels il va éclater, et dont Eschine s'est rendu coupable, ne sont que pour le compte du vertueux frère, ce frère si surveillé et que le père morigène si bien ; c'est le plus sévèrement élevé qui est le plus mauvais sujet des deux : l'autre n'a rien fait que par complaisance pour son cadet. Mais le dessous de cartes ne se découvrira que plus tard. Dans cette querelle que Déméa vient faire à Micion, ce dernier lui-même est d'un comique achevé dans sa douceur. Micion tout à l'heure était troublé de l'absence d'Eschine : Déméa vient lui apprendre tout ce que le libertin a commis d'excès cette nuit même, et dont toute la ville est indignée. Il a enfoncé une porte, forcé un intérieur, enlevé une femme...; il n'est bruit que de cela. Micion, ainsi réfuté dans son système et piqué dans l'objet de son amour, essaye, ni plus ni moins, d'excuser le coupable : « Vous prenez mal les choses, Déméa : ce n'est pas un si grand crime, croyez-moi, à un jeune homme d'aimer, de boire... Si nous n'avons pas fait pareille chose, vous et moi, c'est que nous n'avions pas moyen alors; vous vous faites maintenant un mérite de ce qui n'était qu'une nécessité. C'est injuste, car si nous avions eu de quoi, nous aurions fait comme les autres ; et celui que vous me jetez sans cesse à la tête (*illum tu tuum*, ce fils modèle élevé aux champs), si vous étiez homme, vous le laisseriez faire maintenant, tandis que l'âge le permet, plutôt que d'attendre qu'il ait mené votre convoi, trop tard à son gré, pour s'en aller faire après coup toutes ces mêmes choses, dans un âge moins propice. » Je paraphrase un peu ; chez Térence, chaque nuance et intention est indiquée par de simples mots bien jetés, bien placés et qui laissent à la pensée toute sa grâce (*ubi te* EXPECTATUM *ejecisset foras*, ALIENORE *ætate post faceret* TAMEN). Remarquez, dirai-je à ceux qui voudraient suivre de près le texte, cet *expectatum* qui marque si bien la longueur de l'attente, ce *tamen* rejeté si joliment à la fin. On me dira qu'il ne faut pas tant admirer des particularités de diction si simples, et que c'est la nécessité du vers qui détermine le plus souvent et commande cet heureux placement des mots. Oui, mais c'est le talent aussi et l'art du poëte d'amener si justement les mots pour le sens à la fois et pour la mesure. C'est le secret des âges polis. Térence est le premier, chez les Romains, qui

D'un mot mis en sa place enseigna le pouvoir.

Déméa est outré de la réponse de Micion : *Si vous étiez homme,* lui a dit Micion : il lui renvoie son mot et lui rejette son *homo* à la tête : « Pardieu ! vous, avec votre humanité (*tu homo*), vous me rendrez fou. » Mais Micion, de plus en plus lancé et mis lui-même hors des gonds, va non plus jusqu'à excuser, mais jusqu'à épouser les désordres de son fils adoptif (et il sentira tout à l'heure, quand il sera seul, qu'il s'est laissé emporter un peu loin); cet homme doux se fâche tout de bon; la contradiction le pousse, la passion ne lui laisse pas son sang-froid : « Ah ! écoutez, mon frère, ne me rompez plus la tête à ce sujet. Vous m'avez donné votre fils à adopter, il est mien; s'il fait des sottises, il les fait à mon compte, c'est à moi d'en porter la plus grosse part. Il soupe? il boit? il se parfume? eh bien ! je payerai. Il a des maîtresses? je fournirai l'argent tant que je pourrai; quand il n'y en aura plus, peut-être qu'alors elles le mettront dehors. Il a enfoncé une porte? eh bien! on la raccommodera. Il a déchiré des habits? eh bien! le tailleur est là pour en faire d'autres. J'ai encore, grâce à Dieu! de quoi y suffire, et jusqu'ici ça ne me ruine pas... » Le père adoptif, dans son entraînement, est devenu, on le voit, le frère et le compère de son fils; il n'y a plus de distinction entre eux. Toute cette scène est parfaite de vérité et justifierait, à elle seule, l'éloge accordé à Térence d'exceller dans les *mœurs,* tandis que d'autres étaient réputés supérieurs dans la conduite et la construction de la pièce ou dans l'entrain du dialogue. Il est bien le peintre de la vie, et même, quant à ce *vis comica* tant reproché, s'il ne se trouve pas en effet ici dans ce dialogue entre les deux frères, je n'y entends plus rien, je ne le vois nulle part.

Je ne puis pousser plus loin ces analyses sans m'oublier tout à fait, et sans oublier aussi que j'aurais, si la place m'était accordée, à prendre plus souvent M. de Belloy à partie et à lui dire, sur sa propre traduction : « Ceci est bien, ceci est heureux et élégant ; mais, à côté, ne trouvez-vous pas...? » Et M. de Belloy, homme de goût, serait le premier à confesser qu'il a été dans un embarras inexprimable en présence de ces beautés simples et courantes où les liaisons surtout et les petits mots, les mille attaches du discours, sont si difficiles ou plutôt impossibles à rendre. C'est beaucoup déjà d'avoir conservé, dans l'ensemble, le bon goût de diction et la facilité attachante.

IV.

Térence est le poëte de la jeunesse : tout chez lui se rapporte volontiers à elle. Ses scènes d'amoureux sont délicieuses. Nul n'a mieux compris que lui le charme des brouilleries et des raccommodements, les tendresses plus vives après les fureurs. « Querelle d'amants, recrudescence d'amour, » dit-il. — « Le fond de l'amour, dit-il encore, ce n'est qu'injures, soupçons, colère, trêve et guerre, et puis l'on signe de nouveau la paix. N'essayons pas de porter la raison dans l'amour, pas plus que d'être sage dans la folie. » Que la scène entre son jeune homme Phédria et la courtisane Thaïs (dans *l'Eunuque*) vient bien à l'appui de cette doctrine ! Phédria a été chassé, tenu dehors par Thaïs qui lui a fait refuser sa porte, tandis qu'un autre a été admis : il peste, il s'indigne, il se méprise lui-même, pour sa lâcheté, de sentir qu'il l'aime encore; il prend de grandes résolutions : elle paraît, tout ce courage s'évanouit. Elle lui parle avec douceur et en personne qui l'aime toujours; elle lui explique l'aventure de la veille. C'est toute une histoire, presque une affaire de famille, à l'entendre, qui l'a obligée à recevoir ce capitaine dont il est jaloux ; elle en dit tant, elle fait si bien qu'il en passe par où elle veut et consent à quitter la place pour deux jours encore, deux jours seulement, pendant lesquels, pour tuer le temps, il se propose d'aller à la campagne; il annonce qu'il part à l'instant; et quand elle a tout obtenu de lui, elle lui dit : « Adieu, cher Phédria, ne veux-tu rien davantage? » Et Phédria ici éclate et s'écrie dans l'ingénuité de son transport : « Mais que puis-je vouloir? sinon que, présente avec ce soldat, tu sois comme absente; que jour et nuit tu m'aimes, que tu me regrettes, que tu rêves de moi, n'attendes que moi, ne penses qu'à moi ; que tu m'espères, etc. »

Ce qu'André Chénier a trouvé moyen, en transposant la situation, de traduire dans ces beaux vers d'élégie :

> Ce que je veux? dis-tu. Je veux que ton retour
> Te paraisse bien lent; je veux que nuit et jour

Tu m'aimes........................
Présente au milieu d'eux, sois seule, sois absente;
Dors en pensant à moi; rêve-moi près de toi;
Ne vois que moi sans cesse, et sois toute avec moi!

Et La Fontaine qui a traduit *l'Eunuque*, assez faiblement d'ailleurs, a dit dans un vers heureux :

De corps auprès de lui, de cœur auprès de moi!

Fénelon et Addison, deux esprits polis et doux, de la même famille littéraire, ont loué ce passage de Térence comme d'une beauté et d'un naturel inimitables.

Dans cette même comédie de *l'Eunuque*, le frère cadet de Phédria, l'aimable Chéréa, est bien l'image du naïf et bouillant jeune homme à son premier amour. Quand il arrive sur la scène, comme un jeune chien en défaut, courant, hors d'haleine, ayant perdu la piste de la beauté qu'il suivait, qu'il brûlait d'aborder, qu'un maudit fâcheux lui a fait tout d'un coup manquer, quel jeu de passion! « Je suis mort! de jeune fille nulle part... Où est-elle passée? » Et quand il l'a découverte, que dis-je? quand il s'est introduit près d'elle sous un déguisement et l'a possédée d'emblée, quelle explosion d'allégresse, quel besoin d'expansion et de confidence à tout prix! comme il se jette sur le premier ami qu'il rencontre pour lui tout raconter! Vous connaissez le tableau de Meissonier, *la Confidence*, ce jeune amoureux qui, à la première lettre reçue, n'a de cesse qu'il n'ait versé son secret dans le sein d'un ami plus expérimenté, et qui, après le déjeuner qu'il payera, au dessert, lit avec feu cette missive si tendre à l'ami tranquille et satisfait qui écoute et qui digère. Ici, c'est tout autre chose ; c'est le jeune homme en feu qui sort de la maison où il a conquis le bonheur ; il a besoin d'éclater, son cœur déborde ; il est dans l'impatience de dire au premier qui l'interrogera : *Je suis heureux.* — « Quoi personne! s'écrie-t-il en regardant autour de lui... Ne rencontrerai-je pas une âme, pas un curieux qui me suive, qui me persécute et m'obsède de questions, pourquoi je suis gai, pourquoi je bondis, où je vais, d'où je viens, où j'ai pris cet habit (il est encore déguisé), ce que je cherche, si je suis sain d'esprit ou fou? » Un ami qui passe, et qui l'a entendu fort à propos, le sert à souhait et l'oblige à s'épancher. Nous assistons à l'ivresse même de la jeunesse.

M. de Belloy a traduit ce passage de la manière la plus agréable :

CHÉRÉAS.

Quoi! pas un curieux, pas un ami, personne
Qui s'attache à mes pas, me tourmente et s'étonne,
Demande d'où me vient ce bonheur, cet habit,
Où je vais, d'où je sors, si j'ai perdu l'esprit?

ANTIPHON, à part.

Faisons-lui ce plaisir. (*Haut.*) Eh bien! cher camarade,
Te voilà donc enfin! Quelle est cette escapade?
Où vas-tu? D'où sors-tu dans ce nouvel habit?
Qui te rend si joyeux? As-tu perdu l'esprit?
Eh bien! répondras-tu? Quelle mine étonnée!

CHÉRÉAS.

Salut, ami, salut! Oh! l'heureuse journée!
C'est toi que je voulais, et tu viens le premier.

ANTIPHON.

Conte-moi, je t'en prie...

CHÉRÉAS.

Eh! pourquoi me prier?
Quand je suis trop heureux de t'avoir, au contraire.
Écoute..

V.

J'ai essayé de donner un aperçu de ce talent aimable et vif, de ce comique sincère et touchant que chacun aime à se représenter sous le nom de Térence : j'achèverai de le définir en quelques traits assemblés sans beaucoup d'ordre, mais qui se rejoindront d'eux-mêmes.

Térence a le talent voisin de l'âme ; il donne, plus qu'aucun écrivain, raison à ce mot de Vauvenargues, « qu'il faut avoir de l'âme pour avoir du goût. »

Si Virgile, venu plus tôt, avait fait des comédies, il les aurait faites comme Térence. Il y a aussi chez Térence du Tibulle en action et de l'élégie.

Térence est le lien entre l'urbanité romaine et l'atticisme des Grecs. Qui dit *urbanité* dit politesse, élégance, un bon goût dans le badinage, de l'enjouement plus qu'un rire ouvert et déployé. Qui dit *attiques* à proprement parler, entend des écrivains nus, sobres, chastes de diction (comme Lysias ou Xénophon), qui n'appuient pas, qui ne redoublent pas, qui ne scintillent pas. Ils rappellent et réfléchissent dans leurs écrits cette plaine de l'Attique, d'une maigreur élégante et fine, d'un ciel transparent. Quels sont les écrivains attiques en français dont nous puissions comparer sans trop de contre-sens la diction à celle de Térence ? Il en est très-peu. Mme de La Fayette, Fénelon, Mme de Caylus, en sont certainement ; Le Sage aussi pour *Gil Blas*, et l'abbé Prévost pour *Manon Lescaut*. Au xviiie siècle, la race des attiques se perd : Voltaire est, quand il le veut, le modèle de l'urbanité ; mais l'atticisme léger, cette grâce un peu nue, cette exquise simplicité n'a plus sa place.

Montesquieu, préoccupé du piquant, du frappant, citera jusqu'à cinq et six fois Florus dans son *Essai sur le Goût :* il n'a pas songé une seule fois à citer Térence.

Diderot le fougueux, le verveux, a eu l'honneur de comprendre et de sentir dans Térence celui qui lui ressemblait le moins, celui qui n'outre rien, ne charge jamais, et qui ne met pas un trait de plus que nature

Il n'y a rien dans Térence pour l'effet. Mlle Mars disait : « Oh ! comme nous jouerions mieux, si nous ne tenions pas à être applaudis ! » Térence écrit et parle comme s'il ne tenait pas à être applaudi. Il n'a pas de ces mots, de ces traits qui sortent à tout instant du rang, et qui semblent dire avant la fin : *Plaudite*. Il est bon toutefois pour un poëte dramatique d'avertir de temps en temps son monde, de donner le branle à son public.

Molière a la verve, le démon : Térence n'a pas le démon ; il a ce que les Anglais appellent le *feeling*, mêlé et fondu dans le comique. Il intéresse.

Térence est la joie et les délices des esprits délicats et justes, qui n'aiment pas le fou rire, qui aiment un rire modéré qui aille avec les pleurs et qui ne dépare pas le sourire. J'ai déjà nommé Addison et Fénelon.

Si Collin d'Harleville avait eu du style, et s'il avait fait de mieux en mieux dans le genre du *Vieux Célibataire,* on aurait pu l'appeler chez nous un demi-Térence ; mais il est resté au quart du chemin.

Je ne sais plus lequel des critiques de ce temps-ci dont je disais : « Il aime le délicat, mais il adore le faible. » Celui-là aura beau être instruit et versé dans les choses de l'Antiquité, il n'est digne qu'à demi de sentir Térence. Ne faisons jamais du faible une nuance, même pâlie, du délicat.

Ce ne sont pas des jeux d'esprit que je me permets : chaque écrivain ou poëte classique a sa qualité distinctive et singulière, sa vertu à lui, souveraine, et qui est faite pour guérir du défaut littéraire opposé. Térence est le contraire de bien des choses, il l'est surtout de la dureté, de l'inhumanité, de la brutalité, — de ce qu'on court risque, à mesure qu'on avance dans les littératures, d'ériger insensiblement en beauté et de prendre pour la marque première du talent.

Térence, c'est le contraire de Juvénal et des liqueurs fortes.

Il y a des poëtes plus ambitieux, plus complets aussi et plus forts que lui assurément : mais, au sortir des lectures violentes, ma médiocrité même s'accommode mieux de celle de Térence.

Térence peintre de l'homme, ce n'est rien d'absolu dans la morale ni dans la vie : c'est croire qu'on a toujours quelque chose à apprendre, toujours à modifier et à corriger selon l'âge, le moment, la pratique et l'expérience.

Pétrone a parlé de l'heureuse curiosité, du goût choisi d'Horace, *Horatii curiosa felicitas :* c'est toute une définition en deux mots. Un critique latin d'entre les modernes, un savant en *us* a qualifié non moins heureusement la merveilleuse et *presque ineffable aménité* de Térence.

On parle toujours et le plus volontiers de Térence comme de l'un des précurseurs profanes du christianisme : c'est pour lui un grand honneur. Il serait juste aussi de le montrer un digne fils et un héritier direct de la civilisation et de la culture grecque à laquelle il appartient, de cette civilisation qu'on voit si humaine au temps de Gélon, et qui trahissait déjà son véritable esprit dans la lutte fabuleuse de Pollux, l'un des Argonautes, contre un roi brigand des bords de la Propontide. « Et quel sera le prix du combat que nous allons livrer ? » demande le fier Pollux au moment d'engager la lutte avec le géant. Celui-ci répond : « Je serai à toi, si je suis vaincu ; tu seras à moi, si je suis le plus fort. » — « Mais ce sont là, reprend Pollux, des enjeux d'oiseaux de proie à l'aigrette sanglante. » — « Que nous ressemblions à des oiseaux de proie ou à des lions, nous ne combattrons qu'à cette condition-là. » Le géant est vaincu par l'adroit et brillant athlète. « Puissant Pollux, s'écrie le poëte, quoique vainqueur tu n'abusas point contre lui de ta victoire ; mais tu lui fis jurer le grand serment, par le nom de Neptune son père, de ne plus être désormais inhumain et nuisible aux étrangers. » Ce fut toute la vengeance du héros (1), et c'est ainsi que les victoires des Grecs, quels qu'en fussent les motifs ou les prétextes, étaient en définitive des conquêtes pour la civilisation elle-même. Formé à cette école, nourri et abreuvé de ces sources, faut-il s'étonner que Térence ait fait entendre le premier des accents de bonté et d'humanité universelle à Rome, dans cette dure Rome de Caton l'ancien?

(1) C'est chez Théocrite qu'il faut lire ce brillant combat de Pollux : il est vrai que tout à côté, dans la même pièce, on se heurte à un exploit d'un genre tout différent, l'enlèvement des deux filles de Leucippe et le combat de Castor contre l'amant de l'une d'elles : car ces Grecs, semblables en cela à un autre peuple de notre connaissance, pouvaient être dits à la fois libertins et civilisateurs.

Lundi 17 août 1863.

OEUVRES INÉDITES
DE LA ROCHEFOUCAULD

PUBLIÉES D'APRÈS LES MANUSCRITS

ET PRÉCÉDÉES DE L'HISTOIRE DE SA VIE,

PAR

M. ÉDOUARD DE BARTHÉLEMY (1).

Je ne sais si beaucoup de gens sont comme moi, mais j'avoue que par moments je commence à en avoir assez de la littérature du xviie siècle. On en abuse depuis quelque temps; non qu'on puisse jamais nous en trop dire sur Molière, sur La Fontaine, sur Bossuet, sur Pascal, sur Mme de Sévigné, si ce sont des choses vraiment nouvelles qu'on nous apporte, soit des textes plus exacts, soit des documents biographiques plus certains : mais si ce sont des redites, des inutilités, des

(1) Un vol. in-8. Hachette, 77, boulevard Saint-Germain.

parties secondaires qu'on nous donne pour principales, des papiers de valeur purement historique qu'on exalte comme des chefs-d'œuvre littéraires, ah! c'est différent; le goût se révolte ou se rebute : on se rejette ailleurs, on est rassasié. M. Cousin, à cet égard, a assumé une grande responsabilité à laquelle il est homme, pour sa part, à largement suffire. Il a fait des découvertes réelles, bien qu'il les ait un peu exagérées dans le principe; mais à lui tout est permis, et il a, par son talent d'écrivain et par ses retouches successives, des manières de compenser ou de réparer, et, une fois averti, des empressements à rentrer dans le vrai, qui ne retirent rien aux effets d'un premier éclat. C'est l'école que je redoute, ce sont les disciples non avoués d'un maître supérieur, mais un peu imprudent. M. Édouard de Barthélemy est évidemment un jeune homme qui a allumé son flambeau à la torche de l'ardent et amoureux investigateur, et qui s'est enflammé, un matin, d'un zèle extraordinaire pour la littérature Longueville, Sablé, etc. On l'a beaucoup loué, il y a trois ou quatre ans, pour avoir réimprimé un recueil de Portraits de société du xviie siècle, dont un petit nombre sont vraiment curieux, et la plupart d'une fadeur, d'une insipidité écœurante. Un critique littéraire, homme de goût et qui d'ordinaire est sobre d'éloges (M. Géruzez), l'a cité deux fois à ce sujet dans son Histoire de la Littérature française. Il semble qu'éditer un vieux livre déjà publié ou quelques bribes inédites insignifiantes soit aujourd'hui un titre plus digne d'estime que d'avoir du style et de la pensée. M. É. de Barthélemy, puisant et repuisant aux portefeuilles du médecin Valant, où M. Cousin avait pris d'emblée le meilleur, a publié récemment un livre sur la comtesse de Maure, l'amie de Mme de Sablé, sans assez se dire que le maître lui-même, en donnant tout un volume sur cette illustre marquise, avait excédé les proportions : une couple de chapitres eussent suffi. Nous voulons bien une tasse de café pur, une seconde tasse moins pure ; mais faut-il aller jusqu'au marc et jusqu'à la lie ? M. É. de Barthélemy ne s'est pas arrêté en si beau chemin ; il s'est épris, je ne sais pourquoi, d'un zèle chevaleresque en faveur de M. de La Rochefoucauld, de tous les hommes et de tous les esprits assurément celui avec lequel il a le moins de rapports ; sous prétexte de le défendre devant la postérité, il a voulu écrire sa vie et rechercher littérairement ses moindres vestiges ; il a pris ainsi les devants sur une édition que prépare un autre littérateur très-exercé et qui a fait ses preuves par Vauvenargues (M. Gilbert). Tout s'est passé d'ailleurs avec égards et ainsi qu'il sied entre gens comme il faut, et M. de Barthélemy, en jouissant des honneurs de la priorité, entend bien ne préjudicier nullement à l'édition prochaine qui profitera de ses découvertes. Il n'est pas, en effet, sans avoir trouvé pour son compte quelque chose de neuf. Ayant eu accès dans les papiers de famille conservés au château de la Roche-Guyon, il nous donne en toute hâte aujourd'hui le résultat de ses recherches, quelques pensées ou *Maximes* inédites ou presque inédites (une vingtaine tout au plus), quelques chapitres de *Réflexions morales*. Il y a joint une Notice historique fort complète, c'est-à-dire amplement compilée et ramassée de toutes parts, sur le duc de La Rochefoucauld.

I.

M. É. de Barthélemy est si inoffensif, si indulgent même pour ses devanciers et pour ceux qu'il croit devoir contredire à l'occasion, qu'on hésite à venir troubler son contentement en disant ce qu'on pense de son travail, surtout quand il nous apporte quelques parcelles inédites d'un grand esprit : et pourtant il est sujet à parler à tout instant d'un excellent écrivain dans une si singulière langue, il apprécie un moraliste profond d'une manière si superficielle et si peu logique, qu'on ne peut s'empêcher vraiment de se demander à quoi bon toutes ces poursuites et ces religions du xviie siècle, avec toutes les belles lectures qu'elles supposent, si elles ne servent à vous former ni le jugement, ni la langue, ni le goût.

Il y a tant d'autres manières d'employer son temps, quand on est jeune, beau, riche, noble, un pied, je le crois, dans les fonctions publiques, que j'ai peine à m'expliquer, chez quelqu'un qui n'y est pas condamné par le sort, cette précipitation à écrire, à compiler, à copier, à éditer sans prendre même la peine de se relire. C'est par de telles habitudes que les Serieys et les Auguis autrefois ont décrié le genre. *Scribendi cacoethes,* disait Juvénal. — Daunou disait du marquis de Fortia d'Urban, qu'il était atteint de *stampomanie* (la manie de se faire imprimer). M. É. de Barthélemy est atteint, on n'en saurait douter, de cette maladie courante. Les palmes d'éditeur l'empêchent de dormir : M. Cousin, en y passant, a attaché au métier un rayon. Soyez donc éditeur, si c'est votre plaisir et votre orgueil, mais soyez-le avec tous les soins qu'exige cette tâche épineuse ; et gare surtout si, auteur vous-même, vous laissez trop passer le bout de l'oreille ! vous donnez envie de le pincer.

Eh, mon Dieu ! je ne voudrais rien conseiller à la jeunesse que de convenable ; mais vraiment, lorsque après avoir lu et relu les *Maximes* de La Rochefoucauld, un éditeur d'un nom distingué comme M. de Barthélemy en vient à écrire dans un Avertissement placé en tête du petit livre, exquis de tout point, que rien ne l'obligeait de réimprimer : « Nous signalons dans ce recueil une vingtaine de pensées inédites, *dans lesquelles on retrouvera cependant quelquefois de lointaine parenté* avec un certain nombre de celles de diverses éditions ; » que dire ? faut-il se taire ? faut-il remarquer que *de lointaine parenté* n'est pas français ; qu'il faudrait mettre absolument, pour l'exactitude grammaticale, ou bien « *quelque* lointaine parenté, » ou bien « *une* lointaine parenté ! »... Mais il fait beau, le temps sourit, l'été est radieux et splendide, tout vous appelle : jeune homme, laissez ces choses à ceux du métier, et si le trop de loisir ou d'activité vous tente, si le sang vous chatouille, dépensez votre zèle ailleurs ; allez à Ems, allez à Spa, et laissez-nous le soin, par ce soleil d'août, d'ajuster nos phrases qui nous clouent à notre fauteuil. Croyez que je ne m'exagère pas le mérite d'une phrase bien faite ou qui, tant bien que mal, tombe d'aplomb sur ses pieds; un galant homme peut fort bien *soléciser ;* mais qui diantre l'oblige à imprimer ses solécismes?

Vous voulez nous parler du plus poli des écrivains, de l'auteur d'un livre à jamais immortel dans son expérience amère et son élégante concision, et voilà comment vous vous exprimez : « Dès son retour à Paris (en 1657), il (M. de La Rochefoucauld) devint un des fidèles du salon de Mme de Sablé, de précieuse mémoire, et se lia avec l'académicien Esprit, pour lequel il ne cessa, dans ses lettres à la noble *marquise,* de montrer une déférence *marquée...* Pendant sa retraite, il avait composé des Mémoires, mais il paraît *avoir de bonne heure ensuite pris goût* à la mode des Maximes, inaugurées par Mme de Sablé et par Esprit, dont il suivit *à cet égard ponctuellement d'abord* les conseils... » — Mais, jeune homme, vous n'avez donc pas eu en votre temps un maître de rhétorique ou de seconde qui vous ait appris à mesurer vos phrases, à écrire sinon élégamment, du moins suffisamment, à ne pas accumuler les adverbes; deux et trois mis à la suite et à la file, c'est trop.

Et encore parlant du portrait de La Rochefoucauld par lui-même, de ce beau portrait si aisé, si net, et qui sent, comme on disait, son honnête homme, M. É. de Barthélemy ne craint pas de s'exprimer ainsi : « Ce premier travail montre de sérieuses qualités et le soin que La Rochefoucauld apportait au *polissement de son style:* il ne témoigne pas *grandement, par exemple,* en faveur de la modestie *du duc.* » On n'écrit pas de la sorte. On n'attache pas des étiquettes de la dernière platitude aux tableaux des maîtres.

Encore une fois, lui dirai-je, qui vous obligeait de vous hâter ainsi, de brusquer et de bâcler une Vie de La Rochefoucauld, laquelle, si elle n'est pas impossible, reste au moins une œuvre fort difficile et des plus délicates, à la bien exécuter? Vous avez rêvé des lauriers littéraires, mais ils ne sont pas précisément où vous le croyez. Écrire de telles pages en tête d'une édition de La Rochefoucauld, c'est donner à juger son propre goût : c'est l'étaler et l'encadrer d'une manière fâcheuse. Je puis paraître porter bien loin la susceptibilité littéraire, mais j'aimerais mieux, si j'étais jeune, et par respect même pour la littérature, un tout autre emploi que celui-là de mon temps et d'un si bel âge; la jeunesse offre tant d'autres distractions! la saison est propice et favorable, allez en Suisse et voyez les montagnes; allez à Bade, cherchez les ombrages et les fontaines; chassez ailleurs; soyez du *turf*, et faites même courir, s'il le faut : surtout ne faites pas imprimer de pareilles phrases en tête d'un La Rochefoucauld, au nom d'un Barthélemy. L'abbé Barthélemy était un pur, un élégant écrivain (1).

Je ne voudrais à aucun prix décourager les amateurs. Le goût des lettres, à quelque degré et sous quelque forme qu'il se produise, est un noble goût, ou tout au moins un goût innocent. Un père me disait un jour, en

(1) On m'apprend que les Barthélemy (de Champagne) ne sont de rien à l'abbé Barthélemy ni au marquis de Barthélemy, ancien pair de France. La similitude des noms m'avait trompé.

voyant son fils pâlir dès l'âge de douze ans sur les vieux livres, non pour les lire et en tirer des pensées, mais pour en admirer les vignettes, les fermoirs, les reliures (et le fils est devenu depuis un bibliophile féroce) : « Au moins il a un noble goût. » Un galant marquis, âme ardente, qui avait connu toutes les passions, chasse, amour, cavalcades effrénées, et qui finissait par les livres, répondait à quelqu'un qui s'en étonnait : « Après tout, c'est encore moins ruineux que les femmes, les chevaux et les chiens. » Ainsi il peut être utile en même temps qu'il est honorable à un jeune homme de s'adonner aux curiosités des livres, et c'est rassurant pour les siens de le voir commencer par là ; mais alors pourquoi ne pas s'en tenir au simple goût d'amateur ? Pourquoi mettre tous les six mois le public dans la confidence de ses tâtonnements, de ses démangeaisons et de ses faiblesses ? Rien ne ressemble moins à un amateur qu'un faiseur : mot odieux et laid comme la chose.

Je remplirais des colonnes, si je le voulais, de ces phrases du biographe de La Rochefoucauld qui font venir la chair de poule à quiconque a reçu les premiers éléments de l'art d'écrire. Vous voulez dire que M. de La Rochefoucauld était gêné, incommodé dans ses affaires, et vous dites : « La *question financière* gênait cependant toujours le duc de La Rochefoucauld. » Mais c'est ainsi qu'on qualifie, en effet, la question d'argent entre camarades, dans un monde à la Murger. La *question financière,* c'est là où le mal nous gratte ! Était-ce donc la peine de tant aller chez Mme de Sablé pour prendre tout à coup, et sans même s'en apercevoir, une expression à la bohême?

En nous parlant du La Rochefoucauld de la fin, de celui qui n'était plus que l'auteur des *Maximes* et le plus aimable homme de la société, vous dites : « Il paraît aussi désormais s'être médiocrement occupé de la *politique,* quoique cependant il ait encore demandé, en 1666, la place de gouverneur du Dauphin... » Mais est-ce que c'était s'occuper de politique que de désirer la charge de gouverneur du Dauphin? Évidemment, Monsieur, vous ne vous rendez pas bien compte de la valeur des expressions.

Je sais qu'il y a, chemin faisant, dans vos notice et préface, d'assez bons jugements de détail. Une discussion relative aux divers manuscrits des Mémoires de La Rochefoucauld peut offrir des raisonnements dignes d'être pris en considération. Vous êtes capable de parler affaires, je ne le nie pas : mais si la question devient philosophique, vous n'y êtes plus; et, par exemple, de ce que M. de La Rochefoucauld mourut avec bienséance, comme on sait, et après avoir reçu les sacrements, vous terminez votre Notice par cette conclusion inattendue et un peu étrange : « M. de La Rochefoucauld avait l'esprit trop élevé, l'intelligence trop haute, le sens moral trop profond pour ne pas être un catholique véritable; la société au milieu de laquelle il vivait était essentiellement chrétienne, et, on aura beau faire, il faudra nous laisser cette grande illustration et renoncer à la joindre à la cour, *trop brillante malheureusement,* de l'incrédulité. »

Rien n'est plus estimable que d'être catholique fidèle et docile, surtout si l'on est à la fois chrétien de cœur; je suis loin de prétendre que l'élévation de l'intelligence ne fût point compatible, en ce grand siècle, avec la croyance régnante, et l'on y eut d'assez beaux exemples de cette concorde et de cette union ; mais, en vérité, raisonner comme vous le faites, avec cette légèreté, cette sérénité imperturbable, et trancher ainsi une question de foi chez un moraliste de cet ordre et de cette école, chez un raffiné de la qualité et de la trempe de M. de La Rochefoucauld, c'est montrer que vous ne vous doutez même pas de la difficulté.

Il me répugne de faire plus longtemps le pédagogue (1), et j'en viens à l'inédit, à ce qu'on doit à M. É. de Barthélemy de posséder quelques mois plus tôt qu'on ne l'aurait eu sans lui.

II.

Avant de parler de cet inédit de mince importance, j'ai pourtant un mot à dire de celui dont on est rede-

(1) Je me borne à signaler, pour le cas où l'on me trouverait bien sévère, quelques autres passages qui achèveront de prouver la précipitation et l'incurie de l'écrivain et de l'éditeur : à la page 110, la phrase qui commence par ces mots : « Liancourt se décida à tenter l'aventure... » est inintelligible. A la page 252, dans les *Maximes*, il manque à la sixième ligne de la CCLVII°, inédite, un membre de phrase qu'on suppléerait au besoin : le copiste ne s'est pas relu. A la page 267, ligne 22, dans un article sur les vieillards, il faut rectifier la phrase ainsi : « Les plus heureux *sont encore soufferts*, les autres sont méprisés. » Mais je suis bien bon, vraiment, de faire ainsi l'errata de M. de Barthélemy.

vable à M. Cousin. Cet heureux et infatigable chercheur a retrouvé dans les papiers Conrart, et a publié dans la troisième édition de *Madame de Longueville* une pièce fort curieuse, un Discours ou Mémoire d'une vingtaine de pages, intitulé *Apologie de M. le prince de Marsillac.* C'est un exposé des raisons qui décidèrent La Rochefoucauld (qu'on appelait encore à cette date le prince de Marsillac) à se jeter dans la Fronde et à déclarer la guerre à Mazarin. Le Mémoire où les griefs du prince sont fort bien déduits, avec fierté, roideur, beaucoup de tenue, et dans une forme de phrase assez compliquée et bien balancée, annonce du talent sans doute, mais un talent quelque peu empesé encore, et qui se sent du voisinage des héros de Corneille. Je ne puis admettre avec M. Cousin que la publication de ce Mémoire soit un événement pour l'histoire littéraire : pourquoi cet éternel besoin de surfaire sa marchandise et de tirer de son côté la couverture? C'est bien assez que ce Mémoire soit curieux pour l'histoire de la Fronde. Mais venir soutenir qu'un morceau tout à fait inconnu jusqu'ici, — ou très-peu connu, même en admettant qu'il ait couru et circulé en quelques mains vers 1649, — enlève à Pascal l'honneur d'avoir le premier dégagé la langue et va désormais s'introduire comme de droit, dans l'histoire de notre littérature, entre le *Discours de la Méthode* et les *Provinciales,* c'est vraiment imposer ses imaginations à un public trop docile ; c'est trop magnifiquement traiter La Rochefoucauld comme auteur, après l'avoir tant dénigré dans sa vie, au moral. Ce Mémoire, est-il besoin de le rappeler? n'eut en son temps aucun effet littéraire ni autre, aucun retentissement ni aucune sorte d'influence : aujourd'hui c'est un simple témoignage de la manière dont écrivaient les grands seigneurs quand ils s'en donnaient la peine, vers 1650 (1). Retz et Saint-Évremond et Bussy et Clérembaut et d'autres encore écrivaient plus ou moins de ce ton-là, quand ils s'en mêlaient. S'étonner et s'émerveiller qu'ils sussent si bien le français avant la publication des *Provinciales,* c'est vraiment y mettre trop de naïveté. Tout ce monde-là parlait d'origine la même langue, et la parlait comme sienne, chacun avec sa légère différence d'accent, et sans en demander la permission au voisin. Pascal le premier fit non pas même un livre, mais un pamphlet, une suite de lettres qui fut dès le premier jour un événement, et qui devint au bout de l'année un monument. Voilà le fait établi et durable. Tout le reste n'est que raisonnement et construction artificielle après coup. Je ne puis, en un mot, souscrire à l'éloge littéraire exagéré que M. Cousin a fait de ce Mémoire, très-précieux d'ailleurs historiquement.

Je demande pardon à mes maîtres de leur résister ainsi en matière de goût. Si M. Cousin daignait un jour revenir sur un premier entraînement et enthousiasme, je ne doute pas qu'il n'apportât à la seconde expression de son jugement des réserves qui le rendraient pleinement acceptable.

(1) Le cardinal de Retz, dans le portrait qu'il a donné de La Rochefoucauld, fait une sorte d'allusion confuse et lointaine à cette pièce, quand il dit : « Cet air de honte et de timidité, que vous lui voyez dans la vie civile, s'était tourné dans les affaires *en air d'apologie.* Il croyait toujours en avoir besoin... »

M. É. de Barthélemy, lui, n'hésite pas. Du premier jour, il a tout accepté ; je dirais, si j'osais, qu'il a tout gobé de la veille. Décidément, à ses yeux, « La Rochefoucauld, depuis la découverte du Mémoire de 1649, prend place *avant Pascal* dans l'histoire de la langue. » On avait dit, à propos du livre des *Maximes* publié en 1665, que l'auteur avait « cette netteté et cette concision de tour que Pascal seul, dans ce siècle, avait eues avant lui. » M. de Barthélemy s'empare de cet éloge : « C'est donc *au duc à qui* en revient désormais tout l'honneur, dit-il ; la date du Mémoire ne peut le lui laisser contester. » Mais la difficulté n'est pas dans la date ; le Mémoire de 1649, si on le lit de sang-froid et sans se monter la tête, n'offre pas précisément cette *netteté* et cette *concision de tour,* ou du moins ne l'offre pas à un haut degré : il a d'autres qualités, mais pas celles-là éminemment. Ainsi la question est autre part que dans une date matérielle, et Pascal, par les *Provinciales,* demeure hautement en possession : il continue d'être le premier écrivain qui ait mis en circulation ces qualités si françaises. Oh ! que l'histoire littéraire est donc difficile à établir et à maintenir dans ses lignes délicates, et qu'il y aura d'à peu près et de contre-sens qui s'y glisseront de plus en plus ! Notre rôle de sentinelle est bien inutile vraiment et bien ingrat.

J'aime à prendre mes autorités dans le siècle même. Un homme de ce temps et de cette race, un contemporain de la Régence et de la Fronde, que M. Cousin ne cite pas volontiers, parce qu'il n'a pas eu l'idée de le découvrir, et dont M. Giraud nous prépare une sorte de résurrection littéraire, Saint-Évremond, dans une conversation avec M. de Candale, disait de La Rochefoucauld, bien avant les *Maximes* et au début de la seconde Fronde (1650) :

« La prison de M. le Prince a fait sortir de la Cour une personne considérable que j'honore infiniment : c'est M. de La Rochefoucauld, que son courage et sa conduite feront voir capable de toutes les choses où il veut entrer. Il va trouver de la réputation où il trouvera peu d'intérêt ; et sa mauvaise fortune fera paraître un mérite à tout le monde, que la retenue de son humeur ne laissait connaître qu'aux plus délicats. En quelque fâcheuse condition où sa destinée le réduise, vous le verrez également éloigné de la faiblesse et de la fausse fermeté, se possédant sans crainte dans l'état le plus dangereux, mais ne s'opiniâtrant pas dans une affaire ruineuse, par l'aigreur d'un ressentiment, ou par quelque fierté mal entendue. Dans la vie ordinaire, son commerce est honnête, sa conversation juste et polie : tout ce qu'il dit est bien pensé ; et dans ce qu'il écrit, la facilité de l'expression égale la netteté de la pensée. »

Voilà un La Rochefoucauld *avant la lettre* et jugé par un de ses pairs.

Ils étaient tous, dans cette forte et puissante génération, fins, délicats, polis et vifs de langage, et aucun, à proprement parler, ne devançait l'autre.

Pascal lui-même, à le bien prendre, et quoique inférieur de rang et de naissance, n'était qu'un honnête homme comme eux tous, un curieux, un amateur, qui ne devint écrivain de profession que par occasion et par rencontre. Cette rencontre, on ne peut pourtant lui en retirer le bonheur et l'honneur après deux siècles.

Mais le Discours ou Mémoire retrouvé et publié par
M. Cousin a cela véritablement de très-curieux qu'il
nous montre à quel point, à cette date de 1649, à l'âge
de trente-six ans, La Rochefoucauld avait déjà souffert
dans son orgueil et était déçu et ulcéré dans son ambition. La distinction honorifique du tabouret, qu'il vit
refuser à sa femme, n'était que la goutte qui fît déborder le vase. Il avait dû croire, dès l'avénement
d'Anne d'Autriche, de cette reine dont il était depuis
des années le serviteur dévoué et qui l'avait surnommé
publiquement son martyr, à un crédit réel, à une influence, à une participation dans l'exercice du pouvoir;
il s'était pu considérer un moment comme futur ministre.
Le Mémoire où il a condensé son ressentiment et sa
plainte nous donne exactement à mesurer de quel faîte
d'ambitieuses espérances il fut précipité, non en un seul
jour et en une seule fois, mais par degrés et comme de
cascade en cascade. Avant d'en venir à son dernier mot
d'expérience amère, il avait eu plusieurs existences
écroulées sous lui. En se faisant homme de parti au
sortir de la Cour, et homme de guerre au profit d'une
faction, La Rochefoucauld ne rendait pas ses chances
meilleures et ne faisait que s'exposer à d'autres mécomptes. Il est bon de savoir aussi que, quelque brave
qu'il pût être de sa personne, il n'avait pas le génie de
la guerre. Un homme qui n'avait que ce talent-là, mais
qui l'avait, et qui vit de près La Rochefoucauld à
l'œuvre, le comte de Coligny, a dit de lui, tout en reconnaissant qu'il avait du cœur comme soldat, mais en
le déprisant et l'anéantissant comme capitaine : « C'est

le génie le plus bouché pour la guerre qui ait été en France depuis il y a cent ans. » Le mot dans sa crudité est mémorable. Battu en politique et en intrigue, malheureux à la guerre, finalement malheureux en amour, étant allé de mécompte en mécompte, M. de La Rochefoucauld n'avait plus de ressource véritable que du côté de l'esprit, et il demanda, en effet, au sien tout ce qu'il put lui offrir de consolation, de dédommagement et de vengeance permise.

III.

J'en viens aux quelques Maximes inédites ou que M. de Barthélemy nous donne pour telles. On sait comment La Rochefoucauld adopta cette forme et ce genre de sentences morales. Il y eut du hasard plus que du choix. On jouait aux maximes dans le salon de Mme de Sablé comme on jouait précédemment aux portraits, comme on joue encore tous les jours aux proverbes, aux charades. Chacun faisait des maximes et en essayait. M. de La Rochefoucauld fit les siennes ; il y prit goût ; il eut l'idée d'y mettre en entier les résultats de sa philosophie et de son expérience, et c'est ainsi que de simples jetons de société sont devenus par lui des médailles immortelles. Il n'est pas impossible pourtant qu'il s'y soit glissé une légère pointe de taquinerie et de gageure. L'auteur s'amusait à faire dire à tout ce beau monde élégant : « Se peut-il qu'on croie le cœur humain si corrompu ? mais c'est affreux ! » Il soutenait en effet que l'intérêt était partout, était tout, inspirait tout ; il ne croyait pas à l'essence des vertus :

« La vertu est un fantôme formé par nos passions, à qui on donne un nom honnête, afin de faire impunément ce qu'on veut. (1) »

Cette pensée est l'âme du petit livre de La Rochefoucauld. Les plus hautes vertus ne sont pas respectées par lui ; elles ne lui imposent pas. Il a vu la tapisserie humaine par l'envers : il la décompose en la montrant. « La constance des sages n'est qu'un art avec lequel ils savent enfermer leur agitation dans leur cœur. » La générosité n'est que le désir de se donner le rôle où l'on se trouve le plus grand, le plus à sa gloire ; ou, comme il le dit avec sa subtilité profonde, « c'est un industrieux emploi du désintéressement pour aller plus tôt à un plus grand intérêt. » La magnanimité n'est qu'un trafic plus grand et plus hardi que les autres : « La magnanimité méprise tout, pour avoir tout.. » Ou encore (et ceci, je le crois, est inédit en effet) : la magnanimité, c'est « *le bon sens de l'orgueil*, et la voie la plus noble pour recevoir des louanges. » Les plus humbles vertus, après les grandes, y passent à leur tour ; pas une ne trouve grâce devant lui. Vous êtes modeste : prenez garde ! tâtez-vous bien ! c'est que vous vous sentez au

(1) M. de Barthélemy nous donne cette pensée comme inédite. Elle n'est autre, sauf deux mots, que la CLXXIX^e maxime de l'édition de 1665. Il en est ainsi de presque tout ce qu'il donne comme inédit : ce ne sont que des variantes de rédaction. Il n'y apporte aucune critique : il a la superstition de l'inédit.

fond tel que vous êtes, et que vous ne pourriez entreprendre beaucoup. Vous êtes chaste et sobre : faites bien attention ! écoutez-vous ! c'est que vous n'avez que désirs médiocres, médiocre puissance. Si ce n'est pas vous qui faites ce raisonnement et ce calcul, il y a quelque chose qui, d'instinct, le fait sourdement en vous. L'amour-propre est le fond de toutes nos pensées, de toutes nos actions et déterminations. Il est vrai qu'il se masque souvent, à ne pas le reconnaître. Parfois il se déguise en Ange de lumière. Il se fait quelquefois son propre ennemi en apparence et son persécuteur acharné : pourvu qu'il subsiste, tout lui est bon. La description ou le portrait de l'Amour-propre, qui est en tête de la première édition des *Maximes,* est un admirable morceau d'ensemble qu'on n'a pas réfuté encore ; c'est un morceau digne de Pascal, de celui des *Pensées,* et qui cette fois, par sa date, a bien réellement devancé la publication posthume de l'ouvrage de Pascal, et dans un même genre.

Et n'y a-t-il pas tous les jours, sous nos yeux, de ces amours-propres qui se déguisent en charité ? On a besoin de se croire supérieur aux autres, de croire qu'on a raison sur eux, qu'on a dans sa main la clef des vérités ; on veut se donner les avantages publics du triomphe. Comment s'y prendre ? L'amour-propre, s'il est fin, change de ton et de voix ; il a des gémissements et des soupirs ; il se fait inquiet sur le sort de ses frères, sur le danger que courent des âmes fidèles et simples ; il faut, à tout prix, préserver les faibles : et l'amour-propre agit et s'en donne alors en toute sûreté de conscience et, comme on dit, à cœur-joie : il accuse l'adversaire, il le dénonce, il le conspue, il le qualifie dans les termes les plus outrageux, les plus humiliants; et comme il ne veut point cependant paraître, même à ses propres yeux, de l'amour-propre, il se retourne, quand il a fini, et se fait humble aussitôt; il demande pardon à son semblable d'en avoir agi de la sorte : il n'a voulu que le toucher, le convertir; on assure même qu'il est de force à lui proposer en secret (après l'avoir insulté en public) de lui donner le baiser de paix et de l'embrasser. Un bien flatteur dédommagement en effet! Et l'amour-propre, se croyant ainsi assuré de n'en être plus un, cumule et savoure à souhait toutes les douceurs et tous les honneurs. C'est un habile chimiste que l'amour-propre. C'est l'éternel Protée. O Amour-propre, je t'ai vu à l'œuvre dans ton plus beau zèle, dans ta flamme et avec ta rougeur de chérubin, et je te reconnais, même quand tu es assis dans la Compagnie au bout de la table, à la place la plus humble et où tu te fais le plus petit, à celle d'où il est le plus commode, le plus doux pour toi d'assister à ton jeu et à ton triomphe!

L'amour-propre est dans les Lettres, dans la critique; il y est autant et plus encore, s'il est possible, que partout. C'est une rivalité de chaque jour, une guerre sourde ou déclarée, à peine interrompue de trêves. Chacun, s'il n'y prend garde, s'aime et se préfère à tous les autres; chacun se trouve si naturellement sous sa main comme type et premier modèle de l'espèce de talent et du genre de beauté qu'il accueillera et louera chez autrui, en repoussant plus ou moins tout ce qui en diffère! Je ne parle pas ici en un sens vulgaire et grossier. Il n'est que trop vrai qu'en tout le premier mouvement est de juger les autres d'après soi et de les rapporter directement à son image. Que ceux qui, dans leur vie, se sont accoutumés à céder volontiers à des sentiments d'âcre passion ou à des calculs d'intérêt immédiat vous prêtent ces uniques mobiles, peut-on s'en étonner ou s'en plaindre? Il leur en coûterait trop d'en supposer d'autres chez les voisins et les adversaires. Vous avez bien parlé de quelqu'un, c'est que vous vouliez le flatter; vous avez parlé sévèrement d'un autre, c'est que vous aviez contre lui une dent et une rancune. Vous ajournez un jugement que vous avez déjà l'un des premiers énoncé, mais vous en ajournez le développement : c'est que vous voulez vous ménager et nager entre deux eaux. Ah messieurs les gens d'esprit, que cette manière d'appliquer la doctrine de l'amour-propre aux Lettres est donc brutale et, autant qu'il me semble, injuste, à force de frapper à bout portant! Si cela même vérifie ma maxime que « chacun mesure le prochain à son aune, » j'entends et je demande que ce soit du moins dans un sens un peu plus délicat. Je parle en ce moment des plus sincères, des plus élevés et de ceux qui ont le droit de se croire le plus désintéressés dans la critique des choses de l'esprit. Chacun, quoi qu'il fasse, y porte son intérêt le plus fin, je veux dire son idéal secret, composé du *moi* subtilisé, quintessencié, poussé au plus haut degré et au sublime. On ne s'y reconnaît plus directement;

mais sous cette forme pourtant, sous cette idée-là, on continue de se voir encore et de se mirer; on s'adore. Pour l'un, c'est la littérature morale et haute, sévère et abstraite, ce qu'il appelle l'esprit pur, qui lui fait illusion ; pour l'autre, c'est la littérature négligente, aimable et facile, la seule joyeuse et vraiment heureuse; pour un autre, c'est la marotte d'une noble cause dont il se figure être la personnification vivante et le représentant tout chevaleresque. Et moyennant cela, on juge, on coupe et l'on découpe, sur son patron à soi, tout ce qu'on rencontre. Et moi-même tout le premier qui écris ceci, si je me plais à tout moment à briser le moule auquel je serais tenté de m'asservir, si je me force d'aimer ce que je ne suis pas ou le contraire même de ce que je suis, ce n'est pas désintéressement du *moi* : c'est que je me pique peut-être de n'être rien en particulier et que je m'aime mieux apparemment sous cette forme brisée, multiple et fuyante que sous toute autre. Non, non, honnêtes et bonnes gens, La Rochefoucauld bien compris n'a pas tort si aisément que vous le croyez.

Pour les cœurs sensibles, je veux pourtant ajouter un mot : La Rochefoucauld s'est réfuté lui-même une fois, et mieux que personne ne saurait faire; il s'est réfuté par une de ses larmes, non de celles qu'il versa sur la mort et la blessure de ses fils : cela était trop naturel et trop simple ; mais il lui est échappé une autre larme, toute désintéressée. Chacun sait ce beau mot du lieutenant général d'artillerie, Saint-Hilaire, au momen où le coup de canon qui tuait M. de Turenne lui emportait le bras. Son fils présent se jeta à son père en criant et pleurant. « Taisez-vous, mon enfant, lui dit-il en lui montrant le corps de Turenne étendu mort, voilà ce qu'il faut pleurer éternellement, voilà ce qui est irréparable. » Et lui-même il se mit à s'affliger et à pleurer. Mme de Sévigné, qui nous fait ce récit, ajoute : « M. de La Rochefoucauld pleure lui-même en admirant la noblesse de ce sentiment. » Pourquoi cette larme? au nom de quel intérêt? Ne questionnons pas trop La Rochefoucauld, ne lui en demandons pas plus; jouissons de cette inconséquence, ou de ce qui semble tel, et tenons-lui compte de cet hommage muet, rendu à la nature humaine (1).

— La critique, dès qu'elle est sincère, porte avec elle ses inconvénients. M. Édouard de Barthélemy ayant publié, depuis son La Rochefoucauld, un autre volume intitulé : *Les Amis de la marquise de Sablé* (1865), a mis en tête une DÉDICACE à une dame, et j'y trouve ces mots à mon adresse : « En travaillant, on est exposé à se heurter sur sa route à des inimitiés et à des jalousies plus ou moins franches, plus ou moins rudes. Mais le jour où l'on rencontre de sympathiques encouragements, on est amplement dédommagé de ces petites misères... » Je puis assurer que je n'ai contre M. de Barthélemy

---

(1) La Rochefoucauld, tout naturellement, m'a distrait de M. de Barthélemy. Celui-ci a donné encore dans son volume plusieurs *Réflexions diverses*, inédites, dont la plupart auraient mérité de rester en oubli. On remarquera pourtant un ou deux chapitres sur la vieillesse, sur la retraite, et un lieu commun d'une rhétorique élégante et polie aboutissant à un parallèle de Condé et de Turenne.

aucune inimitié et que je n'ai pas même de jalousie : j'ai eu, je l'avoue, de l'impatience de le voir, pensant si peu et écrivant si mal, s'imaginer qu'il allait être le biographe définitif d'un moraliste et d'un écrivain tel que La Rochefoucauld. Aujourd'hui, dans ce volume des *Amis de Mme de Sablé*, il publie les restes des portefeuilles du médecin Valant, lesquels, en effet, n'étaient pas tout à fait vidés encore. Dans une *Introduction* qui n'offre rien de nouveau, il vient après MM. Monmerqué, Walckenaer, Rœderer, Charles Labitte, Paulin Paris, Géruzez, Le Roux de Lincy, après MM. Cousin, Livet, Amédée Roux, etc., etc., faire à son tour une histoire du monde poli d'alors. On a, grâce à lui, les dernières et les moindres balayures du salon des Précieuses. Quand donc ce chapitre Rambouillet finira-t-il? Dans ce livre où, à propos des correspondants de Mme de Sablé, il a eu occasion de me rencontrer plus d'une fois, M. de Barthélemy s'est efforcé, autant qu'il l'a pu, de me chercher chicane pour des vétilles et de m'être désobligeant : c'était trop juste. Mais à un endroit il est allé plus loin, il essaye de me prendre en défaut sur la *logique*. Il s'agit de la marquise de Sablé elle-même et du jugement que j'ai porté sur elle : « M. S.-B., nous dit M. de Barthélemy, a consacré
« dans son *Port-Royal* la moitié d'un chapitre à Mme de
« Sablé, qu'il juge avec peu de bienveillance. L'historien de
« Port-Royal, qui élève fort haut la valeur de tous les habi-
« tants de l'abbaye, me paraît en cette circonstance peu
« logique, car il dé*ment* constam*ment* le ju*gement* porté par
« les pieuses amies de Mme de Sablé, et qui doivent cepen-
« dant ici éclairer l'opinion et la former. M. S.-B. explique
« cette bienveillance de Mesdames et de Messieurs de Port-
« Royal par l'influence de la marquise et par sa générosité,
« ce qui donnerait une triste idée de ces saints solitaires... »
Toute cette critique est aussi inexacte que mal raisonnée. Je n'ai ni bienveillance ni malveillance pour Mme de Sablé; à la distance où l'on est d'elle, ces mots n'ont point de sens. La marquise de Sablé étant allée, un jour, se loger tout à côté du

monastère de Port-Royal, et étant devenue l'une des amies, des patronnes et des protectrices, si l'on veut, ou des affiliées de la sainte abbaye, j'ai cherché à déterminer le vrai caractère de ces rapports. Je n'ai point pris parti systématiquement, comme le donne à entendre M. de Barthélemy, pour aucune des religieuses, ni pour aucun des solitaires. Je n'ai point, pour parler son langage, *élevé fort haut la valeur de tous les habitants de l'abbaye.* J'ai tâché de les bien voir et de les montrer comme je les ai vus, chacun avec sa physionomie. Quant à ce qui est de Mme de Sablé, si l'on consulte les témoignages du temps, il y a éloge et éloge : il y a l'éloge extérieur, banal, convenu ; il y a le jugement secret plus intime. J'ai tâché, en toute occasion, d'y atteindre. C'est par des témoignages mêmes du temps et du dedans que j'ai fait sentir quelques-uns des petits ennuis, des tracas légèrement ridicules, qu'apportait au grave monastère le voisinage de la marquise, et comment les inconvénients compensaient peut-être les avantages. L'austère abbaye avait à sa porte le village des *Petits-Soins.* Il n'y a rien, en tout ceci, qui indique le manque de logique. M. de Barthélemy, évidemment, se fait de la logique une fausse idée, et, en s'exprimant comme il l'a fait, il a trahi lui-même, une fois de plus, son côté faible, qui est celui de la critique et de la judiciaire.

Lundi 24 août 1863.

LA COMTESSE D'ALBANY

PAR M. SAINT-RENÉ TAILLANDIER (1).

LETTRES INÉDITES DE SISMONDI, BONSTETTEN, Mme DE STAEL, Mme DE SOUZA, ETC.,

PUBLIÉES PAR LE MÊME (2).

Autant le faux et fade inédit est méprisable, autant l'inédit qui en vaut la peine est curieux et amusant; c'est un voyage dans un pays neuf : l'esprit ennuyé et fatigué de croupir sur les mêmes objets s'y renouvelle et s'y rafraîchit. M. Saint-René Taillandier, par les deux volumes que je réunis et qui pourraient s'intituler d'un titre commun : *La comtesse d'Albany, son salon et son groupe,* nous procure un de ces plaisirs. Il a eu pour

(1) Un vol. in-18, Michel Lévy.
(2) Un vol. in-18, même librairie.

premier répertoire et pour fonds l'excellent livre allemand de M. de Reumont sur la comtesse d'Albany, et il y a ajouté notablement par tout ce qu'il a trouvé dans la bibliothèque du Musée Fabre à Montpellier. Il a mis la main, en un mot, sur un nid, sur un trésor, sur un coin délicieux du monde, et il nous y fait pénétrer. Je tâcherai de le suivre, à ma manière, dans cette agréable promenade, et d'en faire. profiter nos lecteurs.

Et qu'était-ce d'abord que cette noble et quasi royale personne, morte en 1824, qui avait titre la comtesse d'Albany, et qui bien qu'en partie Française par les opinions, par les relations, par les lectures, n'a jamais été naturalisée comme elle aurait pu l'être au cœur et au centre de notre monde français? Il nous faut, pour la bien connaître, remonter assez haut dans le xviiie siècle.

Charles-Édouard, petit-fils du roi d'Angleterre Jacques II, et connu sous le nom de Prétendant, a laissé une trace brillante dans l'histoire. « Le prince Édouard avait du héros, a dit Chateaubriand, mais on n'était plus dans ce siècle des Richard Cœur-de-Lion où un seul chevalier conquérait un royaume. » On sait l'éclat de son expédition d'Écosse en 1745, ses premiers succès, ses aventures, ses malheurs : l'histoire s'en est émue comme le roman. « Le Prétendant, a dit encore de lui Chateaubriand, aborda en Écosse au mois d'août 1745 ; un lambeau de taffetas apporté de France lui servit de drapeau ; il rassembla sous ce drapeau dix mille montagnards, s'empara d'Édimbourg, passa sur le ventre de quatre mille Anglais à Preston et s'avança jusqu'à quatorze lieues de Londres. S'il eût pris la résolution d'y marcher, on ne peut dire ce qui serait arrivé. » Si Charles-Édouard avait disparu aussitôt après son illustre aventure, si le vaisseau qui le ramena en France s'était abîmé au retour dans une tempête, on aurait eu une étoile de plus dans ce qu'on peut appeler la mythologie de l'histoire, une de ces jeunes destinées lumineuses et rapides comme l'éclair, et sur lesquelles l'imagination des hommes brode longuement ensuite à plaisir. Mais, par malheur, le héros vécut et se survécut. Tandis que son Ombre continuait de planer sur les monts et les lacs de la nuageuse Écosse, et que l'héroïque fantôme, pareil à ceux d'Ossian, ne cessait d'y grandir et d'y régner à l'état de légende, lui, devenu tout chair et matière, et comme s'il n'était plus que la dépouille de lui-même, s'accoutumait à végéter sur le continent, livré au vin et à la débauche, dans des habitudes crapuleuses qui le menèrent à l'abrutissement. Il ne se réveillait, vers la fin, que par éclairs et lorsqu'on lui parlait du passé et des malheurs de sa famille. Il traîna ainsi plus de quarante ans, n'étant mort qu'en 1788. Voltaire termine les deux beaux chapitres, où il a si vivement raconté les exploits et les malheurs de ce prince, par l'éclat de son arrestation ignominieuse à Paris, à l'Opéra, lorsque le faible gouvernement d'alors crut devoir à l'Angleterre cette satisfaction d'expulser le Prétendant du sol français. « Charles-Édouard, depuis ce temps, nous dit l'historien, se cacha au reste de la terre. » Plût à Dieu pour lui, pour l'honneur de sa mémoire, qu'il se fût en effet caché et dérobé à tous!

Par malheur, nous ne le retrouvons que trop. La politique française, dans ses revirements, chercha plus d'une fois à faire de lui quelque chose et à l'opposer à l'Angleterre comme menace et comme diversion. En 1759, le maréchal de Belle-Isle eut cette idée, et M. de Choiseul, bien qu'il ne l'approuvât point, disait-il, se chargea de ménager une entrevue. Le prince arriva tard, à minuit, accompagné ou plutôt soutenu par un de ses compatriotes. « Il avait tellement bu à souper, qu'il était ivre au point de ne pouvoir parler d'affaires. Il demandait qu'on l'envoyât droit à Londres avec une armée. On voulait, au contraire, l'envoyer en Amérique, où il ne se souciait pas d'aller. Le mépris que cette entrevue fit naître pour ce prince mit fin au dessein qu'on avait de se servir de lui (1). »

Ne pouvant l'utiliser directement, on songea du moins à maintenir la race pour alimenter les espérances du parti. Le prince n'était pas marié. On l'avait depuis quelques années séparé, non sans peine, d'une maîtresse avec laquelle il vivait, et dont il avait une

(1) J'emprunte ce récit à Dutens (*Mémoires d'un Voyageur qui se repose*, tome II, page 125). La chose est autrement racontée chez M. Taillandier; l'anecdote est rapportée à l'année 1770, et le maréchal de Broglie y figure à la place du maréchal de Belle-Isle. C'est évidemment le même fait qui aura prêté à la confusion. J'ai suivi Dutens, qui dit tenir le récit de M. de Choiseul lui-même, dans une conversation à Chanteloup, et qui, étant diplomate, paraît avoir dû être moins sujet à se tromper. Il y aurait là-dessus une petite discussion à établir; ce n'est pas mon affaire d'y entrer.

fille. Le ministre français successeur de M. de Choiseul, le duc d'Aiguillon, fit venir le prince à Paris, en 1771, et lui garantit une pension de la France moyennant qu'il épousât une jeune princesse de Stolberg, alliée des Fitz-James qui y mettaient un vif intérêt. On brusqua l'affaire, et c'est ainsi que le prince ivrogne, âgé de cinquante et un ans, épousa une jeune fille qui n'en avait que dix-neuf.

La jeune princesse Aloïsia de Stolberg, née à Mons en Hainaut (1752), était fille d'un lieutenant général autrichien, mort à la bataille de Leuthen : on aurait dû naturellement demander l'agrément de l'impératrice Marie-Thérèse ; on ne le fit pas, et l'impératrice en témoigna son mécontentement à la mère de la jeune princesse.

Voilà donc les nouveaux époux et conjoints vivant en Italie, à Rome, sous le nom de comte et de comtesse d'*Albany* ou *Albanie* (c'était le nom d'un duché d'Écosse, apanage ordinaire des fils cadets de rois). Le pape régnant, Clément XIV, se refusa à les reconnaître sous le caractère officiel de roi et reine d'Angleterre. Ne pouvant accorder ce titre de reine à la charmante princesse, on s'arrangea toutefois pour lui donner de la *reine* et de la *souveraine* sous une forme quelconque, galante et courtoise. Nous avons, sur cette première vie qu'elle menait à Rome, un excellent et agréable témoin, le Bernois presque athénien, Bonstetten, qui nous l'a dépeinte dans un pastel des plus légers :

« Dans l'hiver de 1773 à 1774, dit-il, je fus présenté à

Rome au Prétendant Charles-Édouard Stuart et à sa très-jolie épouse, appelée à Rome la *Reine des cœurs*. La maison du prince Édouard était une jolie miniature de Cour ; on était là avec le roi et la reine d'Angleterre, entourés de trois ou quatre chambellans ou dames d'honneur ; tout cela embelli par les charmes et la gaieté de la reine. Mon ami Schérer devint amoureux d'une dame d'honneur, amie de la reine ; moi, je le devins de la reine. »

Le prince, à cette époque, avait encore, à ce qu'il paraît, des éclairs de raison et de bons moments ; il n'était pas tombé au degré permanent de brutalité qu'il atteignit quelques années plus tard. Bonstetten en parle assez bien :

« Le Prétendant était un grand homme, maigre, bon et causant. Il me témoignait de l'amitié parce que j'étais à peu près le seul homme, reçu chez lui, qui entendît bien l'anglais et le parlât au besoin. Il aimait à raconter ses aventures, j'aimais à les entendre, ce qui avait un grand charme pour lui ; car je soupçonne que ce que j'entendais pour la première fois, les gens de sa Cour l'entendaient pour la centième...

« Je me souviens de l'impression que me firent les récits du prince ; j'étais étonné de l'entendre parler sans fiel de ses ennemis, et sans reconnaissance pour ses amis : c'était un vrai Stuart. Sa femme riait souvent de la mine qu'il devait avoir lorsque, dans un de ses déguisements en Écosse, il jouait le rôle d'une grosse servante. Sa haute taille et son air un peu Don Quichotte devaient en faire une caricature. Le prince avait le tic de dire, presque à chaque phrase : *Ha capito ?* avez-vous compris ?...

« La petite Cour allait tous les soirs au spectacle et voyait peu de monde ; aucun Anglais n'y allait, et les Romains sont rarement amusants. Le caractère de la reine était plus français qu'allemand. Elle était née princesse de Stolberg-Gedern ; elle avait alors vingt-deux ans. Sa gaieté naturelle était un peu piquée de malice ; ses malices étaient quelquefois de l'amitié, ou mieux que cela...

« J'avoue que la société des Stuarts avait un grand charme pour moi. Le roi me témoignait de l'amitié. J'étais amoureux de la reine sans me l'avouer ; elle m'aimait sans me le dire. L'âge de l'innocence est partout l'âge du bonheur, même en amour. »

Cependant Bonstetten dut quitter Rome ; il en emporta un sentiment aimable et léger comme lui ; il écrivait quelquefois à la belle reine qui lui répondait sur le ton de l'amitié ; il ne la revit que plus de trente ans après : ah ! quelle métamorphose !

« La *Reine des cœurs,* que j'avais vue à Rome, était de moyenne taille, blonde, aux yeux *bleu foncé,* le nez un peu retroussé, blanche comme une Anglaise, l'air gai, malin et sensible à faire tourner toutes les têtes. Trente-trois ans après je revis celle que j'avais laissée bouton de rose. Je la revis à Florence en 1807, sous le nom de comtesse d'Albany. Heureusement, le jour baissait ; c'était bien sa voix, c'était un peu son regard, tout le reste était une vieille femme, que j'accusais dans mon cœur d'enfermer par magie celle que j'avais vue à Rome. Mon premier soin, en rentrant chez moi, fut de me voir au miroir, pour savoir à quel point j'avais vieilli. Je fus étonné de ne pas me trouver horrible... »

Après le départ de Bonstetten, trois années encore se passèrent avant qu'un amoureux moins léger et moins frivole que lui vînt apprendre décidément à la Reine des cœurs qu'elle en avait un. Le comte et la comtesse d'Albany avaient dû quitter, sur ces entrefaites, le séjour de Rome pour ne pas assister à un prochain jubilé solennel où ils auraient eu trop à souffrir de leur incognito forcé, et ils étaient allés habiter Florence. C'est là qu'en 1777 le comte Victor Alfieri, âgé de vingt-huit ans et dans toute l'énergie d'une nature âpre et sauvage, rencontra celle dont le doux regard le dompta, et auprès de laquelle il trouva enfin, dit-il, « dans des chaînes d'or dont il se lia volontairement lui-même, » cette liberté littéraire sans laquelle il n'aurait jamais rien fait qui pût illustrer son nom. Il avait d'abord résisté à sa destinée et à son étoile; il avait refusé de lui être présenté, et de tout ce qu'il y avait d'étrangers ou d'hôtes de distinction à Florence, il était le seul qui n'allât point chez elle :

« Néanmoins, dit-il, il m'était arrivé très-souvent de la rencontrer dans les théâtres et à la promenade. Il m'en était resté dans les yeux et en même temps dans le cœur une première impression très-agréable ; des yeux *très-noirs* (Bonstetten avait dit seulement *bleu foncé*, mais Alfieri dut y regarder de plus près) et pleins d'une douce flamme, joints, chose rare ! à une peau très-blanche et à des cheveux blonds, donnaient à sa beauté un tel éclat qu'il était difficile, à sa vue, de ne pas se sentir tout à coup saisi et subjugué. Elle avait vingt-cinq ans, un goût très-vif pour les lettres et les beaux-arts, un caractère d'ange, et, malgré toute sa fortune, des circonstances domestiques pénibles et désagréables, qui ne lui permettaient d'être ni aussi heureuse ni aussi contente qu'elle l'eût mérité. »

Ces circonstances, on peut assez les préciser aujourd'hui. Le comte d'Albany, de plus en plus abandonné à ses penchants grossiers, ne se contenait plus. Chateaubriand, parlant de cette passion du vin où il se noyait, ajoute : « Passion ignoble, mais avec laquelle du moins il rendait aux hommes oubli pour oubli. » Passe pour le reste des hommes! mais à sa douce et charmante femme qui n'en pouvait mais, il donnait, quand il était ivre, tous les noms injurieux et humiliants, accompagnés de traitements cruels, de coups, et une certaine nuit, à la fête de Saint-André qu'il avait célébrée en buvant encore plus qu'à l'ordinaire, il tenta de l'étouffer et de l'étrangler. Si les domestiques n'étaient accourus aux cris qu'elle poussa, il aurait pu y avoir malheur.

Je trouve ici, je l'avoue, M. Saint-René Taillandier d'une singulière exigence envers la belle et noble personne dont il s'est fait le biographe et le peintre après M. de Reumont : « On voudrait savoir, dit-il, quel a été le rôle de la princesse auprès d'un tel mari; on voudrait savoir si elle a exercé quelque influence sur sa conduite, si elle a tenté de relever son cœur, de le rappeler au sentiment de lui-même, si elle a essayé enfin de guérir le malade avant de s'en détourner avec dégoût. Par malheur, ces renseignements nous manquent. » — Mais vous êtes bien curieux, en vérité, mon cher biographe; ces sortes de renseignements de chambre à coucher et d'alcôve sont difficiles à constater, et quand il éclate un soir des cris tels que ceux qu'on vient d'entendre, c'est déjà bien suffisant pour nous avertir de tout ce qui a dû se répéter souvent, et qu'on ne sait pas. Quand un homme a pris l'habitude de tomber ivre mort, il est difficile au cœur ou au bras d'une faible femme de le relever, et lorsqu'avec cela il lui vient, de temps en temps, de soudaines envies de la saisir à la gorge et de la traîner par les cheveux, ce qu'elle a de mieux à faire pour sa dignité comme pour sa sûreté, c'est de se mettre à couvert. Il y a une morale humaine supérieure même à la morale légale, là où celle-ci ferait défaut.

Une vie commune n'était plus possible; mais la comtesse ne put arriver à une séparation régulière qu'après bien des efforts et moyennant des stratagèmes. Dutens, qui était alors en Italie et à même d'être des mieux informés, a raconté avec détail l'aventure.

Alfieri s'était enhardi enfin; il avait été présenté à la comtesse et, depuis deux ans environ, il était auprès d'elle, selon les usages du pays, sur le pied de cavalier servant. Il avait même assez pris sur son caractère et sur son humeur pour être en bons termes avec le mari, et il avait réussi à lui agréer. Le plan d'évasion fut concerté entre la comtesse et Alfieri comme pour un coup de théâtre. On eut besoin au préalable du consentement du grand-duc et de la grande-duchesse, et on l'obtint, en ne les instruisant (bien entendu) que de la première partie du projet. Il s'agissait pour la comtesse d'Albany de se soustraire, avant tout, à la cohabitation avec un fâcheux et dangereux époux.

On ne dit point pourtant que le prince, en tout ceci, ait été jaloux d'Alfieri, lequel au contraire avait su lui plaire; mais on rapporte « qu'il obsédait sans cesse sa femme, ne la laissait jamais sans lui; quand il était obligé de la perdre de vue, il l'enfermait à clef. A la promenade, à la messe, partout où elle avait envie d'aller, il était constamment avec elle. » Dans l'embarras où l'on se trouvait, on dut recourir à des auxiliaires. Mme Orlandini, née de parents irlandais, et son ami, un gentilhomme irlandais également, M. Gehegan, furent mis de la confidence et du complot. Je laisse parler Dutens; on ne refait pas ces premiers récits tout naturels :

« Le jour étant pris pour l'exécution du projet, Mme Orlandini vint déjeuner chez le comte d'Albany; après le déjeuner, elle propose d'aller au couvent des *Bianchette* (Dames-Blanches) voir quelques ouvrages de religieuses, en quoi celles-ci passaient pour exceller. La comtesse d'Albany accepte la partie, si M. le comte le veut bien; il y consent, et l'on part tous ensemble. On arrive au couvent, où se trouvait, comme par hasard, M. Gehegan. La comtesse descend avec Mme Orlandini, et, prenant les devants, elles furent bientôt au haut de l'escalier, firent vite ouvrir la porte et la refermèrent avant que le comte pût être monté. M. Gehegan, qui avait donné la main aux dames, dit en le voyant arriver tout essoufflé : « Monsieur le comte, ces nonnes sont bien malhonnêtes; elles m'ont fermé la porte au nez et n'ont pas voulu m'admettre avec ces dames. » — « Oh! je ferai bien ouvrir, moi, » reprit le comte; et il frappa assez longtemps sans qu'on lui répondît. Enfin, l'abbesse vint à la grille lui déclarer que son épouse avait choisi cette maison pour asile, et qu'elle y restait sous la protection de Mme la grande-duchesse. Le comte d'Albany, surpris et indigné, fut obligé de se retirer, la rage dans le cœur d'avoir été joué de cette manière... »

Ce n'était là qu'un premier pas vers la délivrance, et ce premier pas, ce premier degré était une prison. Il s'agissait maintenant d'en trouver une moins sévère. La comtesse mit dans ses intérêts le cardinal d'York, frère de son mari, qui lui écrivit de Frascati le 15 décembre 1780, c'est-à-dire quelques jours après l'événement :

« Ma très-chère sœur, je ne puis vous exprimer l'affliction que j'ai soufferte en lisant votre lettre du 9 de ce mois. Il y a longtemps que j'ai prévu ce qui est arrivé, et votre démarche, faite de concert avec la Cour, a garanti la droiture des motifs que vous avez eus pour la faire. Du reste, ma très-chère sœur, vous ne devez pas mettre en doute mes sentiments envers vous, et jusques à quel point j'ai plaint votre situation. Mais, de l'autre côté, je vous prie de faire réflexion que, dans ce qui regarde votre indissoluble union avec mon frère, je n'ai eu aucune part que celle d'y donner mon consentement de formalité, après que le tout était conclu, sans que j'en aie eu la moindre information par avance... Rien ne peut être plus sage ni plus édifiant que la pétition que vous faites de venir à Rome dans un couvent, avec les circonstances que vous m'indiquez : aussi je n'ai pas perdu un moment de temps pour aller à Rome, expressément pour vous servir et régler le tout avec notre Très-Saint Père... J'ai pensé à tout ce qui pouvait vous être de plus décent et agréable, et j'ai eu la consolation que le Saint-Père a eu la bonté d'approuver toutes mes idées. Vous serez dans un couvent où la reine ma mère a été pendant du temps... On y sait vivre plus que dans aucun couvent de Rome. On y parle français : il y a quelques religieuses d'un mérite très-distingué... Votre nom de comtesse d'Albany vous mettra à l'abri de mille tracasseries... »

La translation de la comtesse de Florence à Rome se fit avec toutes sortes de précautions. On craignait que le comte, s'il était prévenu, ne fît enlever sa femme en.

chemin. Le carrosse fut donc escorté par quelques hommes à cheval, et, ce qui était plus sûr, Alfieri et M. Gehegan, tous deux déguisés et bien armés, prirent place sur le siége du cocher jusqu'à ce qu'on fût hors de poursuite et assez loin de Florence.

Vers la fin de la lettre que le cardinal d'York avait écrite à sa belle-sœur, il lui disait, par allusion à l'éventualité, si peu à prévoir, d'un rapprochement avec son mari : « Surtout ne dites jamais à qui que ce soit que vous ne voulez jamais entendre parler de retour avec votre mari. N'ayez pas peur que, sans un miracle évident, j'aie jamais le courage de vous le conseiller ; mais comme il est probable que le bon Dieu a permis ce qui vient d'arriver pour vous émouvoir à la pratique d'une vie édifiante, par laquelle la pureté de vos intentions et la justice de votre cause seront justifiées aux yeux de tout le monde, il peut se faire aussi que le Seigneur ait voulu par le même moyen opérer la conversion de mon frère. » Le bon cardinal présumait trop bien : je ne sais si les ivrognes se convertissent, mais ils ne se corrigent pas, et les choses eurent le cours qu'elles devaient avoir.

Installée à Rome dans un couvent d'Ursulines, la comtesse n'avait fait d'abord que changer de prison. Alfieri, qui la vint visiter au passage, ne la vit, en frémissant, que derrière une grille. Cependant la comtesse, dont la douceur et le charme appelaient naturellement la protection, obtint bientôt d'habiter le palais de son beau-frère, le cardinal, d'y voir le monde, et insensiblement de fréquenter les assemblées. Quelqu’un, qui la rencontra alors dans un de ces cercles brillants, nous la montre ainsi, moins en peintre qu’en observateur et en moraliste :

« La comtesse d’Albany était, par sa figure, ses manières, son esprit, son caractère et son sort, la femme la plus généralement intéressante. Elle était de taille moyenne, mais bien prise et d’une grande blancheur; elle avait de très-beaux yeux, les dents parfaitement belles, l’air noble et doux, un maintien simple, élégant et modeste; son esprit, cultivé par la lecture des meilleurs auteurs, y avait puisé un discernement juste, et acquis la facilité de bien juger des hommes et des ouvrages de goût. »

Alfieri, qui n’avait fait d’abord que traverser Rome et qui s’était livré ensuite à des courses errantes et comme haletantes dans le midi de l’Italie, n’y tint pas; il revint, et lui, si altier, si fier, mais encore plus amoureux, il fit tant et si bien auprès du bon cardinal et de tout le Sacré Collége et de tous les monsignori du lieu, qu’il obtint à son tour la grâce d’habiter la même ville que son amie. Cette libre union de chaque jour qui ne devait finir qu’avec sa vie commença.

Des tribulations pourtant s’y mêlèrent encore : le monde romain eut de ces susceptibilités auxquelles il est peu sujet d’ordinaire; on estima que la comtesse et Alfieri étaient trop promptement et trop aisément heureux. Alfieri dut s’éloigner quelque temps. Le roi de Suède Gustave III, qui voyageait en Italie *incognito*, fut initié et prit intérêt à la situation, à la relation, désormais impossible, du comte d’Albany et de la comtesse, et il se chargea de la régler à l’amiable. Grâce à son entremise, le comte d'Albany consentit par un acte formel à une séparation totale avec sa femme. De ce moment, la comtesse, en quittant Rome, ne songea plus qu'à rejoindre son existence avec celle d'Alfieri. Après y avoir mis d'abord quelque mystère et s'être donné des rendez-vous l'été, en Alsace, au pied des Vosges, à Bade et au bord du Rhin, ils se réunirent pour ne plus se quitter, soit dans leurs voyages, soit dans les séjours qu'ils firent à Paris et à Londres, à la veille et dans les premières années de la Révolution française, soit en dernier lieu dans leur installation à Florence, le cher théâtre de leur première rencontre et leur vraie patrie.

Le biographe de Mme d'Albany, M. Saint-René Taillandier, s'est fort inquiété de la fin du Prétendant, qui mourut à Rome en 1788; il reçut dans ses derniers jours les soins pieux d'une fille qu'il avait eue d'une ancienne maîtresse, et qui se dévoua avec zèle à surveiller et à adoucir, s'il se pouvait, sa triste et dégradée vieillesse. Le biographe se plaît singulièrement à relever la conduite de cette fille naturelle, reconnue et légitimée par son père, et à mettre son dévouement, fort respectable assurément, mais fort explicable, en opposition avec l'éloignement et la séparation de l'épouse. J'avoue que toute cette partie du récit de M. Saint-René Taillandier, où l'auteur réagit en quelque sorte contre son propre sujet et tire *sur ses troupes,* me paraît sortir tout à fait du ton qui sied à ces biographies aimables. On dirait qu'il ne peut se faire à l'idée de la vie, humainement heureuse, que va désormais mener sa charmante et si éprouvée comtesse : il cherche partout des punitions et des châtiments à ce qui réellement n'en a pas eu et ne méritait point d'en avoir. Je ne demande pas une admiration excessive pour Mme d'Albany que j'aurai bientôt à définir, sous sa forme dernière, comme une personne gracieuse, distinguée et surtout sensée, comme une vraie reine de salon et une maîtresse de maison parfaite, dont la mort, en 1824, mit le deuil dans Florence et fut une perte pour la société européenne tout entière ; mais, à considérer sa vie telle qu'elle sut la réparer et la fixer, je ne vois pas qu'il y ait lieu ni prétexte contre elle, de la part d'un esprit juste, à aucun anathème.

Alfieri, il est vrai, son grand ami, qui régna vingt-cinq ans sur son cœur, ne nous est guère sympathique : il ne nous aime pas, Français ; que dis-je ? il nous a détestés et abhorrés hautement, il nous a exécrés, et il lui est difficile, en revanche, de se faire bien venir de nous et de nous plaire. J'aurais désiré pourtant qu'il fût un peu mieux traité dans l'ouvrage de M. Taillandier, et qu'en présence de sa belle amie on nous le montrât sous un jour plus doux auquel on n'est point accoutumé de le voir. Oui, je le sais, la volonté est pour beaucoup dans la poésie d'Alfieri ; Gœthe l'a dit : « Alfieri est plus curieux qu'agréable. Ses pièces s'expliquent par sa vie. Les tourments qu'il fait endurer au lecteur et au spectateur, il les a endurés le premier comme auteur. » Ce gentilhomme piémontais qui s'adonna à la pure langue toscane n'en eut jamais la douceur. Il fut de ceux du moins qui la retrempèrent et la refirent la langue des hommes libres. « Ils me trouvent dur, disait-il ; je le crois bien, je les fais penser. On me reproche l'obscurité : mais vienne la liberté, et je serai clair. » C'est un forgeron de poésie qu'Alfieri ; mais il y a des forgerons divins, et il en est un. On dira de lui ce qu'on voudra, il est du petit nombre de ceux qui portent au front la couronne, — une couronne de fer, soit ! Comme il s'est peint lui-même avec saillie et vérité dans un beau sonnet de la fin, à l'occasion du portrait peint que Fabre avait fait de lui !

« Sublime miroir de pensées sincères, montre-moi en corps et en âme tel que je suis : — cheveux, maintenant rares au front, et tout roux ; — longue taille, et la tête penchée vers la terre ; — un buste fin sur deux jambes minces ; — peau blanche, yeux d'azur, l'air noble ; — nez juste, belles lèvres et dents parfaites ; — plus pâle de visage qu'un roi sur le trône ; — tantôt dur, amer, tantôt pitoyable et doux ; — *courroucé toujours, et méchant jamais ;* — l'esprit et le cœur en lutte perpétuelle ; — le plus souvent triste, et par moments très-gai ; — tantôt m'estimant Achille, et tantôt Thersite. — Homme, es-tu grand ou vil ? Meurs, et tu le sauras. »

J'aurais aimé à retrouver debout et en pied, dans le livre de M. Saint-René Taillandier, cet Alfieri qui est en fragments dans le livre de M. de Reumont. Au lieu de fulminer contre les défauts du poëte, ces défauts qui sautent aux yeux, pourquoi ne pas nous intéresser à lui? C'était ici le cas ou jamais, et il y avait tout lieu au nom de la passion et de la flamme, pour peu qu'on voulût y entrer ; et dès qu'on traite un sujet, il est bon d'y entrer pleinement et sans réserve. Les réserves viendront après. Alfieri (c'est là son beau côté) eut pour Mme d'Albany, dès le premier jour, un culte, un sentiment de respect soumis et d'admiration enthousiaste qui ne s'est jamais démenti. Dans les moments de séparation où il était privé d'elle, il a exhalé sa douleur en des poésies qui respirent passion et tendresse. S'adressant à un médaillon de son amie, il disait dès les premiers temps de leur liaison (1778) :

« Tu es, tu es bien elle. Formes aimées, comme elles sont peintes au vif! Voilà la lèvre vermeille, l'œil noir, le sein qui triomphe du lis, les règles chéries de toutes mes hautes pensées. Avec moi, la vivante image ou veille ou dort; tantôt je la baise, ou je la renferme, ou je la reprends; tantôt je me l'applique au cœur, tantôt aux yeux, comme un homme qui a perdu les sentiers de la raison. Puis je lui parle, et il me semble qu'à sa manière elle m'entende et me sourie, et me dise : « Ne te rassasie pas de me couvrir de baisers ; tu en seras récompensé par ta douce amie, parce qu'autant que j'en ai reçu, elle t'en peut donner, s'il arrive que tu le lui redises en pleurant. »

Ainsi parlait l'âpre poëte devenu presque suave au moment le plus attendri. Et dans les années suivantes, quand il a été forcé de quitter Rome et de fuir son amie, et qu'il ne l'a pu rejoindre encore dans ce rendez-vous d'Alsace, mais lorsqu'il espère et prévoit que l'heure approche, il s'écrie dans un sentiment savoureux de vengeance et de prochain triomphe :

CONTRE CEUX QUI L'ONT SÉPARÉ DE SA DAME
(1783).

« Qui donc ose m'éloigner de sa vue gracieuse, de la beauté réunie à la modestie, qui, avec son simple et délicieux sourire, nous fait à la fois l'aimer et la révérer? Qui donc, d'une si barbare manière, m'a séparé de la douce source de ma vie, des beaux yeux noirs qui m'ont conquis le cœur, et qui ont guéri de toute erreur mon esprit? Envie, bassesse, hypocrisie, osent revêtir le manteau d'une conscience pure, et de leur conjuration naît tout mon malheur. Mais le jour viendra, troupe mal née et criminelle, que moi, retourné pourtant aux côtés de ma dame, je te ferai sentir si je suis poëte! »

L'accent dantesque et irrité, qui est le plus ordinaire chez Alfieri, se retrouve ici dans toute sa vibration chez l'amant.

Certes, cet homme de haut talent et, jusqu'à un certain point, de génie, de noble aspect et « d'une figure avantageuse » (ainsi en parlent ceux qui l'ont vu et qui ne songeaient point à faire, comme aujourd'hui, des caricatures à tout propos); cet homme à l'âme ardente, élevée, d'un esprit libre, d'un caractère indépendant et fier, qui n'avait pu se plier à la vie de Turin, et qui n'hésita pas, en renonçant à son pays, à sacrifier les deux tiers de sa fortune pour se mieux dévouer à l'objet de son culte; le poëte qui, dans la Dédicace de *Myrrha*, s'étonnant d'avoir tant tardé à nommer publiquement celle qui l'inspire, lui disait : « Ma vie ne compte que depuis le jour qu'elle s'est enlacée à ta vie; » un pareil homme méritait que la comtesse d'Albany, déçue et frappée dans sa destinée, crût elle-même s'honorer par un tel choix, et ne pas perdre, même aux yeux du monde, en échangeant royauté contre royauté.

Ajoutez les mœurs et les usages de l'Italie, que

M. Taillandier oublie trop, et dont M. de Lamartine nous disait, hier encore, avec le charme qui s'attache même à ses dernières paroles : « L'amour en Italie, comme on peut le voir par la *Béatrice* de Dante et par la *Laure* de Pétrarque, est le plus avoué et en même temps le plus sérieux des sentiments de l'homme. La femme elle-même, souvent si légère ailleurs, y est dépourvue de toute coquetterie, ce vain masque d'amour et de toute inconstance... Les liaisons sont des serments tacites que la morale peut désapprouver, mais que l'usage excuse et que la fidélité justifie. » Stendhal, de même, qui savait si bien sa Rome et sa Florence, n'a cessé de nous montrer l'amour italien, exempt de toute coquetterie et de toute lutte maniérée et vaniteuse. Voilà le vrai point de vue. Mme d'Albany, bien Italienne en cela, n'eut point d'autre pensée, elle n'y mit pas plus d'art et de façon, dès qu'elle eut remarqué le poëte et compris son amour. Il lui plaisait, il lui apparut grand ; elle devina, elle présagea sa muse, et elle-même elle la devint. Ils se donnèrent l'un à l'autre dès le premier jour, et le lien fut noué entre eux. Elle y resta fidèle, et à quarante années d'intervalle, quatorze ans après la mort d'Alfieri, recevant de je ne sais quel poëte une Dédicace pompeuse, elle remerciait en répondant avec modestie que la comtesse d'Albany ne la méritait pas, et elle ajoutait, en parlant d'elle-même, ce mot dont elle aurait voulu faire comme la devise de toute sa vie : « Elle n'a d'autre mérite que d'avoir été l'amie d'un homme supérieur. »

Je continuerai, à la suite de M. Saint-René Taillandier, qui, malgré mes légères chicanes, est un excellent guide, de pénétrer dans les relations et la noble intimité de cette femme douce, sensible, gracieuse, et au fond très-raisonnable.

Lundi 31 août 1863.

LA COMTESSE D'ALBANY

PAR M. SAINT-RENÉ TAILLANDIER.

LETTRES INÉDITES DE SISMONDI, BONSTETTEN,
Mme DE STAEL, Mme DE SOUZA, ETC.,

PUBLIÉES PAR LE MÊME.

(SUITE ET FIN.)

J'essaye toujours, quand j'ai à tracer un portrait de femme, de me la définir par ses traits principaux et par ce qui la caractérise entre toutes. Ce caractère est le plus souvent délicat à saisir et à déterminer. On y parvient au moyen de témoignages contemporains rapprochés et contrôlés, et surtout si l'on a, de la personne qu'on étudie, des lettres ou toute autre production directe de son âme ou de son esprit. On a trop peu de lettres ou de notes écrites de Mme d'Albany; on en possède assez toutefois pour bien se la représenter dans l'habitude et le train ordinaire de ses sentiments et de ses pensées.

I.

Elle visita l'Angleterre et Londres avec Alfieri en 1791 : on a son Journal et ses notes de voyage, dont M. Saint-René Taillandier a publié quelques extraits. Mais on remarquera, avant tout, ce voyage que la veuve du Prétendant, du feu roi soi-disant légitime, ne craignit pas de faire en Angleterre, c'est-à-dire dans le pays où il semble qu'elle dût le moins aller. Visiter l'Angleterre pour elle, c'était abdiquer tout le passé de son rôle de reine, et en sacrifier désormais jusqu'au rêve et à la gloriole; c'était reconnaître les faits accomplis et couronnés. On voyait, il y a quelque trente ans, à Paris, un de ces malheureux fous qui se croyaient le dauphin Louis XVII : celui-ci était parfaitement doux, paisible et nullement incommode; seulement lorsqu'il lui arrivait, en compagnie de quelqu'un, d'être près du jardin des Tuileries et à l'entrée d'une des grilles, il quittait son monde pour faire le grand tour. — « Vous sentez bien, Mesdames, disait-il un jour d'un air mystérieux à deux dames qu'il avait accompagnées jusque-là, que je me dois à moi-même de ne pas traverser ce jardin. » Pour lui, traverser les Tuileries, c'eût été sanctionner l'usurpation et reconnaître l'intrus qui logeait au château. Mme d'Albany n'eut pas de ces scrupules en 1791 ; elle eut trop de bon sens peut-être, et pas assez de fierté en cela. Sa dignité, une fois au bras d'Alfieri, n'était pour elle qu'un soin secondaire : elle la fit céder, dans le cas présent, à son instruction et à son plaisir. « Mon amie, nous dit Alfieri, en donnant les raisons qu'il avait de faire ce voyage, désirait aussi voir l'Angleterre, pays qui diffère si fort de tous les autres. » Arrivée à Londres, elle poussa la curiosité jusqu'à désirer de plus être présentée à la Cour. On a, sur ce point, les détails les plus précis par les lettres d'Horace Walpole ; ce spirituel épistolaire, qui est comme la Sévigné de la littérature anglaise, écrivait à son amie miss Berry, qui voyageait alors en Italie :

Jeudi, 19 mai 1791.

« ... La comtesse d'Albany n'est pas seulement en Angleterre, à Londres, mais en ce moment même, je pense, au palais de Saint-James, — non pas restaurée par une aussi rapide révolution que la française, mais, comme on le remarquait hier soir à souper chez lady Mount-Edgecumbe's, par suite de ce *sens dessus dessous* universel qui caractérise l'époque présente. Depuis ces deux derniers mois, le pape a été brûlé à Paris, Mme Du Barry, maîtresse de Louis XV, a dîné avec le lord maire de Londres, et voilà la veuve du Prétendant présentée à la reine de la Grande-Bretagne. »

Horace Walpole, bon juge des impressions du moment, ne paraît pas autrement choqué de cette curiosité qu'a eue la comtesse d'Albany, et qu'il note seulement comme piquante. Avant de fermer sa lettre, dans le post-scriptum, il ajoute :

Jeudi soir.

« Eh bien, j'ai eu un compte exact de l'entrevue des deux reines par quelqu'un qui y assistait de près. La douairière fut annoncée comme princesse de Stolberg ; elle était très-bien mise et pas du tout embarrassée. Le roi lui parla assez longtemps, mais seulement de la traversée, de la mer, de choses générales ; la reine de même, mais moins. Ensuite elle se trouva entre les ducs de Glocester et de Clarence, et elle eut une assez longue conversation avec le premier, qui peut-être l'avait rencontrée en Italie. Pas un mot entre elle et les princesses ; on ne m'a rien dit non plus du prince (de Galles), mais il y était, et probablement il lui a parlé. La reine l'a regardée avec beaucoup d'attention. Pour ajouter à la singularité du jour, c'était l'anniversaire de la naissance de la reine. Autre particularité bizarre : à l'Opéra, au Panthéon, Mme d'Albany fut conduite dans la loge du roi et y a pris place. Cela ne va plus avec cette présentation à la Cour, si elle continue de cacheter avec les armes royales. »

Mme d'Albany fut invitée quelques jours après à dîner par le prince de Galles ; elle avait été présentée à mistress Fitzherbert, maîtresse du prince. Horace Walpole eut lui-même occasion de la rencontrer, et il écrivait le 2 juin :

« Eh bien, j'ai vu Mme d'Albany, qui n'avait pas un rayon de royauté autour d'elle. Elle a de beaux yeux et de belles dents, mais je pense qu'elle ne peut guère avoir eu jamais plus de beauté qu'il ne lui en reste, excepté la jeunesse. Elle est polie et facile de manières, mais Allemande et ordinaire. Lady Ailesbury a fait une petite assemblée pour elle lundi, et ma curiosité est satisfaite. »

Seize ou dix-sept ans auparavant Bonstetten, si l'on

s'en souvient, l'avait trouvée au contraire plus Française qu'Allemande ; mais les années avaient pu développer et faire ressortir, au moins dans le physique, quelque chose du type originaire.

Reçue et traitée par les Anglais avec cette parfaite convenance et ce médiocre enthousiasme, Mme d'Albany le leur rendait par une observation également modérée et raisonnable. On lit dans son Journal de voyage écrit en français ; — car c'est en français qu'écrivait volontiers Mme d'Albany ; elle n'avait même, chose singulière ! appris l'italien auquel elle excella vite, qu'au commencement de sa liaison avec Alfieri et pour lui complaire ; jusque-là, on ne parlait que français dans son salon ; — elle disait donc de l'Angleterre, en termes justes et excellents :

« J'ai passé environ quatre mois en Angleterre et trois à Londres. Je m'étais fait une tout autre idée de cette ville. Quoique je susse que les Anglais étaient tristes, je ne pouvais m'imaginer que le séjour de leur capitale le fût au point où je l'ai trouvé. Aucune espèce de société, beaucoup de cohues... Comme ils passent neuf mois de l'année en famille ou avec très-peu de personnes, ils veulent, lorsqu'ils sont dans la capitale, se livrer au tourbillon...

« Toutes les villes de province valent mieux que Londres ; elles sont moins tristes, moins enfumées ; les maisons en sont meilleures. Comme tout paye, les fenêtres sont taxées aussi ; par conséquent, on n'a que deux ou trois fenêtres sur la rue, ce qui rend la maison étroite et incommode, et, comme le terrain est extrêmement cher, on bâtit sa maison tout en hauteur. Le seul bien dont jouit l'Angleterre, et qui est inappréciable, c'est la liberté politique... Son gouvernement étant un mélange d'aristocratie, de démocratie et de monarchie, ce dernier élément, quoique très-limité, est assez puissant pour faire aller la machine sans le secours des deux autres, et pas assez pour nuire au pays; car, quoique le ministre ait la majorité dans la Chambre, s'il veut faire quelque entreprise nuisible à la nation, ses amis l'abandonnent, comme il arriva dans la guerre de Russie. Le peuple n'a au gouvernement que la part qu'il doit avoir, c'est-à-dire dont il est susceptible, et, quoiqu'on prétende qu'il est acheté aux élections, son choix tombe sur des personnes qui ne voudraient pas se déshonorer en soutenant une mauvaise cause, nuisible à la nation et contraire à leurs propres intérêts. L'aristocratie est aussi une partie de ce gouvernement, car c'est un certain nombre de familles qui compose la Chambre haute; mais elle ne blesse pas, parce que la Chambre des communes est remplie des frères de ces lords, et qu'il n'y a pas un des membres de la Chambre basse qui ne puisse aspirer à devenir lord, si les services qu'il a rendus à l'État le méritent. Mais il n'y a pas de pays où chaque ordre soit plus classé qu'en Angleterre. Le peuple sent sa liberté, mais rend ce qui est dû à chacun. Ce peuple est né pour la liberté; il y est habitué, et, en respectant son supérieur, il sait qu'il est son égal devant la loi. Si l'Angleterre avait eu un gouvernement oppressif, ce pays, ainsi que son peuple, serait le dernier de l'univers : mauvais climat, mauvaise terre, productions par conséquent qui n'ont aucun goût; il n'y a que la bonté de son gouvernement qui en a fait un pays habitable. Le peuple est triste, sans aucune imagination, sans esprit même, avide d'argent, ce qui est le caractère dominant des Anglais... »

Ainsi parlait du pays, dont son défunt mari avait prétendu être le roi légitime, cette femme de trente-neuf ans, mûre désormais, une vraie femme du XVIIIe siècle, et des meilleures, sensible et sensée. On n'est pas plus modérée, on n'est pas moins ultra-royaliste qu'elle. « Il faut avoir vu ce pays unique dans le monde, » disait-elle encore de l'Angleterre.

Revenue sur le continent, elle eut aussi le désir d'aller faire un tour en Hollande, pour voir « ce beau monument de l'industrie humaine. » Dans son séjour à Paris, pendant plusieurs années (1787-1792), elle avait connu la haute société, des gens de lettres, des savants, Mme de Staël, Mme de Beauharnais (la future impératrice), Mme de Genlis, Vicq-d'Azyr, Beaumarchais, André Chénier, Villoison, etc. En vain elle essayait d'apprivoiser Alfieri avec le monde : il a consacré dans ses Mémoires sa répulsion invincible. Ils ne quittèrent Paris qu'après le 10 août, et ne parvinrent à franchir la barrière (la barrière Blanche) qu'avec de grandes difficultés et à travers de véritables dangers. S'ils n'étaient point partis ce jour-là, leur sûreté et leur vie eussent été compromises. Une demi-reine, comme l'était la comtesse d'Albany, n'eût pas laissé d'être une proie agréable pour les niveleurs et massacreurs de toute royauté. Alfieri, comme une âme rigide qui se fige pour jamais en un moment décisif et en un sentiment unique, nous voua dès lors une malédiction immortelle, et emporta en son cœur la haine de la France et des « singes-tigres, » comme il les appelait, qui y avaient usurpé la domination. C'est alors que ce mot célèbre lui échappa : « J'avais connu jusqu'ici les grands, maintenant je connais les petits. » Mme d'Albany, à côté de ce grand haïsseur, sut maintenir l'équité ou du moins la modération de ses jugements.

Ils revinrent en Italie et s'établirent à Florence pour

ne la plus quitter, sauf de rares excursions. La vie de Mme d'Albany s'y partage en deux périodes distinctes, de 1793 à 1803, c'est-à-dire pendant les dix ans que vécut encore Alfieri ; et de 1803 jusqu'en 1824, pendant les vingt années qu'elle lui survécut.

II.

Les dix années qu'elle passa avec son ami furent tout entières consacrées par elle à adoucir son amertume, à favoriser ses goûts, à y entrer autant qu'elle le pouvait, soit qu'il voulût jouer la tragédie, — ses propres tragédies, — à domicile (ce qu'il fit d'abord avec le feu et l'acharnement qu'il mettait à toute chose), soit qu'il lui plût de s'enfermer et de tirer le verrou pour travailler comme un forçat, versifier jour et nuit ou étudier le grec à mort : c'étaient les seules diversions assez fortes pour l'absorber et pour l'aider, tant bien que mal, à endurer les invasions intermittentes de la Toscane par les armées républicaines. La comtesse, « qui savait assez bien l'anglais et l'allemand, qui possédait parfaitement l'italien et le français, et connaissait à fond ces diverses littératures, qui n'ignorait pas non plus tout ce qu'il y avait d'essentiel dans les littératures anciennes, ayant lu les meilleures traductions de l'antiquité qu'on trouve dans ces quatre langues modernes, pouvait causer de tout avec lui, » et elle lui était une ressource continuelle d'esprit comme de cœur. On a quelques témoignages directs de sa vie, à elle, par des lettres qu'elle écrivait en ces années, et dont MM. de Goncourt ont donné des extraits (1) :

« C'est un grand plaisir, disait-elle (décembre 1802), que de passer son temps à parcourir les différentes idées et opinions de ceux qui ont pris la peine de les mettre sur le papier. *C'est le seul plaisir d'une personne raisonnable à un certain âge;* car les conversations sont médiocres et bien faibles, et toujours très-ignorantes. Il y a quelquefois des étrangers qui passent et qui sortent du commun, mais c'est encore bien rare, et je puis vous assurer que les soirées que je passe seule avec le poëte me paraissent bien plus courtes. Nous repassons ce que nous avons lu, et le temps s'écoule sans y penser. »

Et ailleurs :

« Je passe ma journée, au moins une grande partie, au milieu de mes livres, qui augmentent tous les jours... Je ne trouve pas de meilleure et plus sûre compagnie : au moins on peut penser avec eux. »

Ce goût de lecture devint chez elle une passion qui ne fit que croître et augmenter jusqu'à la fin. Elle lisait de tout, histoire, morale, romans, philosophie, idéologie, théologie même, et, sans faire la savante, elle jugeait aussi de tout dans une mesure très-raison-

(1) Dans la *Revue française* du 20 février 1857. Je ne vois pas que les plus récents biographes aient connu cette branche de correspondance, qui est conservée à la bibliothèque de Sienne. Je voudrais trouver, à la suite d'une Vie de Mme d'Albany, tout ce qu'on a recueilli ou ce qu'on pourrait réunir de ses lettres : ce sont là les pièces justificatives d'une biographie. M. de Reumont l'a fait, mais incomplétement.

nable. Elle se rendait compte avec une sérieuse attention, et la plume à la main, de la plupart de ses lectures. Ses jugements, qu'elle n'écrivait que pour elle seule, sont trop naturels et trop en déshabillé peut-être pour pouvoir être donnés au public sans quelque préparation; des gens d'esprit qui les ont cités s'y sont mépris tout les premiers : ils ont cru voir de l'agitation et une ardeur inquiète là où il n'y avait qu'un emploi tranquille et animé des heures. M. Saint-René Taillandier lui-même, citant d'elle une note écrite après la lecture du livre de Mme de Staël : *De l'Influence des passions sur le bonheur*, et qui commence par ces mots : « Ce livre est un ramassis d'idées prises un peu partout... », estime qu'il est difficile d'accumuler plus d'erreurs et d'injustices. Je suis de ceux qui ont fait l'apologie du livre de Mme de Staël, qui en ont de leur mieux démontré et mis en lumière les bonnes parties, et cependant je ne puis trouver si faux en somme le jugement résumé de Mme d'Albany ; j'y vois plus de sévérité que d'erreur. Elle ne rend pas du tout justice, il est vrai, à l'éloquence de Mme de Staël, mais elle ne se trompe pas trop sur les défauts d'obscurité et de subtilité qu'elle reproche à son ouvrage. J'aurais voulu voir le biographe de Mme d'Albany faire dans un sens ce que j'ai fait dans un autre, quand j'avais l'honneur d'être le biographe de Mme de Staël. Il y a plus d'un point de vue sur les mêmes choses. Aimez donc votre sujet, épousez-le, embrassez-le, biographe ou peintre ; et, s'il y a doute et conflit, prenez parti pour, plaidez pour : ne rendez pas les armes dès le premier moment.

J'ai défendu l'éloquence de Mme de Staël : eh bien, à votre tour, défendez et maintenez envers et contre tous le bon sens et la raison de Mme d'Albany. Elle en avait beaucoup, en parlant soit des hommes, soit des livres.

Mme d'Albany était, je le répète, une personne de son siècle ; sa forme d'esprit, si agréablement revêtue dans la jeunesse, était surtout modérée, judicieuse, capable d'expérience en avançant, et même positive. Heureuse autant qu'on pouvait l'être après une première existence très-éprouvée, elle savait au fond ce que vaut la plus idéale des félicités humaines. Il entre de la tranquillité et, par conséquent, de la monotonie à la longue dans le bonheur. Elle en jouissait, mais sans illusion, mais non sans se rendre compte, à chaque instant, du déchet et du dépouillement croissant de la vie, non sans voir la fuite et le néant de tout. Ne vous étonnez pas qu'elle aimât Montaigne, et qu'elle sentît comme lui, dans la vue de l'incertitude universelle :

« On nous a jetés dans ce monde on ne sait pourquoi, et il faut finir son temps pour devenir je ne sais quoi. — C'est mon bréviaire, ajoutait-elle, que ce Montaigne, ma consolation, et la patrie de mon âme et de mon esprit ! »

Et sur son La Bruyère, on lisait :

« Ce livre appartient en 1804 à la comtesse d'Albany, et elle y fait les notes d'après ses observations sur ce monde où elle a trop vécu, à l'âge de 54 ans, après avoir perdu tout ce qui l'attachait à cette malheureuse vie. »

Que j'aimerais à avoir sous les yeux et à étudier de près cet exemplaire-là ! Chaque cœur, chaque esprit sincère pourrait ainsi noter toute sa vie morale sur les marges de son La Bruyère. Il a donné le texte : on n'y met plus que les variantes.

III.

Alfieri était mort le 8 octobre 1803, à cinquante-quatre ans, usé et consumé avant l'âge, épuisé par la fièvre et la rage du travail. Les lettres écrites à ce sujet par la comtesse sont des monuments de tendresse et de désolation. Au chevalier Baldelli, alors à Paris, elle écrit, le 24 novembre 1803 :

« Vous pouvez juger, mon cher Baldelli, de ma douleur par la manière dont je vivais avec l'incomparable ami que j'ai perdu. Il y aura samedi sept semaines, et c'est comme si ce malheur m'était arrivé hier. Vous qui avez perdu une femme adorée, vous pouvez concevoir ce que je sens. J'ai tout perdu, consolation, soutien, société, tout, tout. Je suis seule dans ce monde, qui est devenu un désert pour moi. Je déteste la vie, qui m'est odieuse, et je serais trop heureuse de finir une carrière dont je suis déjà fatiguée, depuis dix ans, par les circonstances terribles dont nous avons été témoins; mais je la supportais, ayant avec moi un être sublime qui me donnait du courage. Je ne sais que devenir; toutes les occupations me sont odieuses; j'aimais tant la lecture! il ne m'est plus possible que de lire les ouvrages de notre ami, qui a laissé beaucoup de manuscrits pour l'impression. Il s'est tué à force de travailler, et sa dernière entreprise de six comédies était au-dessus de ses forces. Tous les ans, il en a été malade à mourir, et puis il a succombé.

Il ne voulait, depuis six mois, quasi plus manger pour n'avoir pas la digestion pénible, et il s'était tant affaibli les entrailles que, la goutte s'y étant portée, il n'a plus été possible de l'en tirer. Il a succombé en six jours, sans savoir qu'il finissait, et a expiré sans agonie comme un oiseau ou comme une lampe à qui l'huile manque. Je suis restée avec lui jusqu'au dernier moment. Vous jugerez comme cette cruelle vue me persécute; je suis malheureuse à l'excès. Il n'y a plus de bonheur pour moi dans ce monde, après avoir perdu à mon âge un ami comme lui, qui, pendant vingt-six ans, ne m'a pas donné un moment de chagrin, que celui que les circonstances nous ont procuré à l'un et à l'autre. Il est certain qu'il y a peu de femmes qui puissent se vanter d'avoir eu un ami tel que lui; mais aussi je le paye bien cher dans ce moment, car je sens cruellement la perte... J'ai trouvé du courage dans toutes les circonstances de ma vie : pour celle-ci, je n'en trouve pas du tout; je suis tous les jours plus accablée, et je ne sais pas comment je ferai pour continuer à vivre aussi malheureuse... »

Au docte helléniste Villoison elle écrivait une lettre dans le même esprit, presque dans les mêmes termes (9 décembre); on y lisait :

« ... Ah! monsieur, quelle douleur! j'ai tout perdu : c'est comme si on m'avait arraché le cœur! Je ne puis pas encore me persuader que je ne le reverrai plus. Imaginez-vous que, depuis dix ans, je ne l'avais plus quitté, que nous passions nos journées ensemble; j'étais à côté de lui quand il travaillait, je l'exhortais à ne pas tant se fatiguer, mais c'était en vain : son ardeur pour l'étude et le travail augmentait tous les jours, et il cherchait à oublier les circonstances des temps en s'occupant continuellement. Sa tête était toujours tendue à des objets sérieux, et ce pays ne fournit aucune distraction. Je me reproche toujours de ne l'avoir pas forcé à faire un voyage : il se serait distrait par force. Son âme ardente ne pouvait pas exister davantage dans un corps qu'elle minait continuellement. Il est heureux, il a fini de voir tant de malheurs; sa gloire va augmenter : moi seule, je l'ai perdu; il faisait le bonheur de ma vie. Je ne puis plus m'occuper de rien. Mes journées étaient toujours trop courtes, je lisais au moins sept ou huit heures; à présent je ne puis plus ouvrir un livre. Pardonnez-moi de vous entretenir de mon chagrin. Je sais que vous avez de l'amitié pour moi, et que vous aimiez cet ami incomparable : c'est ce qui fait que je me livre avec vous à ma douleur. »

Enfin, le 4 août 1804, à un correspondant qu'on ne nomme pas :

« Voilà cinq mois que j'ai perdu cet ami incomparable, et il me paraît que c'est hier; je le pleure tous les jours, et rien ne pourra m'en consoler. Vous jugez ce que c'est qu'une habitude de vingt-six ans, et de la manière dont nous vivions ensemble ! La philosophie, qui m'a toujours servi dans toutes les occasions de ma vie, m'est inutile dans celle-ci. J'ai perdu mon bonheur, mon soutien, ma consolation dans ce monde horrible que je déteste déjà depuis dix ans, et que je ne supportais que parce que j'étais nécessaire à mon ami. Si vous saviez combien de fois j'appelle la mort à mon secours; mais elle est sourde, elle ne vient que pour ceux qui sont utiles à leurs parents ou à leurs amis. Il y a une injustice dans les choses de ce monde qui fait horreur. Si je n'avais pas des devoirs à remplir, je crois que j'aurais eu le courage de finir ma carrière, qui m'est odieuse. Ah! tous les malheurs, je les ai éprouvés, mais le plus grand de tous est celui de perdre un ami incomparable. Aussi la vie ne m'est plus rien, je la déteste... Il s'est tué à force de travailler : il ne m'a pas voulu écouter; je lui avais bien dit qu'il ferait le malheur de ma vie après en avoir fait le bonheur. Ma santé est bonne, parce que je suis de fer, pour mon malheur. Plaignez-moi, je suis bien malheureuse. Je m'occupe un peu à lire

Cicéron, Montaigne, des livres qui me donnent un peu de orce à l'âme; mais elle est accablée. »

N'entendons-nous pas le cri de l'âme? Est-il possible maintenant de venir épiloguer sur de pareils témoignages et de peser jusqu'à quel point Mme d'Albany était sincère en exprimant un tel deuil pour son grand ami disparu?

IV.

Voyons donc les choses humaines comme elles sont ; considérons la réalité morale sans verre grossissant et sans prisme. Le seul tort, bien involontaire, de la comtesse fut de vivre et de survivre. « Je vis parce que je ne puis pas mourir, » disait-elle. Du moment qu'elle vivait, elle dut arranger sa vie. Peut-on lui en faire un tort et une tache ? Seulement elle obéit à la loi des ans et au déclin des saisons. Elle baissa d'un cran. Un jeune peintre, élève de David, avait été présenté à elle et à Alfieri dans les dernières années : Fabre de Montpellier (c'était son nom), grand prix de Rome, s'était arrêté à Florence et avait fait le portrait des deux amis. Amateur et curieux, un peu paresseux comme le sont volontiers les causeurs, il avait plus d'esprit et de finesse que d'ambition, et était plus fait pour la société et le dilettantisme que pour la gloire. Son talent toutefois s'annonçait d'abord avec un certain éclat et présageait un artiste d'un vrai mérite, capable à son tour et digne peut-être du laurier. Il admira la comtesse et se donna à elle : elle l'agréa. Il était de quatorze ans plus jeune qu'elle ; il avait 37 ans à la mort d'Alfieri ; elle en avait 51. On sait le mot de la duchesse de Chaulnes, près de se remarier avec M. de Giac : « Une duchesse n'a jamais que trente ans pour un bourgeois. » Bonstetten, qui revit Mme d'Albany en 1807, a dit sans plus de façon : « Elle vivait avec le peintre Fabre qui n'habitait point dans sa maison, mais qui mangeait avec elle. Ce troisième mari avait plus l'air de complaisant que de mari et ne paraissait que rarement. » On sent bien que ce mot de *mari* ne vient ici qu'en manière d'épigramme. Fabre cependant paraissait plus que Bonstetten ne le dit là, et il se montrait tout à fait à son avantage, sans jamais pourtant sortir de son rôle de déférence et de discrétion, sinon de respect. Il y avait une nuance très-particulière qu'il eut toujours le tact d'observer : il était comme un homme à qui l'on n'avait pas besoin de faire ressouvenir que, s'il succédait à Alfieri, il ne le remplaçait pas. L'appartement du poëte, à l'étage supérieur de la maison, resta toujours fermé et comme sacré ; il y avait de même une place au moral que personne n'occupa. Fabre, d'ailleurs, tenait son rang, et des plus distingués, dans le cercle de la comtesse ; il y marquait par son tour d'idées et par l'accent de son esprit. Il n'était, après tout, la doublure de personne. Paul-Louis Courier, en le mettant en scène comme il a fait dans son fameux dialogue (*Conversation chez la comtesse d'Albany, à Naples, le 2 mars 1812*), l'a immortalisé. Quand il lui aurait prêté plus de choses encore que Platon n'en prêta à Socrate, il résulte au moins de cette *Conversation* que Fabre était un causeur spirituel, original et volontiers paradoxal. Simond, l'auteur du *Voyage en Italie*, nous a présenté également Fabre sous cet aspect, — un connaisseur dans les arts qui dit des choses singulières, surprenantes au premier abord, et qui se trouvent vraies. Le raisonnement que Simond nous rapporte de lui au sujet des tableaux attribués à Raphaël, dont les onze douzièmes sont nécessairement peu authentiques, est tout à fait dans le goût et le tour des raisonnements que Courier s'est plu à développer sous son nom dans la *Conversation* de Naples (1).

C'est pendant cette dernière partie de sa vie et dans les années de l'arrière-saison, que la comtesse d'Albany, qu'Alfieri en ses humeurs retirait souvent du monde pour le tête-à-tête et la solitude à deux, eut tout loisir d'avoir, sans plus d'interruption, le salon fréquenté et célèbre qui acheva de lui faire une si douce renommée, un de ces salons dont on pouvait dire comme Saint-Évremond disait de celui de la duchesse de Mazarin : « On y trouve la plus grande liberté du monde ; on y vit avec une égale discrétion. Chacun y est plus commodément que chez soi, et plus respectueusement qu'à la Cour. » Tout ce qui passait en Italie d'illustre

---

(1) On peut lire quelques détails sur Fabre et Mme d'Albany dans les *Souvenirs de soixante années* de M. Delécluze (p. 163-168), et qui sont à ajouter à ce qu'on savait déjà. M. Delécluze s'y pique d'être fin et malin. Son récit, comme presque tout ce qui est sorti de sa plume, a plus de lourdeur encore que de naïveté et d'exactitude.

et de distingué allait à Florence et se faisait présenter chez Mme d'Albany. La quantité de lettres à elle adressées par Mme de Staël, la duchesse de Devonshire, Sismondi, etc., nous ouvre des jours intéressants sur cette société très-variée et en partie composée d'étrangers les plus notables. M. de Chateaubriand, à son premier voyage d'Italie, vit la comtesse et lui fut présenté en 1803, dans le temps même de la mort d'Alfieri ; il a, depuis, dans une page désobligeante de ses Mémoires, affecté trop ouvertement de la sacrifier à Mme Récamier. Il faut citer ce passage, afin de le réduire à sa valeur :

« J'ai connu Mme d'Albany à Florence ; l'âge avait apparemment produit chez elle un effet opposé à celui qu'il produit ordinairement : le temps ennoblit le visage, et, quand il est de race antique, il imprime quelque chose de sa race sur le front qu'il a marqué : la comtesse d'Albany, d'une taille épaisse, d'un visage sans expression, avait l'air commun. Si les femmes des tableaux de Rubens vieillissaient, elles ressembleraient à Mme d'Albany à l'âge où je l'ai rencontrée. Je suis fâché que ce cœur, *fortifié* et *soutenu* par Alfieri, ait eu besoin d'un autre appui. »

M. de Chateaubriand ne tient aucun compte, dans ce portrait dénigrant, d'un certain « air majestueux » que d'autres ont reconnu jusqu'à la fin à Mme d'Albany. « Elle recevait avec dignité et politesse. » Heureusement un autre poëte, qui fut présenté à la comtesse en 1810 ou environ, et qui l'a revue plus tard, nous a donné d'elle un portrait plus vrai, et qui répare l'injustice du précédent :

« Rien, nous dit M. de Lamartine en son VII° *Entretien,* rien ne rappelait en elle, à cette époque déjà un peu avancée de sa vie, ni la reine d'un empire, ni la reine d'un cœur. C'était une petite femme, dont la taille un peu affaissée sous son poids avait perdu toute légèreté et toute élégance. Les traits de son visage, trop arrondis et trop obtus aussi, ne conservaient aucune ligne pure de beauté idéale; mais ses yeux avaient une lumière, ses cheveux cendrés une teinte, sa bouche un accueil, toute sa physionomie une intelligence et une grâce d'expression qui faisaient souvenir, si elles ne faisaient plus admirer. Sa parole suave, ses manières sans apprêt, sa familiarité rassurante, élevaient tout de suite ceux qui l'approchaient à son niveau. On ne savait si elle descendait au vôtre ou si elle vous élevait au sien, tant il y avait de naturel dans sa personne. »

Vous avez lu Chateaubriand, vous venez de lire Lamartine sur le même sujet, en face du même modèle : vous voyez maintenant ce qu'une bienveillance sympathique peut ajouter de perspicacité de coup d'œil et de vérité de couleur, même au génie. Là où M. de Chateaubriand n'a vu que l'enveloppe et la forme, M. de Lamartine a senti et discerné le rayon.

V.

Un fait significatif, et qu'on ne saurait cependant omettre dans la vie de Mme d'Albany, s'était passé en 1809. Elle fut tout à coup mandée à Paris par le maître souverain et brusque qui avait l'œil à tout et dont l'attention avait été éveillée, je ne sais comment, sur ce salon des bords de l'Arno. Fabre l'accompagna dans ce voyage qu'elle fit à petites journées.

Mme d'Albany, à son arrivée, fut reçue par l'Empereur qui lui dit : « Je sais quelle est votre influence sur la société florentine, je sais aussi que vous vous en servez dans un sens opposé à ma politique ; vous êtes un obstacle à mes projets de fusion entre les Toscans et les Français. C'est pour cela que je vous ai appelée à Paris, où vous pourrez tout à loisir satisfaire votre goût pour les beaux-arts. » Mme d'Albany était traitée comme une puissance : elle s'en serait bien passée. Forcée ainsi de rentrer dans ce Paris, alors si brillant, dans ce paradis d'où Mme de Staël se plaignait au contraire de se voir exilée, elle en profita quelques mois, y noua quelques relations agréables et n'eut rien de plus pressé que de repartir dès qu'elle en obtint la permission. Elle était de retour à Florence à la fin de 1810. Elle y revenait aussi prudente que jamais et bien avertie de l'être, mais au fond du cœur, on le conçoit, médiocrement reconnaissante.

La modération était, d'ailleurs, dans les habitudes de son esprit. Elle regardait les événements qui bouleversaient l'Europe, de son fauteuil et par la fenêtre. Elle avait « une manière judicieuse et tranquille d'envisager les choses. » Ne lui demandez plus rien de romanesque. Telle qu'elle était devenue et que l'expérience l'avait faite, c'était une personne toute pratique, sachant jouir des dédommagements à sa portée et consentir graduellement aux diminutions nécessaires. Elle avait des maximes pleines de sens : « Il y a un âge où il faut se contenter du bien sans chercher le mieux. » — « Le bonheur est comme chacun l'entend, il est relatif. » — « La santé et les affaires d'intérêt sont les deux bases du bonheur ; il faut les soigner et les ménager. » Chez elle la passion était usée et éteinte il y avait beau jour.

Puisque le temps continuait d'aller et les années de courir, elle avait dû y pourvoir en personne sensée, et il lui avait bien fallu, elle-même, mettre une rallonge à sa vie ; mais la sensibilité n'a qu'un âge, et ce qui est passé, ce qui est perdu et véritablement irréparable, ne se recommence pas.

Sa vie, comme la vie italienne en général, et celle que l'on mène à Florence en particulier, était très-régulière, et jusqu'à la monotonie. En toute saison, quand le temps le permettait, elle sortait le matin, et en été avant sept heures. Elle allait vers les Cascines, qui à cette heure-là étaient très-solitaires, seule, sans femme, sans domestique. Tout le monde la connaissait, avec son costume invariable, son grand chapeau et son châle, sa marche résolue, un peu lourde, et ses mains souvent appuyées sur ses hanches. — Je suis ici pas à pas M. de Reumont, le plus exact des rapporteurs.

Revenue à la maison, la comtesse, après le déjeuner, allait dans sa bibliothèque et y lisait : c'était sa dernière passion. Elle s'occupait de sa correspondance très-étendue et la tenait dans un ordre parfait. Elle recevait aussi la visite de quelques amis les plus intimes. Elle-même ne faisait que peu de visites. Elle n'invitait à dîner que fort peu de personnes, jamais plus de deux à la fois. Ses réceptions étaient pour la soirée. Dans les derniers temps, elle ne sortait plus, et son salon était ouvert tous les soirs. Elle était toujours assise à la même place, dans un fauteuil, vêtue d'une robe de soie noire taillée sans grand souci de la mode régnante ; elle portait un fichu blanc à larges plis ; ses cheveux blancs étaient bouclés de chaque côté et ornés d'un gros nœud.

Si une dame de haut rang entrait, elle se levait à demi de son siége ; pour toutes les autres, elle se contentait de les saluer d'un geste de la tête et de la main. On voit qu'il était resté en elle un peu de la souveraine. Il ne faudrait pas croire que la conversation fût tous les jours chez elle aussi concertée et aussi académique que l'a montrée M. de Lamartine dans l'*Entretien* déjà cité. En hiver, la comtesse donnait souvent de petits bals. Le dimanche soir régulièrement, elle réunissait toute la jeunesse de la ville, jeunes filles et jeunes garçons qui venaient jouer et danser. « Aucune de mes demoiselles du dimanche ne s'est mariée, » écrivait-elle à Foscolo en janvier 1816. Elle s'ingéniait, en un mot, à animer et à égayer la vie autour d'elle.

Mme d'Albany, mourant en 1824, nomma Fabre son légataire universel, et Fabre, à son tour, étant revenu mourir dans sa ville natale, a légué à celle-ci, en 1837, tous ses trésors, tableaux, livres et manuscrits. Professeur de littérature française à Montpellier et citoyen adoptif de la cité savante, M. Saint-René Taillandier, excité par tant de souvenirs et placé aux sources de la meilleure information, nous devait cette figure de la comtesse d'Albany. En le remerciant de ce qu'il a fait, oserai-je exprimer ce vœu qu'à une seconde édition il nous la donne plus complète, plus nettement dessinée encore, dégagée de quelques dissertations inutiles et qui nuisent véritablement à l'unité du ton? Il y a mis sans nécessité, ce me semble, quelques taches et trop d'ombres. Je ne suis pas de ceux qui veulent à tout prix des mensonges, ni qu'on leur crée des existences fabuleuses et plus belles qu'elles ne l'ont été de leur temps; mais quand je rencontre quelque part, dans un passé encore voisin de nous et si aisé à vérifier, de ces vies paisibles, ornées, décorées de grâce et de courtoisie, et jalouses d'en répandre le reflet autour d'elles; quand, au milieu de cet envahissement comme forcené d'ambition, d'activité et d'industrie qui nous pousse et nous déborde en tout genre, je découvre, en me retournant, une île enviable et fortunée, une oasis d'art, de littérature, d'affection et de poésie, je demande qu'on n'en diminue pas le tableau à mes yeux sans de bonnes et fortes raisons, et que ceux qui sont dignes d'apprécier ce cercle heureux et de le peindre nous le rendent, ainsi que la noble figure qui y préside, avec tout le charme qui s'y attachait réellement, et dans un miroir non terni, dans une glace pure, unie et fidèle.

Je me promets de revenir un jour, et bientôt, sur l'un des correspondants et des amis de Mme d'Albany, sur Sismondi, dont M. Saint-René Taillandier nous a donné les lettres à elle adressées, un homme instruit, cordial, excellent, mais qui ne la vaut certes pas pour une certaine fermeté et justesse de vue.

M. CHARLES MAGNIN

ou

UN ÉRUDIT ÉCRIVAIN (1).

Le devoir de chaque génération est d'enterrer ses morts et de célébrer plus particulièrement ceux qui ont droit à des honneurs distingués. Quand je dis célébrer, je n'entends pas cette louange uniforme et banale qui tend à grandir et à exhausser un personnage au delà du vrai ; la meilleure oraison funèbre, la seule digne des gens d'esprit qui en sont l'objet, est celle qui, sans rien surfaire, va dégager et indiquer en eux, au milieu de bien des qualités confuses, le trait distinctif et saillant de leur physionomie. C'est ainsi seulement qu'ils ont chance de vivre pour ceux qui ne les ont pas con-

---

(1) Ce Portrait a été inséré dans la *Revue des Deux Mondes* du 15 mai 1863. Je ne me suis pas interdit de glisser à la fin de ces volumes de *Nouveaux Lundis* des morceaux non recueillis encore, qui n'en font point partie, mais qui ont été écrits vers le même temps.

nus et qui ne peuvent se les représenter que si l'on donne au portrait toute sa précision. Nous essayerons de cette méthode à l'égard de notre ancien et fidèle collaborateur M. Magnin ; nous ne le ferons pas plus grand qu'il n'a été, mais nous le montrerons, autant qu'il nous sera possible, dans la juste et nette application de ses facultés de critique et d'écrivain.

Les services qu'il a rendus sont de deux sortes et de deux ordres : la plupart se sont passés, se sont usés aussi, il faut le dire, au sein même de la génération dont il faisait partie, et ne sont pas sortis du temps et des circonstances où il a vécu. Il a été l'organe d'idées justes, neuves, opportunes le plus souvent, immédiates, qui ont eu leur effet au moment où elles se produisaient ; il a coopéré à l'éducation littéraire de son époque ; ces services de journaliste et d'écrivain de revue, si essentiels en eux-mêmes et si méritoires, sont depuis longtemps consommés et épuisés : nous, ses contemporains et ses amis, nous en avons mémoire et conscience, notre devoir est de les rappeler et de les mentionner ; mais nous ne saurions exiger des nouveaux-venus de s'en former la même idée et d'en garder la même reconnaissance que nous. D'autres services de lui, d'autres travaux seront plus appréciés des générations instruites qui nous suivent : M. Magnin a défriché, l'un des premiers, avec infiniment de labeur et de patience, et avec un notable succès, des portions d'histoire littéraire ingrates et restées encore obscures ; les origines de notre comédie nationale lui doivent beaucoup ; il y a porté une curiosité d'examen, un intérêt et une finesse d'attention, un goût délié, une clarté et une élégance d'exposition qui le désignent à l'estime de quiconque reprendra la suite de ces mêmes études. Il sera consulté, accepté ou contredit, mais certainement nommé, pour ces utiles et agréables recherches, par tout historien littéraire qui tiendra à être complet et à se montrer juste. C'est là son principal titre à une renommée posthume et définitive.

De l'ancien portrait de M. Magnin publié ici même (1), nous ne reprendrons que l'indispensable, nous attachant à simplifier les traits ou à les mieux marquer. Charles Magnin, mort le 8 octobre 1862, à l'âge de soixante-neuf ans, naquit à Paris le 4 novembre 1793, à quelques pas de la bibliothèque de l'Arsenal, où son père avait un emploi, et où son grand-père maternel, M. Saugrain, était bibliothécaire. Une de ses tantes Saugrain avait épousé un des frères de Bure, l'un des savants libraires que nous avons encore connus. Les Saugrain eux-mêmes étaient une famille d'anciens libraires, venus de Pau avec Henri IV, très-honorés dans leur profession, ayant donné des syndics au corps. L'enfant qui venait au monde se trouvait ainsi apparenté aux livres de tous les côtés. Pour peu que Minerve sourît ou n'y mît pas d'obstacle, il naissait presque de toute nécessité avec le goût des livres et déjà lettré.

Le père de M. Magnin était Franc-Comtois, natif de Salins, et lui-même d'une ancienne et honnête famille bourgeoise du pays. Un vieux noël salinois consacre un

---

(1) Dans la *Revue* du 15 octobre 1843 (voir au tome II de mes *Portraits contemporains*).

couplet à certain chanoine Magnin qui devait être un grand-oncle, et en remontant on trouverait toujours dans les registres des couvents ou chapitres de la ville quelque religieux ou chanoine de ce nom de Magnin. Quoique tout à fait Parisien de mœurs, de ton et d'éducation, Charles Magnin considéra toujours Salins comme le lieu de son origine; il y possédait quelque bien, des vignes dont le vin lui plaisait et qu'il aimait à faire goûter à ses amis ; il y retournait chaque année passer une partie des vacances ; il accueillait à Paris tous les jeunes Salinois sur le pied de compatriotes, et il a testé finalement en faveur de la ville de Salins, où il a voulu que ses restes fussent transportés pour y reposer dans le terroir paternel. Cette fidélité au pays, à la souche originelle, était un des traits de sa nature.

Il fit de très-bonnes études sous l'Empire, études toutes littéraires, telles qu'on les faisait alors, sans aucune notion et teinture des sciences mathématiques, physiques et naturelles. Élève de la Sainte-Barbe-Delanneau, il suivit les classes du lycée Napoléon, et obtint en rhétorique, au concours général de 1812, le premier prix de discours français des nouveaux et un accessit en version grecque. La composition qui lui avait valu la couronne était un discours de Zénobie à Aurélien pour le toucher. Le savant voyageur Lechevalier, celui de la Troade, qui portait intérêt au brillant élève, ne l'appelait plus depuis ce jour que « le chancelier de Zénobie. » Cependant il n'y avait que le prix d'honneur, c'est-à-dire le premier prix de discours latin, qui exemptât de la conscription : on fit valoir, à l'appui du discours français du jeune lauréat, sa santé délicate, sa taille frêle, sa poitrine un peu rentrée, et il ne partit pas. C'était alors le grand point pour quiconque n'était pas entêté de l'odeur de la poudre et dévoré du démon des combats.

Charles Magnin était de ceux qui allaient appartenir à la génération pacifique ou différemment belliqueuse de la Restauration, et dont l'ambition serait de tenir pour toute épée une bonne plume. Il s'essaya d'abord, non sans succès, dans les concours académiques : il eut un accessit à l'Académie française en 1815 pour une pièce de vers sur *les Derniers moments de Bayard,* une mention en 1820 pour un *Entretien sur l'Éloquence.*

Charles Magnin approchait de trente ans ; placé dès 1813 à la Bibliothèque impériale, il se trouvait, par cet emploi modeste et pour lors assez peu assujettissant, à la source des études et des lectures. Il en profitait en esprit curieux et soigneux d'acquérir. De 1820 à 1824, il se mit, avec l'aide d'un ami alors bien jeune, mais doué d'un sens philologique remarquable, M. Dubeux, à apprendre le portugais et ensuite le castillan. Il apprit aussi de l'anglais, il lisait de l'italien ; mais ici je tiens à être vrai et à bien marquer chez M. Magnin le degré d'aptitude et de disposition pour les langues étrangères, le point d'avancement qu'il atteignit et qu'il ne dépassa jamais.

Lui, il n'avait pas en propre, comme M. Dubeux, son ami et son maître en ce genre, la faculté philologique saillante. La facilité qui était sienne, et qu'il avait en maint sujet pour venir à bout des choses avec beaucoup de travail, mais sans le laisser voir, lui manquait pour les langues : s'il les comprenait, c'était des yeux, jamais de l'oreille; jamais il ne put s'accoutumer à l'accentuation ni à la prononciation. Il traitait les langues étrangères et les maniait comme livres et papiers, comme il eût fait des langues mortes, non comme parlantes et vivantes. Il arriva ainsi à s'en servir très-suffisamment comme homme d'esprit, comme homme de goût et de lettres, non à en user familièrement dans l'entretien et les relations journalières, ni à les posséder non plus en vrai savant, à les rapprocher, à les rejoindre, à les déduire, à les expliquer l'une par l'autre. Il n'avait pas, en ce genre de recherches, le flair et la piste; il ne savait pas tirer un fait d'un autre; dès qu'il s'offrait une difficulté, une différence, il était désarçonné. Combien de fois, lisant de l'italien, il s'impatientait et jetait le livre à M. Dubeux en lui disant : « Explique-moi cela! » Mais alors, durant l'explication, son goût s'exerçait et jouissait à son aise; son esprit juste et fin trouvait toutes les bonnes remarques à faire : l'homme de lettres et le critique prenait sa revanche. Ah! que nous connaissons bien cette forme de l'érudition ou de la paresse française! Le xviiie siècle, dans la personne de ses Marmontel, de ses La Harpe, de Voltaire lui-même, n'en chercha et n'en ambitionna jamais d'autre. Fontanes, à son heure, en était le souverain et voluptueux représentant; Daunou aussi, quoique infiniment plus travailleur, n'en sortit guère ; nous tous de race gallicane plus ou moins pure, nous en tenons plus ou moins : nous nous lassons vite, nous goûtons, nous effleurons, nous devinons ; il est rare que nous possédions à fond et en maîtres ce qui n'est pas nôtre. — O Taine ! que vous avez fait de chemin depuis nous ! votre estomac est de force vraiment à digérer des pierres, et votre esprit ne s'en porte que mieux.

Le champ ordinaire et limité de M. Magnin, son domaine fort honnête à ce moment, était le latin qu'il tenait bien, le portugais aussi et le castillan qu'il avait fort méritoirement conquis par son application soutenue ; du grec, il en savait assez pour entendre des passages, vérifier des citations et s'y comporter pertinemment, avec prudence. Il lisait Shakspeare avec beaucoup de peine ; mais, aidé et averti, il s'en rendait compte, et son goût surtout (car il faut en revenir là), son intelligence faisaient le reste.

Je vise toujours, — et je crois que c'est un principe essentiel en fait de critique contemporaine, — à juger les écrivains d'après leur force initiale et en les débarrassant de ce qu'ils ont de surajouté ou d'acquis. M. Magnin, lorsqu'il entra au *Globe* et qu'il s'enrôla sous cette bannière dans ce groupe d'écrivains tous plus ou moins novateurs, quel était-il ? quel contingent apportait-il pour sa part ?

Et d'abord quel contingent apportaient eux-mêmes les autres collaborateurs et les fondateurs de ce recueil critique ?

Les uns, de l'école d'Augustin Thierry, apportaient des

vues historiques, originales, paradoxales même, neuves, — plus neuves peut-être que justes dans leurs premiers résultats, — mais stimulantes, pénétrantes d'aperçus et de recherches, et vivifiantes par l'esprit et pour l'avenir.

Les autres (Jouffroy et ses amis psychologues) apportaient une philosophie également tranchante et neuve, contestable de méthode et de tendance, mais élevée, intelligente historiquement de toutes les doctrines, et rénovatrice aussi par son souffle et ses ambitions mêmes.

Les autres (M. Vitet en tête) inauguraient une théorie des arts, une *esthétique,* comme on disait déjà, chaleureuse, éloquente, compréhensive, curieuse des monuments et de toutes les manifestations de la beauté ou de la vie dans tous les ordres et dans tous les âges.

Les autres (M. Tanneguy Duchâtel) enseignaient une économie politique avancée.

D'autres (MM. Ampère, Duvergier de Hauranne), voyageurs intellectuels, éclaireurs toujours en mouvement, perçaient à jour la vieille poétique par des exemples frappants ou l'attaquaient par des raisons décisives. D'autres enfin (MM. de Rémusat, Dubois, etc.) allaient prodiguer sur tout sujet et en toute occasion des vues critiques à la Staël, un peu vagues peut-être, un peu trop déliées ou inachevées, mais ingénieuses, singulièrement variées, d'une grande excitation et d'un heureux renouvellement.

Qu'apportait, lui, M. Magnin, en propre dans la masse commune ? Rien de tel, rien de cette valeur au premier coup d'œil, aucun lot à part, aucune idée à lui ; mais un ensemble de notions, d'applications et d'aptitudes, précieux et rare. Voyons un peu :

Le goût et la connaissance du Théâtre-Français d'abord ; — il l'aimait, il le suivait, il était même sur le point de s'essayer à l'Odéon par une bluette dans le genre d'Andrieux, une petite comédie anecdotique (*Racine ou la troisième représentation des* Plaideurs, 1826) ;

La connaissance exacte et précise de la littérature classique moderne qu'il allait combattre dans ses derniers sectateurs, et dont il eût pu continuer presque indifféremment d'accepter les traditions, sauf de légères variantes, sous un régime plus régulier et mieux établi ;

Un tour d'esprit et de style judicieux et ferme, une disposition à s'assimiler toutes les idées nouvelles en matière littéraire, et une habileté à les rendre avec autant de vivacité que si de tout temps elles avaient été siennes. Ces divers mérites devaient faire de lui un collaborateur des plus utiles et des plus essentiels dans la combinaison présente. En un mot, il allait mettre des qualités d'écrivain classique au service de la cause romantique.

Ses premiers articles remarqués furent ceux qu'il donna sur Parseval-Grandmaison et sa fastidieuse épopée, sur Luce de Lancival et sa fausse élégance ; il fit apprécier aussitôt les avantages d'un esprit sagement progressif, armé d'une plume excellente, incisive ; dès lors il fut classé et compté parmi les meilleurs sur certains sujets. Non-seulement pour les livres, mais pour les comptes rendus des pièces de théâtre, des séances de l'Académie, on était sûr d'avoir de lui une critique fine, non pédante, bien informée, où le blâme et l'éloge étaient distribués avec une parfaite mesure. En parlant des auteurs de cette époque intermédiaire, des morts de la veille ou des vivants qui n'en valaient guère mieux, il avait tout ce qu'il fallait pour être juste, tenir la balance, y mettre les deux parts, ne pas tout secouer et rejeter comme on a fait depuis. Dans son recueil en deux volumes, intitulé *Causeries et Méditations* (pourquoi *Méditations ?*), il n'a pas assez donné de ces anciens articles de circonstance. Il voulait, dit-on, les unir, les coordonner suivant les matières pour en former un volume nouveau : il aurait mieux fait de suivre simplement l'ordre des dates et de recueillir tout ce qui avait gardé de l'intérêt. Que de choses on aurait vues qui ont été redites depuis par d'autres, et moins bien peut-être ! Scribe, par exemple, était à l'ordre du jour, il y a quelques semaines. La solennité académique l'ayant remis sur le tapis, chacun l'a jugé et rejugé à sa guise, et M. Vitet l'a fait mieux que personne, avec le goût et la supériorité qu'on lui connaît. Eh bien ! il n'y a guère moins de trente-cinq ans, en décembre 1827, à propos du *Mariage d'argent,* la première grande comédie que Scribe essayait au Théâtre-Français et qui n'y réussit pas, M. Magnin s'exprimait de la sorte :

« Quand M. Scribe a commencé sa carrière, la bonne compagnie était lasse des *floriflons* de l'Empire et des bêtises de

Montansier. M. Scribe parut et créa un nouveau genre, la *comédie-vaudeville*.

« A la même époque, la vraie comédie, glacée par le décorum classique ou mutilée par la censure, ne produisait que des avortons sans vérité et sans intérêt. La comédie, ou du moins ce qui s'en rapprochait le plus, se trouva donc au Gymnase. A chaque nouvelle esquisse dont l'inépuisable vaudevilliste enrichissait la galerie du Théâtre de Madame : *Il y a là*, s'écriait-on, *plus de comique que dans les tristes nouveautés de la rue de Richelieu!* Et l'on avait raison : *Que n'a-t-il fait de cela une comédie?* Et l'on avait tort. Quant à nous, en applaudissant avec tout le monde à la fraîcheur d'idées, à la vérité, à la grâce de ces jolies compositions, nous admirions encore le bon sens de l'auteur, qui sentait que ces excellents sujets de vaudeville n'étaient point propres à la comédie, et que ces pensées si légères s'effeuilleraient en se développant. Nous ne connaissons pas de pièce de M. Scribe dont on puisse regretter qu'il n'ait pas fait une comédie. Son art est précisément de saisir ces demi-teintes, ces nuances indécises qui craindraient le grand jour de la scène comique ; son secret est de nous montrer, à distance et de profil, certains objets qui, vus autrement, perdraient une partie de leur grâce. Son talent est un talent de demi-jour. M. Scribe possède au suprême degré les lois de cette optique théâtrale. Forcez un peu plus le coloris, dessinez plus nettement tel caractère, prolongez telle situation, transformez enfin le vaudeville en comédie ; au lieu d'une esquisse gracieuse ou piquante, vous aurez un tableau, mais commun, faux ou maussade. »

Et M. Magnin, appliquant ce procédé d'extension possible, mais peu désirable, à la jolie pièce *le Mariage de raison*, s'attachait à montrer « qu'élevé aux proportions de la comédie *le Mariage de raison* eût vraisemblablement échoué, tandis que *le Mariage d'argent*, réduit aux dimensions d'une comédie-vaudeville, aurait peut-être eu la vogue. » Il ne voyait dans ce dernier « qu'un vaudeville dilaté, bulle brillante, soufflée avec effort et lancée sur le Théâtre-Français. »

Certes M. Scribe a depuis lors réussi sur la scène française par de jolies comédies qu'il a eu bien raison de ne pas se refuser; il se devait tôt ou tard à lui-même et à son talent de hasarder cette bataille et de la livrer; c'est assez pour son honneur qu'il ne l'ait point du tout perdue et qu'il ait maintenu sa bannière. Mais pourtant, comme le jugement de M. Magnin reste, somme toute, le vrai jugement, la juste et fine vérité sur lui et sur le meilleur de son œuvre!

M. Magnin, au *Globe,* eut son rôle et fit également sa partie dans cette espèce de concert où les productions des littératures étrangères étaient pour la première fois soumises à l'examen impartial du public français ; le Portugal était proprement son domaine, et il préludait ainsi par des articles, en quelque sorte préparatoires, à son morceau capital de la *Revue* sur la vie de Camoens (1). Sur Shakspeare, il eut le mérite de suppléer et de remplacer M. Desclozeaux, si en fonds de doctrine, mais déjà absorbé par les affaires et par le palais; et pour un bon nombre des représentations que donnèrent les acteurs anglais à Paris en 1827-1828, il suffit à cette tâche délicate et neuve de feuilletoniste de Shakspeare : ce fut pour lui une très-active et très-honorable campagne. Il lui était plus aisé assurément de parler à loisir et à tête reposée, comme

(1) Voyez la *Revue* du 15 avril 1832.

il l'aimait, d'ouvrages de littérature érudite, et par exemple du roman chinois traduit par M. Abel Rémusat, *les deux Cousines.* Je cite exprès le travail très-étudié de M. Magnin au sujet de cet agréable et singulier roman, parce qu'il s'en était fait un point d'honneur et presque une gageure d'amour-propre : il la gagna, et ses trois articles, relus aujourd'hui, nous semblent un chef-d'œuvre d'analyse. Mais nous devons dire pourquoi il y mettait tant d'importance et plus que de coutume.

M. Abel Rémusat était l'un des conservateurs de la Bibliothèque du roi, où M. Magnin n'était qu'employé. Il y avait, en ce temps-là, de sourdes et profondes divisions à la Bibliothèque, et l'on sait qu'il n'est rien de tel ni de plus aigre en son genre que les haines de bibliothécaires, c'est-à-dire de gens qui se voient tous les jours, qui sont assis presque en face, qui se détestent d'une table à l'autre, et qui passent leur vie à accumuler des fluides contraires. M. Abel Rémusat, homme d'ailleurs d'infiniment d'esprit, de plus d'esprit peut-être encore que de savoir, était un adversaire politique des plus prononcés, un partisan du pouvoir absolu tel qu'il existe en Asie et dans l'Empire du Milieu, un ennemi ironique et amer de la liberté. Il ne connaissait pas personnellement M. Magnin, qui était dans un département différent du sien, aux imprimés, tandis que lui était en chef aux manuscrits orientaux ; mais il devait lui être opposé, le sachant rédacteur du *Globe,* par toutes sortes de préventions et d'antipathies. M. Magnin tenait donc à honneur de

rendre justice à un personnage d'autant de savoir et
de finesse, à le louer sans le flatter, à le conquérir
sans s'abaisser, et puisque l'occasion s'offrait naturellement, il voulait le forcer, envers lui, à une juste
estime. Les articles faits et de la manière la plus
agréable pour M. Abel Rémusat, celui-ci se vit dans
un embarras extrême : il s'agissait de remercier M.
Charles Magnin ; mais pour un mandarin de cet ordre,
une visite, une démarche directe à l'égard d'un inférieur, qui en même temps se montrait un juge si indépendant, semblait chose grave, insolite. On y mit toute
sorte de précautions et de préliminaires ; des amis
communs s'entremirent : on dut, comme dans les négo-
ciations du Céleste Empire, s'inquiéter avant tout que
l'étiquette fût observée. Un jour donc, sur quelque
palier, dans quelque salle neutre et limitrophe, aux
confins du département des manuscrits et de celui des
imprimés, à heure précise, M. Abel Rémusat rencontra
comme par hasard M. Magnin ; les saluts s'échangèrent
spontanément, la conversation s'engagea ; les remer-
cîments se trouvèrent faits ; la paix et l'alliance fut
conclue ou plutôt sous-entendue, pour le cas où M. Abel
Rémusat aurait plus tard soit à se prononcer au sein
du Conservatoire sur l'avenir de M. Magnin, soit à le
voir y entrer et s'y asseoir à ses côtés, ce qui semblait
alors fort peu probable, à titre de collègue. Je ne crois
pas rêver à cette distance, et il me semble que, sauf rec-
tification, mes souvenirs ne me trompent pas ; la petite
comédie se passa à très-peu près comme je viens de la
raconter, à la chinoise.

L'avénement ou le développement de l'école poétique amena, vers 1828, une légère division dans l'école critique du *Globe*. M. Magnin fut de ceux qui se montrèrent le plus disposés à comprendre et à aider les poëtes, sans leur rien céder pourtant de ses droits comme juge. Il se laissa mettre très au fait du procédé, des intentions et du faire de l'école de MM. Hugo, de Vigny, et, tout en réservant son indépendance, il se plaçait pour l'examen des œuvres au point de vue des auteurs ; il leur appliquait les règles et les principes d'après lesquels ils avaient désiré être jugés eux-mêmes. Combien de fois, en ces années d'ardeur et de zèle, à la veille ou au lendemain de quelque publication de nos amis les poëtes, ne suis-je pas allé trouver le soir M. Magnin dans cette petite rue Serpente où il était alors (avant d'avoir son logement à la Bibliothèque) ! Il habitait juste en face des frères de Bure ses parents, et dans la même maison que sa grand'mère Mme Saugrain. Chaque fois, vers neuf heures du soir, il me laissait un moment pour aller assister au coucher de sa grand'mère, à laquelle il consacra jusqu'à la fin les soins les plus respectueux et les plus tendres. Quand il allait dans le monde, il ne sortait qu'après lui avoir rendu ces derniers devoirs de la journée et lui avoir donné le bonsoir filial, et il n'avait pas moins de trente-cinq ans alors. Il avait reçu d'elle toutes les recommandations et les traditions de la plus exquise politesse bourgeoise. Il ne quitta cette étroite et sombre rue Serpente, où le jour manquait, qu'après la mort de l'aïeule. Souvent donc j'allais ainsi de moi-même, et pour le disposer en faveur de mes amis les poëtes, trouver à l'avance M. Magnin ; je lui exposais de mon mieux les grands desseins des chefs et aussi les détails de la poétique nouvelle où je me complaisais : il m'écoutait avec sérieux, patiemment, m'offrant l'esprit le plus libre, le plus ouvert. On eût dit d'une table rase sur laquelle on aurait écrit ; mais il partait du point même où je me plaçais pour faire aussitôt l'objection ou l'application précise de sa critique et de la nôtre. On le trouvait aussi ferme que modeste.

M. Magnin eut l'honneur de rédiger au *Globe* les feuilletons et les bulletins d'*Hernani :* c'est de lui (sans compter le grand article qui suivit), c'est de lui que sont les entre-filets des 26 et 28 février 1830, tout haletants, tout fumants, tracés le soir à minuit, sur un coin de table à l'imprimerie, au sortir d'une représentation brûlante. Quel dommage, pour l'histoire littéraire du temps, que tout cela soit enfoui, enterré ! On y verrait le vrai degré de chaleur des esprits. Rien ne rend mieux le surcroît et le tumulte de sentiments qu'éprouvait sincèrement alors toute une jeunesse espérante et enthousiaste, de celle même qui n'avait pas de parti pris et qui n'était pas enrôlée. C'était la première fois qu'un poëte dramatique, parmi les nouveaux et les tout modernes, montait résolûment à l'assaut et s'emparait du théâtre pour y planter son drapeau comme sur une brèche ; mais ce drapeau ainsi planté hardiment et avec témérité, en lieu si escarpé et si abrupt, tiendrait-il ? résisterait-il aux vents et aux coups, à la tempête excitée et aux colères ? Je me souviens, pour l'avoir vu faire sous mes yeux, du premier de ces bulletins et des moindres circonstances qui l'accompagnèrent. M. Magnin, qui d'habitude avait besoin d'écrire à tête reposée, était au fond de l'imprimerie du *Globe,* voisine du Théâtre-Français ; nous étions venus là, plusieurs, au sortir du spectacle : on discutait, on admirait, on faisait des réserves ; il y avait, dans la joie même du triomphe, bien du mélange et quelque étonnement. Jusqu'à quel point *le Globe* s'engagerait-il ? Prendrait-il fait et cause pour le succès d'une œuvre dans laquelle il ne reconnaissait, après tout, qu'une moitié de ses théories ? On hésitait, je n'étais pas sans anxiété, quand, d'un bout à l'autre de la salle, un des spirituels rédacteurs (qui a été depuis ministre des finances, et qui n'était autre que M. Duchâtel) cria : « Allons, Magnin, lâchez l'*admirable !* » Et en effet le mot d'*admirable* ou d'*admirablement* se trouve dans les deux premiers bulletins.

Il est à remarquer combien M. Magnin, qu'il avait peut-être fallu un peu enhardir et pousser d'abord, demeura ensuite fidèle aux impressions de cette forme de drame où l'imagination et la fantaisie jouaient un si grand rôle et s'accordaient plus d'exagérations en tous sens que la fibre française, hélas ! n'en pouvait porter. Les années et les épreuves successives, loin de le désabuser, ne firent que le confirmer dans son premier jugement. Treize ans après, il lui était donné de rendre compte des *Burgraves* dans la *Revue,* et il n'hésitait pas à déclarer que cette dernière œuvre lui paraissait ce que le poëte avait tenté jusqu'alors sur la scène de plus grave et de plus élevé ; il y voyait également « progrès dans l'inspiration et progrès dans l'expression. » Très-peu romantique de sa nature propre, M. Magnin se trouva l'être beaucoup en fait et par accident. Aucun critique, dans cette ligne, ne put se vanter d'être plus conséquent avec lui-même. Il avait baptisé le drame nouveau dans *Hernani :* il lui donnait encore le dernier sacrement dans *les Burgraves.*

La Révolution de juillet 1830, qui ramena sur la scène tant de vieux masques et de revenants, fut aussi, dans une bonne moitié, la prise de possession du pouvoir par les hommes nouveaux et en définitive par les hommes jeunes, longtemps tenus à l'écart et évincés. Les uns devinrent conseillers d'État, sous-secrétaires d'État, en attendant d'être ministres ; les autres voulurent être et furent conseillers d'université, pairs de France : il y eut une légère curée dans les hauts rangs. Pour M. Magnin, le but, le terme dernier et prochain de son ambition était tout indiqué : c'était de devenir un des conservateurs de la Bibliothèque du roi, où il était employé depuis dix-sept ans et où il avait passé par tous les degrés de la hiérarchie. Il dut attendre encore deux ans avant que cette justice lui fût rendue (1832). Cependant il partageait les vivacités de ce temps, les opinions nettes et tranchées de l'Opposition libérale incomplétement satisfaite, et, sa plume se trouvant libre et disponible depuis la dissolution du *Globe,* il ne se tint pas dans la neutralité ; il entra au *National* sous Carrel.

Ceux qui n'ont vu M. Magnin que vieux, intimidé,

paisible, et qui ne l'ont connu que comme un érudit
ingénieux et patient, ne sauraient se faire idée de ce
qu'il était alors dans le vif et le dégagé de sa polémique. Elle l'entraînait à traiter des questions pour lesquelles on ne le soupçonnerait pas de s'être tant ému.
J'ai sous les yeux et je viens de parcourir la plupart de
ses articles au *National* : l'impression que j'en reçois
est bien mélangée. Il y fit des articles sérieux, serrés,
parfaitement raisonnés, sur le projet de loi du divorce,
qui fut rejeté, comme on sait. M. Magnin était fort favorable au divorce pour des motifs philosophiques qui
étonneront ceux qui ne l'ont vu que dans les dernières
années, et encore peut-être pour d'autres motifs plus
secrets et plus particuliers, qui n'étonneraient personne
parmi ceux qui savent les mobiles habituels du cœur humain. Le *National*, c'est-à-dire Carrel, tenait personnellement aussi pour cette solution et l'appelait de ses vœux.
M. Magnin, dans le même journal, fit une guerre qui
put paraître un instant vive et piquante, qui (à parler
franc) me sembla toujours mesquine, au roi Louis-
Philippe au sujet des légers changements pratiqués
dans le jardin des Tuileries. On avait, si l'on s'en souvient, un peu isolé le château et ménagé tout le
long un petit jardin, une plate-forme fermée de grilles
et de fossés. On ne s'imaginerait pas quels cris et
quelles tempêtes cet empiétement souleva alors. On
sourit aujourd'hui de voir la vivacité qu'un esprit sage
comme M. Magnin mit à cette querelle, à cette vraie
chicane. A l'entendre, nul n'avait le droit de toucher
au jardin solennel ; ces prétendus embellissements

« déshonoraient l'œuvre de Le Nôtre et usurpaient sur la circulation publique. C'était un devoir de s'opposer à l'arbitraire, même quand il ne s'attaquait qu'aux choses. » Pauvre roi ! il avait tondu de ce jardin la largeur de sa langue, une simple languette, et chacun de tomber sur lui. On a taillé depuis en plein drap, et le public paraît très-bien s'en accommoder. M. Magnin fit au *National* des articles plus sérieux sur le *plébéianisme dans les arts*, sur la *Confédération germanique*. Le mot et l'idée du premier de ces articles et tous les renseignements statistiques du second lui avaient été fournis par M. Ramée. J'ai le regret de rencontrer dans les colonnes du *National* trop peu d'articles littéraires de M. Magnin, quelques-uns de loin en loin, sur les *Études historiques* de Chateaubriand, sur l'*Histoire de la Renaissance de la liberté en Italie*, par M. de Sismondi, un très-bon article sur un drame du théâtre chinois traduit par M. Stanislas Julien ; mais M. Magnin était dès lors à la *Revue des Deux Mondes*, et c'est de ce côté que sa faculté littéraire et critique allait désormais trouver un ample espace et un cadre heureux pour s'étendre et se développer.

Il est difficile, en général, de ramener à l'unité l'œuvre éparse d'un critique ; il est délicat surtout de prétendre saisir le point central et le noyau de ces organisations de plus d'étendue que de relief. Je l'essayerai pourtant en ce qui est de M. Magnin, et je ne craindrai pas de mettre de côté dans son élégant et ingénieux bagage, ou du moins de rejeter en seconde ligne, ce qui ne lui appartient pas en propre : nous

discernerons plus sûrement ensuite ce qui est bien
à lui.

L'article sur la reine Nantechild, publié dans la *Revue*
(15 juillet 1832), fit sensation et presque événement
par les vues neuves qui y étaient exposées pour la première fois avec ensemble sur l'art du Moyen-Age, sur
les diverses époques bien distinctes et les phases qu'il
avait traversées. Pour ceux qui l'ont un peu oublié, je
rappellerai que cette reine Nantechild était une des
femmes de Dagobert Ier, et sa statue se voit à Saint-
Denis sur le tombeau de ce roi mort en 638 ; cette
statue n'est pas (bien entendu) de l'époque mérovingienne, mais paraît être de la première moitié du
XIIIe siècle. A propos d'un simple moulage, exécuté par
les soins de M. Ramée, M. Magnin prenait occasion de
tracer tout un tableau magistral et d'exposer une histoire abrégée de l'art (architecture et sculpture) pendant plusieurs siècles ; il en déroulait les transformations graduelles et en décrivait les manières successives
avec une science, un goût, une précision qui supposaient vraiment une longue pratique : c'était à faire
illusion.

Je dis illusion à dessein, car toute cette science
n'était en effet qu'une appropriation heureuse et instantanée de l'écrivain : c'était du talent de metteur en
œuvre, de rédacteur ingénieux et élégant. M. Magnin
dans cet article si remarqué, et il ne l'avait pas assez
dit, n'était que rapporteur.

De doctes antiquaires avant lui avaient déjà donné
la clef et tracé les divisions : Auguste Le Prevost les

avait indiquées, timidement, il est vrai, et en homme de détail ; mais M. Vitet notamment, M. Ramée, jeune statuaire, plein de chaleur et d'enthousiasme, touchés l'un et l'autre du feu sacré, s'étaient mis en campagne ; ils avaient visité en pèlerins fervents et infatigables les monuments, les églises, les restes d'abbayes, et la théorie fondée sur l'observation était née : elle avait apparu, un matin, lumineuse et manifeste. M. Ramée, celui même qui venait de faire mouler cette statue de la reine Nantechild, avait distillé à M. Magnin, dans une suite d'entretiens et d'explications, les idées, les vérités nouvelles, et l'habile écrivain, l'écouteur avisé, les avait conçues, absorbées aussitôt, puis retournées et exposées à son compte avec une lucidité attrayante. Des parties d'érudition fine, tirées des livres dont M. Magnin savait si bien l'usage, comblaient les interstices, et sur l'ensemble du travail brillait un vernis de netteté et comme un enduit solide et consistant. Le morceau était excellent de tout point. M. Vitet toutefois, en félicitant l'auteur de l'article, put lui écrire avec une légère pointe d'ironie : « On voit que l'ami Ramée vous a exprimé la grappe jusqu'à la dernière goutte. »

Est-ce à dire que M. Magnin fût pour cela un archéologue, un connaisseur direct en fait de monuments, de statues, de morceaux de sculpture et d'architecture antiques ou modernes ? Pas le moins du monde. Il n'était guère sorti de son cabinet, il n'avait pas voyagé, il n'avait pas même visité ce qui était à sa portée, il avait peu vu de ses yeux : sa myopie était extrême ;

mais il avait lu, il avait écouté de sa fine oreille, il avait compris, il savait rendre ; il y a de ces tours d'adresse de l'écrivain et du lettré habile. Aussi les amateurs ardents, les dévots au Moyen-Age comme il y en avait beaucoup alors, qui, sur la foi du magnifique programme et de l'article révélateur, allaient droit à lui comme à quelqu'un qui savait d'original les choses et qui était un maître à consulter, pouvaient être surpris et quelque peu déçus de le trouver à court et si discret ; il en savait là-dessus juste autant qu'il en avait dit, pas un *iota* de plus.

La direction propre de M. Magnin et son filon d'originalité ne doivent pas se chercher dans cette voie ; je ne lui trouve de vocation un peu déterminée que dans son goût pour le théâtre, pour les origines et les applications scéniques sous toutes les formes : ici il est dans son élément, dans un genre qu'il a une fois effleuré comme auteur, qu'il a de tout temps cultivé et suivi comme amateur et critique, où tout l'attire et l'amuse ; son dilettantisme commence.

S'il n'avait pas eu ce goût d'instinct pour le théâtre et ses jeux les plus divers, depuis la comédie anecdotique d'Andrieux jusqu'aux *Burgraves*, depuis les drames chrétiens de Hrotsvitha jusqu'aux marionnettes, on aurait droit d'être sévère sur sa qualité d'érudit ; on pourrait le définir le contraire d'un Letronne ou d'un Fauriel, et soutenir sans trop d'injustice qu'il n'y apportait aucune initiative personnelle. Car, hors de là, regardez bien : rien ne lui vient de lui-même ; il y a toujours quelqu'un qui lui instille la chose goutte à goutte dans l'oreille, — une oreille, il est vrai, des plus nettes et des mieux purgées, comme dirait Horace. Ce n'est que sur les matières de théâtre qu'il commence à devenir tout à fait lui et un maître à sa manière.

Désigné un jour par Fauriel pour être son suppléant dans la chaire de littérature étrangère à la Faculté des lettres (1834-1835), il fut amené à choisir un sujet d'études qui ne rentrât pas trop dans les matières si diverses déjà traitées par le savant titulaire : il n'hésita pas et prit les origines du théâtre moderne ; il s'en occupait aussi dans des conférences dont il fut chargé vers le même temps à l'École normale. Ses cours, au reste, ne comptèrent que par les résultats écrits, par les livres ou les articles qui en sortirent. M. Magnin, pas plus que Fauriel (et, s'il se peut, encore moins que lui), n'était né pour la chaire et l'enseignement oral ; il n'avait rien de ce qui fait l'orateur ni même le professeur, tel que des talents élevés et brillants nous ont appris de nos jours à le considérer. Il improvisait peu et il lisait imparfaitement, il tâtonnait en lisant et n'imprimait pas l'accent au discours. Il n'avait de l'homme qui parle en public ni le masque, ni la bouche d'airain, ni le front : il n'avait pas le coup d'œil ni la flamme du regard : aucune action, aucun geste. La nature ne l'avait pas fait pour être de ceux qui lancent de loin dans le but la flèche sonore. Tout au contraire, il semblait jouir de ne pas faire d'éclat autour de lui, de n'aller que pas à pas (*pedetentim*), de n'être goûté que de près et de quelques-uns. Son plus grand plaisir était le plaisir de la fourmi qui grossit son tas grain à grain. Il ne voyait bien les choses que le nez dans son livre et le front sur son papier. Face à face et de vive voix, il valait moins qu'avec la plume (je ne parle pas de la conversation privée, où il était fort aimable). Encore une fois, il n'y avait rien là dedans du professeur, de cette sorte de fontaine publique jaillissante et retentissante, où tous vont en foule s'abreuver.

Et ici je veux achever de le dessiner par un contraste, et qui ne sera pas tout à son désavantage. Chacun, dans les groupes intellectuels qu'il traverse et dans les combinaisons de personnes où il se trouve mêlé, rencontre dès sa jeunesse ses affinités, ses attractions au moral comme aussi ses antipathies et ses déplaisances. Une nature d'esprit et de talent n'est entièrement définie, selon moi, que quand on a pu nommer son contraire. Or le contraire, l'opposé et, si j'ose dire, l'antipathique de M. Magnin était Lerminier. Qui de nous ne se souvient de ce dernier auquel l'oubli final peut-être vaudrait mieux? Mais qu'il était brillant à ses débuts! qu'il avait donné de belles et grandioses espérances! que d'études fortes il avait entreprises et entamées vaillamment! sous quels heureux et honorables auspices il s'annonçait! Nature audacieuse et ambitieuse, trop tôt démentie, talent d'emphase et d'éclat, d'apparat et de montre, clairon et cymbale, boute-en-train de la jeunesse, simulacre révolutionnaire qu'un brusque coup de vent démasqua et retourna, qu'on venait d'entendre faire le généralissime et commander la charge, qu'on vit tout d'un coup culbuté et en déroute comme un tambour-major sans armée ; à la fin, esprit déchu qui n'était plus qu'un tempérament, tombé de la passion dans l'appétit, il eut pourtant, jusque dans les dernières années, et même dans ce qu'on ne lisait plus de lui, quelques éclairs d'autrefois, bien des restes de ses fortes études du commencement. Lerminier, en ses heures de plénitude et d'orgueil, se permettait envers le modeste et studieux M. Magnin des airs superbes, et il se sentait pour lui quelque dédain qu'il ne dissimulait pas ; il riait de lui voir des velléités de savoir en tous sens quand les instruments pour cela lui manquaient en partie ; il ne se prêtait pas toujours à le satisfaire, quand on le questionnait, au nom de son curieux et friand collaborateur, sur les choses et les hommes d'au delà du Rhin : « Ce sont des envies, des caprices d'érudition, disait-il ; il peut attendre. » Il triomphait avec supériorité de son accès aux hautes sources germaniques et de sa première nourriture de moelle de lion. Il ne voyait pas que, comme dans les jeux des courses, celui qui va toujours et sans s'arrêter un seul instant, n'avançât-il que peu à peu, ira plus loin que celui qui s'élance d'abord, qui extravague et bondit à l'aventure, M. Magnin approcherait bien plus près du but où lui, avec toute sa fougue, il ne toucherait pas. Lerminier n'était qu'un faux génie qui brisa de bonne heure et manqua sa carrière ; la continuité, la patience et l'économie prudente devaient avoir raison contre lui à la longue et l'emporter.

Ce ne fut pas un mécompte, ce fut un soulagement pour M. Magnin, lorsque M. Fauriel se fit remplacer par Ozanam : décidément la chaire avec ses bruits et son mouvement lui allait peu ; il fut heureux de pouvoir reprendre son pas, son allure favorite, le doux train de l'érudition à huis clos ; il s'y appliqua désormais tout à son aise, sans dérangement aucun, et de plus en plus dans cette même ligne des origines théâtrales qu'il s'était tracée.

Le premier volume, le seul qu'il ait donné de ces *Origines*, ne représente que la moindre partie de ses travaux dans cette branche intéressante ; il se hâta de le publier pour justifier de ses titres à l'Académie des inscriptions et belles-lettres, où il fut nommé aussitôt après, en 1838. Cela fait et ce terme de son ambition atteint (1), il ne se hâta plus ; il aima mieux amasser, augmenter sans cesse la riche matière des volumes suivants que de se presser de les réunir ; il s'y oublia

---

(1) M. Paulin Paris, dans le très-bienveillant discours qu'il prononcé aux funérailles de M. Magnin, au nom de l'Académie de inscriptions, a dit : « Sa place pouvait sembler également marqu à l'Académie française : peut-être eût-il réuni ce double honneu littéraire, s'il n'eût lui-même été d'avis que la possession d'un seul fauteuil dans l'Institut de France suffit aux aspirations de quiconque a bien mérité des lettres, des arts ou de la science. » M. P. Paris prête ici son opinion à M. Magnin ; celui-ci, je le sais pour en avoir causé avec lui, ne se serait fait aucun scrupule et, bien au contraire, eût été très-flatté d'entrer à l'Académie française comme son ami Ampère, qui était aussi de l'Académie des inscriptions. Mais il était trop peu actif et se mettait trop peu en avant pour qu'on pensât à lui. Son nom, quand je le prononçais par manière d'essai à l'oreille de quelques-uns de nos confrères, rencontrait peu d'objections, mais ne trouvait pas d'écho.

un peu, et plus tard, quand il songea à lier sa gerbe, il n'en eut ni le temps ni la force; il était trop las.

Je ne dirai plus qu'un mot de l'accessoire : j'appelle ainsi ses articles de critique concernant les écrivains du jour, Quinet, Hugo, Ponsard. Ces articles très-développés, de la seconde manière de M. Magnin, tout distingués qu'ils sont, laissent cependant quelque chose à désirer pour la netteté et le sens précis des conclusions. Son érudition y donne plus d'une fois le change à sa critique; muni de notes abondantes sur les origines des mythes d'Ahasvérus ou de Prométhée, il substitue un peu trop complaisamment le point de vue du fureteur curieux et de l'archéologue au jugement littéraire direct. Son goût, mis en demeure de se prononcer, n'a pas de ces promptes réponses qui partent d'elles-mêmes et ne s'éludent pas.

Quant au drame moderne et aux dernières productions de l'école romantique au théâtre, l'interruption de quelques années que M. Magnin avait mises à en suivre le mouvement l'avait évidemment *arriéré* un peu; il en est encore à l'admiration quand le public était arrivé à la fatigue. Il ressemblait à un homme qui aurait laissé de côté la lecture d'un livre à une certaine page et qui le rouvrirait assez longtemps après, juste à l'endroit où il avait mis le signet : M. Magnin reprenait sa lecture à un feuillet où le public n'était déjà plus. Sa montre retardait. Il ne sut pas crier *holà!* hardiment et faire entendre à propos le signal d'arrêt, comme c'est le propre des Boileau, des Johnson, de tous les fermes et vigoureux critiques. Au lieu de cela, il mollit, il disserta agréablement, mais il ne dit pas le mot décisif qu'on attendait de lui.

Cet embarras perce encore dans son article sur la *Lucrèce* de M. Ponsard. Il compliqua de trop de considérations et de prenez-y garde le jugement très-simple et très-net qu'il y avait à donner sur ce succès, qui était à moitié un succès de contraste et d'opposition, et qui avait, à sa date, une signification tranchée. Il n'insista pas sur les vraies causes qui expliquaient et légitimaient suffisamment la réaction : il s'efforça plutôt d'en atténuer le sens, comme s'il eût craint de rompre avec ceux qu'elle contrariait. Il y mêla, envers le nouvel auteur, toute sorte de chicanes rétroactives, étrangères à l'œuvre présente, la seule qui fût en cause. Dans ce genre de critique pratique et contemporaine, M. Magnin, malgré la richesse croissante de sa littérature et l'agrément varié de sa forme, avait perdu en vieillissant quelque chose de la fermeté et de la vigueur qu'il avait montrées au temps du *Globe;* il n'allait plus si directement au fait. Ses qualités civiles elles-mêmes, sa circonspection, sa politesse lui nuisaient. Évidemment il n'aimait plus la guerre, il craignait les coups; il évitait de se commettre. L'audace militante chez lui, comme chez la plupart, s'en était allée avec le feu de la jeunesse.

C'est l'érudit surtout qui gagnait en lui. J'y reviens avec plaisir, et j'insiste désormais sur cet ordre de services par lesquels il survivra aux souvenirs de sa génération et laissera un nom dans la science. En y mettant un peu plus de célérité, il aurait pu être l'historien littéraire de notre ancien théâtre : il ne fut que le préparateur du futur historien, mais ce préparateur était excellent. Nul plus que M. Magnin ne s'est appliqué à l'éclaircissement de cette question délicate : comment le théâtre ancien a-t-il fini ? comment a commencé et a repris le théâtre moderne ? y a-t-il eu interruption totale ? peut-on saisir et soupçonner quelque continuité obscure dans les plus bas genres ? quels sont les premiers indices, les premiers témoignages d'une résurrection originale ou d'une reprise ingénieuse ? Le *Théâtre de Hrotsvitha,* religieuse allemande du x° siècle, qu'il traduisit et commenta (1845), lui fournit un texte précieux pour grouper alentour ses observations et ses conjectures. Je suis, malgré tout, fort tenté de croire, avec M. Édélestand du Méril, que M. Magnin accorde à ces essais de la religieuse de Gandersheim plus d'importance qu'ils n'en eurent réellement dans l'histoire du théâtre : ces six légendes, que la docte femme mit de son mieux en beau latin de Térence, n'étaient probablement dans la pensée du pieux auteur qu'une imitation toute littéraire, une étude classique sans aucune idée de représentation. Le drame moderne n'a guère rien à faire là dedans. En général, M. Magnin ne sentait pas assez dans chaque branche les différences tranchées, les points de départ et les fins : ce qui lui manquait, c'était le coup d'archet, ou de le donner lui-même ou de le distinguer chez d'autres ; il était porté à voir dans les choses plus de continuité et de suite qu'elles n'en ont. Ce sont là, au reste, des questions particulières à débattre entre érudits, et de quelque côté que l'on penche, il y a lieu à toute estime. On contredit M. Magnin sur un point, on profite de lui sur tous les autres.

Pour apprécier la finesse et l'utilité de ses travaux en ce genre, il faut avoir lu, il faut avoir eu besoin de lire (quand on a été professeur et obligé soi-même de traiter les mêmes sujets) la série de ses articles sur l'ancien théâtre français dans le *Journal des Savants* de 1846 et de 1858, les analyses détaillées et spirituelles qu'il donne des anciens jeux, des anciennes farces, sa discussion raffinée sur la principale et la reine de toutes, la farce de *Patelin* (1855-1856). Tout cela, à quelques liaisons près, forme un ensemble depuis le haut Moyen-Age jusqu'aux abords du XVIe siècle. Le premier il a introduit dans ces matières d'apparence ingrate le sentiment du goût et une critique déliée, avisée, exacte et légère. On n'a qu'à le suivre et à se laisser guider; on se donne aisément ensuite les airs de s'y connaître, en l'arrêtant sur quelque point de détail où il se montre un peu vétilleux.

M. Magnin est destiné à être beaucoup consulté, beaucoup mis à contribution et peut-être pillé. Puissent tous ceux qui lui emprunteront lui rendre la justice qui lui est due! Un ami de l'ancien Balzac, le prieur Ogier, justifiant un jour son ami du reproche de plagiat qu'on lui faisait, citait l'exemple des prédicateurs, lesquels, disait-il, prennent partout chez les Pères sans qu'on leur reproche de piller, et il ajoutait agréablement : « Nous autres, prédicateurs, *qui volons comme sur les grands chemins...* » On pourrait dire la même chose des professeurs, lesquels, n'ayant en vue que l'utilité des écoutants, prennent partout sans scrupule tout ce qui est bon à dire, et ils font bien.

Moi-même j'en ai largement usé en mon temps ; je ne me suis fait faute de marcher avec le secours et l'appui des autres. Par nature et par goût, je n'aurais jamais été de ceux qui ont défriché le Moyen-Age ; je n'aurais pas eu ce courage, je l'avoue : eux, ils l'ont eu, ils l'ont défriché patiemment. Venu tard dans cette étude et à leur suite, je recueillais les fruits de leur labeur, et je leur en étais reconnaissant. Cela ne m'empêchait pourtant pas, tout en rendant justice à ces excellents travailleurs, de noter quelques-uns de leurs défauts, l'engouement, l'enthousiasme excessif des uns, la complaisance un peu minutieuse des autres ; et en parlant de la sorte, c'était à M. Magnin en particulier que je pensais.

Mais pour un léger défaut, qui peut-être même était nécessaire, que de grâce, que d'agrément de détail, quel discernement utile! M. Magnin nous fait observer, comme à la loupe, l'origine des genres. A défaut du grand et du beau, on assiste par lui à la naissance, au progrès lent, à la formation successive d'une branche des plus remarquables de la production et de l'imagination humaines. C'est comme si l'on observait d'abord, à l'état d'humbles herbes et de fougères, ce qui sera plus tard de grands arbres et l'honneur de nos parcs et de nos forêts. Dans le jeu de *Robin et Marion,* on a déjà l'opéra-comique presque tout formé. Quand il en vient aux farces, à cette veine heureuse et riche de notre vieux théâtre, à cette première forme de la comédie, M. Magnin se complaît et se délecte aux analyses, à celle de la farce du *Cuvier* et de bien d'autres; il triomphe dans *Patelin,* et s'attache un peu trop, je crois, à le vieillir. En le louant selon son mérite, il ne le surfait pas du moins; il nous le montre le meilleur produit du genre, non l'unique. Combien d'œuvres spirituelles et déjà comiques d'auteurs anonymes il nous fait passer sous les yeux! Ce sont les coups d'essai de petits Molières restés en chemin et inconnus, mais dont quelques-uns se sont approchés assez près du Molière véritable et immortel. Il ne doit pas y avoir grande distance, j'imagine, entre cette farce si joyeuse du *Cuvier* et celles du *Médecin volant,* de la *Jalousie du Barbouillé* que jouait Molière tout jeune dans ses tournées de province. M. Magnin, toujours curieux jusqu'à être subtil, se pique de distinguer entre des genres bien voisins, de reconnaître les farces qui étaient dues aux basochiens et celles qui appartenaient au répertoire des *Enfants sans souci;* il est difficile, en bien des cas, d'établir la distinction et de marquer la limite. Peu importe; ses remarques n'en sont pas moins fines et justes en tout ce qui est du goût. Il nous fait apprécier comme la perle du genre des *Enfants sans souci* une petite farce, une parade à un seul personnage, très-spirituelle et très-amusante, *le franc Archer de Bagnolet;* on en ferait encore maintenant un joli lever de rideau du Palais-Royal.

Voilà donc à quoi s'exerçait soir et matin, à quoi songeait tout le jour l'ingénieux érudit. Il faut se garder d'oublier son *Histoire des Marionnettes* (1852), qui promet pourtant un peu plus qu'elle ne tient. L'auteur a omis, je ne sais pourquoi, d'y joindre des dessins et figures, oubliant trop qu'aujourd'hui il ne se fait plus de livres de ce genre sans gravures à l'appui. C'est une lacune.

Et maintenant nous sommes en mesure, ce me semble, de nous faire une idée complète de cette nature d'esprit peu caractérisée au premier coup d'œil, si répandue, si éparse même, mais qui a sa nuance et son grain d'originalité.

Les dernières années de M. Magnin, nous devons le dire, furent marquées par des changements profonds que nous n'avons à juger en aucun cas, et qui ne le laissèrent pas tout à fait le même que nous venons de le montrer. Sa santé, de tout temps délicate, était devenue déplorable. L'idée de la mort, d'une mort très-prochaine, lui était continuellement présente. Un jour, dix ans environ avant sa fin, lui, l'esprit de tout temps le plus net et le moins mystique, il revint de Franche-Comté, — de Besançon, je crois, — tout modifié de cœur et de pensée. Il fit part à quelques-uns de ses amis les plus intimes de cette véritable conversion : « Mes amis, leur dit-il (ce furent à peu près les termes qu'il employa), je vous préviens que je ne veux pas d'objections ; je vous prierai autant que possible de conformer votre conversation à ma nouvelle croyance. Je n'afficherai pas mon christianisme, et autant que possible j'éviterai d'en parler, mais aussi je n'en rougirai pas. » Il tint parole. Nous fûmes de ceux qui en souffrirent, étant de ses amis bien anciens et affectionnés sans doute, mais non pas tout à fait particuliers et intimes. Adieu, dès lors, les réunions, les petits dîners aimables et en tout petit comité où il nous conviait de temps en temps, et où le vin de Salins, les confitures de Salins et toutes les friandises du cru égayaient le dessert avec l'aménité du maître et la chansonnette du bon docteur B... M. Magnin, toujours tolérant pour les autres, était devenu sévère et mortifié pour lui-même. Il n'affichait rien, mais on savait son nouvel ordre d'idées, et l'on respectait sa solitude. Il y avait alors, non loin de lui, des savants, des convertis aussi dans leur genre, qui faisaient de leur religion grand bruit et qui embouchaient la trompette à la porte du temple : lui, il était le plus éloigné d'en agir de la sorte, et il ne puisait dans sa foi que des motifs de consolation intérieure. Il en eut besoin, car, dans les derniers temps, il était affligé de toutes les infirmités de la vieillesse, et littéralement cloué sur son lit ou à son fauteuil. Il m'écrivait un jour, pour me définir son triste état, que je ne savais pas si grave et si désespéré : « C'est la situation d'Augustin Thierry, *à la gloire près.* » Il avait projeté, avant d'en être réduit à cette extrémité, un travail sur la *Danse des morts* au Moyen-Age, et il avait prié un des employés de la Bibliothèque, M. Chéron, de lui recueillir tout ce qu'il trouverait là-dessus ; mais il le remercia un matin et lui dit de ne plus donner suite à ses recherches, déclarant qu'un tel sujet funèbre, remis sans cesse sous ses yeux, lui devenait impossible à supporter : la mort, même en peinture, il ne pouvait la regarder fixement ! Il serait difficile cependant de surprendre dans aucun des articles écrits par lui, qui se rapportent à sa dernière période de croyance, la moindre trace de ses préoccupations austères et sombres, si ce n'est peut-être dans un article du *Journal des Savants* d'octobre 1859 : à l'occasion d'un livre de M. Lenient, étant amené à s'expliquer sur l'idée de la mort et du diable, si dominante durant tout le Moyen-Age, il ne paraît pas fâché de rencontrer, répandu alors dans toute la chrétienté, « le sentiment, dit-il, de cette continuelle et *salutaire* menace. » Ce n'est qu'un simple trait qu'on ne remarquerait pas, si l'on n'était averti.

Je n'ai point à entrer dans le récit de sa fin, dans les particularités de son testament, par lequel il demandait à être transporté à Salins après sa mort, léguant de plus à cette ville une partie de son bien, moyennant des conditions ou intentions à long terme qui paraissent difficiles à remplir. La critique n'a rien à faire avec ces secrets mobiles et ces déterminations suprêmes des mourants. Mais je veux résumer encore une fois, au moment de finir, mes souvenirs essentiels sur M. Magnin, tel que je l'ai connu avant que la maladie fût venue l'affaiblir et attrister ses dernières années ; j'ai besoin de rassembler en quelques mots les impressions que m'a laissées sa personne en des saisons meilleures, et de fixer aux yeux de tous comme aux miens l'idée de sa vie, de ses mœurs, de son habitude studieuse, réfléchie, une sensible et parlante image qui ne puisse se confondre avec nulle autre. La physionomie de l'homme m'y invite, et le cadre également.

Si l'étude, en effet, a des douceurs qui ont souvent été célébrées, il fut donné à M. Magnin de les goûter et de les savourer dans des conditions particulières qui valent la peine qu'on les rappelle et qu'on les décrive. Placé au sein de la plus grande bibliothèque du monde, logé dans les bâtiments qui en dépendaient, il pouvait, aux heures où le public n'y pénétrait pas, ou dans les parties réservées interdites aux profanes, se considérer comme dans le plus vaste et le plus silencieux des cloîtres. A le voir passer dans ces grandes salles et glisser légèrement à pas menus et discrets le long des boiseries sombres et des armoires grillées, il semblait qu'il craignît d'y faire bruit lui-même et d'y éveiller l'écho de tant de générations d'auteurs endormis : c'était un des leurs, un peu en retard, un ami qui, même quand il avait à les consulter, semblait ne vouloir troubler que le moins possible leur repos. Je l'y ai suivi, ou mieux, surpris plus d'une fois dans le cours de ces recherches paisibles : tout se taisait, le jour tombait, il était seul, lisant près d'une fenêtre ; le bruit des feuillets qu'il froissait entre ses doigts ressemblait à ces craquements mystérieux qui, dans les froides et muettes nécropoles, marquent seuls par intervalles le travail du temps. On se figure peu, et dans quelques années on ne se figurera plus du tout ce qu'était la Bibliothèque du roi dans sa première et tranquille beauté, avec la morne tristesse de sa cour rectangulaire, avec le jardin austère, fermé d'une clôture, qui en occupait une moitié et où l'on n'entrait pas, la vasque de pierre verdâtre au milieu, d'où un maigre filet d'eau jaillissait à peine ; puis les escaliers solennels, les salles antiques et les galeries de ce beau palais Mazarin, conservées presque comme aux jours où s'y promenait M. le Cardinal et où il s'y faisait rouler dans son fauteuil déjà mortuaire entre deux rangées de chefs-d'œuvre et de magnificences. Rien qu'en y entrant, le respect et le génie des graves études vous saisissaient ; l'air qu'on y respirait n'était plus celui du dehors ; la lumière elle-même y prenait une teinte égale et monotone. Cette Bibliothèque auguste, telle que nous l'avons vue encore du temps de M. Van Praet, avant l'invasion du grand public et l'irruption d'un peuple de lecteurs, était restée l'idéal de M. Magnin : c'était son cadre, c'était sa patrie ; il dut en porter le deuil dans son cœur quand elle changea et se transforma en vue du mieux, jusqu'à se défigurer. Sa vie à lui-même était tout ordonnée et ménagée par rapport à ses fonctions de bibliothécaire et d'écrivain : désirant couper sa journée de la manière la plus favorable à ce double emploi, il s'était arrangé pour dîner vers trois heures et demie, à l'heure où il se trouvait libre et débarrassé du public ; son dîner fait, le plus souvent chez lui, dîner frugal et fin, qu'il faisait suivre d'un petit tour de promenade solitaire au Palais-Royal, il rentrait, se remettait à l'étude : il recommençait sa journée, et là c'était un travail incessant, minutieux, méthodique, sans fureur et sans verve, mais non sans un charme infini : une citation dix fois reprise et vérifiée, une diligente comparaison de textes, un rapprochement piquant, une date ressaisie, une œuvre d'hier rattachée à une pièce ancienne oubliée, à une chronique vieillie, une page de son texte à lui, recopiée, remise au net pour la troisième ou quatrième fois, et celle-ci la bonne et la définitive. Et tout cela pour obtenir la gloire ? oh ! non pas ! il savait bien qu'il n'avait pas en lui de quoi la tenter ; — pour faire bruit pendant les huit ou quinze jours qu'une Revue reste exposée dans sa primeur aux yeux du public ? pas davantage ; il n'y prétendait même pas, et tout retentissement lui était antipathique ; — mais tous ces soins, ces scrupules, cette conscience, rien que pour le plaisir de se satisfaire, de ne pas se sentir en faute, de paraître exact et sans reproche à un infiniment petit nombre de juges, de posséder toute une branche d'érudition ténue et délicate, et de la faire avancer, ne fût-ce que d'une ligne : voilà quelle était l'inspiration et l'âme de l'étude pour M. Magnin. Je ne le plaindrai point d'avoir tant dépensé pour si peu, je l'envierai plutôt : il a joui de lui-même pendant de longues heures, il a pratiqué le précepte du sage : *Cache ta vie;* il a fait d'une toute petite santé un long et ingénieux usage ; il a souri dans la solitude à d'innocentes pensées et s'est égaré à loisir dans les sentiers qu'il préférait ; enfin, lettré par vocation et qui n'était que cela, il a réalisé, selon ses forces et dans sa mesure, un rêve pacifique et doux (1).

(1) Dans un journal de province (le *Journal du Jura et de la*

Franche-Comté, n° du 25 octobre 1862), M. Max Buchon a cité comme de moi un jugement sur M. Magnin qui, je dois le dire, n'est que de seconde main ; c'est un extrait de conversation pris à la volée et noté par un tiers : ce qui en explique le ton et aussi les à peu près ou les inexactitudes.

FIN DU TOME CINQUIÈME.

TABLE DES MATIÈRES

	Pages.
Histoire de Sibylle, par M. Octave *Feuillet*. I........	1
II........	21
Horace VERNET....... I........	42
II.......	65
III.......	91
IV.......	118
Mémoires de l'abbé LEGENDRE, et, à cette occasion, I.......	150
M. de HARLAY........ II.......	174
M. *Littré*........	200
Œuvres de MOLIÈRE, publiées par M. *Moland*. — Recherches sur MOLIÈRE, par M. Eudore *Soulié*........	257
Don CARLOS et PHILIPPE II, par M. *Gachard*........	281
La Grèce en 1863, par M. *Grenier*........	308
TÉRENCE, traduit en vers par M. de *Belloy*........ I........	330
II.......	349
Œuvres inédites de LA ROCHEFOUCAULD, publiées par M. É. de *Barthélemy*........	371
La comtesse d'ALBANY, par M. Saint-René *Taillandier*.. I........	395
II.......	416
M. MAGNIN ou un érudit écrivain........	489

www.ingramcontent.com/pod-product-compliance
Lightning Source LLC
Chambersburg PA
CBHW050235230426
43664CB00012B/1709